Unterm Sternenmantel

Unterm Sternenmantel
1000 JAHRE BISTUM BAMBERG
DIE GESCHICHTE IN LEBENSBILDERN

Herausgegeben von Michael Kleiner
in Zusammenarbeit mit Ludwig Unger
im Auftrag der Erzdiözese Bamberg

Gesamtkoordination: Michael Kleiner

Redaktion: Michael Kleiner, Ludwig Unger und Bernd Wollner

Gestaltung: bureau visuel, Christine Kaufmann, Bernhard Kümmelmann,
Peter Köhler sowie Michael Kleiner

Druck: Druckerei Fruhauf, Bamberg

Gedruckt mit Unterstützung der OBERFRANKENSTIFTUNG
und der Joseph-Stiftung.

Heinrichs-Verlag GmbH, Bamberg

ISBN: 3-89889-051-1
978-3-89889-051-9

Unterm Sternenmantel

1000 JAHRE BISTUM BAMBERG
DIE GESCHICHTE IN LEBENSBILDERN

Herausgegeben von Michael Kleiner
in Zusammenarbeit mit Ludwig Unger
im Auftrag der Erzdiözese Bamberg

Beiträge von Günter Dippold, Klaus Guth,
Norbert Jung, Georg Kestel, Michael Kleiner,
Sven Pflefka, Judith Rinklef, Klaus Rupprecht,
Ina Schönwald, Ludwig Unger

Heinrichs-Verlag 2006

Inhalt

7 **Grußwort**
von Erzbischof Dr. Ludwig Schick

8 **Vorwort**

11. Jahrhundert

12 Kaiser Heinrich II. und Kaiserin Kunigunde.
Die Gründergestalten des Bistums Bamberg
von Sven Pflefka

30 Das Jahrhundert im Überblick (mit Zeitleiste 7.–10. Jh.)

12. Jahrhundert

38 Heiliger Bischof Otto.
Missionar und Vermittler zwischen Kaiser und Papst
von Klaus Guth

60 Das Jahrhundert im Überblick

13. Jahrhundert

66 Hugo von Trimberg.
Ein Bamberger Schulmeister kritisiert den Papst
von Norbert Jung

84 Das Jahrhundert im Überblick

14. Jahrhundert

90 Konrad Kürschner.
Bürger, Unternehmer und Spitalgründer
von Klaus Rupprecht

110 Das Jahrhundert im Überblick

15. Jahrhundert

116 Eberhard von Venlo.
Ein Abt in der Dämmerstunde des finsteren Zeitalters
von Ludwig Unger

138 Das Jahrhundert im Überblick

16. Jahrhundert

144 Johann und Kunigunda Weng.
Gratwanderung zwischen den Konfessionen
von Günter Dippold

158 Das Jahrhundert im Überblick

17. Jahrhundert

164 Katharina Haan.
Als «Hexen» im Hochstift Bamberg verfolgt wurden
von Judith Rinklef

184 Das Jahrhundert im Überblick

18. Jahrhundert

190 Leonhard Strässl.
Ein Rothenberger Tagelöhner und sein Anteil am Himmelreich
von Ina Schönwald

208 Das Jahrhundert im Überblick

19. Jahrhundert

214 Lorenz (P. Otto) Hopfenmüller.
Vom Kulturkämpfer zum Indienmissionar
von Michael Kleiner

238 Das Jahrhundert im Überblick

20. Jahrhundert

244 Elisabeth Bach.
Streiterin für soziale Gerechtigkeit
von Ludwig Unger

262 Das Jahrhundert im Überblick

21. Jahrhundert

268 Das Jahrhundert im Überblick (2000 – 2006)

Eine Vision:

272 Am Fuße des Leuchtturms.
Enrico Mayer im Jahr 2037
von Georg Kestel

Exkurs: «Lebensbilder»

284 Das Theaterstück zum Bistumsjubiläum.
Ein Interview mit Projektleiter Dirk Bayer
von Alexandra Hilmer

294 Glossar

304 Literatur

308 Bildnachweis

Grußwort

«UNTERM STERNENMANTEL» – so lautet das Motto des Jubiläums «1000 Jahre Bistum Bamberg» und ebenso der Titel dieses Buches, das zehn Persönlichkeiten aus den vergangenen zehn Jahrhunderten darstellt. Der Sternenmantel des heiligen Heinrich, in dessen Zentrum der erhöhte Jesus Christus steht, hat die tausendjährige Bistumsgeschichte begleitet. «Unterm Sternenmantel» hat sich die Diözese Bamberg entfaltet. Der Sternenmantel ist ein Symbol für das fränkische Erzbistum.

«Unterm Sternenmantel» umfasst die Vielfalt der gläubigen Christen mit ihren Gebeten, Hoffnungen und guten Werken, die seit der Gründung im Bistum gelebt und gewirkt haben. «Unterm Sternenmantel» weist auf den tausendjährigen Weg hin, den Menschen gegangen sind, um Gott zu suchen, Jesus Christus zu feiern und sich karitativ zu engagieren. «Unterm Sternenmantel» verdeckt nicht die Irrwege, die Menschen in der Kirche in dieser Zeit eingeschlagen haben, sondern bringt sie ans Licht.

Es ist gut, im Jubiläumsjahr 2006/2007 an die vielen Menschen zu denken, die seit 1007 bis heute als wanderndes Volk Gottes durch die Zeiten gegangen sind und unser Bistum geprägt haben. Einige Persönlichkeiten haben sich besonders hervorgetan und die Geschichte nachhaltig mitgestaltet. An zehn von diesen erinnert das vorliegende Buch. Ich danke den Verfassern und Herausgebern, freue mich über die Veröffentlichung und empfehle das Buch zur Lektüre.

«Wer Herkunft hat, hat Zukunft», lautet ein Sprichwort. Möge das Buch «Unterm Sternenmantel» dazu beitragen, die heutigen und zukünftigen Christen im Erzbistum Bamberg zu ermutigen, durch die Betrachtung ihrer Herkunft zuversichtlich in die Zukunft zu gehen und ihre jeweilige Zeit im Geiste Christi zu prägen. Das zweite Jahrtausend des Erzbistums Bamberg soll auch «Unterm Sternenmantel» gelebt und gestaltet werden.

Erzbischof Dr. Ludwig Schick

Vorwort

EIN VERSUCH, die 1000-jährige Geschichte des Bistums Bamberg vollständig abzuhandeln, muss zum Scheitern verurteilt sein. Herausgeber und Autoren haben deswegen bewusst einen anderen Weg eingeschlagen. Ausschnitthaft soll die Geschichte des Bistums und Erzbistums Bamberg beleuchtet werden. Für jedes Jahrhundert steht exemplarisch eine Person oder ein Ehepaar. Anhand ihres Handelns und Glaubens soll das jeweilige Jahrhundert «lebendig» werden. Diese Frauen und Männer sind völlig unterschiedlich. Am Beginn stehen die Gründerpersönlichkeiten Kaiser Heinrich und Kaiserin Kunigunde. Es folgen der Heilige Bischof Otto und ein Bamberger Schulmeister. Für spätere Jahrhunderte findet etwa ein Reformabt ebenso seine Würdigung wie ein Handlanger, ein Indienmissionar oder eine als «Hexe» verurteilte Frau.

So entsteht ein buntes Kaleidoskop, eine Zeitreise zum Lebensalltag von verschiedenartigen Menschen. Einige von ihnen waren bis jetzt weitgehend unbekannt. Sie stehen für ihre Zeitgenossen mit all ihren Stärken und Schwächen. Eines aber haben alle Personen gemeinsam: Sie haben versucht, in der Kirche von Bamberg ihren Weg zu Gott zu finden.

Das Buch soll faktenreich und fundiert sein. So, wie es von Historikern und Kunsthistorikern erwartet werden darf. Aber mehr als das: «Unterm Sternenmantel» sollte eine gut lesbare und grafisch ansprechende Publikation werden. Deswegen stellen Zeittafeln das jeweilige Jahrhundert in Wort und Bild kompakt und anschaulich dar.

Ergänzt wird der historische Teil durch eine literarische Vision, eine «Skizze» von einem «Gläubigen der Zukunft». Als Exkurs wird außerdem ein Theaterstück vorgestellt, das die historischen Personen dieses Buches in einem integrativen Spiel vereinigt.

Die Erstellung dieses Buches wäre ohne die Unterstützung vieler wissenschaftlicher Einrichtungen nicht möglich gewesen. Dies gilt insbesondere für die in Bamberg beheimateten Bibliotheken, Archive und Museen. Ihnen allen möchten wir für Beratung und unbürokratische Unterstützung ausdrücklich Dank sagen. Dies gilt in gleicher Weise für Herrn Dr. Bernd Wollner und Herrn Sebastian Zink, die uns bei Redaktion und Recherchen unterstützt haben. Danken möchten wir den finanziellen Förderern dieser Publikation, der Oberfrankenstiftung und der Joseph-Stiftung Bamberg. Nicht zuletzt möchten wir uns bei Erzbischof Dr. Ludwig Schick und dem Erzbischöflichen Ordinariat für das in uns gesetzte Vertrauen bedanken, dieses Buch als Gabe zum Bistumsjubiläum verantwortlich herauszugeben.

Wir wünschen uns, dass das Buch eine rege Verbreitung findet, damit das Vorbild der hier beschriebenen Persönlichkeiten Nachahmung findet.

Michael Kleiner
Dr. Ludwig Unger

Kaiser Heinrich II. und Kaiserin Kunigunde

11. Jahrhundert

Kaiser Heinrich II. und Kaiserin Kunigunde

973 – Am 6. Mai wird Heinrich II. als bayerischer Herzogssohn geboren.[1]

975/985 – Geburt Kunigundes als Tochter des Grafen Siegfried von Luxemburg.[2]

995 – Nach dem Tod seines Vaters tritt Heinrich dessen Nachfolge im bayerischen Herzogtum an.[3]

995/1000 – Heirat zwischen Kunigunde und Heinrich. Kunigunde erhält als Morgengabe Bamberg sowie umfangreichen Besitz im Obermain- und Regnitzraum.

1002 – Heinrich wird am 7. Juni in Mainz durch den dortigen Erzbischof Willigis zum König gekrönt. Die Krönung Kunigundes erfolgt am 10. August in Paderborn.[4]

1007 – Heinrich gründet das Bistum Bamberg.[5]

Weichenstellungen auf dem Weg zur Krone

Mit unerwarteten Schwierigkeiten sah sich Heinrich II. im Herbst 1007 konfrontiert, als er versuchte, sein ehrgeizigstes Kirchenprojekt, die Gründung eines neuen Bistums in Bamberg, zum Abschluss zu bringen. Dabei hatte Heinrich II. in den letzten Jahren immer das Glück gelacht oder aus mittelalterlicher Sicht betrachtet: Gott stand auf Heinrichs Seite und lenkte seine Sache zum Guten.

Gehen wir aber erst einige Jahre zurück. Schon zu Beginn seiner Herrschaft hatte er, damals noch als Herzog Heinrich IV. von Bayern, dieses göttliche Wirken erfahren: Im Januar 1002 war völlig unerwartet der junge → Kaiser Otto III. gestorben, ohne einen Sohn als Nachfolger zu hinterlassen. Die Hauptlinie des liudolfingisch-ottonischen Hauses war damit erloschen, doch noch bestand die bayerische Nebenlinie. Mehrmals hatten Heinrichs Vater und Großvater nach der Königskrone gegriffen, sie aber niemals zu behaupten vermocht.

Schon damals war Bamberg ein strategisch wichtiger Ort. Heinrich der Zänker, der Vater Heinrichs II., hatte die Burg 973 von Kaiser Otto II. erhalten. Zwischen 995 und 1000 gelangte der

Die Gründergestalten des Bistums Bamberg

von Sven Pflefka

Tod Heinrichs II. in der Pfalz Grone. Er wird nach Bamberg überführt und im Dom begraben.[6)]

Heiligsprechung Heinrichs II. durch Papst Eugen III.

1014 | 1024 | 1033 | 1146 | 1200

Kaiserkrönung Heinrichs II. und Kunigundes im Petersdom in Rom durch Papst Benedikt VIII.

Tod Kunigundes im Kloster Kaufungen.[7)]

Heiligsprechung Kunigundes durch Papst Innozenz III.[8)]

Besitz schließlich an Kunigunde. Ihr Ehemann hatte ihr Bamberg als Morgengabe, als Hochzeitsgeschenk, überlassen. Dies war ein kluger Schachzug Heinrichs. Denn damit war Bamberg den Ansprüchen möglicher Erben nach seinem Tod entzogen.

Doch Herzog Heinrich IV. von Bayern war nicht der einzige, der sich um die Nachfolge Kaiser Ottos III. bewarb. Auch andere → Fürsten brachten sich ins Gespräch: die Herzöge Hermann II. von Schwaben, Dietrich I. von Oberlothringen, Bernhard I. von Sachsen, sowie Markgraf Ekkehard von Meißen, der lothringische Pfalzgraf Erenfried und der Salier Otto von Worms. Die Entscheidung für Heinrich war kurz nach dem Tod Ottos III. also alles andere als gefallen.

Aus dem Umstand, dass der Leichenzug mit dem toten Kaiser Bayern passierte, schlug Heinrich politischen Nutzen. In Polling bei Weilheim wartete er auf die Teilnehmer des Zuges, versuchte aber vergeblich, sie davon zu überzeu-

Schon Heinrich der Zänker hatte sich um die Königskrone bemüht – allerdings mit weniger Erfolg als sein Sohn Heinrich II., Darstellung aus dem Regelbuch des Damenstifts Niedermünster in Regensburg, um 990. [9)]

gen, ihn zum → König zu wählen. Die → Reichsinsignien konnte er aber in seine Gewalt bringen. Allerdings musste er etwas mehr Druck anwenden, um auch noch die Heilige Lanze in seinen Besitz zu bekommen. Die hatte → Erzbischof Heribert von Köln sicherheitshalber vorausgeschickt, weswegen sie sich nicht bei den anderen Insignien befand. Doch Herzog Heinrich IV. erzwang die Herausgabe, indem er kurzerhand Bischof Heinrich von Würzburg, den Bruder Heriberts, gefangen setzte. Ein sehr resolutes Vorgehen für einen Herrscher, dessen Regierungszeit die Forschung später als den Höhepunkt im Miteinander von geistlicher und weltlicher Gewalt interpretieren wird. Und gerade dieser Bischof sollte in den folgenden Jahren nochmals mit Heinrich aneinander geraten, als es um die Bamberger Bistumsgründung ging. Doch als ein Herrscher, der im Konsens mit Klerus und Adel regierte, konnte er in beiden Fällen den Würzburger wieder ins Boot holen. Umfangreiche Gunsterweise seitens des Königs waren der Preis.

Die Reichsinsignien verschafften Heinrich einen beachtlichen Vorteil, auch wenn sich das Bewusstsein, ein König müsse am rechten Ort (Aachen), vom rechten Koronator (Krönenden, dem Erzbischof von Köln) und mit den richtigen Reichsinsignien gekrönt worden sein, erst langsam herausbildete. Die Heilige Lanze hatte für den bayerischen Herzog Heinrich IV. eine besondere Bedeutung: In der Lanzenspitze war ein Nagel vom Kreuz Christi eingelassen. Doch diese Tatsache war für Heinrich nicht entscheidend. Er hatte eine tiefe persönliche Beziehung zu dieser Insignie. Sein Urgroßvater, König Heinrich I., hatte sie einst vom burgundischen König erhalten. Sie stellte eine direkte Verbindung vom Königtum seines Urgroßvaters zu ihm her und konnte so die Erniedrigungen und Niederlagen, die sein Vater und Großvater im Kampf um die Königskrone erlitten hatten, vergessen machen. Zudem hatte die Lanze ihre heilspendende Kraft bereits mehrfach bewiesen. Bei Birten und auf dem Lechfeld hatte sie Otto I., der sie bei den Schlachten mit sich führte, den Sieg geschenkt.

Allein der Besitz der Insignien brachte aber noch nicht die Entscheidung. Wieder kam ihm der Zufall zu Hilfe: Ekkehard von Meißen als sein gefährlichster Gegner in Sachsen fiel in Pöhlde einem Mordanschlag zum Opfer. Heinrich durchkreuzte die Pläne des Kölner Erzbischofs, der auf eine Wahl durch die Fürsten des Reiches setzte, indem er schnell nach Mainz vorstieß und sich dort am 7. Juni 1002 zum König krönen ließ. Kunigunde folgte am 10. August in Paderborn. Wegen der Zeitknappheit musste improvisiert werden. Dabei waren die bayerischen Truppen, die Heinrich und Kunigunde begleiteten, offensichtlich nicht ausreichend verpflegt worden. Jedenfalls beschafften sie sich auf den umliegenden Feldern die nötige Verpflegung, was die ansässige Bevölkerung aufbrachte und zu einem Tumult führte. Erst das Eingreifen des

Die heilige Kunigunde stammte aus dem Geschlecht der Luxemburger und war damit von wesentlich niederer Abstammung als ihr Mann Heinrich, Abbildung aus der Schedelschen Weltchronik.[10)]

Krönungsbild Heinrich II. im Regensburger Sakramentar um 1002.[11]

Krönung Heinrichs und Kunigundes durch Christus, begleitet von Petrus und Paulus (oben), aus dem Perikopenbuch Heinrichs II.[12)]

Königs beruhigte die Lage. Freudiger schildert Adalbold von Utrecht die Ereignisse an diesem Tag: *Nach Paderborn gekommen wurde sie* (Kunigunde) *dann am Fest des Heiligen Laurentius ausgerufen, geweiht und gekrönt. So wurde ‹Kunigunde› zur ‹Cuninga› gemacht, was man lateinisch als ‹die Königliche wird zur Königin' übersetzen kann.* Die Situation Heinrichs und Kunigundes hatte sich mit ihren Krönungen wesentlich verbessert. Als letzter musste sich Herzog Hermann II. von Schwaben unterwerfen. Damit war der Thronstreit entschieden. Dabei soll Kunigunde als Vermittlerin aufgetreten sein und milde Friedensbedingungen für den Schwabenherzog erwirkt haben.

Auch für das Luxemburger Grafenhaus, aus dem Kunigunde stammte, war dies ein großer Erfolg. In den folgenden Jahren sollte dieses Geschlecht durch die Protektion Kunigundes einen steilen Aufstieg erleben, bis es schließlich zuviel forderte und den Bogen überspannte.

Der Schweinfurter geht leer aus

Auch der Aufstand des Markgrafen Heinrich von Schweinfurt sollte sich für das Bamberger Bistumsprojekt noch als äußerst nützlich erweisen. Eigentlich war Heinrich II. dem gleichnamigen Markgrafen zu Dank verpflichtet, denn dieser hatte ihn im Ringen um die Königskrone treu unterstützt. Für seine Loyalität forderte er aber eine Gegenleistung, nämlich die bayerische Herzogswürde. Offenbar hatte Heinrich II. dem Schweinfurter diese im Falle seines Sieges versprochen. Doch als er sie einforderte, antwortete Heinrich II.: *Wisst ihr nicht, ... dass die Bayern von Anfang an das Recht haben, den Herzog frei zu wählen, und dass es sich nicht geziemt, sie nun so plötzlich beiseite zu schieben und das seit alters her festgesetzte Recht ohne ihre Zustimmung zu brechen?* Die Urteile der Historiker über das Verhalten Heinrichs II. variieren von *Verschlagenheit* über *politischen Pragmatismus* bis hin zur Meinung, Heinrich II. habe die Wünsche des Markgrafen nur für den Augenblick zurückgewiesen. Für den Schweinfurter dagegen war der Fall klar. Seine Unzufriedenheit gipfelte schließlich in einer offenen Auflehnung gegen den König und in einem Aufstand an der Seite des Polenherzogs Boleslaw Chrobry. Selbst Thietmar von Merseburg, aus dessen Feder die wichtigste Quelle für die Zeit Heinrichs II. stammt und der sonst treu die Position

Heinrich II. im Ornat wird von zwei Bischöfen in die Kirche geleitet, Kloster Seeon, frühes 11. Jahrhundert.[13)]

des Königs vertritt, urteilt: *Wer den Anlass zu seiner so kühnen Anmaßung* (des Markgrafen Heinrich von Schweinfurt) *kennt, wird sagen, er habe so handeln müssen. Den höheren Gewalten stünde es nämlich nicht an, so fest versprochene Zusagen einem treuen Diener gegenüber nicht einzuhalten* (...).

Doch unerwartet schnell wurde Heinrich II. der Lage Herr. Die Burgen Ammerthal bei Amberg, Creußen bei Bayreuth und Schweinfurt konnten von den Aufständischen nicht gehalten werden. Der Markgraf musste sich schließlich unterwerfen und wurde in Haft genommen. Als er schließlich begnadigt wurde, erhielt er die Grafschaften im Volkfeld- und Radenzgau nicht zurück. Heinrich II. nutzte den Aufstand, um das Obermaingebiet neu zu ordnen.

Bamberg soll ein Bistum werden

Über die Errichtung eines neuen Bistums konnte der König aber nicht allein entscheiden. Das Gebiet, das die Bamberger Diözese bilden sollte, lag nicht im Niemandsland, sondern gehörte zu den Bistümern Würzburg und Eichstätt. Das Bistum wurde im Mittelalter nicht als Besitz des Bischofs verstanden, sondern gehörte dem jeweiligen Diözesanheiligen. Eine Minderung des Diözesanbesitzes stellte also eine schwere Kränkung des Heiligen dar. Die Bedenken des Würzburger Bischofs gegen eine Verkleinerung seines Bistums konnte Heinrich II. aber ausräumen, indem er ihm die Rangerhöhung zum Erzbischof versprach. Ob Heinrich II. jemals die Erfüllung seines Versprechens beabsichtigt hat, ist zweifelhaft. Ein Streit mit dem Mainzer Erzbischof, dem die Würzburger Kirche unterstellt war, wäre unausweichlich gewesen, denn auch der zuständige Metropolit musste zustimmen. Dies allein reichte aber nicht aus: Nach mittelalterlichem Erbrecht musste auch Heinrichs Bruder, der Augsburger Bischof Brun, den Plan gutheißen: Da eine Ausstattung des neuen Bistums mit liudolfingischen Erbgütern abzusehen war und er diese nicht mehr erben konnte, sollte er Heinrich überleben. Auch Kunigunde musste für diesen Plan gewonnen werden, da Heinrich II. ihr den Ort als Morgengabe geschenkt hatte.

→ Papst Johannes XVIII. löste schließlich Bamberg aus der Diözese Würzburg heraus und machte es zu einem eigenständigen Bistum. Zwischenzeitlich erkannte aber der Würzburger Bischof, dass die Erhebung zum Erzbischof nicht zu erreichen war. Daraufhin zog er seine Zustimmung zurück.

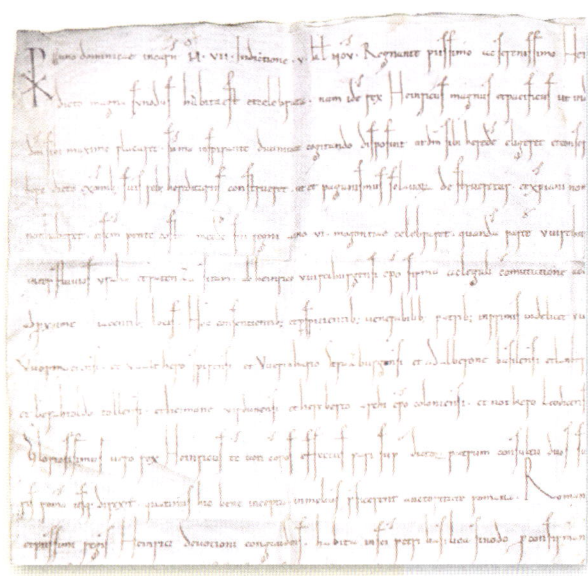

Ausschnitt aus dem Protokoll der Frankfurter Synode, Urkunde über die Gründung des Bistums Bamberg.[14]

Das hl. Stifterpaar Heinrich und Kunigunde halten das Modell des Bamberger Domes, daneben Wappen des Bamberger Bischofs Philipp Graf v. Henneberg (reg. 1475–1487), kolorierter Holzschnitt von 1484.[15]

Allerheiligen 1007

Turbulente Wochen und Monate lagen hinter Heinrich II., als er am 1. November 1007 in Frankfurt am Main vor die versammelten Bischöfe des Reiches trat. Nach der Chronik des Bischofs Thietmar von Merseburg hielt er folgende Rede: *Um der künftigen Wiedervergeltung willen habe ich Christus zu meinem Erben erwählt, denn auf Nachkommen kann ich nicht mehr hoffen. Längst habe ich insgeheim meinen vorzüglichsten Besitz, mich selbst samt den von mir erworbenen und noch zu erwerbenden Gütern dem ungeborenen Vater als Opfer dargebracht. Schon immer trage ich mich mit dem Plane, zu Bamberg im Einverständnis mit meinem Bischof* (Heinrich von Würzburg) *ein Bistum zu errichten, und heute will ich diesen berechtigten Wunsch verwirklichen.* Hier legt Heinrich also offen, dass er schon lange Zeit daran denkt, Bamberg zu einem Bistum zu machen, weswegen er diesem Ort bereits umfangreichen Besitz übertragen hat und auch noch werden wird. Als Hauptbeweggrund nennt er religiöse Motive, hauptsächlich die Sorge um sein eigenes Seelenheil. Und er fährt fort: *Deshalb erbitte ich jetzt von eurer aufrichtigen Ergebenheit Zustimmung dafür, dass die Abwesenheit eines Mannes* (Bischof Heinrich von Würzburg), *der von mir etwas verlangt, was ich ihm nicht zugestehen darf, meinen Plan nicht behindern soll (...). Zur sicheren Begründung dieses Bistums tragen in gütiger Freigebigkeit*

Kathedrale

Als Kathedrale wird in der Regel eine Kirche mit einem Bischofssitz bezeichnet. Der Stuhl (griech. kathedra) des Bischofs steht in ihr an hervorgehobener Stelle. Synonym zum Begriff Kathedrale wird häufig die Bezeichnung Dom verwendet (von lat. *domus dei* – Haus des Herrn). Allerdings gibt es auch Kirchen, die wegen ihrer Größe oder ihrer kulturhistorischen Bedeutung als Dom bezeichnet werden, obwohl sie keine Bischofskirchen sind (z.B. Petersdom).

meine hier anwesende Gemahlin und mein einziger Bruder und Miterbe bei, und beide dürfen gewiss sein, dass ich sie zufriedenstellend dafür entschädigen werde. Auch der Bischof wird mich bestimmt zu allem bereit finden, was euch richtig erscheint, falls er sich einfindet und in die Erfüllung seines Versprechens einwilligt. Nach seiner eigenen Aussage haben Kunigunde und sein Bruder Brun diesen Plänen zugestimmt, wobei er ihnen aber auch entsprechende Entschädigungen in Aussicht gestellt hat. Für Kunigunde bestand diese im Hof Kassel. Die entsprechende Urkunde wurde am 24. Mai 1008 ausgestellt. Zuvor hatte sich Kunigunde hinsichtlich der Bistumsgründung auffällig zurückgehalten. Ein Ehekrach im Königshaus? Und Bischof Brun von Augsburg? Dieser soll nach dem Tod seines Bruders 1024 versucht haben, die Bistumsgründung rückgängig zu machen, wie der Chronist Frutolf weiß. Allein der Umstand, dass ihm der tote Kaiser im Traum erschienen ist und Vorhaltungen gemacht hat, soll dies verhindert haben. Aber hier betreten wir schon das Reich der Legenden.

Grabplatte des Riemenschneider-Grabes im Bamberger Dom, das möglicherweise zum 500-jährigen Jubiläum der Bistumsgründung in Auftrag gegeben wurde.[16)]

Trotz dieser versöhnlichen Rede auf der Frankfurter → Synode war Heinrich II. der Erfolg keineswegs sicher. Der Würzburger Bischof hatte einen Gesandten geschickt, der entschieden für das mainfränkische → Bistum eintrat. Der König musste sein gesamtes politisches Gewicht in die Waagschale werfen, um die Zustimmung der anwesenden Bischöfe zu erreichen. Doch die Hartnäckigkeit Heinrichs zahlte sich aus. Noch am gleichen Tag wurde Eberhard, der Kanzler des Königs, vom Mainzer Erzbischof Willigis zum ersten Bischof von Bamberg geweiht.

In der historischen Forschung umstritten ist die Rolle Kunigundes bei der Gründung des Bistums Bamberg. Aus den Quellen ist lediglich ersichtlich, dass sie sich sehr im Hintergrund hielt und Heinrich quasi allein handelte. Tat sie dies freiwillig? War sie verstimmt, weil Heinrich ihr Bamberg wegnahm, das er ihr doch zuvor zur Hochzeit geschenkt hatte? Wollte sie den König so zwingen, ihr eine angemessene Entschädigung zuzusprechen? Die Quellen führen hier zu keinem eindeutigen Ergebnis. Anders bei den Verwandten der Königin: Sie gerieten mit Heinrich II. in eine → Fehde. Zehn Jahre lang tobte die Auseinandersetzung, bis sich ihre Brüder schließlich unterwerfen mussten.

Eine Stiftung als Erbe

In seiner Rede vor der Frankfurter Synode enthüllte Heinrich II. seine Motive, die ihn zur Bamberger Bistumsgründung bewogen hatten und über die in der Forschung viel diskutiert und geschrieben wurde. Ein Teil der Historiker sah das Bistumsprojekt vor allem in der Notwendigkeit der Neuordnung des Obermainraumes und der Schwächung des Schweinfurter Markgrafen begründet. Andere verwiesen darauf, dass im Gebiet des neuen Bistums noch viele heidnische Slawen siedelten, die der intensiven Missionierung bedurften, worum sich aber die Würzburger Kirche vor 1007 nicht nachdrücklich genug gekümmert hatte. Diese beiden Punkte sind sicherlich zutreffend, nur greifen sie zu kurz.

Wollte Heinrich II. Bamberg zu einem «Schlüsselbistum», zu einer Art Vorort des Reiches machen, dessen Bischof die wichtigsten strategischen Besitzungen im Reich in seiner Hand vereinigte? In der Tat waren unter den vielen Besitzungen, die Heinrich II. dem neuen Bistum übertragen hatte, einige von hohem politischen Wert. Doch blieb auch Heinrichs Herrschaft ein Reisekönigtum: Er zog von → Pfalz zu Pfalz, von Bischofsstadt zu Bischofsstadt. Bamberg belegt noch nicht einmal den ersten Platz bei den Königsaufenthalten, sondern wird von Merseburg überflügelt. Bamberg mit seinen Besitzungen hatte eine wichtige Stellung, ja sogar eine Schlüsselposition bei der Erfassung des Reiches durch den König inne, doch darf man diese nicht im Sinne einer vormodernen Hauptstadtfunktion überbewerten.

Was aber sagt Heinrich II. selbst über seine Motive aus? *Um der künftigen Wiedervergeltung willen habe ich Christus zu meinem Erben erwählt, denn auf Nachkommen kann ich nicht mehr hoffen.* Die Menschen des Mittelalters hatten den Wunsch, ihr Andenken (lat. *memoria*) über den Tod hinaus zu sichern. Ihre Sorge war es, in Vergessenheit zu geraten. Dies zu verhindern, war normalerweise die Aufgabe der Nachkommen. Keine Kinder zu haben, bedeutete für Heinrich II. und Kunigunde nicht nur das Ende des liudolfingischen Hauses, sondern auch eine große Gefahr für ihre Memoria. Heinrich musste schon in jungen Jahren bewusst geworden sein, dass die Ehe kinderlos bleiben würde. Immerhin konfrontierte er die Teilnehmer der Synode in Frankfurt ganz offen mit dieser Tatsache, und die Bischöfe schienen nicht sonderlich überrascht gewesen zu sein. Dass allerdings Heinrich und Kunigunde eine Josephsehe geführt haben, kann getrost ins Reich der Legenden verwiesen werden. Es gab verschiedene Möglichkeiten, diese Memoria sicherzustellen: Umfangreiche Schenkungen sollten die verschiedensten kirchlichen Empfänger im Reich zu Gebeten für das Herrscherpaar motivieren. In einigen Fällen legte der Kaiser genau

Pfalz

Als Pfalz (lat. *palatium* = Palast) bezeichnete man im Mittelalter auf Königsgut angelegte, über das ganze Reich verstreute und meist befestigte Wohnstätten, die dem König, der keine feste Residenz besaß sondern mit seinem Gefolge im Reich umherzog, als Aufenthalts- und Gerichtsort sowie als Verwaltungssitz diente.

fest, wie diese Gebetsverpflichtung zu erfüllen ist: 1005 schlossen Heinrich und Kunigunde mit bedeutenden Fürsten des Reichs einen Totenbund, einen Vertrag, in dem sich jeder der Teilnehmer verpflichtete, beim Tod eines Mitglieds für die Seele des Verstorbenen Geld unter die Bedürftigen zu verteilen, Arme zu speisen, eine bestimmte Anzahl von Kerzen anzuzünden und Messen lesen zu lassen. Für den modernen Menschen sind derartige Verhaltensweisen nur schwer zu begreifen. Sie zeugen von einem völlig anderen Umgang mit dem Tod, der als Teil des Lebens, sogar als Teil der Politik verstanden wurde. Heinrichs wichtigste Maßnahme zur Sicherung seines Gedenkens war aber die Gründung und Ausstattung des Bistums Bamberg. Nach der anfänglichen Zurückhaltung wurde hierin auch Kunigunde einbezogen.

Kaiser Heinrich empfängt von einem Mönch den Kommentar Papst Gregors d. Gr. zum Propheten Ezechiel.[17]

Für das Bistum Merseburg konnte er als Wiederbegründer gelten, das 981 aufgehoben, 1004 von Heinrich II. aber wiedererrichtet worden war. Diese Bischofsstadt konnte ebenfalls für sich in Anspruch nehmen, die besondere Gunst des Herrschers zu besitzen. Doch nicht den Merseburger, sondern den Bamberger Dom hatte sich Heinrich zur Grablege erwählt.

Das Bistum wird ausgebaut

Nach der Gründung ging Heinrich II. sofort daran, die Grundlagen dafür zu schaffen, dass sein Projekt zu einem Erfolg wurde. Mit dem Bau einer Kathedrale als Herzstück des neuen Bistums hatte er schon lange vor Allerheiligen 1007 begonnen. Nun wurden die Arbeiten noch energischer vorangetrieben. Bereits 1012 wurde die Weihe des Gotteshauses gefeiert. Dieses Fest legte er auf seinen Geburtstag, den 6. Mai.

Damit war der Ausbau Bambergs zu einer Sakrallandschaft, zu einem Ort, der durch Kirchengebäude geprägt ist, nicht abgeschlossen. Es kamen noch ein weltliches → Kollegiatstift und ein Benediktinerkloster hinzu. 1009 wird die erste Güterschenkung für St. Stephan erwähnt, 1015 entstand das → Klos-

Reliquien

Körperliche Überreste von Heiligen oder Gegenstände, die mit einem solchen in Berührung gekommen und daher Gegenstand religiöser Verehrung sind. Aus dem antiken Totenkult übernahm das frühe Christentum den Brauch, sich am Todestag eines Verstorbenen am Grab eines Märtyrers zu versammeln, um das Totenmahl zu halten. Andere christliche Gemeinden übernahmen diese Verehrung von Märtyrern und, da sie über kein Grab verfügten, griffen sie zu «Überbleibseln» (lat. *reliquiae*). Bald wurden über diesen Gräbern und Reliquien Altäre errichtet sowie Kapellen und Kirchen gebaut. Im 6. Jahrhundert wurde die Verbindung von Altar und Reliquien üblich und ist bis heute noch Brauch. In jeden Altar, der neu errichtet wird, werden Reliquien eingebracht.

ter Michelsberg. Alle diese Kirchen wurden mit prachtvollen Büchern und wertvollen sakralen Gerätschaften ausgestattet. Heinrich II. war bemüht, aus Bamberg einen Ort der Wissenschaften und eine Stadt der Bücher zu machen. Besonders hervorzuheben sind die vielen → Reliquien, die Bambergs Ansehen in der Reichskirche steigerten.

Noch am Tag der Gründung gingen zahlreiche Urkunden an die neue Kirche. Auch in den folgenden Jahren rissen diese nicht ab, so dass Bamberg über zahlreiche Schenkungen von Gütern, Klöstern, Stiften, Höfen, Rechten und Einkünften verfügte. In der näheren Umgebung sind Hallstadt, Forchheim, Fürth, Langenzenn, Büchenbach und Herzogenaurach zu nennen. Doch lag ein Großteil der Besitzungen außerhalb der Bistumsgrenzen, in Bayern, Kärnten, Schwaben, Thüringen, Sachsen, in der Steiermark oder dem restlichen Franken.

Mit den Würzburger Abtretungen hatte die Bamberger Diözese aber noch nicht ihre volle Größe erlangt. Jahrelang bemühte sich Heinrich II. vergebens, das Bistum Eichstätt zu einer Gebietsabtretung zu bewegen. Erst der Tod des dortigen Bischofs Megingaud gab Heinrich die passende Gelegenheit, indem er den ehemaligen Bamberger Domherren Gunzo zum Nachfolger ernannte. Doch selbst dieser äußerte, sobald er das neue Amt angetreten hatte, seinen Widerwillen, worauf Heinrich erklärte: *Gunzo, was muss ich von dir hören? Du weißt doch, dass ich dich nur deshalb zum Bischof ernannt habe, weil ich meinen Willen bei deinem Vorgänger, der mir ebenbürtig war, nicht durchsetzen konnte, während ich jetzt mit dir, der du – na ja – so einer bist, unverzüglich zum Ziel kommen will. Wenn du das Bistum und meine Huld behalten möchtest, dann nimm dich in Acht, dass ich nicht noch ein zweites Mal so etwas von dir höre.* Heinrich setzte sich auch hier durch.

Ein Papst besucht Bamberg

Nach der Gründung des Bistums Bamberg konnte sich Heinrich wieder verstärkt anderen Problemfeldern zuwenden. Die Welt hat sich damals schon nicht um Bamberg gedreht. Vielfältig waren die Aufgaben, um die sich das Königs- und Kaiserpaar zu kümmern hatte. Zum einen war fast die gesamte Regierungszeit Heinrichs II. hindurch die Lage an der Ostgrenze des Reiches bedrohlich. Dafür sorgte Boleslaw Chrobry, unter dem sich Polen zu einem Herrschaftsgebilde formierte. Mehrere Feldzüge führte Heinrich mit sehr begrenztem Erfolg gegen diesen Herzog. Einmal musste sogar Kunigunde das Heer zur Verteidigung aufbieten, da ihr Gemahl im Westen des Reiches beschäftigt war.

Aber auch Italien geriet nun stärker in das Blickfeld des Herrschers. Ein erster Italienzug hatte ihn 1004 nach Oberitalien gebracht. Der zweite (1013/14) führte ihn nach Rom. Dort erhielt er am 14. Februar 1014 von Papst Benedikt VIII. zusammen mit seiner Frau Kunigunde die Kaiserkrone. Er versprach dem Papst, stets als Beschützer der römischen Kirche aufzutreten.

Gerade diesen Schutz benötigte der Papst wenige Jahre später, als er sich vom stadtrömischen Adel und vom byzantinischen König bedroht sah. Er reiste deshalb zu Ostern 1020 nach Bamberg. Weswegen er gerade hierher kam, darüber gibt Benedikt VIII. selbst Auskunft: *Wiederholt (...) hat inständig der genannte Kaiser* (Heinrich II.), *glühend von überaus großer Liebe zu dem Bistum, welches er - durch Antrieb von Gott bewogen - ehrenvoll gegründet hat, uns gebeten, selbst nach Bamberg zu kommen, um es durch unsere apostolische Amtsgewalt zu bestätigen. Weil wir erkannten, dass seine beständigen Bitten und sein unablässiges Drängen aus einem gerechten Verlangen herrühren, haben wir es für ungerecht gehalten, ihm unser persönliches Erscheinen zu versagen, und dass darum menschliche Arglist Anlass nehme, gegen den ehrwürdigen Ort einmal aufzutreten.*

In Bamberg wurde er mit allen Ehren empfangen. Der → Diakon Bebo schrieb die Ereignisse später für den Kaiser auf: Vier Chöre waren zu seinem Empfang an verschiedenen Stellen platziert worden und begleiteten so den Einzug des Papstes in den Bamberger Dom. *Nachdem von diesen aufgestellten Chören die entsprechenden Gesänge mit weit tönendem Wohlklang und klarem Vortrag gesungen waren, er vor den drei Altären auf den Knien sein Gebet beendigt und sich auf dem Stuhl des Bischofs niedergelassen hatte, sang der Klerus das Te Deum, das Volk aber begann einmütig das Kyrie eleison* (...). Der Autor lehnt sich bei seiner Schilderung an den Einzug Jesu in Jerusalem an. Denn wie der Messias in seiner Stadt Jerusalem, so sollte auch der Papst in seiner Stadt Bamberg empfangen werden.

Heinrich und Kunigunde – Plastiken an der Adamspforte am Bamberger Dom.[18)]

Der rechtlich entscheidende Akt war, dass Heinrich II. das Bistum Bamberg an den Heiligen Stuhl übertrug. Der Papst wurde der Obereigentümer der Diözese. Als sichtbares Zeichen dieser Unterstellung sollte er jedes Jahr aus Bamberg ein weißes, gesatteltes Pferd erhalten. Heinrich hoffte, mit diesem rechtlichen Kniff seinem geliebten Bistum einen Schutz verschafft zu haben, der auch nach seinem eigenen Tod noch wirksam war.

Tod Kaiser Heinrichs II., Relief am Riemenschneider-Grabmal im Bamberger Dom.[19]

Das heilige Kaiserpaar

Die hl. Kunigunde empfängt den Schleier und tritt ins Kloster Kaufungen ein, Holzschnitt eines Bamberger Meisters, 1511.[20]

Umfassend hatte Heinrich II. für seinen kinderlosen Tod vorgesorgt. Am 13. Juli 1024 starb er in der Pfalz Grone bei Göttingen, nachdem er seiner Gemahlin Kunigunde die Herrschaftsinsignien übergeben hatte. Seinem Wunsche gemäß wurde sein Leichnam nach Bamberg überführt und dort im Dom beigesetzt. Mit Nachdruck betrieb in der frühen Stauferzeit der Bamberger Bischof Egilbert die Heiligsprechung des Herrschers, die sein Nachfolger Eberhard II. am 13. Juli 1047 zum Abschluss brachte.

Dabei war das Heinrichsbild des Mittelalters durchaus kontrovers. Die Vita Meinwerci berichtet, dass Heinrich seinen Bischöfen üble Streiche gespielt hat. Leute mit Honig einzustreichen und anschließend von Bären abschlecken zu lassen oder das Messbuch eines befreundeten Bischofs so zu manipulieren, dass er sich vor dem versammelten Hof lächerlich machte, passt nicht zum Typus des Heiligen. Mag man über solche Dinge noch großzügig hinwegsehen, so waren die Vorwürfe Kardinal Humberts von Silva Candida wesentlich brisanter. Er klagte ihn des Kirchenraubes an. Joachim von Fiore sah in ihm sogar einen der Köpfe des apokalyptischen Drachens. Auch wurde er in Verbindung mit der Entstehung des → Kurfürstenkollegs gebracht. Doch alle diese Erinnerungsstränge

Älteste Darstellung der Pflugscharprobe der hl. Kaiserin, Titelbild der *Vita S. Cunegundis,* lasierend kolorierte Federzeichnung, Bamberg, frühes 13. Jahrhundert.[21)]

hatten gegen die Bamberger Überlieferung vom frommen Stifter keine Chance. Die Bamberger Kirche bewies einen langen Atem. Mit ihrer Beharrlichkeit, die Generationen überspannte, verdrängte sie widersprechende Heinrichsbilder. In das Reich der Legenden gehört die Pflugscharenprobe. Ob man daraus auf Charakterzüge Heinrichs, zum Beispiel seine Eifersucht und seinen Jähzorn, schließen kann, ist umstritten.

Im Halbdunkel liegt das weitere Schicksal der Kaiserwitwe Kunigunde. Großen Einfluss auf die Politik konnte sie nicht mehr ausüben. Zwischen dem Tod Heinrichs II. und der Wahl des neuen Königs lagen nur sechs Wochen. In dieser Zeit aber handelte Kunigunde als Regentin. Nur für eine vormundschaftliche Regierung der Königsmutter über ihren Sohn wäre eine längere Herrschaft der Kunigunde denkbar gewesen. Kinder blieben dem Kaiserpaar aber bekanntlich verwehrt. Der Geschichtsschreiber Wipo berichtet, dass Kunigunde nach Kräften für das Reich eintrat, beraten von ihren Brüdern, Bischof Dietrich von Metz und Herzog Heinrich von Bayern: Mit klarblickender Einsicht war sie zielbewusst bemüht, dem Reich seine Festigkeit wiederzugeben.

Am 4. September 1024 fand in Kamba bei Oppenheim am Rhein die Wahl statt, in der sich Konrad der Ältere gegenüber seinem gleichnamigen Vetter durchsetzte. *Die schon genannte Kaiserin Kunigunde übergab ihm gerne die königlichen Insignien, die ihr Kaiser Heinrich hinterlassen hatte, und bevollmächtigte ihn dadurch zur Herrschaft, soweit ihr Geschlecht dazu ermächtigt war,* so schildert Wipo die Geschehnisse nach dem Wahlakt.

Darstellung von Papst Clemens II. an der nördlichen Ostchorschranke, geschaffen um 1230.[22]

Genau ein Jahr nach dem Tod Heinrichs II. trat Kunigunde in das Nonnenkloster Kaufungen ein, das sie einst gegründet hatte. Sie starb am 3. März 1033. Auch wenn die neuere Forschung begründete Zweifel anmeldet, so ist nach wie vor davon auszugehen, dass sie ihre letzte Ruhestätte in Bamberg fand. Am 9. September 1200 wurde auch sie hier zur Ehre der Altäre erhoben.

Ausblick - Existenzangst und Investiturstreit

Heinrich II. hatte dem Ort, den er nach der Aussage Thietmars von Merseburg von Jugend an geliebt hat, eine gute Ausgangsbasis verschafft, um in den politischen Stürmen der kommenden Dekaden und Jahrhunderte bestehen zu können.

Auf die erste Krise brauchte Bamberg nicht lange zu warten. Wahrscheinlich hatte sie Heinrich schon vorausgesehen. Sein Bruder, Bischof Brun von Augsburg, verschwor sich mit dem neuen König, dem Salier Konrad II., gegen das Obermainbistum, weil er es nicht ertragen konnte, dass fast das gesamte Erbgut Heinrichs nicht an ihn, sondern an die neue Bischofskirche gefallen war. Dies berichtet uns jedenfalls Frutolf von Michelsberg. Er kennt auch das legendenhafte Ende der Intrige: *Als er* (Brun von Augsburg) *sich zu später Stunde zurückgezogen hatte (...), da schien es diesem, als stehe sein Bruder, der Kaiser Heinrich, an seinem Lager und halte ihm sein Gesicht entgegen, das dadurch entstellt war, dass sein Bart auf einer Seite ausgerissen war. Darüber war er betroffen und verwundert, er fragte, wer sich solche Dreistigkeiten gegen ihn herausgenommen habe, und erhielt als Antwort: ‹Das hast du getan, weil du mich und die Heiligen Gottes, die ich mit den von Gott gewährten Gütern beschenkt habe, zu plündern beschlossen hast (...)›. Da erwachte er, das Gesicht versetzte ihn in tiefe Furcht, und kein geringer Schrecken und Zittern ergriffen seine Glieder.* Man darf es dahingestellt sein lassen, ob es Heinrichs himmlischem Wirken zu verdanken war, dass diese Pläne keine Erfolgsaussichten hatten, oder ob das Papsttum sein Missgefallen kundtat, als sich der Salier am Eigentum Roms vergreifen wollte.

Doch andere Schicksalsschläge konnte das Bistum nicht abwehren: König Konrad II. nahm Bischof Eberhard von Bamberg die Erzkanzlerwürde für Italien. Außerdem schufen die Salier durch die umfangreiche Förderung Nürnbergs einen neuen Gegenspieler für die Bamberger Kirche am südlichen Rand der

Diözese, der den Bamberger Bischöfen in den nächsten Jahrhunderten noch große Schwierigkeiten bereiten sollte. Auch unter den folgenden Königen und Kaisern des 11. Jahrhunderts war das Bistum an der Regnitz jetzt nur noch eines unter vielen.

Mehr Erfolge erzielte Heinrichs Gründung in Rom. Dort gelang es Eberhards Nachfolger Suidger (1040 – 1047) nach vielen Wirren in der Reichs- und Kirchenpolitik, den Papststuhl zu erklimmen. Er nannte sich nun Clemens II. Doch blieb er weiterhin Bischof von Bamberg, woraus sein Heimatbistum schon während seines Pontifikats großen Nutzen zog. Noch wichtiger war, dass er sich im Bamberger Dom bestatten ließ, was die Kathedrale nicht nur zur Kaiser-, sondern auch zur Papstgrablege machte, die einzige nördlich der Alpen. Hierin lag ein entscheidender Grund, weswegen auch die folgenden Päpste ein enges Verhältnis zu Bamberg aufrechterhielten. Langfristig führte dies in der Stauferzeit zur Exemtion Bambergs, zur direkten Unterstellung des Bistums unter den Heiligen Stuhl.

Bischof Hermann I. (reg. 1065–1075), Miniatur aus dem Traditionsbuch des Bamberger Stiftes St. Jakob.[23)]

Diese Beziehung wurde durch den Investiturstreit, die Auseinandersetzung zwischen Kaiser und Papst um die Frage, wer die Bischöfe im Reich einsetzen darf und wer die größere Autorität besitzt, auf eine harte Probe gestellt. Papst Gregor VII. sah sich 1075 sogar genötigt, Bischof Hermann I. von Bamberg (1065 – 1075) abzusetzen, da man diesem vorwarf, sein Amt durch Simonie (Bestechung) erlangt zu haben, und diese Anschuldigungen nicht widerlegt werden konnten.

Anders als nach den vielen päpstlichen Gunsterweisen der Vergangenheit zu erwarten, stellte sich das Bistum im Streit zwischen weltlicher und geistlicher Gewalt auf die Seite des Kaisers und blieb dort trotz aller damit verbundenen Konsequenzen. Erst Bischof Otto I. (1102 – 1139) wagte zu Beginn des 12. Jahrhunderts in zahlreichen politischen wie kirchlichen Fragen einen Neuanfang.

Sogenanntes Petrusmesser mit Elfenbeinscheide, wohl als Schreibzubehör aus klösterlich-kirchlichem Milieu (8. Jahrhundert) aus dem Bamberger Domschatz. [24)]

Kiliansfigur aus dem 14. Jh., vermutlich aus der alten Kilianskirche in Staffelstein. [25)]

741/742

Einrichtung des Bistums Würzburg durch den angelsächsischen Missionar Bonifatius unter Protektion des Frankenherrschers Karl Martell – erster Bischof Burkhard.

vor 754

Aufbau des Bistums Eichstätt durch Willibald, einen Schüler des Bonifatius. Seit dieser Zeit gehörte das spätere Bamberger Bistumsgebiet zu den Diözesen Würzburg und Eichstätt.

vor 600

Im Regnitzgebiet und im östlichen Oberfranken v.a. slawische Besiedlung; in Mainfranken seit spätestens 531 fränkische Vorherrschaft.

um 689

Spätestens mit dem irischen Mönch Kilian und seinen Gefährten Kolonat und Totnan Christianisierung des (main)fränkischen Gebietes, wenn auch zunächst wohl nur lückenhaft und oberflächlich.

6.-8. Jh.

Frühe Kirchen im östlichen Franken sind dem hl. Martin, dem Bischof von Tours, geweiht und deuten auf eine Christianisierung durch gallisch-fränkische Mönche zur Zeit der Merowinger oder frühen Karolinger (hl. Martin ist der wichtigste Heilige des Frankenreichs) hin. Dazu gehören die Martinskirchen in Fürth, Erlangen und Forchheim, Eggolsheim, Weichenwasserlos und Hallstadt.

Älteste Martinsdarstellung des Erlangener Raumes aus der Kirche auf dem Martinsbühl in Erlangen, um 1450. [26)]

482-511 ▪ Der Merowinger Chlodwig dehnt die Herrschaft der Franken weit nach Gallien hinein aus und festigt diese. Er tritt zum katholischen Glauben über und wird getauft.

732 ▪ Der karolingische Hausmaier Karl Martell schlägt zwischen Tours und Poitiers die Araber und stoppt damit das Vordringen des Islam an den Pyrenäen.

Glasfenster mit dem hl. Gumbert in der Ansbacher Schwanenritterkapelle aus dem Umkreis von Albrecht Dürer. [27]

775

Gründung des Klosters Ansbach durch den Adeligen Gumbert, der später als Heiliger verehrt wurde.

Beginn 9. Jh.

Hallstadt fungiert ebenso wie Forchheim als Grenzmarkt für den Handel mit den Slawen und markiert damit den östlichen Grenzsaum des fränkischen Großreiches. Als aus der Zeit um 800 stammende «Slawenkirchen» gelten Amlingstadt, Seußling, Bischberg, Trunstadt, Eltmann, Oberhaid, Uetzing, Isling, Modschiedel, Kirchschletten, Ludwag, Reuth, Kasendorf und Marktgraitz.

902

Erstmalige schriftliche Erwähnung Bambergs als Burg im Zusammenhang mit der so genannten Babenberger Fehde. Die mächtigen Adelsgeschlechter der Konradiner und Babenberger kämpften um die Vorherrschaft in Franken. Die Fehde endet mit der Auslöschung der Babenberger und einem Sieg der Konradiner. Nach archäologischen Erkenntnisse war der Domberg allerdings schon seit mindestens 300 Jahren bewohnt.

10. Jh.

Das oberfränkische Gebiet liegt zwischen dem Herrschaftsschwerpunkt der ottonischen Könige und Kaiser in Sachsen und den Machtzentren der bayerischen Herzöge.

Die Pfarrkirche von Modschiedel zählt zu den Slawenkirchen aus der Zeit vor der Bistumsgründung, Foto um 1930. [28]

964-966

König Berengar II. von Italien, ein langjähriger Gegner Kaiser Ottos des Großen, wird in Bamberg gefangengehalten und nach seinem Tod bestattet. Zu dieser Zeit waren in Bamberg offensichtlich schon die baulichen Voraussetzungen für eine königsangemessene Gefangenschaft und ein «Staatsbegräbnis» vorhanden.

973

Übertragung der Burg Bamberg an Herzog Heinrich dem Zänker von Bayern.

Der Pettstatter Silberbecher, geschaffen um 800 für den Gebrauch während der Messfeier. [29]

800 ▪ Karl der Große wird als Herrscher der Franken von Papst Leo III. an Weihnachten zum Kaiser gekrönt.

843 ▪ Im Vertrag von Verdun wird das Frankenreich in ein Mittel-, Ost- und Westreich geteilt. Aus den Teilreichen entwickeln sich in einem langen Prozess Frankreich und das Heilige Römische Reich Deutscher Nation.

962 ▪ Kaiserkrönung Ottos des Großen in Rom, der damit die Kaiserwürde für Jahrhunderte an die ostfränkisch-deutschen Herrscher bindet.

Die ehemaligen Außenfenster in der alten Heinrichskrypta des Domes. [30]

Heinrich und Kunigunde mit dem Dommodell im Hertnid-Altar aus Hof St. Lorenz. [32]

1007

Am Allerheiligentag (1. November) gibt eine Reichssynode Kaiser Heinrich II. ihr Einverständnis zur Gründung des Bistums Bamberg. Am selben Tag wird Eberhard, der Kanzler Heinrichs II., zum ersten Bischof der Bamberger Kirche geweiht. Dies sollte er bis zu seinem Tod im Jahre 1040 bleiben.

Vorderdeckel des Sakramentars Heinrichs II. [31]

1012

Am 6. Mai wird der Bamberger Dom eingeweiht. Zu diesem feierlichen Akt versammelt Heinrich Adelige und Geistliche des gesamten Reiches in Bamberg. Dem Bistum wird von Heinrich und Kunigunde gewaltiger Grundbesitz bis in den Harz und nach Kärnten übertragen.

1015

Gründung des Benediktinerklosters St. Michael als bischöfliches Eigenkloster durch Bischof Eberhard.

1016

Nach dem Tod des Eichstätter Bischofs Megingaud Erweiterung des Bistumsgebietes nach Süden und Osten um Gebiete entlang der Pegnitz, u.a. die Pfarreien Fürth und Hersbruck.

1020

Papst Benedikt VIII. weiht St. Stephan in Bamberg.

1002 ▪ Kaiser Otto III. stirbt in Italien. Bei den Auseinandersetzungen um seine Nachfolge, setzt sich der Bayernherzog Heinrich durch. Er ist der letzte Herrscher aus dem Haus der Ottonen.

1027 ▪ Konrad II., der Nachfolger Heinrichs II. aus dem Haus der Salier, wird in Rom zum Kaiser gekrönt.

Das Bistum Bamberg 1007 mit Erweiterungen bis 1032. [33)]

1024

Tod Heinrichs II. in der Pfalz Grone. Sein Leichnam wird nach Bamberg überführt und im Dom begraben.

1032

Erwerb der umfangreichen Königspfarrei Hof.

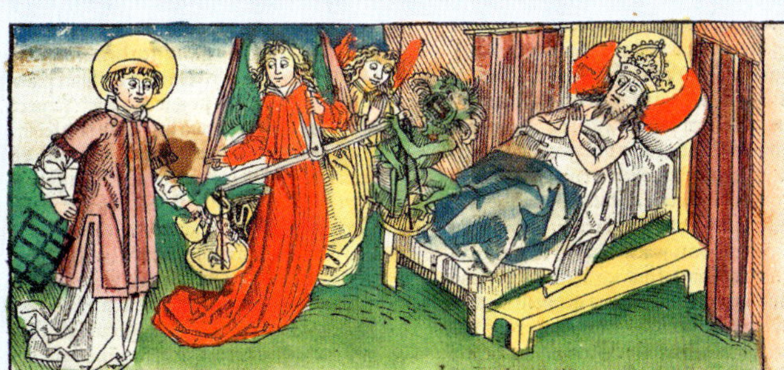

Seelenwägung von Kaiser Heinrich, aus dem Passionale von 1488. [34)]

1037 ▪ *Constitutio de feudis,* Erblichkeit der Lehen wird weiter verankert.

1054 ▪ Morgenländisches Schisma: endgültiger Bruch zwischen griechisch-orthodoxer und römisch-katholischer Kirche, als sich Papst und Patriarch von Konstantinopel gegenseitig exkommunizieren.

Brakteat mit dem Abbild Bischof Eberhards. [35]

1033

Tod Kunigundes im Kloster Kaufungen.

1040-1046

Suidger wird als Nachfolger Eberhards Bischof von Bamberg.

1046/1047

Nach der Absetzung dreier konkurrierender Päpste durch die Synode von Sutri wird Bischof Suidger von Heinrich III. zum Papst nominiert und am 25. Dezember 1046 als Clemens II. inthronisiert. Er stirbt schon wenige Monate später. Auf eigenen Wunsch wird er im Bamberger Dom beigesetzt. Es handelt sich hierbei um das einzig erhaltene Papstgrab nördlich der Alpen.

Kopfreliquiar der hl. Kunigunde in einer barocken Fassung. [37]

Grabmal des Papstes Clemens II. im Bamberger Dom. [36]

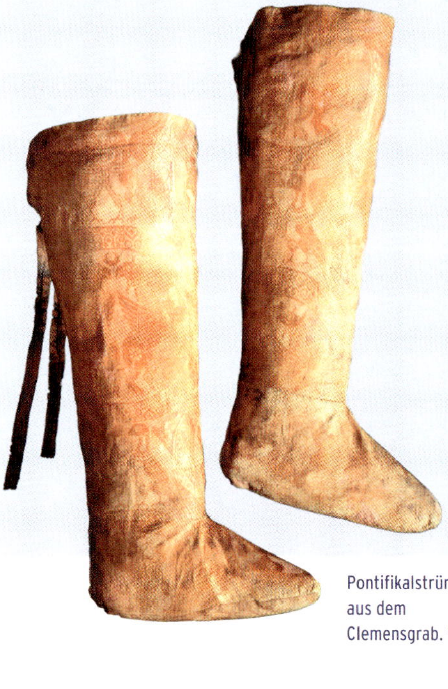

Pontifikalstrümp aus dem Clemensgrab. [38]

1066 ▪ Herzog Wilhelm von der Normandie besiegt in der Schlacht von Hastings die Angelsachsen, wird zum englischen König gekrönt und begründet damit ein den Ärmelkanal überspannendes Reich.

1076/77 ▪ Auf der Synode von Worms lässt Heinrich IV. Papst Gregor VII. absetzen, woraufhin der Papst den Kaiser bannt. Es folgt der Gang Heinrichs IV. nach Canossa, wo er die Lösung vom Bann erreicht.

Das Täuferrelief von Großbirkach (Landkreis Bamberg) zeigt vermutlich den Übertritt von Heiden zum Christentum und ist um 1040 entstanden. [39]

Sogenanntes Gunthertuch. [40]

1047-1053

Hartwig, der Kanzler Heinrichs III. für Deutschland, wird Bischof von Bamberg. Aufgrund der Verehrung gegenüber Papst Clemens II. und dem Bistumsgründer Heinrich wird Bischof Hartwig 1053 erstmals das Pallium verliehen, mit der Erlaubnis, es dreimal jährlich zu tragen.

1057-1065

Bischof Gunther wird als erster Bamberger Domkanoniker zum Bischof des Bistums gewählt. Er gründet das Kanonikerstift St. Maria und St. Gangolf in der Theuerstadt bei Bamberg und hält 1059 eine Diözesansynode ab. Diese versucht, die Erhebung des Zehnten und die Beachtung kirchlicher Bräuche bei den in der Diözese beheimaten Slawen sicherzustellen. Auf der Rückreise von einer Pilgerfahrt nach Jerusalem stirbt Bischof Gunther 1065 in Ungarn.

1065-1102

Unter den folgenden Bischöfen Hermann I. (1065–1075) und Rupert (1075–1102) erfährt das Bistum einen kirchlichen Niedergang. Im Rahmen der Auseinandersetzungen zwischen Kaisertum und Papsttum um die Suprematie (Vorherrschaft) in der abendländischen Christenheit (sog. Investiturstreit) wird Bischof Hermann I. 1075 sogar von Papst Gregor VII. wegen Simonie (Ämterkauf) abgesetzt und stirbt 1084, teilweise rehabilitiert, im Kloster Münsterschwarzach.

1095 ▪ Papst Urban II. ruft im französischen Clermont zum 1. Kreuzzug auf.

1099 ▪ Eroberung Jerusalems durch die Kreuzfahrer und Gründung des Königreichs Jerusalem.

Hl. Bischof Otto

12. JAHRHUNDERT

HEILIGER BISCHOF OTTO

Geburt als Spross eines edelfreien schwäbischen Geschlechts.[1)]

Ernennung zum Bischof von Bamberg. Otto ist außerdem Vorsteher der königlichen Kanzlei.[3)]

um 1065 um 1097 1102 1106

Ernennung zum Leiter der Dombauhütte in Speyer und zum königlichen Kaplan durch Heinrich IV.[2)]

Bischofsweihe durch Papst Paschalis II.[4)]

Der heilige Otto, Bamberger Bischof im 12. Jahrhundert, erwies sich – wie viele geistliche Größen seiner Zeit – als Multitalent. Er baute die wirtschaftliche Grundlage des Bistums aus, gründete und reformierte Klöster und unternahm zwei Missionsreisen nach Pommern.

Doppelverantwortung in schwieriger Zeit

Der heilige Otto von Bamberg war → Bischof und → Reichsfürst zugleich. Diese Doppelverantwortung für die *cura animarum*, für das seelsorgerliche Leben in seiner Diözese, wie für die Landesherrschaft im → Bistum, übernahm er in einer schwierigen Zeit. Die Vergabe von Bischofssitzen durch den → König und die Bestätigung durch den → Papst, wie sie die bisherige Praxis nach dem *ottonisch-salischen* → *Reichskirchensystem* vorsah, wurde in Frage gestellt, ja bekämpft. Die Auseinandersetzungen zwischen Kirche und Reich führten zum Investiturstreit unter Papst Gregor VII. (1073 – 1085) und König Heinrich IV. (1056 – 1106). Sie endeten vorläufig mit dem Gang des Königs nach Canossa

Missionar und Vermittler zwischen Kaiser und Papst

von Klaus Guth

Das Wormser Konkordat, an dessen Zustandekommen Otto maßgeblich beteiligt ist, beendet den Investiturstreit.

Bischof Otto stirbt am 30. Juni in Bamberg und wird im Chor der Klosterkirche St. Michael begraben.[6)]

1122 1124-28 1139 1189

Zwei Missionsreisen nach Pommern.[5)]

Heiligsprechung durch Papst Clemens III.[7)]

(1077). Gegen das gewachsene Schutz- und Führungsrecht des deutschen Königs in der lateinischen Kirche stellten Papst Gregor VII., die Reformpartei in Rom und die Cluniazenser die Forderung nach Freiheit der Kirche (*libertas ecclesiae*) von weltlichem Einfluss, auch und gerade bei der Abtswahl und bei der Besetzung der Bischofssitze im Reich.

Der Gegensatz zwischen → Kaiser und Papst hatte sich auf die Frage nach der Investitur zugespitzt. Papst Paschalis II. (1099 – 1118) ging es bei seiner Forderung nach Freiheit der Kirche, anders als bei seinen Vorgängern Gregor VII. und Urban II., um den Verzicht des Kaisers auch auf die Investitur von Äbten und Bischöfen. Dagegen wehrte sich Heinrich IV. Seit der → Fürstensynode von 1102 in Rom geriet er erneut in den → Kirchenbann. In diesem Konfliktjahr zwischen Kirche und Reich in einer Zeit der Wende wurde Otto I. zum Bischof von

Brustbild Ottos aus dem Michelsberger Nekrolog, um 1189 entstanden.[8)]

Bamberg durch Kaiser Heinrich IV. ernannt. War er ein Parteigänger des Kaisers? Seine Bemühungen um die Ordination (Weihe) durch den Papst lassen bereits damals sein Streben nach Ausgleich zwischen beiden Mächten erkennen.

Zu Beginn seiner Amtszeit stand Bischof Otto zwischen zwei Fronten. Der König kannte ihn bereits als zuverlässigen Mann durch dessen Dienste am Hof. Wie vorher unter Bischof Rupert von Bamberg (1075 – 1102) erhoffte sich Heinrich IV. Unterstützung vom Bischof im Kampf um die Investitur. Aus der Hand des Kaisers empfing er noch die Investitur mit Ring und Stab, als diesem Akt bereits theoretisch weitgehend die Rechtsgrundlage entzogen war. Als Mann seines Vertrauens hatte ihn der König zum Bischof erwählt. Er diente als Hauskaplan der königlichen Schwester Judith, die in zweiter Ehe mit Polenherzog Wladislaw I. Hermann vermählt war. Mit ihr zog Otto, ein Spross aus schwäbischem Adel (geb. um 1065), von Regensburg nach Gnesen. Dort erfuhr er von den Auseinandersetzungen zwischen den christlichen Polen und den heidnischen Pommern. Von Gnesen aus führten ihn Gesandtschaften an den königlichen Hof.

In Speyer wurde er wohl 1097 Leiter der Dombauhütte, ein großer Vertrauensbeweis des Herrschers, denn der Speyerer Dom war die Grabeskirche seines Geschlechts, eben der Salier. Unter Ottos Leitung wurde der Bau vollendet.

Nach kurzer Tätigkeit als Vorsteher der königlichen Kanzlei (→ Hofkapelle) bestimmte ihn der Kaiser am Weihnachtstag 1102 zum Bischof von Bamberg. In Begleitung seines Würzburger und Augsburger Kollegen zog er von Ampferbach, wo ihn eine Bamberger Abordnung empfing, nach Bamberg. Am Lichtmesstag des Jahres 1103 betrat er barfuß, trotz winterlicher Kälte, seine Bischofskirche. Diese Geste dokumentiert nicht nur seine Demut, sondern ist zugleich Zeichen seiner Reformbereitschaft im neuen Amt.

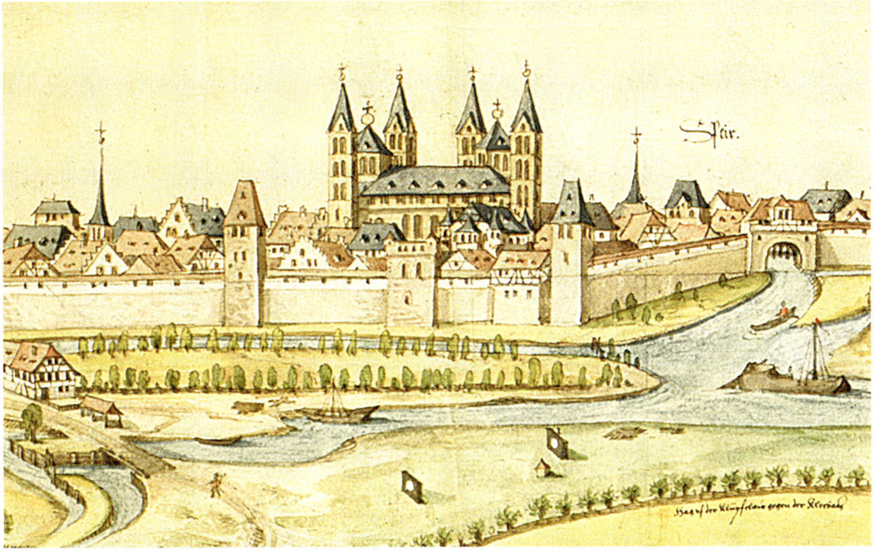

Ansicht des unter Otto vollendeten Speyerer Domes in einer der ältesten Stadtansichten aus dem Jahr 1574.[9)]

Bischöfe leisten Reichsdienst

Bei der Vergabe der *temporalia*, also des vom König übertragenen Kirchenguts und der königlichen Rechte, der Regalien, die Hoheitsrechte wie Markt, Münze und Zoll umfassten, beharrte Heinrich IV. auf seinem Standpunkt: Diese Rechte seien im Besitz des Reiches und Grundlage für den Reichsdienst der Bischöfe. Kirchengut und Rechte würden vom König (nach dem Lehnsrecht) (→ Lehen) verliehen und dienten der Einheit und Verwaltung des Reiches. Der Reichsdienst der Bischöfe war allgemein anerkannt, nicht aber die enge Verstrickung der Vergabe weltlicher Dienste (*saecularia*) mit dem kirchlichen Amt. Das Bischofsamt wurde von der Reformkirche als freiwillige Leistung verstanden, nicht als ein vom Reich einklagbares «Recht».

In zwei Stufen versuchten beide Parteien den Konflikt zu lösen. Der Romzug Kaiser Heinrichs V. im Jahr 1111 führte zu einem ersten Lösungsversuch. Der Papst, jetzt Paschalis II., erklärte sich in einem Vorvertrag zu einem Kompromiss bereit: Wenn der König auf die Investitur der Bischöfe (mit Ring und Stab) verzichte, werde der Papst auf alle Rechte und Besitzungen, die vom Reich kommen, ebenfalls Verzicht leisten. Dieser päpstliche Vorschlag, den der König akzeptierte, bedeutete die radikale Trennung der weltlichen Herrschaft vom geistlichen Bereich. Die Reichsbischöfe und Reichsäbte hätten damit ihre weltliche Macht verloren, die weltlichen Fürsten die ihnen übertragenen Kirchenlehen; die kuriale Partei wäre dann gezwungen gewesen, die der Kirche vom

Bischof

Ein Bischof (von griech. *episkopos* = Vorsteher, Aufseher) ist in vielen christlichen Kirchen ein Würdenträger, der die geistliche, liturgische und verwaltungstechnische Leitung eines bestimmten Gebietes innehat, das zumeist zahlreiche lokale Gemeinden umfasst und als Bistum bezeichnet wird. Nach kath. Auffassung setzt sich in den Bischöfen die Leitungsvollmacht fort, die Jesus den zwölf Aposteln übertragen hat. Sie sollen den ihnen anvertrauten Teilkirchen als Lehrer, Priester und Hirte dienen. Ein Bischof ist auch im Besitz der unbeschränkten Weihegewalt, kraft derer er Firmung und Priesterweihe erteilt, Altäre und Kirchen weiht. Zeichen des Bischofsamts sind die sog. Pontifikalien (Mitra, Stab, Ring und Brustkreuz).

König übertragenen Rechte und Güter zurück zu erstatten. Daher scheiterte der Vertrag am Widerstand der deutschen Fürsten. Papst Paschalis II. gab am 12. April 1111 dem Drängen Heinrichs V. nach. So blieb alles beim Alten: die Investitur mit Ring und Stab durch den König erfolgte vor der Weihe, die bischöfliche Weihe danach. Tags darauf wurde Heinrich V. zum Kaiser gekrönt. Der Konflikt zwischen der kirchlichen Reformpartei und dem König aber schwelte weiter. Ein Kompromiss war noch nicht in Sicht. Bischof Otto, von einer königlichen Abordnung in sein Amt in Bamberg eingeführt, war von Anfang an bestrebt, die kirchliche Weihe zu empfangen. Da sie aus kirchenpolitischen Gründen in der → Kirchenprovinz Mainz nur schwer zu vermitteln war, wandte sich der Bischof an den Papst. In Anagni spendete ihm Paschalis II. am Pfingstfest 1106 ohne besonderes Treueversprechen die Bischofsweihe und teilte den Vollzug dem Mainzer Metropoliten mit. Auf der Rückreise von Rom besuchte er im Oktober 1106 die Synode von Guastala. Ein Jahr später war er Mitglied der Gesandtschaft des Königs, die mit Vertretern des Papstes in Châlons über Fragen der Investitur erfolglos verhandelte.

Heinrich V. erhält Schwert und Ring von seinem Vater, Heinrich IV., Illustration aus der sächsischen Weltchronik, 1. Hälfte 13. Jahrhundert.[10]

Ausgleich zwischen Kaiser und Papst

In den kommenden Jahren scheint Ottos pragmatische Friedenspolitik dem Ausbau und der Sicherung seines Bistums gedient zu haben. Er beteiligte sich nicht an den Unternehmungen Heinrichs V. gegen Böhmen, Ungarn und Polen in den Jahren 1107 bis 1109 und drängte sich auch den genannten Verhandlungen von 1111 in Rom zwischen König und Papst nicht auf. Doch schien seine kirchenrechtliche Position im großen Konflikt eher der päpstlichen Partei als der königlichen zu entsprechen. Seine Anwesenheit auf den genannten Synoden, besonders aber seine Präsenz in Rom bei den Verhandlungen zwischen Kaiser und Papst, bestätigen diese Annahme. Von Rom kehrte er 1111 mit dem → Pallium heim. Sah der Papst in ihm bereits jetzt einen Mann des Ausgleichs zwischen beiden Parteien?

Otto empfängt von Papst Paschal II. das Pallium. Szene aus dem Ottozyklus im ehemaligen Kloster Michelsberg (17. Jahrhundert).[11]

Noch ein gutes Jahrzehnt schwelte der Streit zwischen Kaiser und Papst in der Frage der Investitur. Der Bischof versuchte, Reichs- und Kircheninteressen miteinander zu verknüpfen. Die Teilnahme an der Bestattung des gebannten Kaisers Heinrich IV. im Dom zu Speyer sowie an der Hochzeit Heinrichs V. mit der englischen Prinzessin Mathilde 1114, obwohl der Kaiser vom päpstlichen Legaten gebannt war, kennzeichnen Ottos unabhängige Stellung zwischen den Konfliktparteien. Im Schisma des Jahres 1118 erschien Otto weder auf der Synode zu Köln noch in Fritzlar. Dafür nahm er die Suspendierung und das → Interdikt 1118 über sein Bistum durch Erzbischof Adalbert von Mainz in Kauf, um sich der Anerkennung eines Gegenpapstes zu entziehen. Mit der Bestätigung des rechtmäßig gewählten Papstes Kalixt II. (1119 – 1124) durch das Reich blieb diese Kirchenstrafe jedoch nur von kurzer Dauer. Nach den Wirren des → Schismas und endlosen Streitigkeiten war die Zeit reif, einen Kompromiss in der leidigen Investitur zu finden. Die Fürsten ergriffen die Initiative, müde der Kämpfe im Reich und des Streites zwischen Kaiser und Papst.

Auf dem Fürstentag zu Würzburg 1121 ist auch Bischof Otto vertreten. Der dort ausgehandelte Vergleich beendete die → Fehden im Reich und legte im Streit zwischen Kaiser und Papst fest, dass Heinrich V. dem Papst Gehorsam entgegenbringen

Pallium

Eine päpstliche und erzbischöfliche Insignie, die über dem Messgewand als handbreites, mit sechs schwarzen Kreuzen verziertes ringförmiges Band um die Schultern gelegt wird. Seit dem 9. Jh. ist das Pallium Teil der Rangabzeichen eines Metropoliten und wird diesem vom Papst verliehen. Nach dem 12. Jh. musste der Empfänger das Pallium persönlich in Rom abholen. Da das Pallium nicht übertragbar ist, muss es mit dem verstorbenen Erzbischof begraben werden. In seltenen Ausnahmefällen wurde das Pallium als besondere Auszeichnung auch an einfache Bischöfe verliehen, so auch seit 1053 regelmäßig an die Bamberger Bischöfe.

Otto in bischöflicher Kleidung mit Bischofsstab (Hirtenamt) und Buch (Lehramt), älterer Grabstein in der ehemaligen Klosterkirche Michelsberg, 1287/88 entstanden.[12)]

solle. Er könne aber auf die Hilfe der Fürsten bauen, wenn es in Rom um die Wahrung der Reichsrechte ging. Die Fürsten sind in dieser Situation erstmals als Vertreter des Reiches greifbar. Aus einer Position der Stärke drängten sie den Herrscher, den Frieden im Reich wie mit dem Papst herzustellen. Gegenüber Rom als Mitverantwortliche für das Reich (*honor regni*) stärkten sie damit dem Kaiser den Rücken in den kommenden Verhandlungen. Diese mündeten ein Jahr darauf (1122) in das bekannte Wormser Konkordat.

Dadurch war ein Kompromiss zwischen den Ansprüchen des Herrschers und den Rechten der Kirche in der Frage der Investitur erreicht. Auch die Unterschrift des Bamberger Bischofs steht unter der kaiserlichen Fassung des Vertrages. In Kurzform bedeutet dies, dass die Berufung in das geistliche Amt im Prinzip eine kirchliche Angelegenheit sei. Die Belehnung der Bischöfe und Äbte mit den Regalien und die Einweisung in die weltliche Herrschaft erfolgt durch den König, in Deutschland vor der Konsekration, in Italien und Burgund innerhalb von sechs Monaten nach der Weihe. Damit sind die Bereiche der geistlichen und weltlichen Herrschaft (der *spiritualia* und *temporalia*) voneinander getrennt.

Auf dem Hoftag zu Bamberg fanden die Ergebnisse des Konkordates beim Rest der Fürsten, die in Worms fehlten, am 11. November 1122 Anerkennung. Von Bamberg ging dann die Friedensbotschaft nach Rom. Dort wurde der Vertrag ein Jahr später auf dem 1. Laterankonzil (→ Konzil) 1123 ratifiziert. Kaiser Heinrich V. lohnte die treuen Dienste seines Bamberger Bischofs mit Schenkungen an die Domkirche. In der Ergänzung der Unterschrift unter die kaiserliche Fassung des Friedenswerkes, das die geistlichen und weltlichen Fürsten in Worms am 23. September 1122 in Gegenwart des Kardinalbischofs Lambert von Ostia bestätigten, offenbarte Bischof Otto die Richtung seiner Bemühungen: *Gebt dem Kaiser, was dem Kaiser gehört und Gott, was Gott gehört* (Mk 12,17). Als Mitunterzeichner des Wormser Konkordates fasste er in diesem Bibelwort seine Tätigkeit als Vermittler zusammen.

Konzil

Unter einem Konzil (von lat. *concilium* = Versammlung) wird eine Versammlung von Bischöfen und anderen kirchlichen Amtsträgern verstanden. Zweck ist in der Regel die Erörterung und Entscheidung von Glaubensfragen und -streitigkeiten und die Gesetzgebung in kirchlichen Angelegenheiten. Ein ökumenisches oder allgemeines Konzil, welches zunächst vom Kaiser, seit dem 11. Jh. vom Papst einberufen wird, repräsentiert die gesamte Kirche und besitzt nach katholischem Verständnis Unfehlbarkeit in seinen Glaubensentscheidungen. Die gefassten Beschlüsse bedürfen zu ihrer Gültigkeit der Bestätigung durch den Papst.

Erste Missionsreise nach Pommern

Der glückliche Abschluss des Wormser Konkordates, als dessen Architekt auf kaiserlicher Seite Bischof Otto durch die kanonische Unterscheidung zwischen den beiden Machtbereichen im Sinne des Rechtsgelehrten und Bischofs Ivo von Chartres wohl gelten darf, und die Rückendeckung durch den Papst erleichterten seinen Entschluss, nach Pommern zu ziehen. Dort sollte er auf Wunsch des Polenherzogs Boleslaw III. (1102 – 1138) das Evangelium an der Ostsee verkünden. Zu Polen bestanden seit seiner Tätigkeit als Hofkaplan der Königinwitwe von Ungarn und Schwester König Heinrichs IV. enge persönliche Beziehungen, seit Judith den Polenherzog Wladislaw Hermann in zweiter Ehe geheiratet hatte. Deren Sohn Boleslaw III., genannt Schiefmund, war vom Wirken des Wanderpredigers und spanischen Missionsbischofs Bernhard in Pommern enttäuscht. Dieser hatte in seinem ärmlichen Aufzug bei den Pommern nur Spott geerntet. Über den Spanier bezog Bischof Otto seine Kenntnisse von Land und Leuten in der Ferne, als jener eine Zeit lang als Gast im → Kloster Michelsberg weilte. Die Bitte des Polenherzogs, die Mission in Pommern wieder aufzunehmen, besaß zusätzlich einen handfesten politischen Grund: Es galt, die Kirchenprovinzen Magdeburg und Hamburg-Bremen in ihren Expansionsbestrebungen nach dem Osten durch einen erfolgreichen polnischen Missionsvorstoß auszuschalten. Die späteren Biografen Bischof Ottos, Ebo und Herbord, bestätigen diese Absicht zugunsten der polnischen Kirchenprovinz Gnesen in ihren Berichten.

Mit Zustimmung des Papstes Kalixt II. fand die erste Missionsreise des Bamberger Bischofs nach Pommern 1124/25 statt. Anders als der spanische Missionsbischof zuvor zog Otto im Glanz eines deutschen Reichsfürsten und gut vorbereitet nach Pommern. Mit großem Gefolge von 20 Geistlichen, darunter Pfarrer Werner von Kirchehrenbach, → Prior Ulrich vom Egidienspital in Bamberg und der spätere Mönch Sefried vom Kloster Michelsberg, reiste man ab. Im Gepäck lagerten Paramente (im Kirchenraum und in der Liturgie verwendete Gewänder), liturgische Geräte, Bücher und wertvolle Gewänder. Sie sollten auf die Vornehmen der heidnischen Pom-

Pommernherzog Boleslaw vor dem hl. Otto, Ölgemälde aus der alten Domausstattung.[13]

Überfall auf den hl. Otto, Darstellung in einer Initiale C aus einer Michelsberger Handschrift von 1614.[14)]

mern Eindruck machen. Über Kloster Michelfeld, Waldeck, Vohenstrauß und Kloster Kladrau erreichte man Prag. Von dort ging es über Wartha und Nimptsch zur polnischen Grenze. Hier empfing sie der Polenherzog und begleitete den Zug über Breslau, Kalisch und Posen nach Gnesen. Von hier begann die eigentliche «Heidenfahrt», wohl ausgerüstet mit frischen Lebensmitteln, Landeswährung und drei sprach- und landeskundigen Kaplänen des Herzogs. Eine militärische Eskorte von 60 Bewaffneten begleitete die Wagenkolonne. Bischof Otto gelang es, beim ersten Zusammentreffen mit dem Pommernherzog Wartislaw I. dessen Unterstützung für seine Missionsaufgabe zu gewinnen. Er predigte in Pyritz, Kammin, Wollin, Stettin und anderenorts.

In den Berichten seiner späteren Biografen werden mit unterschiedlichen Akzenten besonders die machtvolle Predigt des Missionars und sein herrschaftliches Auftreten herausgestellt. Gerade Herbord berichtet von Ottos katechetischer Predigt über die Bedeutung der Taufe und die der übrigen Sakramente. Die Zerstörung der Götzenbilder, der Bau und die Weihe neuer Kirchen stehen beim Biographen Ebo im Mittelpunkt seines Berichts. In der Handelsstadt Wollin wurde Bischof Otto handgreiflich bedrängt; in Stettin war man erst in dem Fall zur Taufe bereit, wenn der Polenherzog Boleslaw einer Tributerleichterung schriftlich zustimme. Über 22.000 Menschen soll Bischof Otto 1124/25 in Pommern getauft haben. Dazu gründete er an neun Orten elf Kirchen und versuchte, durch Verbote heidnische Bräuche zu beschneiden. Die Gründung eines Bistums der Pommern von Stettin aus gelang nicht.

Eine zweite Missionsreise wird nötig

Auch wenn je zwei Gotteshäuser in Wollin und Stettin mit Patrozinien des hl. Adalbert, des hl. Petrus und des hl. Georg, letztere nach Vorbild des Bamberger Doms, errichtet wurden, blieb die Kirchenorganisation instabil. Es gab zu wenige Priester vor Ort. Und die Reaktion der noch halbheidnischen Bevölkerung gegen die polnische Oberherrschaft förderte Unruhen und Abwendung. So sollte eine zweite Missionsreise 1128 das Pommernland befrieden. Im Auftrag Kaiser Lothars, der selbst aus Gründen der Expansion des Reiches nach Osten am Missionsgebiet Pommern interessiert war, machte sich Bischof

Otto am Gründonnerstag 1128 auf den Weg. Bis Havelberg benutzte man zur Beförderung der Lasten möglichst ein Schiff, erreichte später mit einer Wagenkolonne dann das Gebiet des Müritz-Sees und den Ort Demmin. Wie vereinbart fand dort ein Treffen mit dem Pommernherzog Wartislaw I. statt. Zusammen mit seinen Großen beschloss er in Usedom am Pfingstfest 1128, sich dem Christentum anzuschließen, ohne den polnischen Herzog Boleslaw III. in die Entscheidung einzubeziehen. Nur Ottos Autorität als Reichfürst hielt Herzog Boleslaw von einem Angriff auf die Pommern ab und führte zur Vermittlung zwischen beiden Lagern. In Gegenwart des Bischofs schlossen beide Fürsten erneut einen Freundschaftsvertrag. Fürst Wartislaw I. von Pommern erkannte gleichzeitig die polnische Kirchenoberhoheit an.

Dieser Ausgleich erleichterte die Arbeit des Missionars angesichts der heidnischen Priester in Stettin. Nach einem dortigen misslungenen Anschlag erklärte sich die Mehrheit der Stadt wieder zur Annahme des Christentums bereit, so auch in Pyritz, Wollin und Kammin. Missionspläne auf der Insel Rügen ließen sich aus politischen Gründen nicht realisieren.

Die konkreten politischen Gründe zur Pommernmission am Anfang des 12. Jahrhunderts wurden durch die spätere theologische Argumentation der Biografen Ottos unterstützt. Dessen Missionsreisen waren eine *gewaltlose Heidenfahrt* mit dem Ziel, die Nichtchristen und Wankelmütigen durch Predigt und missionarische Kompetenz zu überzeugen. Zwar standen im Hintergrund der Bekehrungsoffensive kaiserliche Macht und die Pracht lateinischer Liturgie und deutscher Kultur. Doch in den Augen der heidnischen Priester blieb der Christengott ein fremder, eben ein «deutscher Gott». Erst der Gesinnungswandel der Großen des Landes, durch Predigt und Seelsorge der Missionare erreicht,

Missionsreisen des hl. Otto nach Pommern.[15]

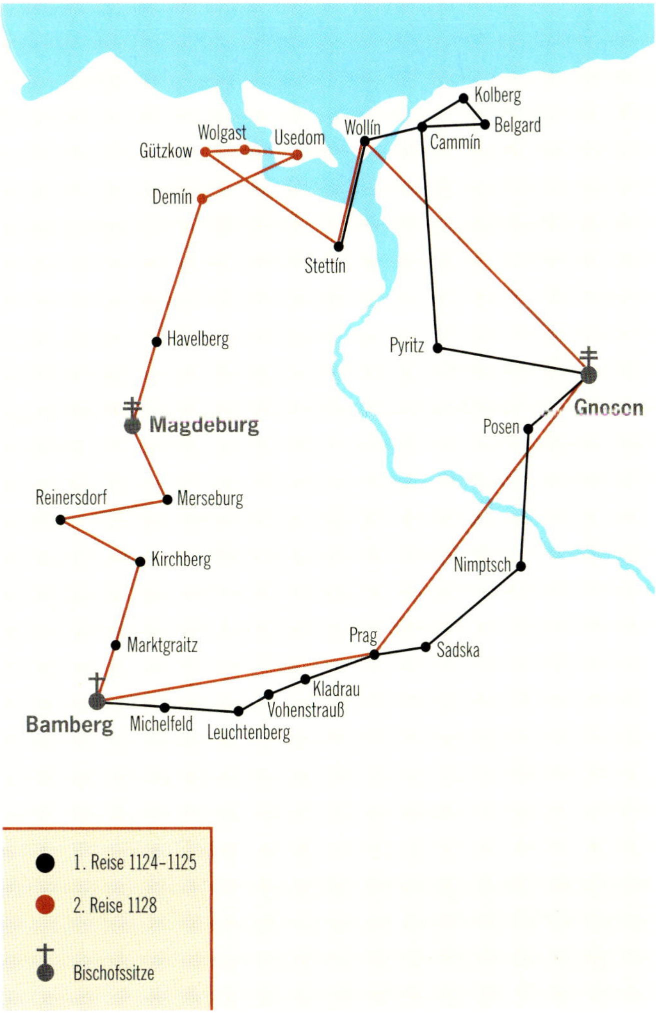

führte die Wende herbei. Die Annahme des Christentums durch das Volk der Pommern entwickelte sich in Stufen, zuerst in den Gebieten östlich der Oder, dem Einflussgebiet des Herzogs Wartislaw, dann in Stettin und schließlich in Wollin. Eine kirchliche Organisation jedoch erfolgte erst nach dem Tode des Bischofs. 1140 wurde sein ehemaliger Dolmetscher Adalbert, der zugleich Kaplan beim Polenherzog war, erster Bischof von Wollin. Von dort wurde das Bistum 1180 nach Kammin verlegt.

Der Kaiser rief Bischof Otto in sein Bistum zurück. → Abt Wignand vom Kloster Theres, sein Sachwalter im Bistum, konnte ihn zum Abbruch der Mission nicht bewegen. Erst die massive Drohung des Herrschers, *er werde andernfalls dessen Güter einziehen*, erzwang seine Rückkehr. Am 20. Dezember 1128 residierte er wieder in Bamberg. Von Bamberg aus blieb er durch Boten, Stiftungen und die Kirchenhoheit «seinem» Missionsland verbunden. Von Bamberg aus behielt er auch die Leitung der Kirche von Pommern, da man sich über die kirchliche Zugehörigkeit des Landes noch nicht einigen konnte.

Neubauten und Reformen

In seiner überlegten und bei politischen und kirchenpolitischen Streitfragen seiner Zeit vermittelnden Einstellung vermochte Bischof Otto Treue gegenüber dem König und Reformgesinnung mit Rom zu verknüpfen. Die Erfolge solcher Politik dokumentieren zahlreiche Schenkungen der deutschen Könige an Otto und das Bistum Bamberg. Diese Schenkungen, dazu die vorzügliche Verwaltung des Bistums, erleichterten es ihm, zahlreiche Stifte und Klöster auch außerhalb der Grenzen des Bistums neu zu errichten oder wieder zu begründen. Erfahrungen bei der Verbesserung der pastoralen Situation im eigenen Bistum kamen ihm dabei zugute.

Reste der unter Bischof Otto erweiterten Ostkrypta des Heinrichsdomes.[16)]

Hatte er den am 3. April 1081 abgebrannten Heinrichsdom, der unter Bischof Rupert nur notdürftig wieder für den liturgischen Dienst hergerichtet worden war, nach Amtsantritt nahezu vollständig in alter Pracht wieder hergestellt, so baute er die Klosterkirche der → Benediktiner am Michelsberg nach dem Erdbebenschaden von 1117 im Ostteil nach

Ottos Vorliebe für das Kloster Michelsberg spiegelt sich in zahlreichen Darstellungen wider, die ihn mit einem entsprechendem Kirchenmodell darstellen, Malerei in einem Otto–Offizium aus dem Jahr 1500 für das Kloster Langheim.[17)]

Abriss der Baureste wieder neu auf, 1121 wurde sie geweiht. Im Dom wurde ein neuer Fußboden gelegt, wurden die vom Brand beschädigten Pfeiler befestigt, die Wandgemälde erneuert und es wurde der Georgenchor «erhöht» und dem Westchor in etwa angeglichen. Gegen zukünftige Feuer deckte man das Dach mit Kupfer ein. Die Umgebung der Domkirche mit den Kapitelsbauten und der blühenden Domschule wurde neu gestaltet. Am Michelsberg baute im Auftrag des Bischofs der Laie Richolf nach dem Vorbild der Hirsauer Mönchskirche St. Michael mit Querhaus und Paradies wieder auf. Unter dem Reformabt Wolfram I. (1112 – 1123) war die Zahl der Michelsberger Konventualen bei dessen Tod von 20 auf 70 angewachsen. Otto selbst hatte seinen ehemaligen Vertrauten vom Kloster Hirsau nach Bamberg geholt, damit er hier die strengere Ordensregel einführe. Diese sollte auch in der Zelle St. Getreu Gültigkeit haben, deren Kirche Otto der hl. Fides kurz vor seiner Abreise nach Pommern 1124 weihte.

Das Kloster Sankt Michael vor den Toren Bambergs stand an der Spitze der Reform bischöflicher Eigenklöster. Abt und Mönchsgemeinschaft lebten nach den strengeren Hirsauer Statuten. Die Erweiterung der Klostergebäude, der Neubau der bereits genannten Klosterkirche, der Wiederaufbau der Marien- und der Bartholomäuskapelle sowie der Torkapelle St. Oswald und die Errichtung einer Brunnenleitung aus dem Michelsberger Wald in das Kloster bezeugen den äußeren wirtschaftlichen Aufschwung des Klosters. Die Vorliebe des Bischofs für das Kloster bestätigen seine zahlreichen Schenkungen.

Die Reform der Klöster im gesamten Bistum wurde durch das herrschende → Eigenkirchenwesen erleichtert. Indem der Bischof verstärkt als Eigenkirchenherr und Gründer von Klöstern in seinem Bistum auftrat, an Stiftungen von Laien, → Ministerialen und Adeligen sich selbst mitbeteiligte oder untergegangene Klöster wieder aufleben

Otto baut den Dom und Kloster Michelsberg wieder auf, Szene aus dem Ottozyklus im ehemaligen Kloster Michelsberg.[18)]

Darstellung des Klosters Langheim in der Initiale O einer Klosterhandschrift.[19]

ließ, ordnete er diese der Herrschaft der Bamberger Kirche ein. Damit wurde der weltliche Einfluss adeliger Stifter und der ihrer Vögte auf das jeweilige Kloster eingedämmt und relativiert. Der bischöfliche Kirchenherr erhielt so Einfluss auf die Einführung von Reformen in neuen oder wiederhergestellten Klöstern.

In der Vorstellung des Bischofs sollten sich die einzelnen Orden in seinem Bistum, ob Benediktiner, Zisterzienser, Prämonstratenser oder Augustinerchorherren, zu einem Verband zusammenschließen. In diesem «Klosterreich» auf Bamberger Eigenbesitz, der von Franken über die heutige Oberpfalz, über Niederbayern bis nach Kärnten reichte, fanden die Reformvorstellungen nach der strengeren Regel Eingang. Diese waren dann am besten gewährleistet, wenn die klösterlichen Gemeinschaften in einem *ordo* (Verband) zusammengeschlossen wurden. Dafür erwirkte Otto am 28. Oktober 1131 ein päpstliches Privileg. Es diente den gemeinsamen Beratungen und Beschlüssen *aller Klöster Bamberger Zugehörigkeit* zu Lebzeiten des Bischofs. Der einheitliche Klosterverband war aber nicht von Dauer.

Die Reformbestrebungen Bischof Ottos griffen weit aus. Sie veränderten das Klosterleben ehemaliger Eigenklöster, führten zu Gründungen und Wiedergründungen, die bis in andere Kirchenprovinzen reichten. *In nicht weniger als sieben Diözesen wurden 27 Klöster entweder von ihm selbst oder doch mit seiner nachdrücklichen Unterstützung gegründet oder erneuert.* Das Benediktinerkloster Michelfeld und die von Kloster Ebrach besiedelte Zisterze Langheim zählten zu Ottos Lieblingsklöstern.

Bereits zu Beginn seiner Regierungszeit legte er den Grundstein zu zahlreichen Benediktinerklöstern: zum Kloster Arnoldstein bei Villach in Kärnten 1106, zum Kloster Aura an der fränkischen Saale im Bistum Würzburg 1108, zum Kloster Münchaurach und zum Frauenkloster Zella bei Neidhartshausen. 1109 folgten die Neugründung des Klosters Prüfening bei Regensburg, die Reform im Kloster Banz 1114, dann die Übernahme von Kloster Mallersdorf und die Gründung der Klöster Ensdorf an der Vils und Biburg im Bistum Regensburg. Das Kollegiatsstift Münchsmünster im gleichen Bistum wurde den Benediktinern 1128 zurückgegeben. Die Klöster Asbach in der

Eigenkirchenwesen

Eine Eigenkirche (auch Klöster, Bistümer) wurde als zum Vermögen desjenigen gehörend aufgefasst, der sie gegründet hatte bzw. auf dessen Grund sie stand. Die Geistlichen an der Eigenkirche befanden sich in wirtschaftlicher und rechtlicher Abhängigkeit vom Grundherrn, der damit die Lehrhoheit und die Verfügungsgewalt des Bischofs über den Kleriker beeinträchtigte und oft sogar aufhob. Seine Blütezeit hatte das Eigenkirchenwesen im 8. – 10. Jh., bevor es im 12. Jh. aufgrund zunehmenden kirchlichen Widerstands zu großen Teilen verschwand.

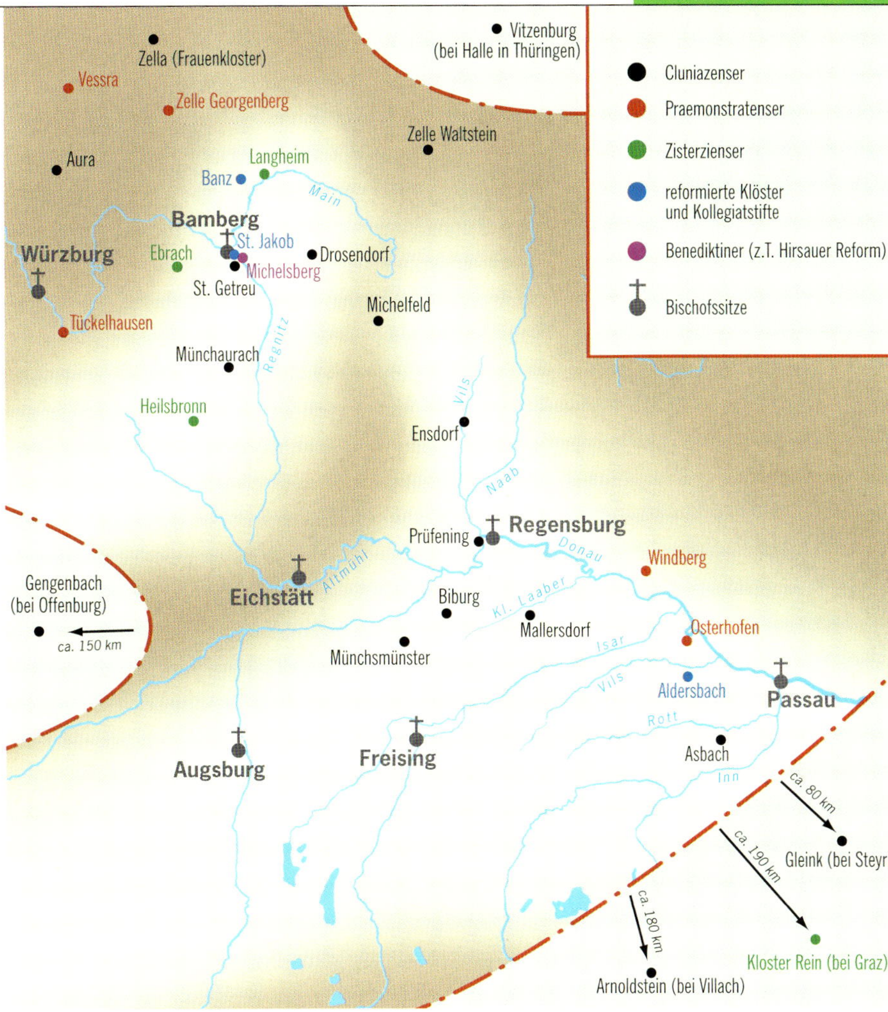

Von Otto initiierte Klosterreformen.[20)]

Diözese Passau und Gleink bei Steyr sind Neugründungen durch Ottos Initiative. Das Nonnenkloster Vitzenburg an der Unstrut wurde nach Reinsdorf in der Diözese Halberstadt verlegt.

Dem jungen Orden der Prämonstratenser wurden die Klöster Windberg, Osterhofen und Vessra/Thüringen übergeben, letzterem die Zelle Georgenberg-Rodach angegliedert. Tückelhausen bei Ochsenfurt ergänzte Otto mit Zustiftungen an den gleichen Orden. Das Doppelstift der Prämonstratenser war zuvor dem Bamberger Bischof übereignet worden. Die Neugründung der Zisterze Ebrach 1127 unter Abt Adam, einem Vertrauten Bernhards von Clairvaux, förderte er. Von Morimond kam der Abt mit zwölf Gefährten in das Tal der Ebrach. Zwischen den Jahren 1129 und 1132 entstanden von dort aus bereits drei Filiationen: Kloster Rein in der Steiermark, Kloster Heilsbronn und Kloster Langheim. Nach Bischof Ottos Tod wurde der Klosterverband Ebrach durch Neugründungen in Nepomuk/Böhmen und Bildhausen erweitert. Kloster Aldersbach, das Otto gegründet und Augustinerchorherren übergeben hatte, verwandelte man später in ein Zisterzienserkloster.

Bamberg als Zentrum der Bildung

Klosterreformen und Landesausbau waren Voraussetzung für Bildung und Pfarrseelsorge im Bistum. Klostergründungen sicherten zugleich den Bamberger Besitz in deren Nähe. In der bekannten Schreibschule am Kloster Michelsberg entstanden bis zum Jahr 1159 die Otto-Viten der Verfasser Ebo und Herbord, dazu das Werk eines anonymen Verfassers, die *Relatio de piis operibus Ottonis episcopi Bambergensis.* Der Bericht war kurz nach dem Tod des Bischofs entstanden (1139), ebenso die *Commendatio pii Ottonis.* Im Auftrag Bischof Ottos setzte der Hirsauer Mönch Ekkehard, später Abt von Kloster Aura, vermutlich als Gast in Bamberg die Weltchronik des Michelsberger Mönches Frutolf fort und zog außerdem als Begleiter des Bischofs wiederholt mit ihm nach Italien.

Die durch Domscholaster Meinhard, ab 1085 Bischof von Würzburg, hochberühmte Schule am Bamberger Dom zog auch zu Bischof Ottos Zeiten Schüler von überall in ihren Bannkreis. Meginhard, der spätere Erzbischof von Prag, Erzbischof Eberhard I. von Salzburg oder der Bamberger Domdekan (→ Dekan) Egilbert, später Patriarch von Aquileja, wurden im fränkischen Rom auf ihr Amt vorbereitet.

Um die kirchlichen Festtermine zu berechnen, bedurfte es genauer Kenntnisse. Heimo vom → Kanonikerstift St. Jakob hatte eben ein Handbuch der Zeitrechnungslehre verfasst (*Computus*). Die Komputistik war ein notwendiges Fach im Lehrbetrieb des Quadriviums der Domschule. Zusammen mit der Chronographie diente sie auch der Weltchronographie, wie sie die Michelsberger Mönche Frutolf oder Ekkehard pflegten. Ihm, Frutolf vom Michelsberg, fühlte sich Heimo von St. Jakob bei der Abfassung seines verloren gegangenen *Computus* und der erhaltenen zwei Bücher *De decursu temporum* verpflichtet. Im Widmungsbrief an Prior Burchard vom Kloster Michelsberg erbat er sich von ihm und von Domscholaster Tuto Kritik und klärende Gespräche zur Harmonisierung seiner Weltalterlehre. Die Diskussion zur *ratio temporum*, zur Zeitrechnungslehre also, ist für jene Jahrzehnte in den Bibliotheken am Dom und in St. Michael reich überliefert.

Geistliche Bildung auf der Höhe der Zeit war sicher auch Anliegen des Bischofs. Seine Domschule und Klöster bestätigen dieses Ziel. Die verbesserte Seelsorge im Bistum Bamberg durch Pfarreigründungen, die karitative Versorgung von Notleidenden in der Bischofsstadt oder der Landesausbau im Benehmen mit Kaiser und Papst sind Teile einer pragmatischen Friedenspolitik in der Zeit nach der Pommernmission. Um den weit verstreuten Bamberger Besitz zu erhalten und zu erweitern, bedurfte es in weltlicher und pastoraler Hinsicht einer klugen Hand. Otto sicherte das Bistum Bamberg an seinen Grenzen durch eine konsequente Territorialpolitik und beschnitt die Rechte der Vögte auf kirchlichem Grund und Boden.

Bild:
Die Buchkultur trug wesentlich zum Ruf Bambergs als Zentrum der Bildung bei. Das Bild zeigt Dompropst Eberhard, der dem hl. Georg, als Patron des Domes und der Domkanoniker, ein Buch überreicht, Mitte 12. Jahrhundert.[21]

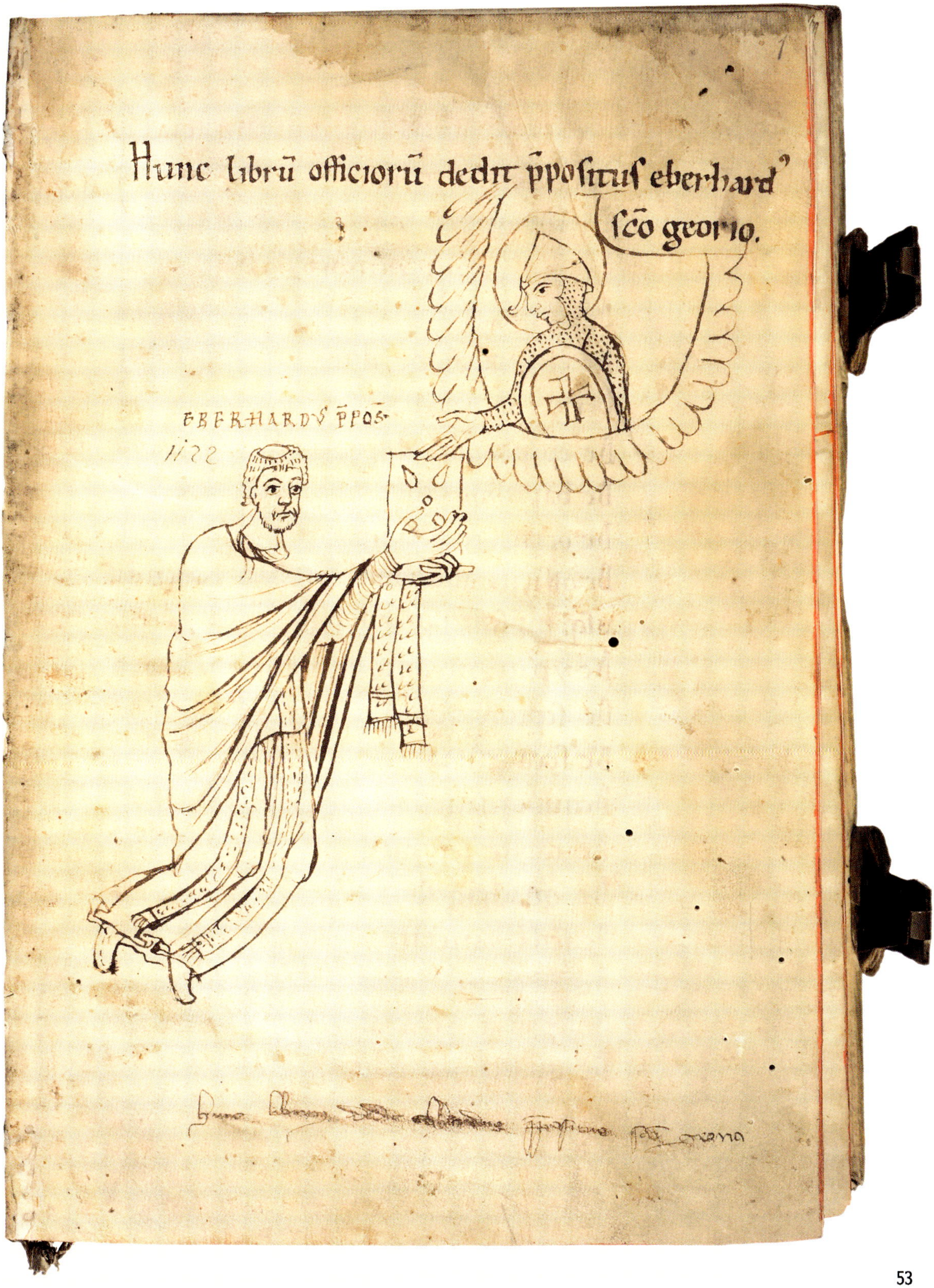
Hunc librū officiorū dedit ppositus eberhard
scō georio.
EBERHARDVS PPOS
1122

Otto treibt den Landesausbau voran

Im bayerischen Nordgau erhielt er durch Schenkung 1107 von Kaiser Heinrich V. die Burg Albuinstein. Aus dem Erbe der Schweinfurter Grafen kaufte er die Burgen Pottenstein, Gößweinstein, Leupoldstein und Burggailenreuth in der heutigen Fränkischen Schweiz, ergänzt durch feste Stätten in Henfenfeld bei Hersbruck und Eschenfeld. Vom gleichen Kaiser erhielt er die Herrschaft Kronach (1122) mit wichtigen Passstraßen im «Nordwald» nach Thüringen. Selbst im Gebiet der Andechser Grafen scheint die bischöfliche Erwerbspolitik Erfolge zu verzeichnen. Rechte an der Burg Niesten bei Weismain im Osten des Bistums oder der Erwerb der Burg Ebersberg an der Grenze zum Bistum Würzburg sollten Bamberger Streubesitz am Rande des Steigerwaldes um Zeil sichern. Den jeweiligen Erwerb genannter Güter bestätigen kaiserliche oder päpstliche Privilegien.

Nicht ohne Grund gilt Bischof Otto in der Forschung als Wiederhersteller (*reparator*) des Bamberger Territoriums. Als Mann des Ausgleichs erreichte er die Konsolidierung des Bistums, und dies ohne kriegerisches Eingreifen und Kämpfe im Bistum.

Burg Niesten sollte Bamberger Streubesitz nach Osten hin sichern, Bleistiftzeichnung von Carl August von Lebschée, 1855.[22]

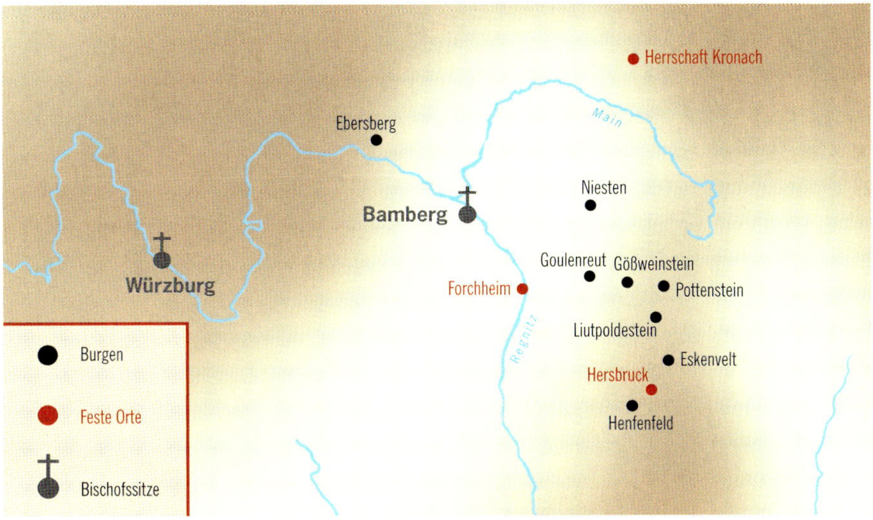

Burgen und feste Orte unter Bischof Otto.[23)]

Otto fördert die Seelsorge nachdrücklich

Offenbar hatte Ottos Neutralitätspolitik in den Wirren des römischen Schismas nach dem Tod des Papstes Kalixt II. und in den Kämpfen um den Königsthron zwischen den Saliern und Staufern Erfolg. Auf dem glänzenden Hoftag am 17. März 1135 zu Bamberg unterwarf sich Herzog Friedrich II. von Schwaben Kaiser Lothar von Supplinburg. Der verhandelte Ausgleich bestätigte die Reformpolitik Ottos im Innern des Bistums. Dem bischöflichen Vorbild folgend erweiterten einzelne Adelige Ottos klösterliche Neugründungen durch Zustiftungen oder traten selbst als Konversen in das Kloster ein. Die Klosterkirche Heilsbronn diente dem Erbbegräbnis der Grafen von Abenberg, die von Langheim wurde später Begräbniskirche der → Andechs-Meranier. In der Regel unterstanden die Bamberger Eigenklöster einem adeligen → Vogt.

Das hinderte den Bischof nicht, in der Diözese neue Seelsorgestellen zu errichten, so in Buchau, Gärtenroth, Lindenhardt, Pottenstein und Seibelsdorf. Sie wurden oft Klöstern inkorporiert. Buchau und Gärtenroth kamen zum Kloster Michelsberg, Lindenhardt nach Kloster Ensdorf in der Oberpfalz, Banz erhielt die Patronatsrechte über Seibelsdorf. Der Domkanoniker Herold stiftete die Kirche St. Leonhard mit Pfarrei bei Michelfeld.

Was auf den Diözesan-Synoden 1134 oder 1137 beschlossen wurde, ist nicht überliefert. Ottos persönliche Zustiftungen an Klostergründungen oder die Ausstattung der neuen Spitäler sind in den Urkunden verzeichnet. So gründete er in Bamberg auf dem *Lougebouhel* das Egidienspital, das er anfangs dem Kollegiatsstift St. Jakob, später dem Kloster Michelsberg übereignete. Die Zelle St. Getreu wurde 1124 durch Otto gegründet und dem Kloster Michelsberg inkorporiert. Das Gertrud-Spital (→ Spital) in der Theuerstadt bei St. Gangolf diente als Einrichtung den Armen und Pilgern.

Der hl. Bischof Otto gründet 1132 das Zisterzienserkloster Langheim, Darstellung aus dem Langheimer Äbtekatalog um 1700.[24)]

Otto errichtet einen Klosterverband

Mit einer Bulle vom 23. Januar 1139 nahm Papst Innozenz II. auf Ottos Bitten alle Besitzungen und Neuerwerbungen der Bamberger Kirche unter seinen Schutz. Dieses Dokument bestätigt nach außen die Erfolge des Bischofs, die er im Bistum, in der lateinischen Kirche und im Reich durch klare Ziele, beharrliches Handeln, Geschick und eine Politik des Ausgleichs erreicht hatte. Nicht ohne Grund zählt Otto zu den erfolgreichsten Territorialpolitikern und Reformern auf dem Bamberger Bischofsstuhl. Seine klösterliche Reformpolitik dient zugleich der Sicherung des Bistumsbesitzes. Sie schuf, wie am Beispiel von Kloster Michelfeld oder der Zisterze Langheim angedeutet, die Voraussetzung für Rodungs- und Kolonisationstätigkeit im Umfeld der Klöster. Sie diente zugleich der Gründung von Pfarreien in deren Bereich.

Bei all den klösterlichen Neugründungen blieb der Bischof der Eigenklosterherr. Dadurch entzog er adeligen Stiftern und Grundherren aus dem Laienstand den Einfluss auf die klösterliche Gemeinschaft und erleichterte die Reform im Innern. Freie Abtwahl wurde zugesichert. Die jeweilige Gründung unterstellte Bischof Otto dem hl. Petrus. Dies bedeutete, dass sie Eigentum der Bamberger Kirche mit Petrus als Patron des Domes wurden und dem päpstlichen Schutz unterstellt waren. Für die Reformklöster Bamberger Provenienz erwirkte er königliche Privilegien.

Die Bamberger Reformklöster bildeten einen vorübergehenden Klosterverband eigenen Rechts, die *libertas Bambergensis – Bamberger Freiheit*, wie sie im Privileg Papst Innozenz II. für Kloster Biburg (1139) genannt wurde.

In ihrer Funktion als Stätten religiöser Kultur dienten sie ebenso als Stützpunkte des Landesausbaus und der Festigung Bamberger Streubesitzes bis nach Kärnten. Ihr inneres Band aber bildete der Geist der Reform. Wenn Bischof Otto die Möglichkeit dazu sah, setzte er auf die Einführung der Hirsauer Reformbewegung durch Mönche aus dem Schwarzwald. Sie standen für Einhaltung einer strengeren Klosterdisziplin und für die Beachtung der Freiheit der Kirche von weltlichem Einfluss im Sinne der gregorianischen Richtung und des Wormser Konkordats. Doch waren ihm Nicht-Hirsauer Benediktiner, Cluniazenser, neue Orden wie die Zisterzienser und Prämonstratenser sowie Regularkanoniker (Mitglieder eines Stifts, die nach einer Ordensregel leben und ein Gelübde abgelegt haben) ebenso genehm. Sie mussten innere Reform und Unterordnung unter den Bamberger Bischof im vorläufigen Eigenklosterverband akzeptieren. Im Bistum unterstützte er den Zölibat des Weltklerus, eine kirchenamtliche Forderung, die wenige Monate vor seinem Tod auf dem 2. Laterankonzil 1139 festgelegt worden war.

Trotz schwerer Auseinandersetzungen zwischen Kaiser und Papst in den unterschiedlichen Phasen seiner Regierungszeit sah Bischof Otto im Zusammenwirken beider Gewalten die Garantie für Friede und Ordnung im Reich. Beim Wechsel der einzelnen Dynastien, zuletzt 1125 mit Lothar von Supplinburg und 1138 mit Konrad III., verweigerte er dem jeweiligen Herrscher seine Dienste nicht. Die bei der Königswahl zerstrittenen Parteien der Reichsfürsten versuchte der Bischof miteinander zu versöhnen (Bamberger Hoftag vom März 1135 und Mai 1138) An der jeweiligen Wahl des Herrschers aber nahm er nicht mehr teil. Den kirchlichen und weltlichen Parteiungen, durch schismatische Papstwahlen entstanden, entzog er sich und unterstützte den jeweils rechtmäßig gewählten Papst.

Im Dienst für Papst und Kaiser und in Sorge um das Bamberger Bistum starb Bischof Otto in Bamberg am 30. Juni 1139. Ein Strom von Pilgern besucht seither sein Grab. Das Kloster gedachte seiner in der Totenliturgie und speiste jährlich die Armen an diesem Tag.

Tod Bischof Ottos, aus dem Ottozyklus im ehemaligen Kloster Michelsberg. [25]

Gestorben, aber nicht vergessen

Bischof Ottos Wunsch war es, in dem von ihm geförderten Lieblingskloster Michelsberg seine letzte Ruhestätte zu finden. Kloster Michelsberg ist der Inbegriff der Erfolge seiner Seelsorge- und Reformtätigkeit, aber auch seiner Neigung für ein Leben in mönchischer Askese und Liturgie. In rund drei Jahrzehnten schrieb man im Scriptorium (klösterlicher Schreibsaal) des Klosters etwa 200 Handschriften. Zu ihnen zählt auch die *Cura pastoralis* Papst Gregors des Großen. Die Rückseite des ersten Blattes der wahrscheinlich in Fulda entstandenen Handschrift birgt die Federzeichnung eines Bischofsportraits mit seinem Namen, das noch zu Lebzeiten des späteren Heiligen entstanden ist. Über sein Leben, sein Wirken in Pommern und seinen Tod berichten die im Michelsberger Kloster entstandenen Viten der Mönche Ebo und ihrer Gewährsleute auf den Missionsreisen nach Pommern. Ihnen ging eine Liste mit den «frommen Werken» (*Relatio de piis operibus*) kurz nach seinem Tod voraus. Ihr folgte die Prüfeninger Vita (literarische Beschreibung des Lebens einer bekannten Persönlichkeit; hier: Heiligenlegende) eines wahrscheinlich ehemaligen Mönches des Michelsberger Klosters.

Der heilige Otto im Michelsberger Nekrolog, um 1189.[26)]

In Ebos Vita wurde Otto bereits dreizehnmal als Apostel der Pommern gefeiert. Liturgisches Gedächtnis im Kloster, Verehrung durch das Volk und die berichteten Wunder auf seine Fürsprache hin veranlassten Abt Wolfram II. zuerst allein und dann mit Bischof Otto II. von Andechs-Meranien, in Rom die Heiligsprechung zu beantragen. Die Kanonisation erfolgte auf dem Hoftag König Heinrichs VI. am 10. August

1189 zu Würzburg. Wenige Wochen später wurden die Gebeine des «Apostels der Pommern» am Tag nach Michaeli zu den Ehren der Altäre erhoben (30. September). Dieser Tag ist bis heute das Hochfest des Heiligen im Erzbistum Bamberg.

Das erste Grab des Heiligen lag im Chor der Klosterkirche. Das heutige Hochgrab ist dem 13. Jahrhundert zuzuordnen. Im Relief auf der Tumba sind keine porträthaften Züge des Heiligen überliefert.

Mit Kaiser Heinrich II. (1146), Bischof Otto I. (1189) und Kaiserin Kunigunde (1200) erhielt das Bamberger Bistum drei Heilige in einem einzigen Jahrhundert. Ihr Kult ist bis heute gerade an ihren Festtagen lebendig.

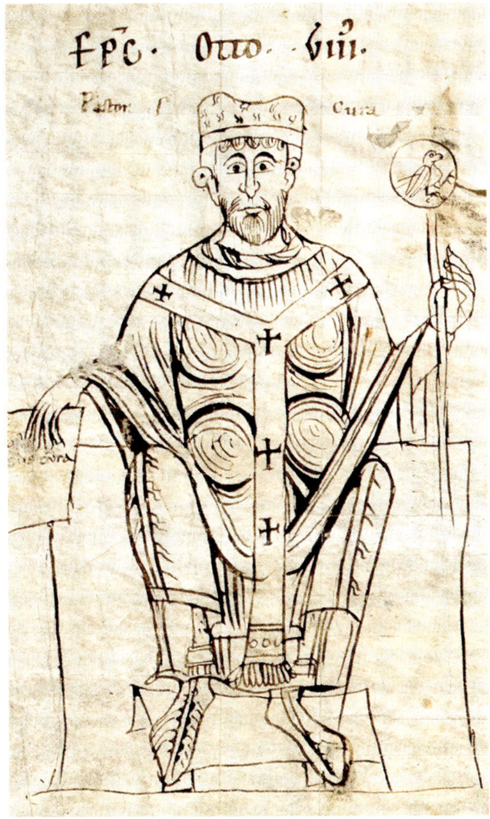

Die älteste Darstellung Ottos stammt noch aus seinen Lebzeiten und hat eine für Heinrich II. in Anspruch genommene Herrscherdarstellung zum Vorbild.[27)]

Das Grab des hl. Otto befindet sich aufgrund seines letzten Willens in der ehemaligen Klosterkirche am Michelsberg.[28)]

So genannter Stab des hl. Otto, erste Hälfte des 13. Jh. [29]

1102-1139

Otto I., der einzige heilige Bischof Bambergs, wird als Vertrauter Heinrichs IV., zum Bischof erhoben. Er missioniert bei den heidnischen Pommern. Einen wichtigen Aspekt von Ottos Wirken bildet die Organisation des mönchischen Lebens durch insgesamt 27 Klostergründungen in sieben Diözesen. Dabei tritt er vor allem als Förderer der «Hirsauer Reform» auf.

1112-1123

Reform des Klosters Michelsberg unter Abt Wolfram nach den Hirsauer Reformstatuten.

1119

Gründung von Kloster Michelfeld, das mit Mönchen vom Michelsberg besetzt wird.

1122

Der sogenannte Investiturstreit wird im Wormser Konkordat beigelegt, an dessen Zustandekommen Bischof Otto einen großen Anteil hat.

Miniatur der zweiten Klosterkirche Langheim, um 1500. [31]

1127

Gründung des Zisterzienserklosters Ebrach

Darstellung des hl. Ottos in der Stadtpfarrkirche in Abensberg (Oberpfalz). [30]

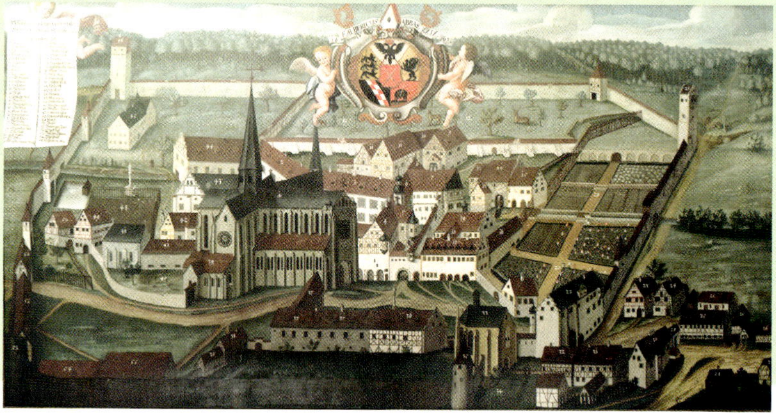

Früheste Darstellung des Klosters Ebrach, 1663. [32]

1115 ▪ Bernhard von Clairvaux gründet ein Kloster und macht die Zisterzienser zum maßgebenden Orden der Zeit.

1120 ▪ Norbert von Xanten gründet das Kloster Prémontré, aus dem als erster Seelsorgeorden die Prämonstratenser entstehen.

Ostkrypta des Domes, kurz vor 1200 entstanden. [33]

1133

Gründung von Kloster Langheim, das von Ebrach aus besetzt wird (Zisterzienser).

1139

Der 1081 niedergebrannte und von Bischof Otto neu aufgebaute Dom wird eingeweiht.

1146

Heiligsprechung Heinrichs II. durch Papst Eugen III.

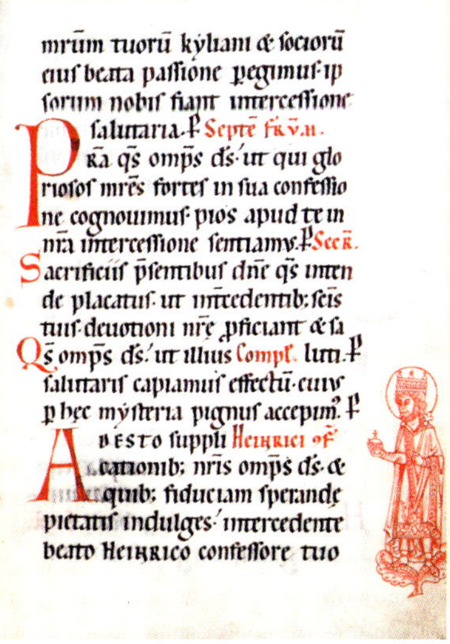

mrūm tuorū kyliani & sociorū
eius beata passione peregimus ip
sorum nobis fiant intercessione
salutaria. Septē f. K. v. u.
Præsta qs omps ds ut qui glo
riosos mrēs fortes in sua confessio
ne cognouimus pios apud te in
nrā intercessione sentiamus. Secr.
Sacrificiis psentibus dnē qs inten
de placatus ut intercedentib; scis
tuis deuotioni nrē pficiant & sa
Qs omps ds ut illius Compl. luti.
salutaris capiamus effectū cuius
p hec mysteria pignus accepim.
Adesto suppli Heinrici of
cationib; nris omps ds &
quib; fiduciam sperandę
pietatis indulges intercedente
beato Heinrico confessore tuo

Tagesgebet aus der Heinrichsmesse. [34]

Kreuzigung mit priesterlichem Stifter aus dem Kloster Michelsberg, um 1180. [35]

Tragealtärchen aus dem Diözesanmuseum. [36]

1139 ▪ Das zweite Laterankonzil verbietet die Ehe von Mönchen und Klerikern ab dem Subdiakon und erkennt das Recht der Domkapitel auf die Wahl der Bischöfe an.

Um 1140 ▪ Sammlung und Systematisierung kirchlicher Rechtssätze im *Decretum Gratiani*. Mit späteren Ergänzungen entwickelt sich aus ihm das *Corpus iuris canonici*. Ab dieser Zeit wurde das Kanonische Recht in Bologna wissenschaftlich gelehrt und bearbeitet.

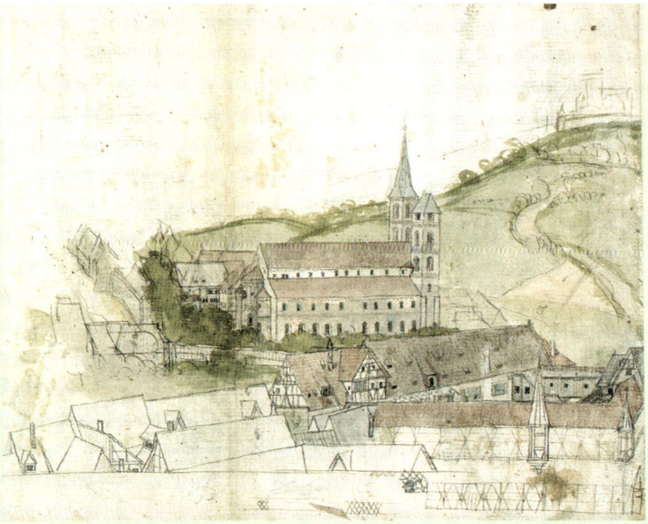

Das frühere Zisterzienserinnen- und heutige Karmelitenkloster am Bamberger Kaulberg in einer spätmittelalterlichen Zeichnung. [37]

Altarkreuz aus der Pfarrei Kersbach, um 1130. [40]

1146-1170

Bischof Eberhard II. von Otelingen entfaltet in seinem bischöflichen Amt v.a. eine rege politische Tätigkeit. So ist er etwa an der Wahl Friedrichs I. Barbarossa 1152 maßgeblich beteiligt. Auf kirchlichem Gebiet gilt seine Sorge v.a. den Klöstern. So gründet er u.a. das Zisterzienserinnenkloster St. Maria und Theodor in Bamberg, das heutige Karmelitenkloster am Kaulberg.

1152

König Konrad III. stirbt in Bamberg. Der Domklerus setzt gegen den Willen des Verstorbenen und seiner Verwandten dessen Bestattung im Bamberger Dom durch.

Hochmittelalterliche Theophilus-Glocke aus Thurndorf (Dekanat Auerbach). [38]

Siegel des Bamberger Domkapitels von 1165. [39]

Tumba König Konrads III. in der Ostkrypta des Domes aus dem 19. Jh. [41]

1148 ▪ Hildegard von Bingen gründet die Abtei Rupertsberg/Bingen und wird dort Äbtissin.

1159 ▪ Doppelte Papstwahl von Alexander III. und Victor IV. Letzterer wird von Kaiser Friedrich I. Barbarossa anerkannt. Dennoch führt die Doppelwahl zu einem Schisma, welches das Abendland bis 1177 in zwei Lager spaltet. Letztendlich kann sich Alexander III. durchsetzen.

Die heiligen Elisabeth und Kunigunde, Altarbild aus Velden an der Pegnitz. [42)]

1177-1196

Mit Otto II. von Andechs kommt erstmals ein Mitglied der einflussreichen Familie der Grafen von Andechs-Meranien auf den Bischofsthron. Ihm sollten noch sein Großneffe Ekbert sowie Poppo von Andechs folgen. Auch die hl. Elisabeth von Thüringen sowie die hl. Hedwig von Schlesien stammen aus dieser bedeutenden Familie. Unter Bischof Otto dringt die Bamberger Kirche weiter in den Frankenwald und ins Fichtelgebirge vor.

Die hl. Elisabeth wurde schon vier Jahre nach ihrem Tod (1231) heilig gesprochen. [44)]

Armreliquiar des hl. Otto aus Reundorf. [43)]

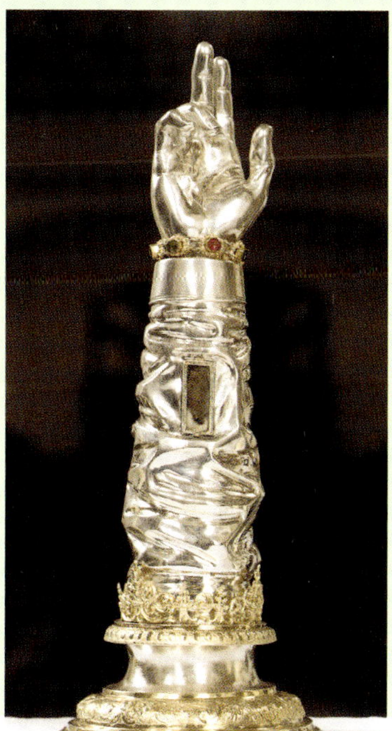

Moderne Ottobüste in der Westkrypta des Domes. [45)]

1189

Heiligsprechung von Bischof Otto I. Neben Bischof Otto II. engagiert sich v.a. Abt Wolfram vom Michelsberg für dessen Erhebung.

1161 ▪ Gründung der Hanse in Wisby (Gotland) durch deutsche Kaufleute, zu deren Hauptort sich Lübeck entwickelt. Ziel war, die wirtschaftlichen Interessen besser vertreten zu können. Die Hauptleistung der Hanse liegt im Aufbau eines die Ostseeländer umschließenden Wirtschaftsraumes.

1198 ▪ Im Heiligen Römischen Reich werden zwei Könige gewählt: Phillip von Schwaben und Otto IV. Die Auseinandersetzungen um die Königskrone dauern bis 1209 an.

Hugo von Trimberg

13. Jahrhundert

Hugo von Trimberg

Hugo wird vermutlich in Oberwerrn bei Schweinfurt geboren. Seine Schulausbildung erhält er wohl in Würzburg.[1)]

Abschluss des *Samener.*[4)]

um 1230/35 — **seit ca. 1260** — **1266**

Als Laie Schulleiter an der Stiftsschule von St. Gangolf.[2) 3)]

Als Laie lehrte Hugo von Trimberg an der Wende vom 13. zum 14. Jahrhundert an der Stiftsschule von St. Gangolf in Bamberg und kritisierte in seinem Hauptwerk *Der Renner* die Zustände an der Römischen Kurie, die sich aufschwang die Welt zu regieren.

Das Papsttum überzieht seinen Machtanspruch

An der Wende vom 13. zum 14. Jahrhundert war das Papsttum unter Bonifatius VIII. (Benedikt Caetani, → Papst von 1294 – 1303) auf dem Höhepunkt seines mittelalterlichen Geltungsanspruchs angekommen. Schon im folgenden Jahrhundert erlebte es durch das → Schisma und bedingt durch das Exil der Päpste in Avignon eine Zeit des Niedergangs. Erstmals war auf Initiative des Papstes im Jahr 1300 in Rom ein Heiliges Jahr begangen worden. Die ungezählten Pilger hatten dabei die Möglichkeit, dieselben vollkommenen Ablässe zu erwerben, die zuvor der Wallfahrt bzw. dem Kreuzzug ins Heilige Land vorbehalten gewesen waren.

Ein Bamberger Schulmeister kritisiert den Papst

von Norbert Jung

1267-1300

Lateinische Werke, u. a. *Laurea sanctorum, Registrum multorum auctorum, Solsequium.* [5]

1300

Fertigstellung des *Renner* (mit Nachträgen bis 1313). [6] [7]

bald nach 1313

Hugo stirbt in Bamberg. [8]

Dieses war aber kurz zuvor, im Jahr 1291, mit dem Fall von Akkon endgültig in die Hände der Moslems zurückgefallen.

Beflügelt durch den Erfolg des ersten Jubeljahres der Kirchengeschichte verlor der Papst jedes Augenmaß und verkündete 1302 die Bulle *Unam sanctam*, die den Machtanspruch des Papsttums in bis dahin kaum gekannter Radikalität zementierte: Nach diesem Dokument existiert nur eine wahre Kirche, außerhalb derer kein Heil zu finden ist. Der päpstlichen Gewalt, die von niemand gerichtet werden könne, stehe der Vorrang vor den weltlichen Gewalten zu. Die Bulle endet mit der Feststellung, dass es für jeden Menschen heilsnotwendig sei, dem römischen Bischof untertan zu sein. Damit war die Entwicklung des päpstlichen Primatsanspruches, die seit den Tagen der gregorianischen Reform unter Gregor VII. (1073 – 1085) zu einem neuerlichen Höhenflug angesetzt hatte, vorerst zu einem gewissen Gipfelpunkt und Abschluss gekommen, doch das Attentat französischer Truppen auf Bonifaz VIII. in Anagni zeigte auch, dass der Machtanspruch auf tönernen Füßen ruhte.

An dieser Epoche-machenden Jahrhundertwende schloss im fernen Bamberg ein dichtender Schulmeister, der ein Laie war und noch dazu nicht einmal ein ordentliches theologisches Universitätsstudium absolviert hatte, sein Hauptwerk ab, den so genannten «Renner». In diesem sparte er nicht mit Kritik an den Verhältnissen an der Kurie: Christus habe Petrus den Auftrag gegeben, seine Schafe zu hüten, nicht sie zu scheren. Der Papst aber suche skrupellos seinen eigenen wirtschaftlichen Vorteil zu Lasten der ihm anvertrauten Gläubigen und sei der Habgier verfallen.

Unter Bonifaz VIII. (reg. 1294–1303) war das Papsttum auf dem Höhepunkt seines Machtanspruches angekommen, was vielfache Polemiken nach sich zog.[9]

Zum Beweis dafür nennt der Autor die Summe von zwanzigtausend Pfund, die den Feinden Benedikts bei einem Überfall auf seine Reisegruppe in die Hände gefallen seien: Dem heiligen Petrus und dem heiligen Gregor dem Großen seien solche Schätze unbekannt gewesen. Heutzutage aber würde durch Geldzahlungen das Kirchenrecht verdreht, und Gott selbst werde ähnlich wie damals Christus durch Judas verraten und verkauft.

Hugo ohne Scheu vor der Hierarchie und ohne Adel

Wer war dieser Mann, der bezüglich der Missstände in der Kirche und des Missbrauchs der Macht durch Papst und Kurie kein Blatt vor den Mund nahm, obwohl er der Kirche und ihrem eigentlichen Herrn zeitlebens treu verbunden geblieben ist? Es handelt sich um Hugo von Trimberg, über dessen Leben wir durch Hinweise, die in seinen erhalten gebliebenen Werken verstreut zu finden sind, relativ gut informiert sind. Geboren wurde er nach eigenen Angaben in *Wern(a),* einem Ort in der Nähe von Würzburg in Franken. Dabei handelte es sich wohl um das heutige Oberwerrn bei Schweinfurt. Wieso er sich in seinem

Spätmittelalterliche Ansicht der Stadt Würzburg aus der Schedelschen Weltchronik.[10)]

Hauptwerk *Huc von Trimperc* nennt, lässt sich aus heutiger Sicht nicht mehr zweifelsfrei klären. Jedenfalls war Hugo kein Adeliger und er gehörte auch nicht dem Geschlecht derer von Trimberg an, dessen Stammsitz nicht allzu weit entfernt von Oberwerrn im Tal der fränkischen Saale zwischen Hammelburg und Bad Kissingen lag.

In unmittelbarer Nähe davon lag das Benediktinerkloster Aura, das Besitzungen in Oberwerrn hatte und vom Bamberger Bischof Otto I. gegründet worden war. Ebenso hatte zumindest später das Bamberger → Kloster St. Michael Besitz in Trimberg. Es ist möglich, dass Hugo als Kind bzw. Jugendlicher von Angehörigen des Geschlechts der Trimberg protegiert und gefördert worden ist und sich deshalb später aus Dankbarkeit nach dieser Familie benannte. Möglicherweise beruht seine spätere Berufung nach Bamberg auch auf den genannten Beziehungen aus diesem Raum in die oberfränkische Bischofsstadt.

Über sein genaues Geburtsjahr schweigt sich Hugo in seinen Schriften aus; ebenso wenig ist uns sein Todesjahr bekannt. Da er aber in einem Vers des *Renner* sein Alter mit 77 Jahren angibt, ist zumindest ein relativer Rückschluss auf seine Geburt möglich: Sie dürfte zwischen 1220 und 1240, genauer hin wohl um 1230/35 erfolgt sein, da er sein Alterswerk, den *Renner*, im Jahr 1300 erst-

Kollegiatstift
Kanonikerstift

Stiftskirchen sind Gotteshäuser, um die sich eine Gemeinschaft von Weltgeistlichen, die Stiftskanoniker, zum gemeinsamen Leben und Beten gebildet hat. Eine Grundregel für das Zusammenleben dieser Kommunitäten stellte die sog. Aachener Regel von 816 dar. Diese bestimmte den Gottesdienst als Mittelpunkt der Kollegiatstifte, schrieb den Kanonikern ein gemeinschaftliches Leben vor, gewährte ihnen aber im Gegensatz zu den Mönchen das Recht auf Privateigentum. Anders als die Mönche wollten die Kanoniker nicht für sich «ein Himmelreich auf Erden» schaffen, sondern wirkten in der Welt und nahmen v.a. in Bistumsverwaltung, an Königs- und Fürstenhöfen oft hohe Positionen ein. Schon seit dem Hochmittelalter ist in vielen Stiften die Tendenz zu beobachten, das gemeinschaftliche Leben auf ein Minimum zu beschränken und in sog. Chorherrenkurien in der Nähe der jeweiligen Kirche zu residieren. Entscheidend war häufig das Einkommen aus den Pfründen.

mals abgeschlossen hatte. Allerdings lassen sich bis mindestens 1313 Nachträge (Tod Kaiser Heinrich VII.) nachweisen. Wohl nicht allzu lange nach diesem letzten datierbaren Nachtrag dürfte Hugo gestorben sein.

Hugo hat nach seinen eigenen Angaben nie eine Universität besucht. Seine Ausbildung hat er wohl in der Heimat erhalten und es spricht einiges dafür, dass er die Schule des Kanonikerstiftes Neumünster in Würzburg besucht hat: Hugo war über den dort tätigen Scholastikus Heinrich den Poeten und dessen Werk außergewöhnlich gut informiert. Außerdem gelangte relativ kurz nach seinem Tod ein qualitativ offenbar hochwertiges Exemplar des «Renner» dorthin und kam in die Hände des Würzburger Kanonikers Michael de Leone.

Ein Schulleiter ohne Studium an der Stiftsschule von St. Gangolf

Noch als junger Mann, d. h. mit etwa 25 – 30 Jahren, trat Hugo eine Stelle als Schulleiter an der Schule des Bamberger Nebenstifts St. Maria und Gangolf in der Theuerstadt an, der damaligen Vorstadt Bambergs am östlichen Regnitzufer. Auch wenn er an einigen Stellen als Magister bezeichnet wird, setzt dieser Titel zur damaligen Zeit noch kein abgeschlossenes akademisches Studium voraus. Insgesamt, so Hugo, habe er 64 Jahre seines Lebens an einer Schule zugebracht – zunächst als Schüler, dann als Lehrer. In seiner Eigenschaft als Schulleiter am Gangolfsstift lässt er sich auch außerhalb seiner Selbstzeugnisse mehrfach urkundlich als Zeuge bei Rechtsgeschäften nachweisen.

Das Kollegiatstift St. Maria und Gangolf war wie die beiden anderen Bamberger Nebenstifte St. Stephan und St. Jakob bereits im ersten Jahrhundert nach der Bistumsgründung gestiftet worden. Später wurde z. B. auch an St. Martin in Forchheim ein solches Kollegiatstift errichtet. Ursprünglich war diese durch genau bestimmte Regeln (Statuten) festgelegte Lebensform aus dem Zusammenleben von Weltgeistlichen an einer Kirche entstanden. Sie führten die so genannte, am Ideal der Urkirche orientierte *vita communis* (Gemeinschaftsleben). Es handelte sich dabei weder um Mönche noch um ein Kloster, obwohl die Stiftsherren (Kanoniker) zunächst nicht nur zusammen beteten, sondern auch in einem Gebäude zusammen lebten. Später wurde dann das gemeinschaftliche Leben aufgegeben: Die Kanoniker wohnten in eigenen Häusern, den so genannten Kurien, die um die Stiftskirche herum erbaut wurden. Ebenso wurde das Einkommen des Stiftes auf die einzelnen Mitglieder verteilt. Einen solchen Anteil nannte man *Präbende*. Die Klerikergemeinschaft an einer solchen Kollegiatkirche finanzierte sich hauptsächlich durch landwirtschaftliche Einkünfte bzw. die Abgaben der ihm von den Stiftern zugewiesenen abhängigen Bauern. Das Stift St. Gangolf hatte u. a. in Hollfeld, Tiefenellern und Ebensfeld Besitz.

Es gab im Mittelalter wesentlich mehr Kleriker als in unseren Tagen. Das lag zum Teil schon allein daran, dass eine angestrebte kirchliche Laufbahn und ein entsprechendes Studium für die meisten begabten jungen Männer die einzige Möglichkeit darstellte, eine akademische Ausbildung und damit verbunden einen gewissen sozialen Aufstieg zu erreichen. Die Stelle eines Stiftsgeistlichen war dabei sehr begehrt, bedeutete sie doch im Vergleich zu einer normalen Pfarrstelle sowohl mehr Einkommen als auch mehr Prestige - und selbst eine solche konnte im Mittelalter bei weitem nicht jeder Geistliche erreichen. Es bildete sich daher ein komplizierter Vergabemodus für diese Präbenden heraus, an dem zwar maßgeblich der Bischof, aber auch die Kanoniker selbst mitwirkten. Eine gediegene akademische Ausbildung, aber auch gute familiäre Beziehungen waren bei der Stellenvergabe ausschlaggebend. Als Gegenleistung wurde von den einzelnen Kanonikern die Teilnahme am Gottesdienst und am Stundengebet in der Stiftskirche erwartet. Außerdem hatten sie Aufgaben in der Seelsorge, in der Verwaltung des Bistums oder in der Ausbildung des Nachwuchses zu übernehmen.

St. Gangolf in Bamberg war die Wirkungsstätte von Hugo von Trimberg. [11]

Innerhalb einer solchen Klerikergemeinschaft (des so genannten *Kapitels*) gab es verschiedene Aufgabenbereiche. Der Stiftspropst, der das Stift nach außen repräsentierte, war ein adeliges Mitglied des Domkapitels, während die normalen Prä-

Lehrbetrieb einer mittelalterlichen Universität, Miniatur aus dem Kolleg des Augustinermönches Henricus de Alemannia, 1351/1400.[12]

bendeninhaber im Gegensatz zu den Domkapiteln bei einem Kollegiatstift nicht von Adel sein mussten. Der frei gewählte Dekan regelte beispielsweise die inneren Angelegenheiten des Stiftes, der Kustos war Pfarrer der Stiftspfarrei, der Kellner kümmerte sich um die wirtschaftlichen Fragen und der Scholaster war für die Stiftsschule verantwortlich.

Freilich konnte man sich bei seinen Aufgaben auch von Hilfsgeistlichen, den so genannten Vikaren, vertreten lassen, die dann vom eigentlichen Stelleninhaber aber lediglich mit einem kleinen Teil des Einkommens abgefunden wurden.

Hugo vertrat nur den Stiftsscholaster

Als Laie bildete Hugo von Trimberg in dieser von Klerikern geprägten Umwelt eine beachtenswerte Ausnahme: Als Leiter der Schule (*rector scolarum*) von St. Maria und Gangolf war Hugo nicht selbst Stiftsscholaster, d. h. also der mit der Verantwortung für die Schule und Ausbildung betraute Kanoniker des Kollegiatstiftes. Er vertrat diesen und wurde dafür offenbar mehr schlecht als recht entlohnt. Mehrfach klagt er über sein unzureichendes Einkommen, sei es, weil die Vermögenden nicht mehr so spendabel waren wie zu Beginn seiner Berufstätigkeit, oder weil die Jugend die Stiftsschulen immer weniger besuchte und stattdessen an die neu entstehenden Hochschulen abwanderte.

Die Stiftsschulen der Bischofsstadt hatten im 13. Jahrhundert wie auch die Domschule den Zenit ihrer wissenschaftlichen Leistungsfähigkeit längst überschritten. Sie pflegten ein konservatives, stellenweise veraltetes Bildungsangebot, das den damals modernen Anforderungen nicht mehr in vollem Umfang entsprach. Dementsprechend konnten sich damals auch rasch konkurrierende Bildungseinrichtungen etablieren, die das bis dahin vorherrschende Bildungsmonopol der Kirche durchbrachen: Auf der akademischen Ebene waren das die Universitäten, auf der Elementarschulebene waren es die Stadtschulen, die oft spezieller als eine kirchliche Schule auf eine spätere kaufmännische bzw. handwerkliche Tätigkeit vorbereiteten und deshalb bei den städtischen Bürgern zunehmend Akzeptanz fanden.

Stiftsschulen, hier in einer Abbildung aus dem 15. Jahrhundert, hatten im Spätmittelalter den Zenit ihrer Bedeutung als wissenschaftliche Lehreinrichtung bereits überschritten. [13)]

Hugo besaß ein eigenes Haus. Er ernährte mit seiner Tätigkeit zwölf Personen. Dabei ist nicht ganz klar, ob er damit nur seine Familie oder evtl. auch Bedienstete gemeint hat. Über seine Familienverhältnisse teilt Hugo in seinen Schriften keine weiteren Einzelheiten mit. Er erwähnt lediglich, dass einer seiner Söhne in ein nicht näher bezeichnetes Kloster eingetreten ist. Im Alter besaß er eine Bibliothek mit dem für damalige Verhältnisse erstaunlichen Umfang von 200 Büchern, die er offenbar wenigstens zum Teil selbst abgeschrieben hatte. Eigentlich waren sie für seine Altersversorgung gedacht gewesen – entweder hatte er sie verkaufen oder an Wissensdurstige gegen Gebühr verleihen wollen. Allerdings klagt Hugo darüber, dass niemand mehr an diesem Schatz des Wissens interessiert sei.

Ausschreitungen gegen Juden gab es schon im Mittelalter

Offenbar hatte er an jüdische Geldverleiher Zinsen abzubezahlen, weil er darüber klagt, dass er neben seinen eigenen Kindern auch noch die der Juden miternähren müsse. Wie in vielen vergleichbaren Fällen hatten sich auch in Bamberg im Mittelalter Juden angesiedelt, die aufgrund des für Christen gel-

tenden kanonischen Verbotes der Zinsnahme rasch zu Spezialisten für Geldgeschäfte geworden waren. Die u. a. daraus resultierenden Spannungen zwischen den beiden Religionsgruppen entluden sich immer wieder in Pogromen. So wurden z.B. am 27. Juli 1298 in Bamberg ähnlich wie in anderen fränkischen Städten 135 Juden ermordet. Für Hugo ist dieses Datum offenbar ein einschneidendes Erlebnis gewesen, denn er weist bei der Datierung seines *Renner* darauf hin, dass das Buch im Jahr 1300 fertig gestellt worden sei, zweieinhalb Jahre nach dem Pogrom, *[d]ô die jüden in Franken wurden erslagen.* Allerdings äußert sich Hugo weder zustimmend noch ablehnend zu diesem Ereignis. Aus verschiedenen Stellen seines Werkes wird deutlich, dass er auch Positives über seine jüdischen Mitbürger zu berichten weiß: Sie seien großzügiger als viele Christen; die hebräische Sprache sei die Mutter aller Sprachen und zudem eine Sprache der Liturgie; und die Tugendlehre der jüdischen Philosophie sei lobenswert.

Seit 1215 mussten Juden den charakteristischen Judenhut aufsetzen, wie hier in einer Abbildung aus der Manessischen Liederhandschrift Süßkind, der Jude von Trimberg.[14]

Viele Werke stammen aus Hugos Feder

Zur Anzahl der von ihm verfassten Werke macht Hugo selbst widersprüchliche Angaben: Sieben bzw. acht Bücher in deutscher Sprache und vier bzw. fünf Werke in lateinischer Sprache sollen es ursprünglich gewesen sein. In deutscher Sprache hat sich nur sein Haupt- und Alterswerk erhalten, der schon mehrfach erwähnte *Renner*, eine mittelhochdeutsche Lehrdich-

Mittelalterliches Judenprogrom, Darstellung in der Nürnberger Chronik des Wolff Neubauer d. J.[15]

tung, die wohl hauptsächlich in der zweiten Hälfte der neunziger Jahre des 13. Jahrhunderts (mit den bereits erwähnten Nachträgen) entstand. Darin ist offenbar ein früheres, nach Form und Inhalt ähnliches Werk, der so genannte *Samener* (Sammler) aufgegangen, den Hugo ungefähr im Jahr 1266 abgeschlossen hatte. Mit Ausnahme des Renner sind alle Werke Hugos, die in deutscher Sprache geschrieben waren (es sollen fünf Bücher mit weltlicher Thematik und drei mit geistlichen Inhalten gewesen sein), offenbar vor diesem Datum abgeschlossen gewesen. Danach fügte sich eine etwa 30jährige Schaffensperiode an, während der Hugo nur in Latein gedichtet hat, so dass er schließlich Mühe hatte, wieder Verse in seiner Muttersprache zu schmieden. Den von Hugo erwähnten Plan, eine Naturkunde in deutscher Sprache abzufassen, hat er wohl nicht mehr ausgeführt.

Der Kopf Hugo von Trimbergs, dargestellt in einem Titelblatt eines Handschriften-Fragments mit einer farbigen T-Initiale.[16]

Drei seiner lateinischen Werke sind uns erhalten: Die *Laurea Sanctorum*, ein an den Gedenktagen der Heiligen orientiertes Kalendergedicht; das so genannte *Solsequium*, eine Sammlung von Beispielsgeschichte (Exempla) für die Predigt; und das *Registrum multorum auctorum*, eine Literaturgeschichte für den Schulgebrauch, die in dieser Reihenfolge entstanden sein dürften. Ein viertes Werk, von Hugo als *Codicellus multarum litterarum* bezeichnet, ist uns nur dem Namen nach bekannt und war wohl eine Sammlung von Briefvorlagen für die Kanzleipraxis. Das im Renner erwähnte fünfte lateinische Werk ist uns völlig unbekannt. Nicht als eigenständige Bücher werden gezählt ein von Hugo verfasster Epilog zu einem nicht von ihm selbst stammenden Marienleben sowie sein Gedicht *Von der Jugend und dem Alter* (die darin als Personen auftreten und sich selbst beschreiben).

Laurea sanctorum, dieses Kalendergedicht war eine für den Unterricht gedachte Auflistung von zweihundert Heiligen in der chronologischen Reihenfolge ihrer Festtage. Hugo charakterisiert jeden Heiligen anhand seiner Attribute und verändert laufend die jeweils angefügten Bitten um Fürsprache. Deshalb bezeichnete Hugo dieses Werk alternativ als Litanei. Bezüglich seines Inhalts hat das Werk eine gewisse Ähnlichkeit mit einem so genannten Cisiojanus, d. h. einem Merkgedicht zur Einprägung der Kalenderheiligen im Jahreskreis von der Beschneidung Christi (*Circumcisio*) bis zum Gedenktag des Papstes Silvester. In seiner speziellen Art ist das Werk Hugos aber ohne Vorbild. In den Reigen der für diese Aufzählung ausgewählten Heiligen hat Hugo auch die in Franken bis heute verehrten Heiligen Heinrich und Kunigunde, Otto, Kilian, Burkard und Gangolf aufgenommen. Das Kalendarium hatte von den lateinischen Schriften Hugos sicher die größte Breitenwirkung.

Die Pflanze *solsequium* (Hugo versteht darunter die Wegwarte) folgt mit ihren Blüten stets dem Lauf der Sonne. Genauso sollen die in der gleichnamigen Schrift gesammelten Beispielserzählungen für Prediger die Leser bzw. die Hörer der daraus entstehenden Predigten dazu anregen, sich immer wieder neu nach Christus, der Sonne der Gerechtigkeit, auszurichten. Offenbar hat Hugo die meisten Beispiele aus anderen Quellen abgeschrieben, sie dabei aber ausgewählt, gekürzt und mit Nutzanwendungen versehen, so dass man aus diesem Werk wenig Rückschlüsse z. B. auf das Alltagsleben in Bamberg zu seiner Zeit ziehen kann. Der Epilog enthält eine Scheltrede gegen den Klerus und beklagt den Niedergang der Sitten.

Das *registrum multorum auctorum*, ein Verzeichnis, nennt achtzig für den damaligen Unterrichtsstoff der Schule wichtige Autoren von der Zeit Hugos bis zurück in die Antike. In den einzelnen Abschnitten werden die Werke kurz skizziert und mit ihren Anfangsworten zitiert. Das Werk ist in drei Abschnitte gegliedert (Werke für ältere Schüler; theologische Werke; Werke für jüngere Schüler), die jeweils nochmals in antike und mittelalterliche Autoren unterteilt sind. Der *Dialogus super auctores* des Konrad von Hirsau diente Hugo wohl als Vorbild und Quelle. Diese Literaturkunde für den Schulgebrauch *gilt als die beste Schulliteraturgeschichte des Mittelalters* (Bernhard Schemmel).

In dem Epilog zum Marienleben, diesen wenigen Versen, verteidigt Hugo unter anderem in Anlehnung an Bernhard von Clairvaux die Lehre von der leiblichen Aufnahme Mariens in den Himmel.

Titelblatt einer Renner-Handschrift. Es zeigt Hugo von Trimberg, wie er mit seinem Buch durch die Lande reitet, Darstellung um 1460.[17]

Der Renner macht Hugo berühmt

Der *Renner*, ein Werk in der Volkssprache, richtet sich an einen weit größeren Adressatenkreis als seine lateinischen Texte. Der Autor sagt ausdrücklich, dass er in diesem Buch den Lesern Zugang zu Inhalten verschaffen will, die bis dahin für Latein Unkundige weitgehend unzugänglich gewesen waren. Es handelt sich um *die umfangreichste mittelhochdeutsche Lehrdichtung – Sündenklage, Bußpredigt, Sittenlehre und popularisierendes Wissenskompendium in einem.* Das Werk fand eine ungeahnte Resonanz und machte Hugo zu einem der wichtigsten Autoren deutscher Sprache im Mittelalter. Trotz einer Notiz des ersten «Herausgebers» des *Renner*, des Würzburger Stiftsscholasters Michael de Leone, der meinte, das Buch habe diesen Namen bekommen, weil es wie auf einer Erfolgswelle durch die Lande «rannte», ist mit dem *Renner* wohl doch eher der Autor selbst gemeint.

Hugo von Trimberg spricht zu fränkischen Bauern, Darstellung aus der Leidener Prachthandschrift von 1402.[18)]

Mit Hilfe einer Allegorie, die stellenweise an das Gleichnis Jesu vom Sämann erinnert, entfaltet Hugo das Programm seines Werkes: Auf einer Heide steht ein Baum, der Blüten und Früchte (Birnen) trägt. Die Heide symbolisiert dabei die Welt, der Baum steht für Eva und die Blüten bzw. Birnen stehen stellvertretend für die Menschen als Jugendliche bzw. Erwachsene. Unter dem Baum befinden sich Gras, Dornen, eine Quelle sowie eine daraus entspringende Lache. Das Gras steht bildlich für die Reue, die anderen Orte für die Hauptsünden. Vorwitz und Egoismus treten als Winde auf, welche den Baum schütteln. Die Früchte fallen herunter, fallen also buchstäblich in Sünde: Die in die Dornen fallen, verfallen der Sünde des Stolzes bzw. des Hochmuts; die in den Brunnen fallen dem Geiz und die, die in die Lache stürzen, verfallen den anderen Hauptsünden.

Das Werk Hugos gliedert sich in sechs nach den Hauptsünden gegliederte Abschnitte: Hochmut, Geiz, Völlerei, Lust, Zorn und Neid (zusammengefasst) sowie die Trägheit.

Trotz dieser angestrebten Gliederung seines Stoffes zeichnet sich der Renner durch Weitschweifigkeit aus. Der Autor durchmischt immer wieder die beklagten Sünden und schweift häufig vom Hundersten ins Tausendste ab. Der Grund für diese Formlosigkeit liegt in der Absicht, die Abhängigkeit der Sünden von- und untereinander darzustellen. Damit wird die wirre Darstellung in sich zu einem Abbild der von den mannigfachen Sünden verwirrten Welt. Diesen Gedanken der Verflochtenheit aller Sünden unter- und miteinander hat Hugo von dem Kirchenvater Papst Gregor dem Großen übernommen, der die Laster als ein auf den Menschen einstürzendes Heer beschrieben hat, an dessen Spitze der Stolz steht, der alle anderen Haupt- und Untersünden nach sich zieht: *Wer ganzer Tugend Lehre will suchen, der frage nach St. Gregorien Buchen, die er geschrieben hat auf Job – da findet er mancher Tugend Lob.*

Das Hin- und Herrennen des Autors von einem Thema zum anderen hat dem Werk wohl auch zu seinem Namen verholfen. Hugo bezeichnet das Fortfahren mit dem eigentlichen Thema nach einer Abschweifung mehrfach mit dem Verb «rennen», und zwar in der Absicht, dadurch *unsern herren baz erkennen*, d. h. unseren Herrn immer besser zu erkennen. Es handelt sich also beim Lasterkatalog des *Renner* im Grunde um eine Tugendlehre, die aus christlicher Perspektive mit konservativer Tendenz vor Verstößen gegen die Ordnung Gottes warnen möchte, um das ewige Leben zu erlangen.

Hugo versetzt sich in einfache Leute

Hugo spricht sich im Renner vehement gegen Heuchelei und Untreue aus, er sieht in den Wundern der Schöpfung einen Gottesbeweis und ruft die Menschen zur Umkehr auf. Hugo von Trimberg sieht sich spürbar auf der Seite der armen und einfachen Leute. Der Armutsbewegung des Hochmittelalters und den daraus entspringenden so genannten Bettelorden dürfte Hugo also mit einer gewissen Sympathie gegenüber getreten sein.

Dominikanerinnen am Webstuhl, Ausschnitt aus einem Passionsteppich aus dem Hl.-Grab-Kloster, in Bamberg Ende 15. Jh.[19]

Die so genannten *Bettelorden* (bzw. Mendikantenorden, von lat. *mendicare* = betteln) entstanden im frühen 13. Jahrhundert und unterschieden sich wesentlich vom traditionellen Mönchtum der Klöster (z.B. der Benediktiner oder der Zisterzienser) und den Regularkanonikern der Stiftskirchen. In stärkerem Maße als diese fühlten sich die neuen Orden dem Armutsideal des Evangeliums verpflichtet und waren bald ein unverzichtbarer Teil der Seelsorge in den aufstrebenden Städten. Zu ihnen zählen die Franziskaner, die Dominikaner (und ihre weiblichen Zweige), sowie die Eremitenorden (d. h. ursprünglich Einsiedler) der Karmeliten und der Augustinereremiten. Diese neuen Orden gründeten noch während des 13. Jahrhunderts in der Bamberger Diözese Niederlassungen und bestimmten die Frömmigkeit dieser Epoche entscheidend mit.

Die Hochblüte der scholastischen Theologie wurde im 13. Jahrhundert von Gelehrten aus diesen Orden getragen (u. a. Albertus Magnus, Thomas von Aquin, Bonaventura, Johannes Duns Scotus). Für Hugo stellte diese akademische Theologie jedoch eine Abkehr von der Einfachheit des Evangeliums dar. Der Stolz des Rittertums und die Verschwendung an der Tafel des Königs stoßen ihn ab. Passend zur Eingangsallegorie, die an den Sündenfall erinnert, beendet er sein Hauptwerk mit Gedanken an den Tod bzw. das Jüngste Gericht und schließt so den Kreis.

Für Hugo gebührt dem Papst die Macht

Bei Hugo gliedert sich die Gesellschaft in die drei Stände Pfaffen, Ritter und Bauern, wobei die Geistlichen den Vorrang genießen. Sie kommen in allen Variationen vor: *pfaffen* (Priester), *münche* (Mönche), *nunnen* (Nonnen), *pabest* (Papst), *pfaffenfürsten* (Bischöfe), *capitelbrüeder* (Dom- bzw. Stiftsherren), *klosterliuten* (Klosterleute). Für Hugo hat der Papst den Vorrang vor allen weltlichen Machthabern, weil er in der Lage ist, die Gnade Gottes und den Frieden auf Erden zu vermitteln, wenn seine Amtsführung dem Willen Gottes entspricht. Deshalb ist für Hugo eine Sedisvakanz des Königsthrons von zehn Jahren weniger schlimm als eine Sedisvakanz des päpstlichen Stuhls von einem Jahr. Er vergleicht das Verhältnis von weltlicher und geistlicher Macht mit dem Verhältnis von Sonne und Mond und vertritt die → Zweischwerterlehre.

Das Rom und die Kurie seiner Zeit sieht er als einen gewaltigen Krammarkt für Pfründen aller Art, der von zwielichtigen Gestalten aus der Umgebung des Papstes beherrscht werde. Diese Entwicklung war eine indirekte Folge der verstärkten Ausprägung der Theorie vom Primat des Papstes, die dafür sorgte, dass immer mehr kirchenrechtliche Einzelentscheidungen an die Kurie gezogen wurden. Ähnlich wie vergleichbare Dichtungen (*Carmina burana*, Walther von der Vogelweide, die Antipapstsprüche bei Freidank) wirft er dem Papst Machtmissbrauch aus Habgier vor. Trotz dieser Vorbilder und Parallelen deutet die emotionale Betonung der Papstkritik bei Hugo auf persönliche Enttäuschung und Betroffenheit des Dichters über die Zustände an der Kurie hin. Für ihn war der heilige Kirchenvater Gregor der Große demgegenüber das Gegenbild eines vorbildlichen Papstes.

Möglicherweise war Hugo aus erster Hand über die Verhältnisse am päpstlichen Hof informiert, der damals in Anagni residierte, denn der Bamberger Bischof Leupold von Gründlach hatte 1299 den Gangolfer Stiftskanoniker Friedrich an die Kurie gesandt, um an der apostolischen Kammer wegen eines nichtbezahlten Zinses Verhandlungen zu führen. Dieser könnte Hugo nach seiner Rückkehr aus Italien von seinen Erlebnissen vor Ort (und entsprechenden Erzählungen) berichtet haben.

Nicht selten spiegelt die hier skizzierte zeitgenössische Romkritik den Neid niederer Kleriker wieder, die auf dem römischen Pfründenmarkt leer ausgegangen waren und sich auf diese Art als vermeintlich moralisch höher Stehende an den Erfolgreicheren rächten. Nach Meinung der Kritiker pflanzten sich diese kurialen Missstände in der kirchlichen Hierarchie von oben nach unten fort, oder, um in einem zeitgenössischen Bild zu bleiben: der Morast wälzte sich den Abhang hinab.

Zweischwerterlehre

Die Zweischwertertheorie besagt, dass Christus Petrus nach Lk. 22,38 die geistliche und weltliche Gewalt, versinnbildlicht durch zwei Schwerter, überreicht habe. Das weltliche Schwert stehe dem Kaiser zur Herrschaft und Verwaltung der weltlichen Dinge, das geistliche dem Papst zur Herrschaft über die geistlichen Dinge zu. Diese These wurde erstmals von Papst Gelasius I. (5. Jh.) aufgestellt, sorgte aber erst seit dem 11. Jh. für Zündstoff, als Papst und Kaiser begannen, sich wechselseitig den Vorrang streitig zu machten. Die kaiserliche Seite vertrat den Standpunkt, dass das weltliche Schwert dem jeweiligen König oder Kaiser unmittelbar von Gott verliehen werde, während die päpstliche Partei von einer Verleihung durch den Papst ausging, im Sinne einer Unterordnung der weltlichen unter die geistliche Gewalt. Seit dem 14. Jh. verlor diese Theorie jedoch wieder zunehmend an Gewicht.

Der *Renner* warnt vor unchristlichen Prälaten

Deshalb kommen auch die *pfaffenfürsten* bei Hugo nicht gut weg: Die Bischöfe und Prälaten seien aus Hab- und Ruhmsucht in weltliche Händel verstrickt und vernachlässigten ihre Pflichten. Sie seien für die Verwirrung und Verunsicherung der Gläubigen verantwortlich sowie für ungerechte Strafen. Die *kapitelbrüeder* vergleicht Hugo mit einem Meerigel mit giftigem Schwanz und wirft ihnen Unwissenheit sowie eine Neigung zur Unwahrhaftigkeit vor. Für Hugo verstoßen die höheren Geistlichen gegen den grundsätzlichen Sittenkodex eines christlichen Lebens. Der Vorwurf unchristlichen Handelns aus Habgier zieht sich bei Hugo bei allen Stufen der Hierarchie von den Kardinälen bis zum Turmwächter durch. In seinem Ideal sollten die Geistlichen aber tugendhafte Vorbilder für alle Christen sein. Das Mönchtum schätzt er hoch, sieht es aber zugleich gefährdet. Er kritisiert an den Mönchen v. a. Ungehorsam, Weltlichkeit (Handel) und Neid. Hugo beklagt Gewalt und Unrecht im kirchlichen Bereich und nennt als Beispiel den Rücktritt des «Engelpapstes» Cölestin V. am 13. Dezember 1294, dessen Lebenswandel ihm wohl vorbildlich erschien. Entsprechend zeitgenössischen Gerüchten, dass der machtbewusste Nachfolger Bonifatius Cölestin entsprechend seiner egoistischen Interessen zum Rücktritt vom Amt «beraten» habe, sieht Hugo in diesem Vorgang ein Beispiel für klerikalen Machtmissbrauch und Habgier.

Der bärtige Hugo von Trimberg im Doktorhabit links neben König Adolf von Nassau (1265–1298) stehend, sieht entsetzt die Verschwendungssucht, die an der königlichen Tafel herrscht.[20]

Auch den Fall der Stadt Akkon und den endgültigen Untergang der Kreuzfahrerstaaten wertet Hugo als Folge des Stolzes und der Unkeuschheit des Ordens der Templer, denen die Stadt anvertraut gewesen war. Er vergleicht den Verlust Akkons mit dem Untergang von Rom, Troja und Karthago in der Antike bzw. mit der Vernichtung von Sodom und Gommorrha im Alten Testament.

Hugo referiert auch ein zeitgenössisches Gerücht, nach dem Kaiser Heinrich VII. von seinem Beichtvater mit der Eucharistie vergiftet worden sein soll, und sieht das als Beispiel für den unglaublichen Sittenverfall des Mönchtums. Ebenso ist ihm die Verzögerung der Papstwahl um über zwei Jahre nach dem Tod Nikolaus IV. aufgrund von Streitigkeiten im Kardinalskollegium ein Gräuel.

Bulle

Urkundensiegel aus Metall, insbesondere das des Papstes. Der Name wurde auch auf die so besiegelten Urkunden übertragen, z.B. *Goldene Bulle*.

Die päpstlichen Bleibullen als Sinnbild für den Verfall der Werte

Hugo arbeitet auch mit allegorischen Anspielungen auf die beim Ablass- und Privilegienhandel verwendeten Metalle Gold (*St. Rufinus*: Rotgold), Silber (*St. Albinus*: weißes Silber) und Blei (als Anspielung auf die ausgestellten päpstlichen Bullen): Man könne in Rom damit St. Petrus (d. h. den Papst) kaufen und bekomme St. Paulus noch dazu (vgl. die Ikonographie der Bleisiegel, auf denen die beiden Apostelfürsten gemeinsam dargestellt sind). Die zeitgenössische Kritik an der Kurie war sich darin mit dem Bamberger Schulmeister einig: Die → Reliquien der heiligen Rufinus und Albinus hätten eine große Macht und könnten jederzeit Zutritt zum Pontifex verschaffen. Hugo bezieht sich bei den Bleibullen der Päpste (wie schon die *carmina burana*) auf Sacharja 5, 5 – 8: *Der Engel des Herrn, der mit mir redete, kam und sagte zu mir: Blick hin und sieh, was sich zeigt! Ich fragte: Was ist das? Er antwortete: Was sich dort zeigt, ist ein Fass. Und er fuhr fort: Das ist ihre Schuld auf der ganzen Erde. Und siehe: Ein Deckel aus Blei wurde (von dem Fass) gehoben, und in dem Fass saß eine Frau. Er sagte: Das ist die Ruchlosigkeit (bei Hugo: Unbarmherzigkeit). Darauf stieß er sie in das Fass zurück und warf den bleiernen Deckel auf die Öffnung.* Dann wird das Fass ins Land Schinar gebracht – d. h. nach Babylon, für Hugo eine Anspielung auf Rom.

Ein ähnliches Beispiel ist die Schilderung von Nebukadnezars Traum in Daniel 2, 31 – 45: Ein Standbild, dessen Kopf aus Gold, dessen Füße aber aus Ton sind, steht dabei als Sinnbild für den Untergang der Weltreiche. Für Hugo ist der abnehmende Wert der Metalle – die Bittsteller am päpstlichen Hof tauschen ja buchstäblich Gold gegen Blei – gleichbedeutend mit der Abnahme der Tugend in der Welt, deren Untergang letztendlich wegen ihrer Sünden unvermeidlich ist. Durch diese Verbindung von Zeitkritik und visionärer Schau erhält Hugos Werk sogar prophetische Züge.

Bleisiegel des Papstes Innozenz III. unter der Heiligsprechungsurkunde Kunigundes. [21]

Der hl. Thomas von Aquin begründete mit der Scholastik eine eigene theologische Schule, Hugo orientierte sich aber lieber an den traditionellen Kirchenvätern. [22]

Sicher gilt für Hugo, was über die zeitgenössische Kritik an der Kirche allgemein festgestellt werden kann: Die Dichter kritisierten zwar die Missstände auf den verschiedenen Ebenen der Hierarchie und konnten dabei zu Spott und Hohn greifen. Anders als vielfach heutzutage war damit aber keineswegs eine Absage an die Kirche als Institution oder gar an den christlichen Glauben verbunden. Dafür waren die Menschen des Mittelalters zu sehr in der kirchlichen Kultur verwurzelt.

Hugo greift auf Kirchenväter zurück

Verschafft man sich einen Überblick über die theologischen Autoritäten, auf die sich Hugo in seiner Argumentation stützt, so fällt auf, dass die bedeutenden zeitgenössischen Theologen bei ihm keine Rolle spielen. Vielmehr zitiert er, meist kommentierend, neben der Bibel vor allem traditionelle Autoren wie die Kirchenväter der ersten Jahrhunderte, und zwar besonders Augustinus und Gregor den Großen. Hugo entnimmt also seine Argumente häufig dem monastischen Schrifttum der klassischen Mönchsorden. Als modernster Theologe findet Bernhard von Clairvaux im Werk Hugos Beachtung. Der Tod der Hauptfigur der Gründungsphase der Zisterzienser lag damals allerdings bereits eineinhalb Jahrhunderte zurück.

Für Hugo repräsentieren die Kirchenväter wohl so etwas wie das Ideal der Urkirche, von dem er die Kirche seiner Zeit weit entfernt sieht. Außerdem wird hier erneut seine Skepsis gegenüber der gerade zu seiner Zeit neu aufgekommenen akademischen Theologie deutlich. Der *rector scolarum* an der Stiftskirche von St. Gangolf war offenbar besser gebildet als ein durchschnittlicher Kleriker seiner Epoche. Er hatte aber wenig Bezug zum wissenschaftlichen Diskurs, wie er zu jener Zeit an den Universitäten gepflegt wurde. Abgesehen davon, dass dieser moderne Wissenschaftsbetrieb die bisher an den Kathedral- und Stiftsschulen durchgeführte Ausbildung in Frage stellte, für die Hugo ja selbst ein herausragendes Beispiel gewesen ist, widerstrebten die selbstbewussten «neuen Künste» der schlichten Laienfrömmigkeit des Dichters, die sich verstärkt auf die Heilige Schrift und die Patristik stützen wollte. Thomas von Aquin und die anderen Vertreter der scholastischen Theologie des 13. Jahrhunderts werden im *Renner* nirgends zitiert.

Für Hugo waren die Umbrüche des Jahrhunderts Symptome eines fortschreitenden Verfalls der Kultur und der Sitten. Er hatten keinen Blick für die Chancen und Neuaufbrüche, die in diesen Veränderungen lagen.

Gottesliebe als wahre Minne

Nu hoert waz uns an einer stat
Sant Augustîn geschriben hât:
Bistu sô wîse als Salomôn
Und ouch sô starc als her Sampsôn,
Sô gar schoene als Absolôn
Und dar zuo küene als Gêdeôn,
Geringe zu loufen unde snel
Als der snelle man Asahel,
Gewaltic als Octâviân,
Rîch als Krêsus der rîche man,
Langlebic als Matûsalam
Und Ênoch, den got selber nam,
Und ouch künic Alexander gelîch,
Unüberwunden und êren rîch:
Alliu dîn glôrie ist enwiht,
Hâstu der wâren minne niht.

Eine der schönsten Ausgaben des *Renner* stellt eine Handschrift aus Leiden dar. Das Titelbild zeigt Hugo v. Trimberg auf einem Pferd mit der Spruchbanderole *Der Renner pin ich genant - Der weltlauff ist mir bekannt.* [23)]

Hugo listet hier zehn Vorbilder aus der Antike bzw. aus der Bibel mit all ihren Vorzügen auf, die sie berühmt gemacht haben, die aber als im letzten nicht entscheidend heraus gestellt werden: Entscheidend ist für Hugo allein die Gottesliebe, die «wahre Minne», denn sie allein ist im Gegensatz zu allen geistlichen oder weltlichen Ehren der Welt die Voraussetzung für das Seelenheil, auf das es jenseits aller Missstände in der Welt und manchmal auch in der Kirche allein ankommt. Diese Botschaft des Bamberger Laien und Gelegenheitstheologen aus dem 13. Jahrhundert bleibt für uns Menschen des dritten Jahrtausends der Christentumsgeschichte nach tausend Jahren der Geschichte unseres Bistums bedenkenswert.

Plastik der hl. Kunigunde aus dem Bamberger Dom. [24)]

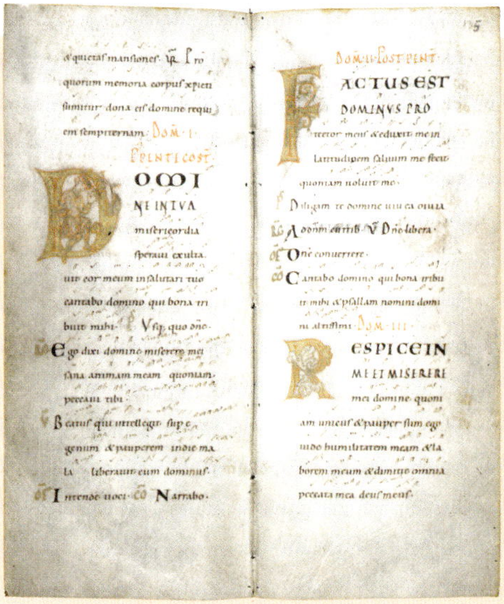

Gebetbuch der hl. Kunigunde. [26)]

1200

Auf Betreiben von Bischof Timo erfolgt die Heiligsprechung Kunigundes durch Papst Innozenz III. Unter diesem Papst erreicht das Papsttum den Höhepunkt seiner weltlichen Macht im Mittelalter.

Urkunde der Heiligsprechung Kunigundes aus dem Jahr 1200. [25)]

Rückenschild vom Chormantel der hl. Kunigunde. [27)]

1209 ▪ Die Ordensregel des Franz von Assisi wird von Papst Innozenz III. anerkannt. Dies bildet die Grundlage für den schnell weite Verbreitung findenden Franziskanerorden.

Bischof Ekbert und sein bischöflicher Bruder mit *Agnus Dei* [28)]

1237-1242

Dompropst Poppo von Andechs erlangt den Bamberger Bischofsstuhl ohne jemals die Bischofsweihe empfangen zu haben. Als er nach der Bannung Friedrichs II. mit der kaiserfeindlichen Partei in Kontakt tritt, wird er wegen des Bruches seines Treuegelöbnisses und der Verschleuderung der Bistumsgüter abgesetzt. Alle Rechtshandlungen Poppos seit 1239 werden für nichtig erklärt.

1203-1237

Mit Bischof Ekbert von Andechs besteigt einer der herausragendsten Bamberger Bischöfe den Bischofsstuhl. Seine Bischofsweihe erhält er von Papst Innozenz III. Ekbert nimmt im Reichsdienst viele Aufgaben als Politiker und Diplomat wahr, was zu langen Zeiten der Abwesenheit im Bistum führt.

1208

Ermordung König Philipps von Schwaben durch Otto von Wittelsbach in Bamberg. Da man Ekbert der Mittäterschaft verdächtigt, muss dieser flüchten und kann erst 1212 auf Vermittlung des Papstes in sein Bistum zurückkehren.

1215

In Rom findet mit dem IV. Laterankonzil die wohl wichtigste Bischofsversammlung des Hochmittelalters statt, an der auch Bischof Ekbert von Bamberg teilnimmt.

Papst Innozenz III. [29)]

Ermordung König Philipps von Schwaben durch Otto von Wittelsbach. [30)]

1215 ▪ Das IV. Laterankonzil in Rom unter der Leitung von Papst Innozenz III war das bedeutendste Konzil des Mittelalters. Es erfolgte u.a. eine Verurteilung der Lehren der Katharer und Waldenser, die Deklaration der Wandlung bei der Eucharistie sowie das Gebot einer eigenen, unterscheidenden Kleidung für die Juden (Judenhut, Gelber Fleck).

1224 ▪ Der Sachsenspiegel des Eike von Repgow entsteht und wird zur Grundlage des Zivilrechts im deutschsprachigen Raum.

Die Darstellung der Synagoge zählt zu den schönsten Figuren des frühen 13. Jahrhunderts. [31]

Der Ekbertdom prägt die Stadtsilhouette Bambergs. [32]

Der Bamberger Reiter – der vermutlich den heiligen Stephan von Ungarn darstellt – zählt zu den bedeutendsten und erforschtesten Skulpturen der Kunstgeschichte. [34]

1237

Am 6. Mai wird der neu erbaute Bamberger Dom geweiht, dessen Wiedererrichtung von Bischof Ekbert stark vorangetrieben wurde.

Die Standsäule der Synagoge zeigt einen Teufel, der einen Juden mit Spitzhut blendet. [33]

Knotensäule im Ostchor. [35]

1226 ▪ Der Deutsche Orden erhält von Kaiser Friedrich II. Preußen als Ordensland.

1241 ▪ Niederlagen eines deutsch-polnischen Ritterheeres bei Liegnitz und des ungarischen Heeres am Sajo-Fluss gegen die vordringenden Mongolen. Ein weiterer Vormarsch wird nur durch den Tod des Groß-Chans verhindert.

Auch im Bamberger Franziskanerkloster stand die Buchmalerei in hoher Blüte. In dieser Handschrift ist in einer Initiale B das Gastmahl im Hause Simons dargestellt. [37]

1242-1257

Bischof Heinrich von Bilversheim hält im langjährigen Streit zwischen Kaiser Friedrich II. und dem Papsttum zunächst zum Kaiser. Erst nach dem Ersten Konzil von Lyon (1245), welches Kaiser Friedrich II. absetzt, unterwirft er sich Papst Innozenz IV. Dieser erteilt ihm daraufhin persönlich die Bischofsweihe. In seiner Regierungszeit starben 1248 die Andechs-Meranier im Mannesstamm aus. Der Bischof hält zwei Diözesansynoden ab und fördert den Franziskanerorden, der schon seit den Lebzeiten des hl. Franziskus († 1226) in Bamberg ansässig war.

1245

Endgültige Herauslösung aus dem Verband des Mainzer Metropolitankapitels und direkte Unterstellung unter Rom.

1257-1285

Unter Bischof Berthold von Leiningen kann 1260 der Erbfolgestreit um die Besitzungen der Andechs-Meranier beendet werden. Berthold gründet Klöster in Nürnberg, Bamberg und Himmelkron. Um die selbe Zeit beginnt der Dichter Hugo von Trimberg seine Tätigkeit an der Stiftsschule von St. Maria und Gangolf in Bamberg.

Hugo von Trimbergs *Renner* war eine der am meisten vervielfältigten Handschriften seiner Zeit. [36]

1286-1296

Bischof Arnold von Solms war im Streit um die deutsche Krone ursprünglich ein Parteigänger der Habsburger, unterstützt jedoch seit 1292 König Adolf von Nassau, der sein Königtum letztendlich durchsetzen kann. Wegen hoher Schulden muss Arnold in seinen letzten Regierungsjahren eine Reihe von Burgen und Güter verpfänden.

1248 ▪ Auch der sechste Kreuzzug endet in einem Misserfolg. Jerusalem bleibt in muslimischer Hand.

1291 ▪ Ewiger Bund der drei Schweizer Urkantone und damit Beginn der Schweizer Unabhängigkeit.

Konrad Kůrschner

14. Jahrhundert

Konrad Kürschner

Geburt von Konrad Kürschner. [1]

Gründung eines Spitals in Kupferberg. [4]

ca. 1270/80 — 1320 — um 1330

Erstmalige Erwähnung Konrad Kürschners, wohl bereits als erfolgreicher Bergbauunternehmer in Kupferberg. [2] [3]

Ein erfolgreicher Bergbauunternehmer des 14. Jahrhunderts, Konrad Kürschner, stiftet im Alter ein Spital in Kupferberg (heute Landkreis Kulmbach) zur *labung der armen, schwachen, kranken und dürftigen Menschen.* Das gute Werk soll sein Andenken aufrecht erhalten und ihm das Ewige Heil sichern.

Konrad Kürschner und «sein» Kupferberg

Konrad Kürschner war ein alter Mann geworden. Seine Frau Alheidis war bereits vor Jahren nach langer Krankheit verstorben. So musste er nun allein in dem vor vielen Jahren erbauten stolzen Bürgerhaus oberhalb des neuen Marktplatzes in Kupferberg wohnen. Freilich schaute sein Stiefsohn, Heinrich Kürschner, der sich nun nach dem führenden Amt in der Stadt *Heinrich Bergmeister* nannte, mit seiner Familie des Öfteren vorbei. Und eine treue Hausmagd kümmerte sich Tag und Nacht um sein leibliches Wohl.

Nach dem Frühstück ging er aus dem Haus. Der Herbst war angebrochen. Für die vielen Bergleute, die unfern seines Hauses am Schieferberg zum Teil noch im Tagebau arbeiteten, kamen nun zur harten Arbeit wieder die Unbilden des Wetters hinzu. Konrad

Bürger, Unternehmer und Spitalgründer

von Klaus Rupprecht

Schöffe in Bamberg.[6][7]

1331 — 1333/34 — vor 1340

Urkundliche Erwähnung seiner Frau Alheidis.[5]

Konrad Kürschner stirbt.[8]

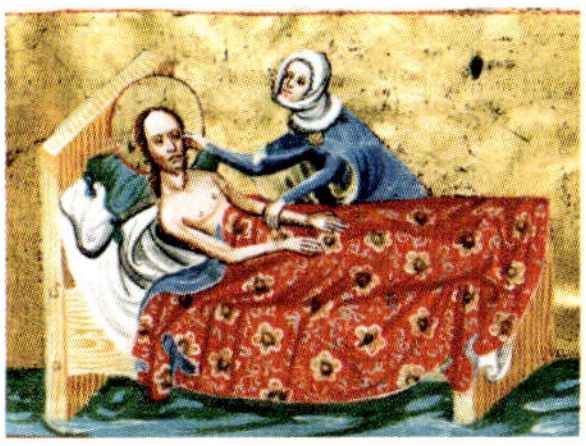

Kürschner trug Sorgenfalten auf der Stirn. Die vielen Regenfälle der letzten Zeit hatten das Wasser in den wenigen neuen Stollen wieder steigen lassen; auch die Abbaumengen waren zurückgegangen. Wie sollte er seine eigene Metallverarbeitung unten in Ludwigschorgast mit der Schmelzhütte und der Drahtmühle am Laufen halten? Wie sollte er eigene Handelsverpflichtungen oder gar die Verträge mit den Kupfererz-Großhändlern aus Nürnberg erfüllen?

Auf dem Weg Richtung Marktplatz hielt er inne. Zufrieden stellte er fest, dass es in der Ferne beim Leugaster Tor stark qualmte. In eigener Regie hatte Kürschner dort in einer Gasse stadtauswärts Köhler angesiedelt, die nun Holzkohle für die Schmelzhütte produzierten. Die Bäume dazu stammten zum Teil aus den Gütern und Waldungen in der Nähe Kupferbergs, die Konrad Kürschner in den letzten Jahrzehnten planmäßig und in großem Umfang erworben hatte.

Auf dem farbigen Plan des Halsgerichts Kupferberg aus der zweiten Hälfte des 16. Jahrhunderts ist die Stadt mit Stadtmauer und drei Stadttoren dargestellt. Pfarrkirche, Amtshaus und das von Konrad Kürschner gestiftete Spital vor dem unteren Tor sind deutlich zu erkennen. [9]

Bei seinem Gang Richtung unteres Tor kam er unweigerlich über den Marktplatz. Von allen Seiten wurde ihm – immerhin dem reichsten und zumindest indirekt dem mächtigsten Mann in der Stadt, dazu Stadtrat und Gerichtsschöffe – Respekt gezollt. Um den Marktplatz herum und entlang der Hauptstraße waren in den letzten Jahrzehnten viele neue Häuser entstanden. Gegenüber vergrößerte man gerade die Marienkapelle am Kirchplatz, denn man wollte endlich eine eigene Pfarrei sein. Kürschner und seine befreundeten einflussreichen Familien hatten den Wunsch der Kupferberger schon vor längerem beim → Bischof in Bamberg vorgetragen: Man war sich sicher, dass die Pfarreierhebung bald erfolgen werde, hatte man die Mutterpfarrei St. Nikolaus in Ludwigschorgast doch längst an Bedeutung und Einwohnern überholt.

Zufrieden stellte Kürschner fest, dass trotz der noch frühen Stunde reges Markttreiben herrschte. Der rasch aufblühende Bergbau hatte hunderte von Bergleuten nach Kupferberg gebracht, und die wollten natürlich versorgt sein. Insbesondere an der Fleischbank kauften viele Menschen ein, was ihn freute, denn die Einnahmen davon standen ihm zu.

Dann ging er die Hauptstraße stadtauswärts. Am unteren Tor blieb er stehen; der Türmer hatte das Tor bereits für die Fuhr- und Kaufleute geöffnet. Konrad Kürschner blickte auf seinen ganzen Stolz: das neue, gerade fertig gestellte, von ihm gestiftete Spital zum Hl. Geist und zur Hl. Katharina. In seinem Leben war er sehr erfolgreich gewesen, hatte reichlich Besitz ererbt und selber Reichtum gescheffelt. Die Methoden, die er als Unternehmer dabei anwenden musste, waren - wie bei seinen Kaufmannsfreunden auch – nicht immer ganz lauter gewesen. Mit zunehmendem Alter drängte sich daher die Frage nach seinem eigenen Seelenheil immer mehr in den Vordergrund. Wie konnte er zu den Auserwählten gehören, die in den Himmel kommen? Wie war es möglich, die Qualen im Fegefeuer, von denen der Pfarrer so gerne drohend erzählte, zu verkürzen? Nach außen hatte er immerhin ein frommes Leben geführt, und gute Werke konnten viel helfen. Zudem kannte Konrad Kürschner das Vorbild befreundeter Familien in Bamberg, der Tockler und der Esel, die dort Spitäler gegründet hatten und damit große Monumente ihres Stifterwillens, ihrer Bereitschaft, Almosen an die Armen zu geben, hinterlassen hatten. So, hatte er vor knapp zehn Jahren beschlossen, wollte er es auch tun. Für immer und ewig wollte er sich im → Hochstift Bamberg einen Namen machen und in das Gedächtnis der Kupferberger einprägen.

Nun war es soweit. Vor kurzem war die Urkunde vom Bamberger Bischof Leupold von Egloffstein eingetroffen, in der dieser die Stiftung mit den umfangreichen Schenkungen bestätigte. Einen Großteil seines Besitzes in den vielen umliegenden Ortschaften hatte er genauso dorthin gegeben wie seine Anteile am Bergwerk. Den ganzen Platz vor dem unteren Tor, wo sein großer Wirtschaftshof und sein Badhaus lagen, hatte er umgestalten lassen. Nun stand hier ein langes, einstöckiges Spitalgebäude mit Kapellenanbau und einem gesonderten Wirtschaftshof.

Die Furcht vor den Qualen des Fegefeuers war im Mittelalter weit verbreitet, ebenso der Glaube, über mildtätige Werke etwas für sein Seelenheil tun zu können, Darstellung des Jüngsten Gerichts aus der Bamberger Halsgerichtsordnung. [10]

Zu Lebzeiten wollte Konrad Kürschner die Verwaltung des Spitals noch selber erledigen. Er stieg die Treppen hinauf in das Dachgeschoss, wo er sich ein kleines Zimmer mit Tisch, Stuhl und wenigen Truhen hatte reservieren lassen. Als er sich hinsetzte und sein Werk betrachtete, kam ihm alles wieder in den Sinn. Wie er vor knapp 30 Jahren erstmals nach Kupferberg gekommen war; damals war im Hochstift in aller Munde, dass dort an den ersten Anhängen des Frankenwalds Erzfunde gemacht worden waren. Der Bischof hatte in seiner Residenzstadt noch Werbung gemacht, dort doch unternehmerisch einzusteigen. Seine Familie hatte es in Verbindung mit anderen Bambergern gewagt, viel Geld investiert und – Gott sei Dank – noch viel mehr zurück bekommen. Von einem richtigen Ort hier in Kupferberg konnte damals noch kaum die Rede sein. Und jetzt – eine richtige kleine Stadt war es geworden; bekannt weit über das → Bistum und Hochstift Bamberg hinaus.

Damit sei der fiktive Gang Konrad Kürschners durch «seine» Stadt Kupferberg im Jahr 1337 mit kurzen Rückblenden und Einblicken in sein Leben beendet. Er sollte einleitend helfen, sich in die Person und sein Denken hineinzuversetzen. Konrad Kürschners Biografie kann stellvertretend für soziale, wirtschaftliche, politische und religiöse Vorgänge im Bistum Bamberg im 14. Jahrhundert stehen.

Familiäre Herkunft und personelle Verflechtungen

Die durch Urkunden belegten Fakten zu Leben und Werk des Konrad Kürschner sind – wie die Zeitleiste zeigt - sehr rar. Dennoch lässt sich ein recht klares Bild gewinnen.

Die bürgerliche Familie der Kürschner (lat. *Pellifex*) stammte aus Bamberg und hatte dort stets ihren «Hauptsitz». Mitte des 13. Jahrhunderts taucht erstmals in den Quellen ein Konrad Pellifex als → Bürger in Bamberg auf. In der ersten Hälfte des 14. Jahrhunderts lässt sich eine vielfältig in der Stadt verzweigte Familie erkennen, die bereits den Sprung in die → Reichsstadt Nürnberg geschafft hatte. Nur in den seltensten Fällen kann man konkrete familiäre bzw. verwandtschaftliche Verbindungen zwischen den einzelnen Namensträgern herstellen. Zu Lebzeiten des Konrad Kürschner lassen sich drei Hauptvertreter in Bamberg archivalisch fassen: Heinrich Kürschner am Markt, Fritz Kürschner in der Au (Sohn des Hermann Kürschner am Markt) und Hans Kürschner hinter der → Pfarrkirche St. Martin, also alle in zentraler Stadt- und Marktlage. Zu welchem Familienzweig Konrad gehörte, wann er geboren wurde, wer seine Eltern waren und wo er seinen Besitz in der Stadt hatte, offenbaren die Quellen nicht. Dass die Familie jedoch zu den angesehensten Bürgern in der Stadt gehörte, wird dadurch deutlich, dass mit nur wenigen Lücken zwischen 1321 und 1364 Fritz, Konrad und Heinrich nacheinander als Schöffen und Mitglieder des Rats fungierten. Konrad Kürschner *von dem Kupferberg* ist in den Jahren 1333 und 1334 als Bamberger Schöffe belegt.

Wappen der Familie Kürschner von Bamberg mit dem schreitenden Raben auf silbernem Grund. [11]

Es sind wohl namensgleiche Vertreter der vorhergehenden Generation, die bereits im ersten Jahrzehnt des 14. Jahrhunderts als Nürnberger Bürger auftauchen. 1306 wird Heinrich Kürschner, Sohn des Rugehaymer zu Bamberg, als Nürnberger Neubürger aufgenommen und 1308 ist Fritz Kürschner Bürge bei einer Neuaufnahme, was er nur tun konnte, wenn er selber Bürger war. Der bereits bekannte Fritz Kürschner in der Au wird 1327 - augenfälligerweise in dem Jahr, als er letztmals das Schöffenamt in Bamberg ausübte – als Neubürger

in Nürnberg aufgenommen. Eine seiner Töchter heiratete zwanzig Jahre später den Landschreiber der Reichsstadt, Friedrich Ebner. Zu den Zeugen gehörten immerhin Vertreter der Familien Stromer und Tucher; zu den Bürgen zählte Heinrich Kürschner, Bürger zu Bamberg. Bei ihm handelt es sich wohl um jenen Heinrich Kürschner, der gemeinsam mit seiner Frau Elsbeth zu *Nürnberg einen Kram unter dem Hause an dem Markt bei dem Vorhtel* innehatte. Die familiären Verflechtungen der Kürschner, in die sich die Biografie des Konrad Kürschner einbetten lässt, zeigen somit enge Verbindungen zwischen der Wirtschaftsmetropole Nürnberg, der Residenzstadt Bamberg und dem neuen Bergbauort Kupferberg.

Ein Zweig der Kürschner lebte unweit der zu Beginn des 19. Jahrhunderts abgerissenen Pfarrkirche St. Martin am heutigen Maximiliansplatz in Bamberg. [12)]

Über Konrads Frau Alheidis ist wenig bekannt

Konrad Kürschner wird seine schulische Erziehung wohl in Bamberg, die berufliche Ausbildung dafür eher bei befreundeten oder verwandten Kaufmannsfamilien in Nürnberg erfahren haben. Bekannt ist darüber nichts. Verheiratet war er mit einer gewissen Alheidis. Sie wird 1331 in einer Ablassurkunde als Ehefrau erwähnt, 1337 bei dem Abschluss des Stiftungsgeschehens jedoch nicht mehr. Konrad war zu dieser Zeit also bereits Witwer. Gemeinsame Kinder – zumindest solche, die die Kindheit überstanden - hatten die beiden offenbar nicht. Jedoch brachte Alheidis aus einer früheren Ehe einen Sohn, Heinrich, mit, den Konrad Kürschner stets als seinen Stiefsohn bezeichnet und der später im Grunde dessen Erbe in Kupferberg übernimmt.

Über die Herkunft der Alheidis ist nichts bekannt. In gewisser Weise nahe liegend wäre eine Eheverbindung zu anderen im Kupferberger Bergbau tätigen Bamberger oder Nürnberger Familien. Andererseits kommt aber auch die Einheirat in die niederadelige Familie der von Bayreuth (bzw. Plassenberg mit dem Spitzbergsiegel) in Frage. Eine Tochter des Wittig Kürschner wurde 1344 Äbtissin des → Klosters St. Theodor in Bamberg, ihre Schwester heiratete einen Sohn des Heinrich von Plassenberg, während dessen andere Tochter, die interessanterweise den Namen Adelheid trug, ebenfalls Nonne in St. Theodor wurde. Weitere Verbindungen zu der Adelsfamilie lassen sich durch deren Unterstützung bei der Spitalgründung sowie der unmittelbar benachbarten Lage von Teilen des Stiftungsguts zu jenem der Kürschner herstellen.

Kürschner als Bergbauunternehmer in Kupferberg

Als Konrad Pellifex (= Kürschner), Bürger zu Kupferberg, erstmals 1320 in der Zeugenliste einer Urkunde quellenmäßig fassbar wird, muss er vor Ort schon eine etablierte Person gewesen sein, sonst hätte man ihn und – als zweiten Zeugen – Albert Lang, für den ebenfalls intensive Kontakte in die Reichsstadt Nürnberg nachweisbar sind, nicht die Zeugenfunktion übertragen. Da zudem Konrad und Friedrich von Weidenberg, die ebenfalls aus dem Stamm der Plassenberg mit dem Spitzbergsiegel stammten, als Aussteller der Urkunde fungierten, könnte die Wahl des Konrad Kürschner auch in verwandtschaftlichen Verbindungen begründet gewesen sein.

Es kann nur vermutet werden, dass die Familie Kürschner schon im ausgehenden 13. Jahrhundert führend am Bergbau in Kupferberg beteiligt gewesen war; dass also Konrad Kürschner hier bereits in der 2. Generation tätig war. Mit dem Einsetzen der schriftlichen Quellen, insbesondere in den zahlreichen Urkunden um die Spitalstiftung, können wir jedenfalls Konrad Kürschner als Motor und Hauptnutznießer des Kupferberger Bergbaus erkennen. Im familiären und freundschaftlichen Beziehungsgeflecht der Kürschner zwischen Bamberg, Nürnberg und Kupferberg kam ihm offensichtlich die Aufgabe des Rohstoffproduzenten und –händlers vor Ort zu. Er tat dies gemeinsam mit anderen bürgerlichen Vertretern aus Bamberg sowie mit Unterstützung von Familienmitgliedern.

Auch in der Generation nach Fritz und Heinrich Kürschner, die 1306 bzw. 1308 als Nürnberger Bürger belegt sind, war die Bamberger Bürgerfamilie in der Reichsstadt präsent. Fritz Kürschner besaß auch das Nürnberger Bürgerrecht. 1331 tritt er in einer Kupferberger Urkunde als Zeuge auf. Weiter ist bekannt, dass 1327 ein Ulrich Kürschner Nürnberger Neubürger wurde. Mit seinem Bruder Wittig lässt sich ein weiteres Mitglied der Familie zeitweise in Kupferberg nachweisen. Beide waren Vettern Konrad Kürschners; sie werden 1337 als Bürger zu Kupferberg bezeichnet. Ihre Beteiligung am Bergbau in Kupferberg ist mehr als nur zu vermuten. Daraus ist zu schließen, dass es sich hier - und das passt durchaus in das gängige Bild der Kaufmannsdynastien des 14. Jahrhunderts - nicht um individuelle Schicksale oder Lebenswege handelte, sondern um ein gezieltes Vorgehen, um bürgerliche Familien- und Wirtschaftspolitik. Die Kürschner scheinen auf dem Weg über verschiedene Familienmitglieder das Nürnberger Bürgerrecht aus wirtschaftlichen Gesichtspunkten angestrebt zu haben, um so den Kupferhandel mit der in der Metallverarbeitung in Hochblüte stehenden Reichsstadt - im 14. Jahrhundert eine blühende Metropole von europäischem Rang - unkomplizierter abwickeln zu können.

Die Kürschner waren jedoch nicht nur in Kupferberg tätig; die Verbindungen Kupferberg-Bamberg-Nürnberg sind vielschichtig. Auch dafür liefern die Nürnberger Neubürgerbücher etliche Beispiele. So wird 1313 ein *Hanmann*

Amt und Stadt Kupferberg mit der Mutterpfarrei Ludwigschorgast. Östlich und südlich der Darstellung von Kupferberg weisen die vielen Schachteingänge auf die Bergbautätigkeit hin, Amtskarte von Peter Zweidler von 1604. [13)]

de Monte Cupri (Kupferberg) - übrigens die Ersterwähnung des Orts - als Neubürger der Reichsstadt aufgenommen. Als dessen Bürge trat nicht irgendwer auf, sondern die vornehmste und damals mit dem Reichsschultheiß den obersten Verwalter der Stadt stellende Familie - die Pfinzing. Es ist wohl der gleiche Hanmann, nun wird er *Heilmann de Monte Cupri* genannt, der nur wenige Monate später bereits Bürge ist für den als Neubürger aufgenommenen *Heinrich de Schorgast*. Schließlich, das noch als kurzer Nachtrag und weiterer Beleg, wird 1317 ein Heinrich von Kupferberg für ein Jahr aus der Reichsstadt Nürnberg verbannt. Was er angestellt hatte, ist leider nicht vermerkt.

Dann kennen wir Eberhard Kramer, dessen Name schon für seine Tätigkeit spricht, der Grundbesitz in und um Kupferberg hatte und dort wohl selbst Hüttenbesitzer oder Gewerke war. Er wird 1323 Nürnberger Neubürger; als Zeuge fungierten die ebenfalls zu den bedeutendsten Patrizierfamilien in Nürnberg gehörenden Holzschuher. Es ist durchaus möglich, dass Eberhard

Kramer als Agent einer Nürnberger Firma im Kupferhandel tätig war. Schließlich sei noch kurz auf Albrecht Lang eingegangen, der 1320 neben Konrad Kürschner in einer Urkunde als Kupferberger Bürger Zeugendienste leistet. Er taucht nach 1330 in zahlreichen Nürnberger Urkunden als Albrecht der Lange vom Kupferberg auf, gehörte dort sogar zur Schicht der Ehrbaren und besaß ein Haus am Milchmarkt. Alle diese Belege sprechen dafür, dass in Kupferberg in der Anfangsphase Reichtümer erworben wurden, die nicht nur zur Aufnahme ins Nürnberger Bürgerrecht führten, sondern relativ rasch Kontakte zu den reichsten, vornehmsten und einflussreichsten Bürgerfamilien Nürnbergs ermöglichten. Dahinter standen natürlich wirtschaftliche Interessen, denn die Reichsstadt versuchte im 14. Jahrhundert, das Monopol über den Kupferhandel in Oberdeutschland zu ergattern. Man hatte also sein Augenmerk auf Kupferberg als Erzlagerstätte und als Bergbaubetrieb gelegt und war an intensiven Kontakten mehr als interessiert.

Dass darüber hinaus noch Handelskontakte bestanden, zeigt ein «komisches» Verbot der Nürnberger Stadträte in deren Mandatensammlung von ca. 1330. Es wird verboten, dass Milchschmalz (Butter), das vom Land in die

Schon zu Beginn des 14. Jahrhunderts besaßen Mitglieder der Familie Kürschner das Bürgerrecht in Nürnberg. Die Norisstadt war bereits damals eine blühende Stadt von europäischer Bedeutung, Ansicht aus der Schedelschen Weltchronik. [14]

Stadt eingeführt wird, wieder hinaus verkauft wird, *auch nicht nach dem Kupferberg*. Die besondere Nennung Kupferbergs im Nachsatz zeigt uns an, dass es offensichtlich Handelskontakte gab.

In dem ganzen Geflecht von wirtschaftlichen Interessen war Konrad Kürschner der Rohstoffproduzent und Organisator vor Ort. Im Rückblick erweist er sich als Vollblutunternehmer, der alles im Griff hatte, von der Gewinnung des Rohstoffes über die Verarbeitung bis hin zum Vertrieb. Konrad Kürschner hatte Anteile am Bergbau (damals vor allem am Schieferberg), er war also Gewerke; er konnte in einer Schmelzhütte – wohl die Erlenmühle bei Ludwigschorgast - seine Erze verhütten lassen, um sie dann in der nur wenig entfernten Drahtmühle verarbeiten zu lassen. Die dazu nötige Holzkohle ließ er, wie in der Einleitung skizziert, in Kupferberg selbst herstellen. Es scheint durchaus wahrscheinlich, dass er das dazu nötige Holz aus dem Grundbesitz der Umgebung, über den er reichlich verfügte, erwirtschaften konnte. Mit der Badstube besaß er ferner eine, gerade in einem Bergbauort, besonders wichtige Einrichtung. Von seinen Anteilen an der Fleischbank - das war der Stand beim Marktgeschehen, an dem die heimischen Metzger ihre Waren feilboten - war ebenfalls bereits die Rede. Für den Vertrieb des Kupfererzes als gewonnenen Rohstoff wird sich Konrad Kürschner neben eigenen Handelsaktivitäten wohl vor allem auf das Netz der familiären und persönlichen Verflechtungen mit Großhändlern in Bamberg und Nürnberg verlassen haben.

Wie Konrad Kürschner – oder eventuell seine Vorfahren – zu dem reichen Grundbesitz in und um Kupferberg gekommen ist, lässt sich nicht belegen. Dessen Umfang wird erst offenbar, als Kürschner seine zahlreichen Stiftungen an das Spital beginnt. Erklärbar scheint dies alles nur durch gute Kontakte zum Bischof von Bamberg als Territorialherren, durch enge Verquickungen mit dem niederen Adel als Unterstützer vor Ort und mit einer gehörigen Portion an Unternehmergeist, denn es galt eine Menge an Kapital in ein unsicheres Unterfangen zu investieren. Es kann nur mit den offensichtlich reichen Gewinnen der Anfangsphase erklärt werden, dass Konrad Kürschner sich ein solch mächtiges «Wirtschaftsunternehmen» in und um Kupferberg aufbauen konnte. Alles Handeln zielte darauf ab, sich nach und nach eine gewisse Monopolstel-

Erzschmelzöfen in einem Holzschnitt aus dem 16. Jahrhundert, aus Georg Agricolas Bücher vom Berg- und Hüttenwesen. [15]

lung zu verschaffen, egal ob im Kreislauf der Kupfererzproduktion oder in der Versorgung der Bevölkerung mit Lebensmitteln und Hygiene.

Die Besitzerwerbungen mögen dabei als Kapitalinvestition zu verstehen sein. Sie bargen die Möglichkeit zur Rohstoffversorgung für private wie wirtschaftliche Zwecke, sie führten aber auch zu dauerhaften Erträgen durch die grundherrschaftlichen Abgaben. Bedenkt man zusätzlich die zahlreich laufenden privaten wie gewerblichen Baumaßnahmen in und um Kupferberg, so darf man sicherlich für die ersten Jahrzehnte des 14. Jahrhunderts dort von einer von Euphorie begleiteten Aufbruchsituation, vielleicht sogar von einer «Goldgräberstimmung» sprechen. Dass dieser ganze Unternehmergeist, diese Aufbruchsituation, natürlich mit dem Landesherren abgestimmt sein und politisch in die aktuellen Entwicklungen eingebunden werden musste, versteht sich von selbst. Um erfolgreich agieren zu können, musste die Familie Kürschner sich auch hier entsprechend engagieren.

Konrad Kürschner und die Entwicklung Kupferbergs

So ähnlich könnte auch Konrad Kürschner ausgesehen haben: Abbildung des Nürnberger Kaufmanns und Bürgers Peter Neumeister († 1440) aus dem Hausbuch der Mendelschen Zwölfbürderstiftung. [16]

Die Gegend um den späteren Ort Kupferberg gehörte vor 1248 wohl zur Herrschaft Plassenberg der Herzöge von Andechs-Meranien. Allerdings scheint es sich dabei allenfalls um → Lehen oder Pfand des Hochstifts Bamberg gehandelt zu haben, denn in dessen Hände fiel der Besitz beim Ausgang des so genannten → Andechs-Meranischen Erbfolgestreits zurück. Gerade die Zeit des Erbfolgekriegs (1248–1260) ist eine quellenreiche Zeit und man darf sehr wohl annehmen, dass, hätte es in Kupferberg ein florierendes Bergwerk gegeben, der Streit zwischen den Erben aus den verschiedenen Grafenhäusern auch darum gegangen wäre. Der Ort hätte somit in den zeitgenössischen Quellen auftauchen müssen. Da er das aber nicht tat, können wir nur schließen, dass es sich bei Kupferberg um eine aus wilder Wurzel – also ohne siedlungsgeschichtliche Kontinuität – entstandene Bergbausiedlung handelt.

Die Gründung erfolgte also nicht vor 1260, eher noch in den letzten beiden Jahrzehnten des 13. Jahrhunderts. Hat den Startschuss zum Bergbau in Kupferberg der Bischof von Bamberg als Territorialherr, der - stets hoch verschuldet - gezielt in seinem Lande nach ertragreichen Erzfunden suchen ließ, gegeben? Oder waren es Bamberger oder gar Nürnberger Kaufmannsfamilien, die Spezialisten nach Erzlagerstätten Ausschau halten ließen oder gar Einheimische, die eher zufällig auf ertragreiche Erzschichten stießen? Jedenfalls wurde ein Anfang im Tagebau gemacht. Der Ertrag war zunächst reichlich, der Bergbau kam rasch in Gang und brachte viele Personen an Ort und Stelle. Es entstand ein neuer Ort, dessen Name zugleich Programm war: Kupferberg. Dort arbeiteten viele Bergleute, mit zum Bergbau nötigen Handwerken wie Schmieden, Zimmerleuten und Wagnern, viele Lebensmittelproduzenten und eine führende Schicht an Gewerken (Besitzer von Bergwerksanteilen), die zugleich oft Kaufleute mit überregionalen Verbindungen waren. Sie waren die Financiers, die in Kupferberg das Startkapital zum Bergbau lieferten und für die Deckung der laufenden Kosten sorgten. Mit Sicherheit gehörte die Bamberger Bürger- und Kaufmannsfamilie Kürschner dazu. Bedingt durch die starken familiären Verflechtungen zwischen Bamberger und Nürnberger Familien wurden die Interessen der Wirtschafts- und Handelsmetropole Nürnberg in Kupferberg vertreten.

So wundert es nicht, wenn die Ersterwähnung des Ortes Kupferberg nicht in irgendwelchen Bamberger Quellen erfolgt, sondern der Ortsname – wie erwähnt – erstmals 1313 in den *pergamentenen Neubürgerbüchern* der Reichsstadt Nürnberg auftaucht, als *Hanmann de Monte Cupri* (= Kupferberg) als Neubürger aufgenommen wurde. Die Nürnberger Quellen offenbaren uns somit ein Bild von der frühen Bedeutung Kupferbergs, die uns «heimische» Quellen noch verschweigen. Hier erscheint der Ortsname erstmals in der bereits erwähnten Urkunde von 1320. Neben Konrad Kürschner werden in der Urkunde mehrere andere Personen als Bürger (*cives*) zu Kupferberg bezeichnet, was normalerweise nur bei Märkten oder Städten der Fall ist.

Bereits sechs Jahre später, am 22. November 1326, verkündete Bischof Heinrich von Bamberg, dass er und die Bürger auf dem Kupferberg aus Gründen der Sicherheit den Ort ummauern wollten. Damit die Stadtmauer finanziert werden konnte, berechtigte er die Bürger, ein Ungelt (indirekte Steuer auf Getränke) einzuführen. Außerdem gestattete er, Holz aus den bischöflichen Wäldern kostenlos dafür zu verwenden. Bei dem ganzen Beurkundungsgeschäft handelte es sich um Willensbekundungen der Kupferberger Bürger, die der Bischof in die Tat umsetzte. Als Landesherr, der als Inhaber des so genannten Bergregals allein befugt war, Bergwerke einzurichten oder dies Dritten zu erlauben, begleitete der Bischof von Bamberg die Unternehmungen in Kupferberg sicher wohlwollend. Bei einer solch lebhaften und schnellen Entwicklung war er zu raschen

Bürger

Das Wort Bürger geht zurück auf das mittelhochdeutsche *burgaere*, dem Bewohner einer *burc* (d.h. Burg, Stadt, befestigter Ort). Der Stand des Bürgers entwickelte sich in den aufblühenden Städten des 11./12. Jh. und war mit bestimmten Rechten und Pflichten verbunden, die von Stadt zu Stadt stark variieren konnten. Allgemein sind die Tendenzen zur rechtlichen Freiheit des Einzelnen, dem Recht der Beteiligung an der Selbstverwaltung der Stadt sowie die Pflicht zur Loyalität und zum Zahlen von Steuern zu erkennen. Innerhalb einer Stadt wurde zwischen Bürgern und bloßen Einwohnern unterschieden, die zwar in der Stadt wohnten, aber kein Bürgerrecht besaßen (städt. Unterschicht, Frauen, häufig auch Kleriker und Juden). Voraussetzung für den Erwerb des Bürgerrechtes war zumeist der Besitz eines Hauses oder Grundstückes innerhalb der Stadt. Heute bezeichnet man mit Bürger jedes vollberechtigte Mitglied eines Staates.

Darstellung der verschiedenen Abläufe in einem mittelalterlichen Bergwerk. [17]

Zugeständnissen, zur Vergabe von Privilegien bereit, kam dies doch auch seinem Ansehen als Territorialherr, der Wirtschaftskraft des Landes, der Sicherheit der Bürger und dem eigenen Staatssäckel zugute.

Kupferberg erhält Stadtrechte

Siegel Bischof Wernthos Schenk von Reicheneck an einer Urkunde von 1326. [18]

Rechtlich muss der Vorgang wohl so gewertet werden, dass Kupferberg um 1320 bereits über stadtähnliche Rechte verfügte, die 1326 eine gewisse Erhöhung erhielten, denn eine Stadt wollte sich auch nach außen durch eine Mauer vom gemeinen Rechtsbereich – dem Land – abgrenzen. Die Krone wurde dem Ganzen aber vier Jahre später aufgesetzt, als Bischof Werntho von Bamberg den Kupferbergern das Iglauer Stadt- und Bergrecht verlieh, das über die normalen städtischen Privilegien hinaus den Bürgern und Arbeitern im Bergbau besondere Freiheiten sicherte. Diese Verfassungsurkunde muss als Abschluss des Stadtwerdungsprozesses Kupferbergs verstanden werden. Sie war zudem ein wichtiges politisches Zugeständnis an die führenden Gewerken im Ort. Die Stadt war binnen Kürze so aufgeblüht, das Bergwerk so ertragreich, dass die führenden Bürger, die zugleich Bergwerksbetreiber waren, in die Lage versetzt wurden, weitergehende Forderungen zu stellen. Natürlich wusste man in einem auch schon im 14. Jahrhundert auf mittel- und südeuropäischer Ebene vernetztem Handels- und Wirtschaftsgewerbe vom Iglauer Modell und wollte es auch in seinem eigenen Bereich umsetzen, versprach es doch zahlreiche Freiheiten (persönliche und dingliche Freizügigkeit für die Arbeiter, Freiheit von allen landesherrlichen Abgaben, Exemtion aus der Amtsverfassung) und damit weiteren Aufschwung des Bergbaus.

Kupferberg erhielt damit vom Bischof als Landesherren Freiheiten, wie sie kaum eine andere Stadt im Hochstift bekam. Damit zeigt sich deutlich das Interesse am Blühen des Bergbaus in Kupferberg. Wir befinden uns in einer Hochzeit der Stadtgründungen. Zur Burgenpolitik als Mittel der Territorialpolitik war im 13. und 14. Jahrhundert die Städtepolitik, also das Gründen von Städten, hinzugekommen. Landesherren taten dies aus administrativen, wirtschaftlichen und militärischen Gründen zur Stärkung des eigenen Territoriums und zur Behauptung gegen konkurrierende → Fürsten und Grafen. Als Beispiele können hier Kronach, Stadtsteinach, Weismain oder Kulmbach dienen, die allesamt nach einer längeren Entwicklungsphase Stadtrecht erhielten und mit der dort jeweils vorhandenen Burg Verwaltungszentrum eines Amtsbereichs wurden. Die Entstehung Kupferbergs lässt damit typische sozial- und verfassungsgeschichtliche Entwicklungen im Hochstift Bamberg im 14. Jahrhundert wie die Gründung von Städten und die Verfestigung der Amtsstruktur umso deutlicher erscheinen, weil es sich gerade von diesen Entwicklungen abhebt. Bei der Stadtgründung standen nicht etwa strategische Ziele oder die Sicherung der eigenen Herrschaft im Vordergrund, sondern sie erfolgte unvermittelt, aufgrund des Zufalls – wenn man es einmal so nennen darf; eine Gründung aus wilder Wurzel, die sich allein aus wirtschaftlichen Motiven heraus erklärt. Dahinter stand viel privates Kapital, ein freier Unternehmer- und Pioniergeist, der es sich erlauben konnte, den Landesherren zu wichtigen Ausnahmen seiner eigentlichen politischen oder territorialen Ziele zu zwingen.

Grabmal des Fürstbischofs Friedrich von Hohenlohe (reg. 1344–1352) im Bamberger Dom. [19]

Ohne dass dies die Quellen offen legen, darf hinter den zugrunde liegenden politischen Verhandlungen das lange und zähe Ringen des Konrad Kürschner als bedeutendstem Gewerken und auch politisch führendem Mann in Kupferberg vermutet werden. Oft wird er seine Aufenthalte im heimischen Bamberg genutzt haben, um am Fürstenhof mit Bischof Heinrich von Sternberg und seinem Nachfolger Werntho Schenk von Reicheneck sowie deren Ratgebern in → Domkapitel und Verwaltung die Entwicklungen in Kupferberg beraten und die Forderung nach mehr Freiheiten und Kompetenzen vorgetragen zu haben. Mit dem wirtschaftlichen Erfolg im Rücken ließ es sich natürlich gut verhandeln. Dass der Bischof die Einnahmen aus dem Bergwerk nötig hatte, sieht

Schon der Sohn Konrad Kürschners nennt sich nach seinem Amt in der Stadt *Bergmeister*. Der hier porträtierte Hans Perckmeister war ab 1470 Mitglied des Größeren Rats zu Nürnberg. [20]

man allein daran, dass schon 1327 die Einkünfte aus dem Urbar zu Kupferberg dazu hergenommen wurden, um die Adelsfamilie der von Waldenfels für ihre Forderungen zu entschädigen.

Neben Konrad Kürschner mag auch bereits sein Stiefsohn Heinrich in das politische und wirtschaftliche Ringen um die Stellung des Bergbauorts Kupferberg eingebunden gewesen sein. Wie sehr die Familie Kürschner nicht nur an den wirtschaftlichen Entwicklungen beteiligt war, sondern auch nach politischer Macht strebte - und logischerweise dann dafür auch kämpfte -, sieht man nach dem sicherlich zentralen politischen Erfolg der Kupferberger Bürger, der Einführung des Iglauer Berg- und Stadtrechts in Kupferberg. Konrad Kürschner, wohl nun auch schon in einem etwas höheren Alter, gab zentrale Kompetenzen an seinen Stiefsohn Heinrich Kürschner. Nicht Konrad, sondern Heinrich übernahm anschließend in der Stadt das gemäß der Iglauer Verfassung oberste Amt, das Bergmeisteramt. Der Bergmeister wurde von den Gewerken bestimmt; in der Regel erhielt der größte und damit auch tonangebende Gewerke vor Ort dieses Amt. Ab 1335 nannte sich Heinrich nicht mehr Kürschner, sondern nach seinem Amt Bergmeister. Noch der Sohn des Heinrich Bergmeister, Albert, ist zwischen 1364 und 1366 in Kupferberg als Bürgermeister belegt. Die Enkel und Urenkel lassen sich dann in Berneck, Kulmbach, Bamberg und schließlich auch Nürnberg als Ratsgeschworene nachweisen. In Nürnberg finden sie durch die Heirat mit einer patrizischen Familie Anschluss an die mächtigste Bürgerschicht. So ist es durchaus denkbar, dass die Kupferberger Unternehmungen der Familie den Weg zu Ansehen in Bamberg, Nürnberg und Kulmbach bereiteten und so die Familie in diesen Städten ehrbar und schöffenbar wurde.

Wappen der Familie Bergmeister aus dem Bürgerbuch der Reichsstadt Nürnberg. [21]

Konrad Kürschner als Spitalstifter in Kupferberg

Konrad Kürschner mag in seinem letzten Lebensjahrzehnt die führende politische Rolle in Kupferberg auch deshalb an seinen Stiefsohn abgegeben haben, weil er sich einem ganz anderen Projekt widmen wollte. In seinem Leben hatte er es bis dahin zu viel kaufmännischem Erfolg und beträchtlichem Reichtum gebracht; er war politisch einflussreich, und der Familienverband war regional und finanziell gut aufgestellt. Nun, im höheren Alter, kam ihm immer mehr der Gedanke an den Tod und die Frage, wie er am schnellsten in den Himmel kommen und die Höllenqualen des Fegefeuers überwinden könne. Um als Kaufmann zu Reichtum und Gewinn zu kommen, hatte er nicht immer lautere und menschenfreundliche Methoden anwenden können. Das lastete genauso auf seiner Seele wie manche Verstöße gegen kirchliche Normen, z. B. das Zinsverbot. Zudem hatte die harte und gefährliche Arbeit im Bergbau viele seiner Arbeiter krank gemacht. Es ist durchaus möglich, dass es auch Verstümmelungen und Tote gab. Das bereitete ihm ein schlechtes Gewissen. Sicherlich hatte er ein äußerlich frommes Leben geführt. Konrad Kürschner besuchte regelmäßig die Gottesdienste in der Kupferberger Kapelle und trug sein Scherflein zur Pfarreierrichtung bei. Manche Geschäftsreise hatte er zudem mit einer Wallfahrt oder dem Besuch eines Heiligtums verbunden. Um das Jahr 1330 hatte er sich jedoch entschieden, mit der Stiftung eines Spitals in Kupferberg seinem Seelenheil, seinem sozialen Gewissen und seinem Ansehen etwas besonders Gutes zu tun.

Verpflichtung der Menschen zu Werken der Barmherzigkeit, Darstellung aus den Leitbüchern des Nürnberger Hl.-Geist-Spitals um 1400. [22]

Die erste Kunde von der beabsichtigten Gründung des Kupferberger Hospitals erfahren wir aus einer Ablassurkunde vom 28. März 1331. Auf Ersuchen Konrad Kürschners, Bürger zu Bamberg, gewähren vier Bischöfe dem Spital in Kupferberg, das unter dem Patrozinium des Hl. Geistes und der Hl. Katharina errichtet werden sollte, Ablässe von 90 Tagen. Diese Ablässe kamen jenen zu Gute, die die Kranken im Hospital besuchen würden, fünf Vater Unser und fünf Ave Maria für die Wohltäter des Spitals (genannt werden Konrad Kürschner und seine Frau Alheidis sowie der Sohn Heinrich mit Frau Margarete) und für die Kranken beteten. Der Ablass, der neben der Hospitalkirche auch die Pfarrkirche St. Nikolaus in Ludwigschorgast und deren Filiale in Kupferberg mit umfasste, sollte auch für jene gelten, die einmal den Kirchen- und Friedhofsbereich begehen und dabei für die Toten beteten. Noch im selben Jahr sicherte sich Konrad Kürschner die Unterstützung der benachbarten Adelsfamilie Guttenberg und deren engen Verwandten Henlein. Diese sagten zu, das dem Bauplatz des Spitals benachbarte Gut *Presseck* (heute: Pressecklein), das der Kürschner von ihnen zu Lehen hatte, dem Spital zu übereignen, falls dieses seinen Betrieb aufnehmen werde.

Die Ablassurkunde war unter dem Vorbehalt der Zustimmung des Diözesanbischofs erlassen worden. Bischof Werntho erteilte diese knapp eineinhalb Jahre später, Anfang Oktober 1332, wenige Tage nachdem Konrad Kürschner seinen Stiftungswillen materiell abgesichert und beurkundet hatte. Mit *großer andacht und diefer begirt der demüthigkeit*, war er vor dem Bischof erschienen und hatte erklärt, *wie er zu lob und ehren Gott dem allmächtigen und seiner mutter Marie, der ewigen unversehrten jungfrauen, mit begirlichen guten fürsatz zu erhaltung und erquickung der krancken, schwachen, elenden menschen ein spital*

Die früheste Ansicht der Spitalkirche, zweite Hälfte des 16. Jahrhunderts. [23]

Konrad Groß war Mitte des 14. Jahrhunderts der wohl reichste Bürger Frankens. Zwischen 1331 und 1339 stiftete er das Heilig-Geist-Spital in Nürnberg. Die Abbildung aus dem Hallerbuch zeigt das Stifterehepaar kniend vor der Spitalkirche. [24)]

von grunt zu stifften in willens sei und dazu neben der Wüstung Presseck mit allen Zugehörungen seinen Platz vor dem unteren Stadttor, mit dem großen Wirtschaftshof (Vorwerk), der Badstube und weiteren Häusern, Gärten und Grundstücken dazu geben wolle. Als der Bischof dies genehmigte, fiel Konrad Kürschner vor ihm auf die Knie und schwor *mit zusammen auffgehobenen handen*, dass die Güter stets dem Stiftungszweck dienen und nicht entfremdet werden sollen. Der Bischof bestimmte noch, dass dem Pfarrer zu Ludwigschorgast, zu dem die Filiale St. Maria in Kupferberg gehörte, alle pfarrlichen Rechte im Hospital vorbehalten seien; er dürfe sonst dort aber keinen Einfluss geltend machen.

Die weltliche Verwaltung des Spitals sollte zunächst der Stifterfamilie vorbehalten sein und dann in kommunale Verantwortung übergehen. Konrad Kürschner folgte damit bei seiner Gründung dem Modell des so genannten «bürgerlichen Spitals», wie es im 14. Jahrhundert weit verbreitet war. Bekanntestes Beispiel in Franken ist die nahezu zeitgleiche Stiftung des Hl. Geist-Spitals in Nürnberg durch Konrad Groß und dessen Frau Anna Pfinzing. Zu erwähnen wären aber auch das Elisabethenspital im Sand zu Bamberg (1328/30) oder die im 14. Jahrhundert in den hochstiftischen Landstädten Forchheim und Lichtenfels gegründeten Spitäler.

Früh im Jahr 1337 müssen die Arbeiten am Spitalgebäude fertig gewesen sein und der Betrieb zur *enthaltung und labung der armen, schwachen, kranken und dürftigen menschen, die darinnen enthalten und genehret sollen werden*, begann. Anders sind die beiden neuerlichen Bestätigungsurkunden, die Bischof Leupold von Egloffstein für das Spital und dessen Gründer ausstellte, nicht zu erklären. Viel wichtiger jedoch war die neuerliche, umfassende Stiftungsurkunde Konrad Kürschners vom 18. Februar 1337, in der er neben den bekannten Gütern solche in weiteren zwölf Dörfern der Umgebung hinzustiftete. Etliche davon hatte er von seinen Kaufmannskollegen Albrecht Lang und Eberhard Kramer gekauft. Damit verfügte das Spital in Zukunft über eine gesunde wirtschaft-

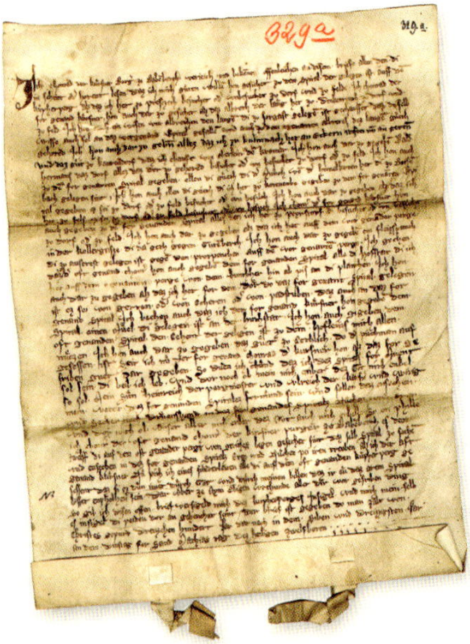

«Testament» des Konrad Kürschner, mit dem er 1337 neue Güter an das von ihm gegründete Spital Kupferberg überträgt. [25]

liche Basis und entsprechende laufende Einkünfte. Ferner regelte er nun letztlich die weltliche Verwaltung des Spitals. Bei Lebzeiten wollte er selbst dessen Leitung führen, danach sein Sohn Heinrich bzw. seine Vettern Ulrich und Wittig Kürschner. Dann sollte die Verwaltung an den Rat der Stadt (zwölf Personen) übergehen, die anschließend immer zwei aus ihren Reihen als Verantwortliche ernannten. Er bittet die Kupferberger in der Urkunde darum, dass sie seine Gründung immer in Ehren halten und nach Gottes und seinem Stifterwillen führen sollen.

Diese Stiftungsurkunde ist als eine Art Testament zu verstehen, denn bei den genannten Gütern wird es sich um einen Großteil der Besitzungen Konrad Kürschners in und um Kupferberg gehandelt haben. Zu Beginn des Jahres 1340 war er bereits verstorben. Als Verwalter des Spitals tritt nicht mehr er, sondern Wittig und Heinz Kürschner mit anderen Bürgern zu Kupferberg auf.

Die wenigen urkundlichen Aussagen und die zeittypischen Umstände legen nahe, dass sich Konrad Kürschner durch sein barmherziges Werk mit Hilfe der Gnade Gottes und den Gebeten der Armen die Errettung vom ewigen Unglück verdienen wollte. Dahinter stand die christliche Almosenlehre, nach welcher die Reichen auf dem Weg der Stiftungen ad *pias causas* an die Armen abzugeben hatten. Dies geschah im Spätmittelalter bevorzugt auf dem Weg des so genannten Seelgeräts, einer schon zu Lebzeiten bzw. testamentarisch vorgenommenen frommen Stiftung zum Seelenheil des Stifters. Ein solches «Geschäft» in beiderseitigem Interesse passte natürlich genau in das zeitgenössische Weltbild von Kaufleuten. Sie investierten am Ende ihres Lebens nun in ihr Seelenheil und erwarteten dafür dauernde Gebete und Fürsprache der Nutznießer ihrer Stiftungen.

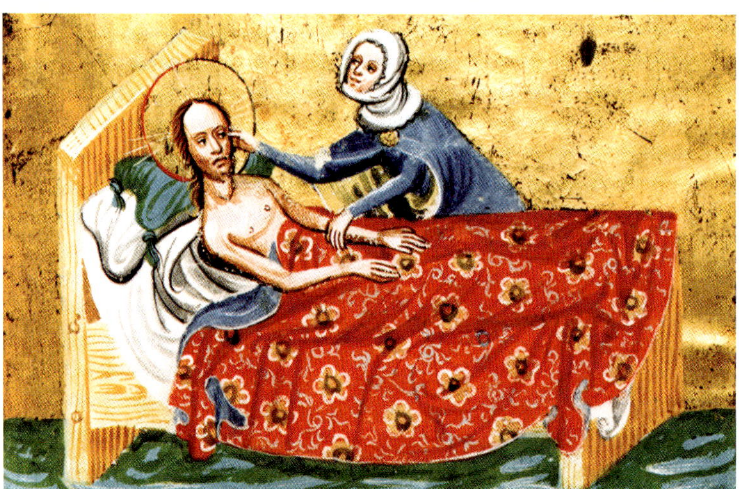

Darstellung mittelalterlicher Krankenpflege, aus den Leitbüchern des Hl.-Geist-Spitals. [26]

Dass Konrad Kürschner sich für die besonders aufwändige Gründung eines Spitals entschied, hat sicherlich zuallererst etwas mit seinem Reichtum und den damit verbundenen Möglichkeiten zu tun. Gerade in Kupferberg und seinem aufblühenden Bergbau war aber wohl auch Krankenpflege ein ganz aktuelles Thema, und hier mag er sich als Unternehmer in gewissem Sinn mitschuldig an den Leiden seiner Arbeiter gefühlt haben. Zudem bot ein Spital natürlich besonders viel «Profit» für die Errettung der eigenen Seele, durch das ausdauernde und häufige Gebet, zu dem die Insassen verpflichtet waren. Für einen Mann seines Standes war Konrad Kürschners Handeln eher Norm als Ausnahme in dieser Zeit. Die Größe der Stiftung ist dabei nicht unbedingt Ausdruck besonderer Frömmigkeit, sondern eher Äquivalent der zur Verfügung stehenden Mittel und Ausdruck eigener Existenz- und Jenseitsängste, die gerade bei Kaufleuten mit ihrem zum Teil rücksichtslosen Gewinnstreben weit verbreitet waren.

Eine Familienpolitik im Schatten großer Geschichte

Von der Biografie des Konrad Kürschner muss notgedrungen viel im Dunkeln bleiben. Dennoch können wir eine Person erkennen, die Zeitgeist und Zeitumstände gut widerzuspiegeln vermag. Da ist zum einen das Hervortreten des bürgerlichen Elements im Hochstift Bamberg, wobei die Achse Nürnberg-Bamberg eine bisher zu wenig beachtete wichtige Rolle spielt. Es ist nicht eine einzelne Person, die handelt, wie am Beispiel des Bergbaus in Kupferberg deutlich wurde, sondern es sind Kaufmannsdynastien, die eine gemeinsame Wirtschaftspolitik planen und verfolgen. Zum anderen ist erkennbar, wie sich die innere Verfassung des Hochstifts Bamberg nach den Wirren des Andechs-Meranischen Erbfolgekriegs im 14. Jahrhundert verdichtet und stabilisiert. Städtegründungen und Ausbildung der Amtsverfassung sind hier die Stichworte; beides können wir in Kupferberg auf eine besondere Art verfolgen. Dazu kommt auch der Ausbau der Pfarreiorganisation. Schließlich ist das 14. Jahrhundert im Hochstift Bamberg aber besonders gekennzeichnet durch die zahlreichen Gründungen von Spitälern und milden Stiftungen in der Stadt und auf dem Lande. Nicht nur in Bamberg, sondern auch auf dem Lande, wenn auch – wie gesehen – in enger Verquickung mit der Residenzstadt, entstehen Spitäler aufgrund bürgerlicher Initiative, die ihren Grund in der gängigen christlichen Almosenlehre haben, nach welcher die Reichen für die Armen *ad pias causas* Stiftungen vornehmen sollten, um ihr Seelenheil zu erreichen.

Das auf die Stiftung des Konrad Kürschner zurückgehende, im Barock neu erbaute Spitalgebäude nach der Renovierung im Herbst 2005. Es beherbergt heute neben der Spitalkirche Wohnungen und Gruppenräume für die Kupferberger Vereine. [27]

Schmuckseite einer Handschrift aus dem Kloster der Augustinerchorherren in Neunkirchen am Brand. [28]

Der Klarissenorden war im Mittelalter u. a. in Nürnberg, Bamberg und Hof beheimatet. [31]

1304-1318

Nach einer Doppelwahl wird mit Bischof Wulfing von Stubenberg ein Dominikaner, also ein Vertreter der im 13. Jahrhundert aufstrebenden Bettelorden, Bischof von Bamberg. In ihm finden die Klöster einen großen Förderer, u. a. führt er seinen eigenen Orden in Bamberg ein. Er sucht die Finanzen des Bistums zu konsolidieren und das Bistumsgebiet durch den Kauf der Besitzungen der Truhendinger (Scheßlitz, die Burgen Giech, Gügel, Neuhaus usw.) zu erweitern und abzurunden.

1318-1322

Sedisvakanz des Bamberger Bischofssitzes nachdem die beiden Konkurrenten um das Bischofsamt, Domdekan Ulrich von Schlüsselberg und Dompropst Konrad von Giech, beide in Avignon sterben. Dort wollten sie bei Papst Johannes XXII. jeweils ihre Bestätigung betreiben.

Das Zisterzienserinnenkloster Schlüsselau wurde um 1270 gegründet, der Bau der Klosterkirche war 1350 beendet. [29]

Der Dominkanerodern war ab den 1270er Jahren in Nürnberg beheimatet. [30]

1302 ▪ In der Bulle *Unam Sanctam* von Papst Bonifaz VIII. findet sich die umfassendste Begründung der päpstlichen Weltherrschaft. Sie ist in die heftige Auseinandersetzung des Papstes mit Philipp IV. den Schönen von Frankreich einzuordnen.

1307 ▪ Verfolgung und erzwungene Auflösung des Templerordens wegen angeblicher Häresie. Einzug seines Vermögens durch Philipp IV. den Schönen von Frankreich.

Filialkirche St. Andreas Weiden. Wehrkirche mit romanischem Chorturm. 34)

Die Burg Gügel gehörte zu den Gebietserweiterungen unter Bischof Wulfing. Im Bild die nachgotische Kapelle. 32)

Steinbach am Wald. Frühgotische Wehrkirche St. Johannes der Täufer. 35)

1328-1335

Werntho Schenk von Reicheneck wird ungeachtet einer päpstlichen Ernennung für Johann II. von Nassau, vom Bamberger Domkapitel zum Bischof gewählt. Erstmals muss dieser für seine Wahl eine Wahlkapitulation beschwören, durch welche ihn das Domkapitel neben einzelnen Zugeständnissen auf eine bestimmte Linie bei seiner Regierung als Landesfürst festlegt. Seitdem werden diese Kapitulationen bis ins 17. Jh. immer wieder aufgestellt. Da Werntho selbst nie eine Bischofsweihe empfangen hat, werden die Pontifikalfunktionen durch zwei Weihbischöfe ausgeübt.

Die Pfarrei St. Sebald in Poppenreuth wurde im 14. Jh. mit St. Sebald in Nürnberg vereinigt. 36)

Wappen des Bamberger Domkapitels: Kaiser Heinrich mit Reichsapfel, Zepter und Krone, auf einem Thron sitzend. 33)

1309-1377 ▪ «Babylonisches» Exil der Päpste in Avignon, während dessen sie unter sehr starkem Einfluss des französischen Königtums stehen.

1338 ▪ *Licet iuris*: Das Recht der Kaiserwahl leitet sich allein aus der Wahl zum römischen König ab; der Papst bleibt dabei ohne Einfluss.

Ein geystliche ertzeney fur die grausam erschrecklich pestilentz/Gemacht durch ein liebhaber der heyligen geschrifft/fast nutzbar vñ trostlich yetlichē cristen menschen zu brauchen.

DJe weyl. O jr Cristglaubigen menschen scheinbarlichen vorаugen sehen den grimmigē gerechten gottes zorn/ den sein almechtigkeit wider vns vmb vnser vnaufhörlichen sundē willē durch die erschrecklich plag der pestilētz zu gebrauchen furgenomen hat. Hab ich als ein artzt der seelē damit das edlist an einē menschē mit sambt dē leyb nit auch verderb furgenomen euch in gegenwirtigen erschrocken zeyten etliche heylsam nutzbar vnnd gůt ertzney mit zu teylē/ Welche/ wo die meinen anzeygen nach von einē menschen der massen gebraucht werdē der wirt on zweyffel nicht allein des leyblichē sond des ewigē todts erledigt. Wiewol ich damit die leyblichē ertzeney so vō got dē menschē zu geordnet ist/zugebrauchē nichts vwerffen/sonder dise mein geystliche ertzeney fur den anfang vñ die edlist einzunemē gemeint haben wil.

Erstlichen als geratten wurdet dem menschen sich von böser feuchtigkeyt leyblichen zu purgieren. rc. Also ist vō notē die sel vō dē vnflat ð sundē durch ware reu beycht/vñ gnugthůung zu reinigē. Vnd ei cōfortatiff oð sterckung nemē/durch einē stetten fursatz gott dē almechtigē mit gantzem hertzē stettigklichē zu dienē/ vñ als offt jr durch die sündt euch verleymbt entpfindt/ als offt purgiert gemelter maß wider.

Geystliche ertzeney gegen die Pest – dazu gehörte die Verehrung besonderer Heiliger, wie des hl. Sebastians (links).

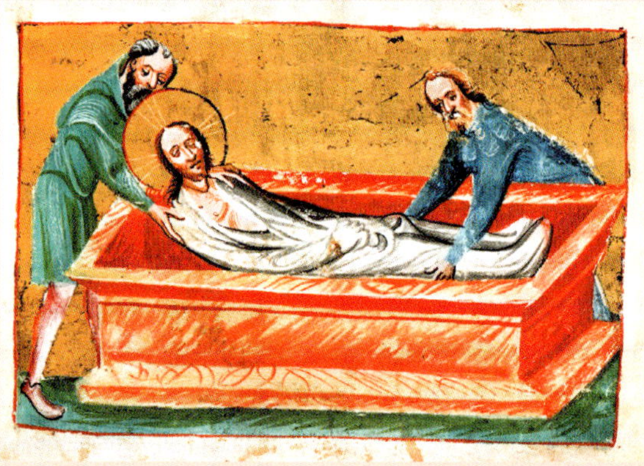

Der Schwarze Tod wütete auch im Bistum Bamberg.[39]

1349
Die Pest wütet im Bistum. In der Folge kommt es zu Judenverfolgungen und zur Zerstörung der Synagogen in Bamberg und Nürnberg.

1352
Heilig-Grab-Kloster in Bamberg gestiftet.

1355
Errichtung der Frauenkirche zu Nürnberg auf dem Grund der ehemaligen Synagoge.

Spätmittelalterlicher Opferkasten aus der Laurenzikapelle in Bamberg.[38]

Bildnis von Kaiser Karl IV. in einem Amtsbuch der Nürnberger Frauenkirche.[40]

1356 ▪ Karl IV. erlässt die Goldene Bulle, in der v. a. die Form der Wahl des deutschen Königs festgelegt wird. Die nun unteilbaren Kurfürstentümer erhalten Majestätsrechte, Gerichts- und Landeshoheit.

1377 ▪ Beginn des 100-jährigen Krieges zwischen England und Frankreich (1346 Schlacht von Crecy).

Reliquiar der hll. Pius und Gaius aus Bamberg, Ende 14. Jh.[41]

Der Ägidienstein. Gotischer Kreuzstein von 1396 mit der Gestalt eines hl. Bischofs in der Ackerflur bei Eltersdorf.[43]

1353-1363

Bischof Lupold III. von Bebenburg studiert in Bologna und promoviert zum Doktor im kanonischen Recht. Er gilt als der gelehrteste Bamberger Bischof des Spätmittelalters. Seine Darlegungen zum Verhältnis von Papsttum und Königtum beeinflussen auch die Goldene Bulle von 1356.

1374-1399

Dem aus elsässischem Adel stammenden Lamprecht von Brunn wird das Bamberger Bistum von Papst Gregor XI. übertragen. Zu Kaiser Karl IV. und zu seinem Sohn König Wenzel unterhält er gute Beziehungen. Die Güter der Truhendinger erwirbt er endgültig für das Bistum. Er errichtet mehrer Pfarreien und reformiert das Augustinerchorherrenstift Neunkirchen am Brand.

Schmerzensmann in der Chorkapelle der heutigen Pfarrkirche St. Martin, Forchheim, um 1360.[42]

Sandsteinfigur des hl. Nikolaus aus der Kirchhofmauer der alten Nikolauskapelle von Arnstein, um 1380.[44]

1378 ▪ Beginn des abendländischen Papstschismas. Papst Urban VI. in Rom und Papst Clemens VII. in Avignon gewählt.

1389 ▪ In der Schlacht auf dem Amselfeld (Kosovo) brechen die türkischen Osmanen den Widerstand der christlichen Balkanvölker und errichten ein Reich, das sich vom Euphrat bis zur Donau erstreckt und das christliche Abendland unmittelbar bedroht.

EBERHARD VON VENLO

15. JAHRHUNDERT

EBERHARD VON VENLO

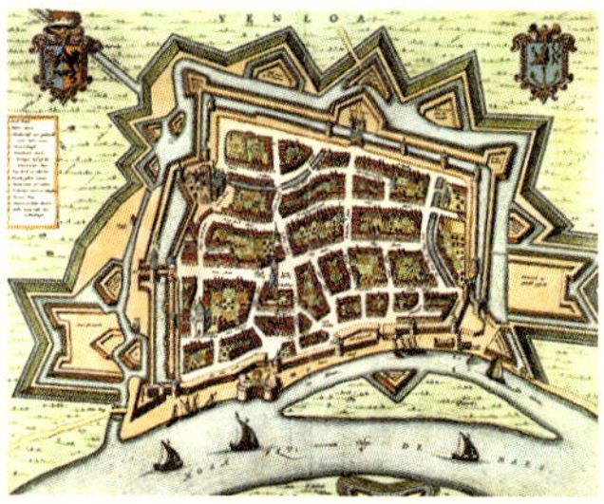

Geboren in Venlo in den heutigen Niederlanden. [1)]

Zwischen 1420 und 1430

Sekretär des Humanisten Enea Silvio Piccolomini, dem spätere Papst Pius II.

Mitglied im Benediktinerkonvent des Klosters Johannisberg im Rheingau. [2)]

Konventuale von St. Jakob bei Mainz. [3)]

Prior des Klosters St. Jakob bei Mainz

1453

Schritte des Aufbruchs

Vom Geist benediktinischer Frömmigkeit durchdrungen war Eberhard von Venlo. Auf Bitten des Bamberger Bischofs Georg von Schaumberg erneuerte er in der zweiten Hälfte des 15. Jahrhunderts den völlig verweltlichten Konvent des traditionsreichen Klosters St. Michael.

Als Herbst des Mittelalters, gleichsam als die Dämmerstunde dieses sowieso schon finsteren Zeitalters, ist das 15. Jahrhundert immer wieder geschildert worden. Und in eben diesem lebte Eberhard von Venlo, → Benediktinerabt auf dem → Kloster Michelsberg in Bamberg von 1463 – 1475. Ein Zeitgenosse des Klostervorstehers, der Breslauer → Bischof Rudolf von Rüdesheim, ein Teilnehmer am → Konzil von Basel und Freund des Papstes Pius II., stellte Eberhard, dem großen Reformator des Benediktinerklosters St. Michael bei Bamberg, in einem Dokument, das uns überliefert ist, ein mustergültiges Zeugnis seiner Ehrenhaftigkeit aus.

Ein Abt in der Dämmerstunde des finsteren Zeitalters

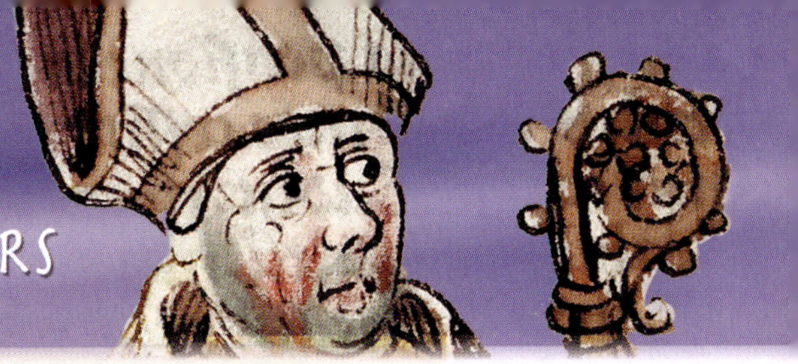

von Ludwig Unger

Als Abt übernimmt Eberhard zahlreiche Aufgaben für die Bursfelder Kongregation. [4)]

1456

Eberhard reformiert als Abt das Kloster Michelsberg im Sinne der Bursfelder Reform. [5)]

1463

Aufnahme des Klosters Michelsberg in die Bursfelder Kongregation. [6)]

1467

Eberhard von Venlo stirbt. [7)]

1475

Eberhard von Venlo, dessen Geburtsjahr im Dunkeln liegt, gehört zu denjenigen Personen, die deutlich machen: Die Pinselstriche, die ausschließlich den Verfall vor Augen führen, sind nicht zuletzt aus der Zeit der Reformation geboren und: Sie sind vor allem zu grob. Die dunkle Farbe wird zu dick aufgetragen, die Sonnenstrahlen werden verdeckt. Weder die Gesellschaft, noch die katholische Kirche, weder die Wirklichkeit in der Diözese und dem → Hochstift Bamberg, noch die im Kloster Michelsberg lassen sich so einförmig negativ darstellen. Neben Momenten des Verfalls lassen sich ebenso solche der Erneuerung, des Aufbruchs, finden.

Ein paar Beispiele seien erwähnt: In Bamberg wirkten im 15. Jahrhundert nicht zuletzt die Humanisten Albrecht von Eyb und Leonhard von Eggloff-

stein, beide waren Domherren. Und die Bischofsstadt mit ihren wenigen tausend Einwohnern erlangte nicht zuletzt durch die Drucker Albrecht Pfister bereits in den 1460er Jahren und vor allem ab 1479 durch Johann Sensenschmidt eine über die Region weit hinausreichende Berühmtheit, auch wenn sie in der öffentlichen Wahrnehmung meilenweit hinter dem Mainz des Gutenberg zurückbleiben. Beide vervielfältigten in erster Linie liturgische und theologische Werke.

Und die Benediktinerabtei St. Michael bei Bamberg, der *Mons monachorum*, gehörte damals zu einem bunten Teppich von Ordenshäusern und geistlichen Gemeinschaften in der Bistumsstadt Bamberg. Trotz aller Bestrebungen, die Reichsunmittelbarkeit zu erlangen, blieb der Mons monachorum anders als große Abteien wie Fulda, Hersfeld oder Lorsch, die die Reichsunmittelbarkeit erlangten und ein eigenes Hochstift ausbildeten, ein landständiges Kloster. Der Michelsberg konnte allerdings durch die Schreibschule, das Scriptorium und die Rolle seiner Mönche bei der Pommermission zur Zeit des Bischofs Otto I. von Bamberg eine besondere Rolle im eigenen Orden beanspruchen.

Als Wirkungsstätte für Humanisten und als früher Ort des Buchdrucks erlangte Bamberg im 15. Jahrhundert überregionale Bedeutung. [8)]

Anstrengungen, um den Niedergang zu stoppen

Eberhard, der aus Venlo in den heutigen Niederlanden stammt, verkörpert den Reformwillen, und er konnte ihn angesichts des massiven Widerstands sicherlich nur deshalb durchsetzen, weil er ganz von seinem Anliegen, einer grundlegenden Reform des Alltagslebens der Mönche auf dem Michelsberg, durchdrungen war.

Die Konzilien von Konstanz (1414–1418) und Basel/Ferrara/Florenz (ab 1431) versammelten Streiter für die Reform der Kirche *in capite et membris* – an Haupt und Gliedern – freilich auch Machtpolitiker. Das Ende des

→ Papstschismas auf der einen Seite und der Tod des Johannes Hus auf dem Konzil am Konstanzer See waren zwei Seiten einer Medaille: Reform und Tradition, Fortschritt und Erhalt, Mut zum Weg in die Zukunft und ängstliches Festhalten am Gestern. Die Kirche – gedrängt auch von weltlichen Herrschern wie → König Sigismund – strebte auf den Konzilien eine grundlegende Reform an. Ebenso versammelten sich auf Anregung der Konzilsväter auch 1417 rund 100 Benediktineräbte im Kloster Petershausen zu einem Kapitel der Provinz Mainz-Bamberg, darunter auch → Abt Lambert Zollner vom Michelsberg. An den Beschlüssen des Kapitels lässt sich ablesen, dass in den Ordenshäusern längst nicht überall der Geist des hl. Benedikt wehte: Die Einhaltung der Gelübde Demut, Keuschheit und Gehorsam wurde ebenso eingefordert wie ein Gemeinschaftsleben. Auch das Adelsprivileg, also das Recht, dass ein Kloster nur Adelige aufnehmen durfte, sollte aufgehoben werden. Vielerorts lebten Mönche, vor allem Funktionsträger gerade von Benediktinerklöstern, in eigenen Häusern oder Wohnungen. Jede Art des Privateigentums wurde verurteilt, ebenso der Genuss von Fleisch und Formen des Luxus, die sich zum Beispiel in dem Stoff der Gewänder niederschlug.

Zehn Medaillons zeigen die Herstellung eines Buches vor der «Revolution» des Buchdrucks, Selbstdarstellung des Skriptoriums im Kloster Michelsberg. [9]

Eberhard – ein Reformator innerhalb der Kirche

Genau diesen Reformbestrebungen, denen lange Zeit ein verantwortlicher Mittelpunkt im → Bistum Bamberg fehlte, lässt sich auch die Kernerarbeit des Eberhard von Venlo zuordnen. Als er auf Drängen des damaligen Bischofs Georg von Schaumberg (1459 – 1475) das Ruder des Schiffs St. Michael in die Hand nahm, setzte er Ordnung und regelgetreues Leben mit Eiserner Hand durch. Zugleich aber verletzte er Gewohnheitsrechte, wie sie sich im späten Mittelalter verfestigt hatten. Angesichts der → Ständegesellschaft machte er sich damit zum Störenfried in einer gewachsenen Ordnung. Und solche Reformer bzw. Reformatoren wie er stießen keinesfalls nur auf Gegenliebe, wie Eberhard am eigenen Leib spüren musste. Zur Beeinträchtigung der Gewohnheitsrecht

Benediktiner

Die Benediktinermönche waren vom 9. Jh. an bis weit ins Hochmittelalter der bestimmende Mönchsorden des Abendlandes. Ihre Lebensweise geht auf die *Regula Benedicti* des Benedikt von Nursia (6. Jh.) zurück. Deren inhaltlicher Schwerpunkt liegt in der Verbindung von Gebet und Arbeit (ora et labora). Weiterhin fordert die Regel strenge Unterordnung unter den Abt, den beständigen Aufenthalt im Heimatkloster und fortwährendes Gebet. Der Tagesablauf wird dementsprechend durch feste Gebetszeiten (Stundengebet) und durch Arbeit streng strukturiert. Jedes Benediktinerkloster stellte dabei ursprünglich einen eigenen abgeschlossenen Organismus dar, dessen Oberhaupt der Abt war. Erst seit 1893 ist ein Großteil der Benediktinerklöster unter einem Abtprimas in Rom hierarchisch verbunden.

der adeligen Konventualen, die Eberhard betrieb, gehörte es, dass er die Praxis des Privatbesitzes der Konventualen auf dem Michelsberg beendete. Der Besitz von sich aus Adelsfamilien rekrutierenden Konventualen im deutschen Reich hatte nahezu Recht setzende Tradition und Kraft inne. Dem Besitz einzelner Funktionsträger im Kloster wie dem Abt einerseits, aber auch anderen, aus reichen Familien stammenden Mitgliedern des Konventes entsprach andererseits nicht selten große Armut weiter Teile des Konvents oder der Mitglieder der Gemeinschaft. Denn sie hatten selbst keine → Pfründe «ergattert» oder durften von ihrer Familie her keine Ressourcen erwarten.

Aufgrund des geringen Interesses der einzelnen Mönche des Michelsbergs an dem Gemeinschaftsbesitz zerfielen die Gebäude des Monasterium, wie ein Kloster in den damals ausschließlich in Latein abgefassten Quellen genannt wird. Das Kloster bei Bamberg verschuldete sich, der Klosterbesitz wurde in der Folge verpfändet und nicht selten verkauft. Das religiöse Leben, der Gottesdienst, für den die Gemeinschaft vom hl. Benedikt um 500 nach Christus ins Leben und für deren Pflege unter anderem das Kloster Michelsberg im Jahr 1015 von → Kaiser Heinrich II. und Bischof Eberhard errichtet worden war, wurde vernachlässigt. Und hinter den Klostermauern wurde regelwidriges Leben kultiviert und wurden sogar Verbrechen begangen. Unzucht stand auf der Tagesordnung. Doch halt: Jetzt hätte sich der Autor fast von den Gäulen des Philologen und Autors historischer Romane, Umberto Ecco, mitreißen lassen.

War das wirklich die Situation, die Eberhard von Venlo auf dem Mönchsberg bei Bamberg im Mai 1463 vorgefunden hat? Ja und Nein zugleich. Das Adelsprivileg, das vor allem in den reichen und bedeutenden Benediktinerklöstern galt, war auch auf dem Michelsberg weithin Praxis. Und die Befürworter beharrten auf ihrer Rechtsauffassung, dass der Adel schließlich die Klöster gegründet habe und deshalb die Adligen ein Recht hätten, darin zu leben und den dortigen Alltag zu bestimmen. Dies wurde auch in dem Konflikt zwischen den Reformern und ihren Gegnern im 15. Jahrhundert deutlich.

Und so wurden viele (nachgeborene) Söhne des Adels aus der Region, die nicht die Nachfolge in der Herrschaft antreten konnten, in dem Kloster standesgemäß versorgt. Das Ansehen, das sich in der damaligen Gesellschaft aus der «geistlichen Berufung» ergab, und die privilegierte Rechtsstellung ließ den Eintritt

Diese frühe Darstellung des Michelsbergs um 1480/85 zeigt das Kloster zur Zeit Eberhards von Venlo. [10]

in ein Kloster für viele nachgeborene Adelige zusätzlich attraktiv erscheinen. Und das Kloster hatte in dieser Zeit auch eine weithin berühmte Schreibschule. Mönche von St. Michael hatten den Pommernmissionar, dessen Gebeine bis heute in einem Schlupfgrab in der Klosterkirche liegen, bei den Missionsreisen nach Osten begleitet. Sein Konvent hatte unter dem Bamberger Bischof und späteren Bistumspatron Otto im 12. Jahrhundert aufgrund seines guten Rufs 90 Mönche gezählt. Und seine finanziellen Grundlagen waren aufgrund reichhaltiger Schenkungen im Hochmittelalter ausgesprochen günstig. Selbst 1803, als der Benediktinerkonvent im Rahmen der Säkularisation durch das → Kurfürstentum Bayern aufgelöst worden ist, besaß St. Michael bei Bamberg in mehr als 130 Orten Rechte und Besitzungen.

Schulden drücken das Kloster seit dem 13. Jahrhundert

Bereits vor der Hochblüte des geistlichen und geistigen Lebens auf dem Michelsberg hatte der Konvent, wo der Mönch Frutolf um 1100 mit seiner «Weltchronik» eine wichtige Quelle für dieses Zeitalter abfasste, kräftiger Impulse aus dem Reformzentrum Hirsau bedurft. Und bereits kurz danach, nämlich noch im 12. Jahrhundert, verschlechterte sich offensichtlich der innere Zustand der Gemeinschaft neuerlich und die feudale Lebensweise der Mönche hat die Finanzgrundlage des Monasteriums erheblich überstiegen. Bereits für das 13. Jahrhundert, in dem Papst Innozenz IV. das Kloster unter seinen besonderen Schutz gestellt hatte, mehren sich die Belege, dass das Kloster unter einer enormen Schuldenlast gelitten hat. 1311 wies ein Bamberger Bischof, der dem Kloster die Pfarrei Ützing mit den entsprechenden Einnahmen übertragen hatte, ausdrücklich im Zusammenhang mit diesem Rechtsakt auf die große Not der Mönche bei Tisch und auf ihren Mangel an Kleidung hin. Auch die klösterliche Disziplin scheint im späten Mittelalter merklich gelitten zu haben.

Jedoch sind leise Zweifel an den Aussagen der zeitgenössischen Quellen immer wieder angebracht. Denn oft wurden die Verhältnisse, die «Reformer» vorfanden, nachträglich als besonders verkommen beschrieben, um das eigene Vorgehen zu rechtfertigen und darüber hinaus in gleißendes Licht zu stellen. Und dieses Unterfangen konnte ganz konkrete Ziele haben: nicht zuletzt die Ausdehnung von Einfluss und Macht. Diese Tatsache wurde zum Beispiel an der Situation des Benediktinerklosters St. Gallen kurz nach 1400 nachgewiesen. In St. Gallen wurde damals eine Reformbewegung mit Zentrum in der Reichsabtei Hersfeld durch Reformvertreter der Kastler Reform in der Führung der Abtei abgelöst. Die Kastler Reform war eine der drei wichtigsten Reformbewegungen innerhalb des Benediktinerordens im Hl. Römischen Reich deutscher Nation in der vorreformatorischen Zeit. Die Kastler Reform bildete allerdings – anders als die Bursfelder Reformrichtung – keine streng verfasste Kongregation heraus. Abt Eberhard sollte es später erreichen, dass der Michelsberg in die Reform von Clus-Bursfelde aufgenommen wurde. Damit wurde es Mitglied in einem festen Reformverband mit gleichen Konstitutionen und Consuetudines (Lebensgewohnheiten), aber auch mit den entsprechenden Kontrollgremien.

Das Kloster wird geplündert

Der Michelsberg bei Bamberg galt zu Zeit von Abt Lambert Zollner (1405 – 1431), also nur wenige Jahrzehnte vor Eberhard von Venlo, keineswegs als in geistlichen Dingen verwahrlost. Vielmehr genoss Abt Lambert Zollner die Anerkennung seitens seiner Amtskollegen. So stand er gemeinsam mit den Äbten von Hirsau und St. Godehard in Hildesheim 1420 dem Provinzialkapitel von Fulda als Präses vor, visitierte 1422 das in Nürnberg gelegene Kloster St. Egidien selbst und konnte 1429 die Versammlung der Äbte der Provinz sogar auf dem Mons Monachorum selbst begrüßen. Um das Niveau der gelebten Praxis der Ordensregel auf dem Michelsberg zu heben und auf einer guten Höhe zu erhalten, arbeitete Lambert Zollner eng mit dem Bamberger Bischof Albrecht von Wertheim und dem Provinzialkapitel des Ordens zusammen.

Allerdings scheint sich in den kommenden beiden Jahrzehnten der Zustand des traditionsreichen Klosters oberhalb der Regnitz nachhaltig verschlechtert zu haben. Daran mag die Plünderung des Klosters durch die Bamberger Bürgerschaft im so genannten Immunitätenstreit 1435 nicht gänzlich unschuldig gewesen zu sein, die das Kloster wirtschaftlich stark schädigte. Mit ihrem Aufstand wehrten sich die → Bürger der Stadt gegen die ungleiche Abgabenlast der Bewohner der Bürgerstadt und der der geistlichen Immunitäten. Der wenig regelgerechte Alltag innerhalb des Klosters wurde von der tiefen Zerrissenheit innerhalb des Konvents verursacht. Diese schlug sich z. B. in den schwierigen Abtwahlen nach dem Tode Lambert Zollners nieder, bei denen auch die Mönche der Michelsberger Propstei in Stettin einbezogen worden waren.

Es schadete der in der *Regula Benedicti* vorgeschriebenen *vita communis* auf dem Mönchberg, dass die Mönche ihre Lebensweise auch hinter den Klostermauern an die ihrer Herkunftsfamilien aus den Ritterschaften in Franken anpassten. Es mag nur ein äußeres Indiz sein und für ein Urteil über das Alltagsleben der Benediktiner auf dem Michelsberg nicht genügen, aber an den Treffen der Benediktineräbte in der Provinz Mainz-Bamberg 1441, 1444 und 1447 nahm der Abt vom Michelsberg nicht teil.

Erste Stadtansicht Bambergs im so genannten *Apostelabschied* von 1483. [11)]

Abt

Etwa seit dem 4. Jh. bezeichnet der Titel Abt (von *aramäisch abba* = Vater) den Vorsteher einer klösterlichen oder klosterähnlichen Gemeinschaft. Ihm kommt umfassende Führungs- und Leitungsvollmacht zu, jedoch war er z.B. in der bis zum 12. Jh. vorherrschenden Benediktsregel in wichtigen Entscheidungen an den Rat der Brüder des Konvents gebunden. Der Abt war nach kirchlichem Recht seit dem Frühmittelalter häufig aus der Bistumsorganisation ausgenommen und damit nicht dem jeweiligen Bischof unterstellt. Seit dem Hochmittelalter waren viele Äbte als Fürstäbte zugleich Vorsteher größerer Territorien und übten sowohl geistliche wie auch weltliche Hoheitsrechte aus.

Bischof Anton von Rotenhan (1431 – 1459) sah sich als Landesherr und Diözesenbischof sogar dazu gezwungen, 1446 den Michelsberger Abt Johann Fuchs abzusetzen und vom Papst die Erlaubnis einzuholen, geeignete Mönche in das Kloster aufzunehmen. Diese sollten in der Gemeinschaft dann gleichsam als Sauerteig wirken.

Dem Michelsberger Abt Hartung Pfersfelder (1450 – 1453) ist zwar offensichtlich von Seiten der anderen Äbte der Ordensprovinz Mainz-Bamberg hohes Ansehen zuteil geworden. Doch veränderte sich spätestens mit Bischof Johannes von Accon, der ab 1453 als Administrator (Verwalter) der Benediktinerabtei auf dem Michelsberg vorstand, die Situation grundlegend. Johann von Accon amtierte als Weihbischof für den Bamberger Bischof. Er hatte bei einem Aufenthalt in Italien eine Bruderschaft gegründet. Er beriet nicht selbst mit den Äbten der anderen Klöster die Lage des Ordens und seiner Niederlassungen bei den in dreijährigem Turnus stattfindenden Ordenskapiteln und entwickelte auch keine Maßnahmen mit, die zur Verbesserung derselben führen könnten. Der ehemalige Augustineremit aus Nürnberg entsandte lediglich einen Vertreter zu den Provinzialkapiteln. In dem Zeitraum, in dem Johann von Accon die Abtei verwaltete, sank die Anzahl der Mönche auf dem Michelsberg auf ein Tief von sieben. Noch 1431 unter Abt Lambert Zollner waren es immerhin 15 gewesen. Eine Reforminitiative schien längst überfällig.

Papst stellt Freibrief zur Reform aus

Der Konvent der Benediktiner auf dem Michelsberg öffnete sich aber nicht freiwillig einer grundlegenden Reform. Vielmehr musste sich Bischof Georg I. von Schaumberg (1459 – 1475) mit harter Hand durchsetzen. Der aus dem Ritteradel stammende Oberhirte konzentrierte sich während seines Episkopats nicht nur auf das Hochstift und Konflikte mit → Fürsten in der Nachbarschaft wie Markgraf Albrecht Achilles. Er fokussierte vielmehr seine Bemühungen auf eine umfassende Erneuerung des geistlichen Lebens in seiner Diözese und seinem Hochstift. Um diesem Ziel näher zu kommen, setzte er 1461 Synodalstatuten in Kraft und ordnete im selben Jahr das Dekanatsgericht neu. Auf eine Vollmacht von Papst Pius II. vom 11. Dezember 1459 gestützt begann Bischof Georg, das Klosterwesen seines Hochstifts unter die Lupe zu nehmen und die Regeltreue neu einzufordern.

Ab 1460 setzte er beispielsweise bei den Franziskanern, bei den Klarissen und schließlich auch bei den Benediktinern in Bamberg energisch Reformmaßnahmen in Gang. Nach der Überlieferung des späteren Abtes Andreas Lang reformierte er in der Stadt Bamberg alle Klöster wie das Kloster Michelsberg, die Predigergemeinschaft, die Minderbrüder, die Karmeliten, St. Klara und Hl. Grab. Allein St. Theodor wurde aufgrund der dort als gut vorgefundenen Gesamtsituation von der verordneten Reform ausgenommen.

Neben dem allgemeinen päpstlichen Privileg war das bischöfliche Vorgehen im Fall der Benediktinergemeinschaft auf dem Mönchsberg durch Kapitel 64 der *Regula Benedicti* gerechtfertigt. Dieses sah nämlich ein Einschreiten des Diözesanbischofs in einem Konvent in einer Notlage vor. Und er war auch nicht der erste Oberhirte, der diese Rechtsgrundlage auch zur Tat nutzte. Schon zu Zeit von Abt Lambert Zollner hatte der damalige Bischof Albrecht von Wertheim (1398 – 1421) die Aufnahme von Mönchen aus anderen Klöstern angeordnet, um das Gemeinschaftsleben in dem Kloster mit seinen damals 18 Mönchen sowie in der Propstei St. Getreu zu stärken. Er ließ die Bestrebungen zu Individualismus wie Privateigentum und eigenen Wohnungen unterbinden. Verboten worden waren damals auch Aufführungen, Tänze, Gesellschaften, Einladungen, Trunkenheit, Spiel, Aufnahme verdächtiger Personen im Kloster, Widmung von Schriften und Eulogien, Verleumdungen und Verschwörungen. Auch Unkeuschheit war kritisiert und verboten worden. Die Verwaltung des Abts- und Konventsgutes war im Auftrag von Albrecht von Wertheim gemeinschaftlich organisiert worden. So sollte die Trennung des Klosterbesitzes zugunsten des Abtes und der Funktionsträger des Klosters in der Praxis aufgehoben und eine ausreichende Versorgung der Mönche aus den Gütern der Abtei sichergestellt werden.

Auch bei den Bettelorden initiierte Bischof Georg von Schaumberg (reg. 1459–1475) Reformmaßnahmen. [12)]

Nur noch Versorgungsanstalt eines Weihbischofs

Schon Georg I. Vorgänger, Bischof Anton von Rotenhan, hatte im Jahr 1446 einen Abt des Michelsbergs absetzen lassen. Doch die beiden Nachfolger als Administratoren, ab 1453 Bischof Johannes von Accon, kümmerten sich wenig darum, dass das geistliche Gemeinschaftsleben mit Gottesdienst und Arbeit gefestigt wurde. Von dem Bamberger Weihbischof Johannes wird sogar berichtet: Seit 1453 ist das Stift zur Kommende (Versorgungseinrichtung) des Bamberger Weihbischofs Johannes Rupp herabgesunken.

Immerhin gesteht ihm selbst der spätere Abt Andreas Lang, Parteigänger von Eberhard von Venlo und Chronist der Vorgänge des 15. Jahrhunderts in St. Michael, zu, dass er sich um die weltlichen Angelegenheiten des Klosters – um die Temporalien bemüht habe. Konkret hat er nicht nur die Besitzrechte und Privilegien des Klosters selbst von Papst Nikolaus V. und von Kaiser Friedrich III. formell bestätigen lassen. Er hat vielmehr auch auf dem Rechtsweg die Ansprüche des Klosters etwa auf einen Schaftrieb zu Stübig, auf Zins und Gult von Häusern und Immobilien beim Abtswörth sowie auf Güter in Etzelskirchen in der Praxis durchgesetzt. Ansonsten aber scheint Johannes von Accon, der als Weihbischof von Bamberg natürlich zahlreiche liturgische Handlungen in der Diözese vorzunehmen hatte und damit auch zeitlich stark belastet war, zusammen mit dem Michelsberger → Prior Nikolaus von Rabenstein den Ausverkauf des Klosterbesitzes vorangetrieben zu haben. Der Konvent soll sogar in einen absolut jämmerlichen Zustand geraten zu sein, bis für das so belastete Kloster ein neues Licht – nova lux aufgegangen ist, und zwar in der Person des Eberhard von Venlo.

Vom Kloster Bursfelde ging im späten Mittelalter eine bedeutende Reformbewegung im benediktinischen Mönchtum aus. Heute gehört das ehemalige Klostergebäude zum evangelischen Dekanat Göttingen und politisch zur Stadt Hannoversch-Münden. [13)]

Eberhard bringt Reformerfahrungen mit

Eberhard war in Venlo geboren worden und hatte später dem Konvent des Jakobsbergs bei Mainz angehört. Dieser war bereits in den 1440er Jahren im Sinne der Bursfelder Kongregation erneuert worden. Eberhard hatte selbst als Mönch an der Reform des Klosters Johannisberg im Rheingau teilgenommen, war nach seiner Priesterweihe 1453 zum Prior dieses Klosters avanciert, bis er seit 1456 als Abt der Gemeinschaft des Jakobsberg vorstand. Auch für die Bursfelder Kongregation hatte er zahlreiche Aufgaben übernommen. So hatte er beispielsweise Ordenshäuser visitiert, überprüft. Diese Visitationen dienten als Grundlagen, um Empfehlungen zur Erneuerung des jeweiligen Alltagslebens zu formulieren. Vor seiner Mainzer Zeit hatte Eberhard von Venlo als Sekretär des späteren Papstes Pius II., des Humanisten Enea Silvio Piccolomini, gearbeitet. Und genau von Pius II. erwirkt der spätere Abt vom Michelsberg eine zweite Bulle, mit der Bambergs Bischof Georg I. von Schaumberg ermächtigt wurde, ja ihm sogar befohlen wurde, die Kommende des Bamberger Weihbischofs Johann von Accon einzuziehen und das Kloster zu visitieren.

1459 gehörte Eberhard dem Präsidium des Kapitels der Provinz Mainz-Bamberg an. Im März 1461 übertrug Papst Pius II. Eberhard von Venlo und Johannes von Bursfelde formell die Reform der Benediktinerklöster in Deutschland. Im Mai 1463 wurde Eberhard von Venlo von dem Jakobsberg – nach Problemen mit → Erzbischof Dieter von Isenburg – gegen den Usus der *Stabilitas loci* des Benediktinerordens von Mainz nach Bamberg auf den Mönchsberg versetzt. Eberhard wurde zum Abt der dortigen Gemeinschaft bestimmt. Er galt – sicherlich entsprach dies auch dem Klischee, welche Eigenschaften ein Benediktinerabt aufzuweisen – als persönlich fromm und außerdem fürsorglich gegenüber den Mitgliedern des ihm anvertrauten Konvents. Aber die biografische Beschreibung durch Andreas Lang scheint auch der tatsächlichen Einschätzung Eberhards durch seine Zeitgenossen entsprochen zu haben.

Der Jakobsberg bei Mainz gehörte zu den wichtigen Lebensstationen Eberhards, Darstellung der Stadt aus der Schedelschen Weltchronik. [14]

Reformer ziehen im Mai 1463 auf dem Michelsberg ein

Am 18. Mai 1463 erreichten Eberhard von Venlo sowie die Äbte Gunther von St. Peter in Erfurt und Berthold von St. Stephan in Würzburg gemeinsam mit Benediktinern aus St. Jakob und St. Peter Bamberg. Sie zogen aber aus Sicherheitsgründen erst am darauf folgenden Tag im Gefolge von Bischof Georg I. von Schaumberg auf den Michelsberg. Weil die dort lebenden Mönche und ihr Administrator Johannes von Accon einem aktiven Widerstand gegen Bischof Georg I., Eberhard von Venlo und deren Begleitern wenige Chancen einräumten, verhielten sie sich zunächst zurückhaltend. Johannes von Accon willigte in die ihm von Bischof Georg I. angebotene jährliche Pension von 200 Gulden sowie die darüber hinaus angebotene Sonderzahlung von 100 Gulden, drei Pferden und umfangreichem Hausrat ein. Der Konvent, der zu diesem Zeitpunkt wohl kaum mehr als sieben Mitglieder umfasst haben dürfte, wurde durch den Bamberger Bischof zusammen gerufen und aufgrund des Verfalls der klösterlichen Zucht nachdrücklich zur Besserung ermahnt. Der Gemeinschaft wurde von Bischof Georg eine einschneidende Reform unter Aufsicht von Abt Eberhard von Venlo auferlegt.

Von Eberhards späterem Nachfolger Abt Andreas Lang wird beschrieben, dass sich der Michelsberger Konvent in dieser Zeit in einem verdammenswürdigen Zustand befunden hat und das Kloster sowohl in geistlichen wie auch weltlichen Dingen völlig *collapsum – verfallen* – gewesen ist. Am 20. Mai 1463, einen Tag nach dem Einzug der Reformer auf dem Michelsberg, begannen die Mönche unter Aufsicht von Abt Eberhard den Besitz des Klosters zu inventarisieren. Der Abt zog die Schlüssel zu Kirche, Bibliothek, Keller und Wirtschaftsräumen usw. von den bisherigen klösterlichen Amtsträgern ein und nahm sie in seine Obhut bzw. übertrug sie an die Mönche, denen er Schlüsselstellungen bei der Reform auf dem Michelsberg zuweisen wollte. Mit Hilfe beider Maßnahmen wollte der neue Abt einen möglichen Missbrauch der Güter durch die bisherigen Mönche verhindern.

Schon schien der Weg zu einer Gesundung des Konvents erfolgreich eingeschlagen, als doch in ungeahnter Form und Energie Gegenwehr gegen Eberhard von Venlo entbrannte. In der Nacht zum 22. Mai 1463 brachen vier Mitglieder des bisherigen Konvents unter Federführung des bisherigen Priors Nikolaus Rabensteiner in die Sakristei der Klosterkirche ein. Sie nahmen alle zugänglichen und transportablen Wertgegenstände wie Kleinodien, Silber, Gold, den Abtsstab und das Konventssiegel an sich. Dann flüchteten sie mit ihrem Raubgut zu dem Ritter Heinrich Fuchs auf die Waldburg bei Eltmann, rund zwanzig Kilometer westlich von Bamberg. Eberhard von Venlo und Bischof Georg re-

Bild:
Auch in Darstellungen von Mönchen im Fegefeuer drückt sich der Reformbedarf in manchen spätmittelalterlichen Ordensniederlassungen aus. [15]

agierten mit aller Härte, der Bischof exkommunizierte die flüchtigen adligen Mönche und untersagte unter Androhung geistlicher und weltlicher Strafen jegliche Hilfeleistungen an diese. Abt Eberhard ermahnte den Burgherren Heinrich: Handelt nicht wider die Censuren des Papstes, wodurch eure Seele und Leumunt befleckt würde. Doch solidarisierten sich weite Teile des fränkischen Adels mit ihren flüchtigen Angehörigen, die offensichtlich mit dem harten Vorgehen und der verlangten rigorosen Änderung ihrer Lebensweise nicht zu Recht kommen wollten oder konnten. Die Argumente, die die abtrünnigen Mönche und ihre Unterstützer, die bis in das Bamberger → Domkapitel hineinreichten, formulierten, waren eindeutig: Der Adel habe das Kloster gegründet und dieses müsse auch beim Adel verbleiben. Außerdem habe der Bamberger Bischof die Mönche von St. Michael nie wegen ihrer Lebensweise ermahnt, machten sie auf das unerwartet harte Vorgehen des Landesherren aufmerksam. Vier Jahrzehnte später, 1503, wurde dieser Gedanke auf einem Bamberger → Landtag in einer noch zugespitzteren Form vorgetragen. Dort wurde der Vorschlag formuliert, dass man das Kloster Michelsberg in ein Ritterstift mit 14 → Pfründen umwandeln solle.

Nicht als Porträt zu verstehen ist diese Darstellung Eberhards aus dem Katalog der Michelsberger Äbte aus dem späten 15. Jahrhundert. Viel mehr hat sich der Zeichner in seiner Abbildung an eine gängige, schablonenartige Vorlage gehalten. [16]

Der fränkische Adel vereint gegen Abt Eberhard und Bischof Georg

In einem Schreiben an das in Würzburg versammelte Provinzialkapitel des Ordens, dem Abt Eberhard von Bamberg übrigens als Präsidiumsmitglied vorstand, unterstrichen 66 fränkische Adelige: Dasselbe *Closter ist für dye vom Adel und schildt geboren, was aber Eberhard nicht beachtet.* Unter Hinweis auf die Tatsache, dass ihnen ein fremder Abt vorgesetzt worden sei, klagten die Adeligen das Recht der freien Abtswahl ein. Für den Fall, dass ihr Recht unbeachtet blieb, drohten sie Konsequenzen an. Und mit Hilfe von militärischen wie auch ökonomischen Maßnahmen konnten sie das Kloster Michelsberg und seine Parteigänger erheblich unter Druck setzen. Dennoch zeigten sich die in Würzburg versammelten Benediktineräbte wenig beeindruckt von den Drohgebärden des Adels.

Einem Vermittlungsversuch durch den Eichstätter Bischof Johannes, dass sich das Kloster der Kastler Reform anstelle der Bursfelder Bewegung anschließen und der Bischof lediglich einen Besitzverwalter einsetzen sollte, widersetzten sich die Flüchtenden. Ihnen hatte sich Hartmann Truchsess angeschlossen. Auch der Markgraf Albrecht von Brandenburg vermochte keinen Kompromiss zwischen dem Klostervorsteher Eberhard und dem Bischof Georg von Bamberg einerseits sowie den flüchtigen Konventualen, zu denen sich zwei weitere gesellt hatten, andererseits auszuhandeln. Die Fronten blieben verhärtet, obwohl Eberhard von Venlo die Absolution für den Fall der Rückkehr der Michelsberger Mönche angeboten hatte. Ihrerseits versuchten die Flüchtigen, von Gemeinden wie Rattelsdorf Einnahmen zu erhalten, um ihren Lebensunterhalt zu sichern.

Bischof Georg von Schaumberg förderte im Bistum Bamberg das bereits von seinen Vorgängern begonnene Reformwerk an den Klöstern – auch gegen heftige Widerstände, Grabplatte im Bamberger Dom. [17]

Der Widerstand gegen die Reform bricht zusammen

Schließlich mehrten sich aufgrund der unüberwindbaren Positionen die Versuche beider Parteien, einflussreiche Befürworter und machtvolle Stützen für ihre Anliegen zu finden. Bischof Georg I. und Abt Eberhard etwa riefen den Kaiser, die Kurfürsten von Mainz, Köln und Trier sowie die Fürsten auf, die Aufständischen zu unterwerfen. Und Abt Eberhard schickte sich an, in Rom um Unterstützung für das Reformvorhaben zu werben. Unter dem Druck der Landesherren rund um das Hochstift Bamberg löste sich die Front der Abtrünnigen und ihrer Förderer langsam auf: Zunächst trennte sich Nikolaus Groß von den flüchtigen Konventualen, zwei weitere entlaufene Mönche brachte der Würzburger Bischof, der ebenfalls eine Zeit lang in eine vermittelnde Rolle hineingeschlüpft war, in seine Gewalt, lieferte sie jedoch aufgrund der drohenden harten Strafen nicht an den Bamberger Bischof aus. Schließlich gaben selbst Nikolaus Rabensteiner und Johannes Fellendorfer im April 1468 ihren Widerstand auf. Im Jahr zuvor, 1467, hatte das Provinzialkapitel des Ordens auf dem Michelsberg selbst getagt. Bei diesem Anlass hatten sich die darin zusammengeschlossenen Äbte über die Situation vor Ort informiert.

Eberhard will den Michelsberg in eine Reformkongregation eingliedern

Eberhard von Venlo bemühte sich darum, dass die Klostergemeinschaft auf dem Michelsberg in die Kongregation von Clus-Bursfelde aufgenommen wurde. Diese war von Abt Johannes Dederot um 1430 nach Vorbild der Reformbewegung von St. Justina in Padua ins Leben gerufen worden; 1446 hatte das erste Generalkapitel der Kongregation in Bursfelde getagt. Ein Kloster, das in engem Verbund mit anderen Gemeinschaften einen Reformkurs steuerte, liess sich, so dachte der Michelsberger Abt Eberhard, leichter dem Ziel eines regelgetreuen Lebens zutreiben. Ein Ordenshaus, dessen geistlicher Zustand allein von dem jeweiligen Oberen, seinen engsten Mitarbeitern und deren Einfluss abhing, musste dagegen anfällig für Verfallserscheinungen sein.

Zunächst jedoch breitete die Kongregation Eberhard gegenüber nicht die Arme aus. Ein vom Michelsberger Prior Bertold auf dem Bursfelder Kapi-

Der Mönchsberg – *Mons monachorum* – augenfällig über Bamberg thronend, Darstellung aus der Schedelschen Weltchronik. [18)]

tel 1464 gestellter Antrag um Aufnahme und die Entsendung von Mönchen aus Reformzentren wurde zunächst abgelehnt. Damals war die Abtei in Bamberg personell durch den Auszug der sieben Altkonventualen höchst bedroht. Das änderte sich rasch. Immerhin umfasste der Konvent 1466 wieder mehr als eine Handvoll Mönche. Im September 1466 waren nämlich vier Michelsberger Mönche zu Accolyten und einer zum Priester geweiht worden.

Erst 1467 nahmen die Äbte der Bursfelder Kongregation bei ihrem Generalkapitel in Erfurt den Michelsberg in ihre Gemeinschaft auf. Bis dahin hatte Abt Eberhard mit dem geistlich-geistigen Erneuerungsprozess im Kloster begonnen. Um die Feier des Gottesdienstes in würdiger Form zu sichern, ließ Eberhard u. a. zahlreiche liturgische Bücher, darunter sechs Graduale (Choralbuch, das sämtliche gregorianischen Gesänge und Hymnen enthält, die von Schola und Kantor zu singen sind), sechs Antiphonarien (Melodiebuch für die Gesänge im Stundengebet) für Sommer und Winter und ein Lektionar (Biblische

Eberhard ließ wichtige Teile des Klostergebäudes sanieren, darunter den Speisesaal (Refektorium). Darstellung des Raumes in einem Bild aus dem Ottozyklus in der ehemaligen Klosterkirche (frühes 17. Jahrhundert).[19]

Lesungen sämtlicher Sonn-, Fest- und Gedenktage des Kirchenjahres) über die Heiligen abschreiben, kaufte vier gedruckte Psalter, ließ ein weiteres in Nürnberg abschreiben. Eberhard von Venlo ließ auch liturgische Kleidungsstücke anschaffen bzw. herstellen. Insgesamt verausgabte das Kloster für diese Maßnahmen über 500 Gulden.

Auch um eine Sanierung des Klostergebäudes sorgte sich der Abt. Er ließ das Dach des Chores neu decken und den kleinen Turm wieder errichten – beides beanspruchte rund 300 Gulden – und einen Gemeinschaftsschlafsaal, ein Dormitorium mit immerhin 13 Zellen, erbauen. Allein für das Dormitorium investierte der Abt 50 Gulden. Die Refektorien wurden saniert. Nach Eberhards Vorgabe sollte sich das Leben der Konventualen künftig hinter den Klostermauern abspielen – und zwar ganz nach der *Regula St. Benedicti*. Auch das Priorat in Stettin, die Propstei St. Getreu und die Getraudenkapelle am Steinweg in Bamberg bezog Abt Eberhard in seine Reformarbeit mit ein. In Stettin zum Beispiel installierte er Theoderich als Prior. Den Abt des Klosters Lorsch in Südhessen bat Eberhard darum, gelehrte Mönche zu entsenden.

Gebetsverbrüderungen ging das zu neuem Ansehen gelangte Michelsberger Kloster unter anderem mit dem Benediktinerkloster St. Egidien in Nürnberg ein, Darstellung des dortigen Abtes Johann Radecker. [20]

Eberhard hat gewonnen

Unter Abt Eberhard scheint das Kloster St. Michael zu neuem Ansehen zurückgefunden zu haben. So bat der Würzburger Bischof den Abt vom Michelsberg darum, einen Mönch aus dem Kloster Aura an der Saale auf Zeit im Konvent aufzunehmen, damit dieser die Reformpraxis studieren könne. Die Bitte wurde ihm auch gewährt. Zahlreiche Klöster wie St. Egidien in Nürnberg, St. Martin in Wiblingen und die Kartause St. Maria in Nürnberg gingen mit dem Konvent auf dem Michelsberg Gebetsverbrüderungen ein. Und dem Kloster wurden einige Stiftungen vermacht.

Am 4. Juli 1475 starb Eberhard von Venlo, seine Nachfolger Ulrich III. Haug und Andreas Lang setzten das Reformwerk nachhaltig fort. Ulrich III. Haug (1475 - 1483) förderte vor allem die Heiligenverehrung auf dem Michelsberg und die vita communis. Er verbesserte die wissenschaftliche Ausbildung der Mönche, erweiterte die Bibliotheksbestände und schuf dem Buchdrucker Johann Sensenschmidt in der Propstei St. Getreu eine Wirkungsstätte. In Bamberg wurden liturgische Werke für nahezu alle deutschen Diözesen sowie zahlreiche Ordenshäuser gedruckt. Der Konvent des Klosters war zum Zeitpunkt des Todes von Abt Ulrich III. Haug auf 25 Mönche angewachsen. Das belegt die Anziehungskraft der Gemeinschaft, die noch 1463 keineswegs der *Regula Benedicti* zu entsprechen schien. Dass Ulrich sich nachhaltig in der Arbeit der Bursfelder Kongregation einbrachte, zeigt, dass er ganz in die Fußstapfen seines Vorgängers getreten ist.

Mehr auf das eigene Kloster als auf Gemeinschaftsaufgaben im Orden bzw. der Bursfelder Kongregation konzentrierte sich Abt Andreas Lang (1483 – 1502). Intensiv engagierte sich der aus Staffelstein stammende Abt für den Erhalt der Klosteranlage, die feierliche Gestaltung des Gottesdienstes und die wissenschaftliche Arbeit der Konventualen. Er selbst hat schriftstellerisch gewirkt, verfasste – wenn auch eher compilatorisch als kreativ schöpfend – liturgische, theologische und historische Werke. Er darf ein Stück weit als die kulturelle Krönung über den Bemühungen seiner beiden Amtsvorgänger beschrieben werden. Die Arbeit, das

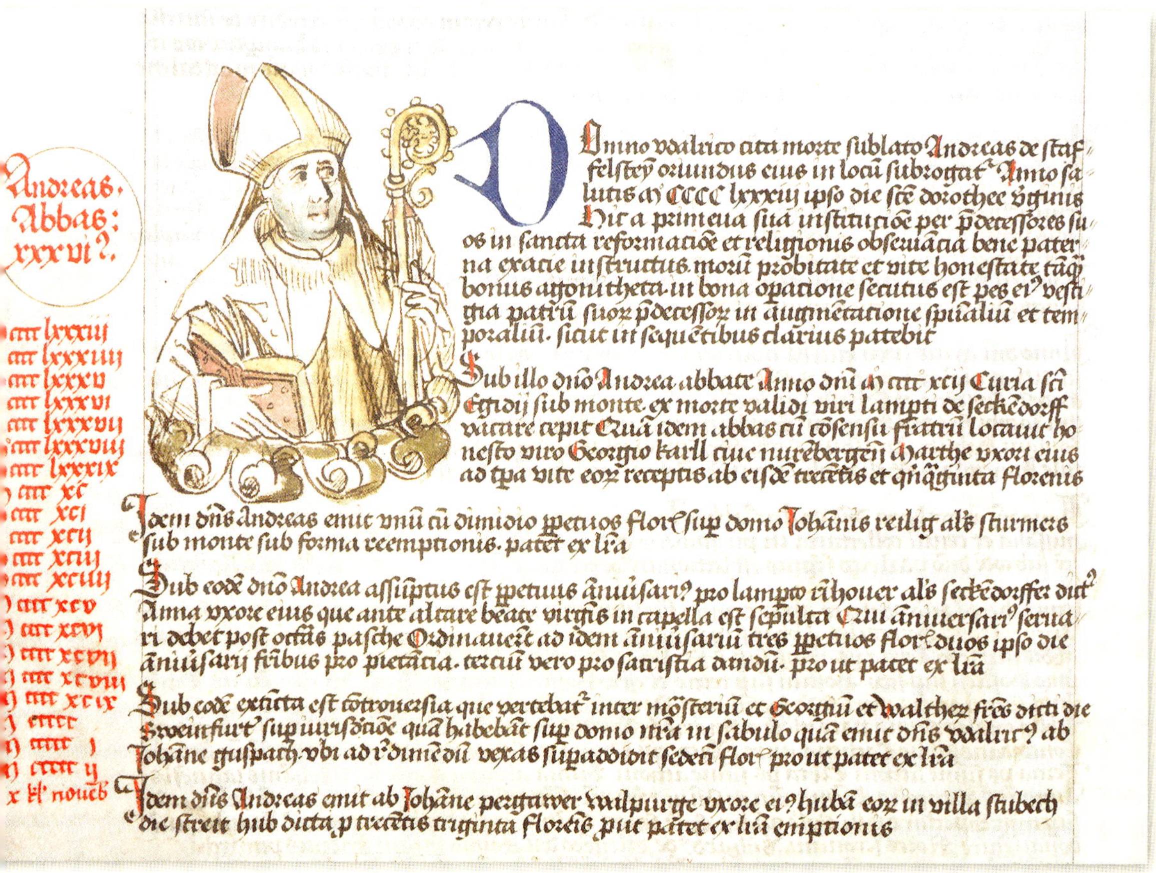

Abt Andreas Lang (1483 – 1502) hat das Reformwerk Eberhards fortgesetzt und das Kloster wirtschaftlich konsolidiert. [21]

Kloster wirtschaftlich zu konsolidieren, hatte noch Eberhard begonnen. Ulrich III. und Andreas haben das Werk intensivst fortgesetzt.

Mehrere Benediktinerklöster schließen sich der Reform von Bursfelde an

Einige Konvente in Franken und andernorts haben sich vergleichbaren Reformprozessen zum Beispiel dadurch entzogen, dass ihr Konvent in ein adeliges → Säkularkanonikerstift umgewandelt worden ist. Dies geschah zum Beispiel in St. Burkard in Würzburg oder in Komburg in der zweiten Hälfte des 15. Jahrhunderts. Auch für Banz scheint es entsprechende Bestrebungen gegeben zu haben, denen allerdings kein Erfolg beschieden war.

Übrigens war der Michelsberg nicht das einzige Benediktinerkloster in Franken, das sich im 15. Jahrhundert der Bursfelder Kongregation anschloss. Diesen Schritt vollzogen zum Beispiel ebenfalls St. Stephan in Würzburg, Aura an der Saale oder Münsterschwarzach. Insgesamt haben sich der Kongregation von Clus-Bursfelde bis zur Reformation rund 100 Benediktinerklöster in Deutschland angeschlossen.

Abt Eberhard von Venlo hat die Klosterreform im Michelsberg nachhaltig realisiert. Aber er war nicht der einzige Reformabt in Franken, wie der Historiker Alfred Wendehorst notiert: Man hört aus den reformierten Klöster nur noch selten von Verhältnissen, welche die ältere Literatur als vorreformatorische Missstände bezeichnete. Die Suche nach dem rechten Weg, nach der rechten Balance zwischen Ora et labora – zwischen Beten und Arbeiten war in eine neue Phase getreten. Abt Eberhard von Venlo hat dem Michelsberg den Weg dahin aufgetan. Der Michelsberg war ab 1463 ein Wegweiser für eine gelingende Erneuerung. Aber ecclesia semper reformanda – die Kirche muss immer reformiert werden. Und bereits ein Stillstand führte auch die Mönche von St. Michael zum neuerlichen Verfall.

Stab des Michelsberger Abtes mit Darstellung der barocken Klosterkirche in der Krümme, gefertigt 1693. [22]

Passionsaltar der ehemaligen Franziskanerkirche in Bamberg, Tafelmalerei von 1429. [23]

1398-1421

Der nicht geweihte Bischof Albrecht von Wertheim errichtet zahlreiche neue Pfarreien, z. B. Litzendorf und Strullendorf, Hiltpoltstein und Hirschaid. Er engagiert sich zugunsten mehrerer Ordenshäuser in seiner Diözese, u.a. für das Schottenklosters St. Egidien in Nürnberg, das Augustinerchorherrenstift Neunkirchen am Brand und das Augustinereremitenkloster in Nürnberg.

1405-1431

Abt Lambert Zollner leitet das Benediktinerkloster Michelsberg, arbeitet in Fragen der Reform der Lebenspraxis im Kloster eng mit Bischof Albrecht von Wertheim sowie dessen Nachfolger Friedrich III. von Aufsess und dem Kapitel der Ordensprovinz Mainz-Bamberg zusammen.

1414-1418

Auf dem Konzil von Konstanz wird die Reform der Kirche verhandelt und u.a. der Prager Magister Jan Hus als Ketzer verbrannt.

1421-1431

Bischof Friedrich III. von Aufsess versucht das Hochstift Bamberg gegen die aus Böhmen einfallenden Hussiten zu verteidigen. Er bemüht sich um eine Erneuerung des geistlichen Lebens im Augustinerkloster in Kulmbach, auf dem Michelsberg in Bamberg und im Dominikanerinnenkloster in Nürnberg und errichtet mehrere Pfarreien, darunter Helmbrechts und Mistendorf.

Holzschnitt des als Ketzer verbrannten Jan Hus. [24]

Die Burg Zwernitz bei Hollfeld, auf der am 6. Februar 1430 der Waffenstillstand mit den Hussiten geschlossen wurde. [25]

1410 ▪ Niederlage des Deutschen Ordens bei der Schlacht von Tannenberg; Beginn des Niedergangs des Deutschen Ordens.

1414-1417 ▪ Das Konzil von Konstanz beendet das seit 1378 andauernde abendländische Schisma und verurteilt die vorreformatorischen Lehren von Jan Hus und John Wiclif als Häresie. Jan Hus wird als Ketzer verbrannt.

1425
Auf Betreiben der Nürnberger wird Sebald durch Papst Martin V. heilig gesprochen.

1431/1437/1449
Das Konzil von Basel/Bologna/Ferrarra/Florenz/Lausanne versucht die Reform der Kirche voranzubringen.

1431-1435
Abt Hermann von Romrod übernimmt nach einer schwierigen Wahl die Geschäfte des Klosters Michelsberg.

Dedikationsseite mit dem heiligen Sebaldus, aus einem Messbuch der Diözese Bamberg in der Sebalduskirche. [26]

1431-1459
Bischof Anton von Rotenhan leitet in mehren Klöstern Maßnahmen der Klosterreform ein, etwa 1438 in Michelfeld, ab 1446 auf dem Michelsberg, im Franziskanerkloster in Nürnberg und im Klarissenkloster in Nürnberg sowie im Dominikaner- und Dominikanerinnenkloster in Bamberg. Auch er errichtet mehrere neue Pfarreien, darunter Erlangen, Wirsberg und Gutenberg. Unter seinem Episkopat nimmt die Wallfahrt nach Vierzehnheiligen ihren Anfang.

Von Adam Kraft geschaffenes Grabmal des hl. Sebaldus. [28]

Früheste erhaltene Darstellung der Gründungslegende von Vierzehnheiligen, um 1500. [27]

seit 1420 ▪ Plünderungen und Überfälle der böhmischen Hussiten in Süd- und Mitteldeutschland.

1445 ▪ Johann Guttenberg erfindet in Mainz den Buchdruck mit beweglichen Metalllettern.

1435
Im Rahmen des Immunitätenstreites (Streit um die Steuerbegünstigung der Bewohner der fünf geistlichen Immunitäten in Bamberg) wird das Kloster Michelsberg durch Bürger gestürmt und geplündert.

1452
Der Bußprediger Capestrano predigt in Bamberg und Nürnberg und ruft zum Kreuzzug gegen die Türken auf.

1463-1475
Eberhard von Venlo reformiert als Abt das Kloster Michelsberg.

Selbstbildnis des Nürnberger Bildhauers Adam Kraft an der Kirche von St. Lorenz.[30]

1475-1487
Bischof Philipp von Henneberg muss sich mit seinem Domkapitel um das Mitbestimmungsrecht bei der Herrschaft sowie mit Markgraf Albrecht Alkibiades um Fragen des Gehorsams von Geistlichen gegenüber dem Bischof bzw. dem Landesherren auseinandersetzen. Er errichtet u.a. die Pfarreien Neuhaus an der Pegnitz, Windheim und Geisfeld. Darüber hinaus versuchte er, die wirtschaftliche Lage des Hochstifts zu verbessern.

Der Bußprediger Capestrano auf dem Domplatz in Bamberg, Tafelbild um 1470/75.[29]

Sog. Kirchenburgen boten in Dörfern – hier Effeltrich – den einzigen Schutz vor bewaffneten Heerscharen.[31]

1453 ▪ Einnahme Konstantinopels durch die Türken. Dies gilt als endgültiges Ende des Byzantinischen Reiches.

1492 ▪ Abschluss der *Reconquista* in Spanien (Rückeroberung der muslimischen Gebiete) und Entdeckung Amerikas durch Christoph Kolumbus.

Anna Selbdritt, Bamberg, Ende 15. Jh. [32]

1475-1483

Ulrich III. Haug (1475-1483) und Andreas Lang (1483-1502) führen als Äbte des Klosters Michelsberg die eingeleitete Reform fort. Gerade letzterer kann dabei die Erfolge der langjährigen Erneuerungsarbeit ernten und führt das Kloster in eine letzte Blütezeit.

Heiltumsweisung in Nürnberg vom Heiltumsstuhl aus. [35]

Holzschnitt aus *Der Pauern lob*, gedruckt bei Johannes Pfeyl, Bamberg, um 1495. [33]

Der gebürtige Ansbacher Albrecht von Eyb zählte als Domherr zu den wichtigen Vertretern des Humanismus in Bamberg. [34]

1487-1501

Bischof Heinrich III. Gross von Trockau lässt von einer Diözesansynode Beschlüsse zum Leben und zur Amtsausübung von Geistlichen fällen. Er gibt das Hochgrab für die Bistumspatrone Heinrich und Kunigunde bei Tilmann Riemenschneider in Auftrag und setzt die ökonomische Konsolidierung des Hochstifts fort.

1495 ▪ Unter Kaiser Maximilian I. wird auf dem Reichstag zu Worms ein Ewiger Landfriede verkündet, der die Adelsfehde verbietet. Ansprüche sollten nun nicht mehr im Kampf sondern auf dem Rechtsweg geltend gemacht werden.

1498 ▪ Der Portugiese Vasco da Gama entdeckt den östlichen Seeweg nach Indien durch die Umrundung Afrikas.

Johann und Kunigunda Weng

16. Jahrhundert

Johann und Kunigunda Weng

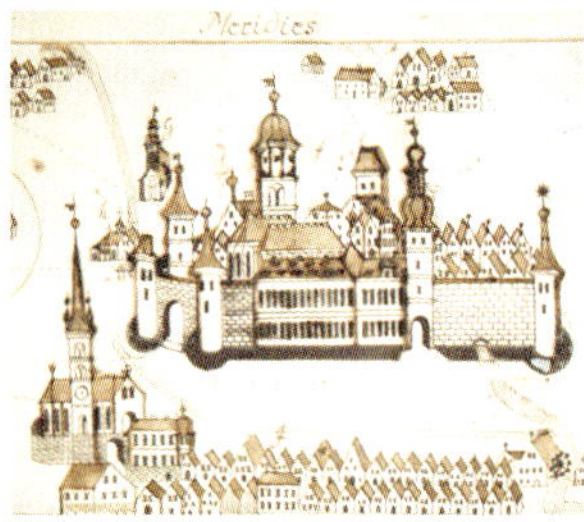

ca. 1535/40 – Johann Weng wird in Weismain geboren.

1541 – Kunigunda Weng, geb. Senft, wird in Weismain geboren. [1]

seit ca. 1568 – Johann Weng Vogt des Klosters Michelsberg in Gremsdorf. [2]

seit ca. 1578 – Johann Weng Kastner des Klosters Michelsberg in Rattelsdorf. [3]

1592 – Absetzung als Kastner in Rattelsdorf. [4]

Johann Weng und seine Frau Kunigunda lebten in der Wendezeit vom 16. zum 17. Jahrhundert. Johann war als Protestant Verwalter des Bamberger Klosters St. Michael, musste aber im Zuge der Gegenreformation zurück in seine Heimatstadt Weismain ziehen.

Die schwierige Einsetzung eines katholischen Pfarrers in Rattelsdorf

Im Frühjahr 1590 ging der → Fürstbischof von Würzburg, Julius Echter von Mespelbrunn (reg. 1573 – 1617), daran, den evangelischen Pfarrer von Rattelsdorf endlich durch einen katholischen Geistlichen zu ersetzen. Seit 1577 hatte er dies immer wieder versucht, doch alle Anläufe waren gescheitert. Manchmal weigerte sich der Pfarrer abzuziehen, dann wieder verhinderte die durchweg evangelische Gemeinde die Einsetzung des vorgesehenen katholischen Pfarrers, so geschehen im April 1589.

Das wesentliche Hindernis für Julius Echter bildeten freilich der Bamberger Fürstbischof als Landes- und der → Abt des Benediktinerklosters Michelsberg als Ortsherr. Denn sie verfolgten eine andere religionspolitische Linie als der Würzburger Ober-

Gratwanderung zwischen den Konfessionen

von Günter Dippold

1594 – Johann Weng stirbt am 13. September in seiner Heimatstadt Weismain. [5] [6]

1596 – Kunigunda Weng tritt zum katholischen Glauben über. [7]

1619 – Kunigunda Weng stirbt am 2. Juli in Weismain. [8]

hirte. Scheute er vor Zwangsmaßnahmen und gewaltsamem Vorgehen nicht zurück, so setzte man in Bamberg lange Zeit auf Ausgleich und allmähliche Durchsetzung des katholischen Glaubens. Fordernde Schreiben aus Würzburg wurden hinhaltend beantwortet, Bischof und Abt schoben sich gegenseitig die Zuständigkeit zu, oder sie beschränkten sich auf papierene Befehle.

Als im März 1590 der evangelische Pfarrer von Rattelsdorf einen Abzug rundweg ablehnte – er sei durch die Gemeinden rechtmäßig berufen und habe die vorgeschriebenen Abgaben an die Diözesanverwaltung entrichtet –, hatte Julius Echter weitere Schuldige für die Misere ausgemacht. Er habe erfahren, schrieb er nach Bamberg, dass der Michelsberger Abt in Rattelsdorf einen → Vogt und weitere *Diener* habe, die der *widerwertigen Religion anhengig* seien: Sie seien *die fürnembsten Redleinsfürer, Verhetzer und Ursacher* für das Verhalten der Untertanen und des evangelischen Ortsgeistlichen.

Der klösterliche Kastner als Urheber des Widerstands?

In den nächsten Jahren wurde eine solche Klage erneut laut, und sie fokussierte sich auf einen Mann: auf Johann Weng, den Kastner von Rattelsdorf und damit den Repräsentanten der Abtei Michelsberg im kleinen Klosteramt. 1592, nach dem plötzlichen Tod des evangelischen Pfarrers von Rattelsdorf, sah Würzburg endlich die Gelegenheit gekommen, einen katholischen Priester dort einzusetzen. Nun fand dieses Vorhaben auch Unterstützung aus Bamberg, denn der neue, am 14. Dezember 1591 gewählte Fürstbischof Neithard von Thüngen († 1598) schloss sich der kirchenpolitischen Linie Echters an. Als Würzburger Dompropst hatte er sie kritisch bis ablehnend begleitet, doch nun brauchte er Echters Unterstützung, um die päpstliche Bestätigung seiner Wahl zu erlangen und um neben seinem Bischofsamt die einträgliche Dompropstei behalten zu dürfen.

Bischof Neithard wies den Michelsberger Abt daher umgehend an, den von Würzburg gewünschten Pfarrer in Rattelsdorf in sein Amt einzuführen. Doch dieser scheiterte an der Gemeinde. Heftige Tumulte verhinderten die Öffnung der Kirche. Erst als einige Wochen später Echter aus der nahen würzburgischen Amtsstadt Ebern bewaffnete Männer schickte, konnte ein katholischer Geistlicher durch einen Gottesdienst die Pfarrei übernehmen.

Julius Echter von Mespelbrunn, Fürstbischof von Würzburg 1573–1617. [9]

Noch bevor dies geschah, berieten die bischöflichen Räte in Bamberg die Angelegenheit. Sie beschlossen nicht nur, durch eine hochrangige Kommission die Untertanen zum Gehorsam zu ermahnen, sondern auch, mit dem Abt zu verhandeln, *das der Castner abgeschafft und dagegen ein Catholischer geordnet* werden solle. Bereits einige Tage zuvor hatte der Fürstbischof dem Abt zu bedenken gegeben, das Kloster habe *ettliche Diener, so der widerigen Religion sein.* Der Abt solle die damit verbundene Gefahr bedenken und die betroffenen Personen durch andere – gemeint war: katholische – Männer austauschen. Tatsächlich scheint um diese Zeit Johann Weng sein Amt verloren zu haben.

Evangelische Beamte im späten 16. Jahrhundert

Wenigstens 24 Jahre hatte Johann Weng, obwohl evangelisch, im Dienst des Klosters Michelsberg gestanden, zuerst als Vogt in Gremsdorf, dann – spätestens seit 1578 – als Kastner in Rattelsdorf. Sein Bruder, Andreas Weng, der ab 1545 in Leipzig und mithin an einer evangelischen Universität studiert hatte, hatte von 1561 an für über zwei Jahrzehnte im Kloster selbst als Vogt und Richter des Pfortengerichts amtiert.

Dass Protestanten wichtige Positionen in der öffentlichen Verwaltung bekleideten, war im Bamberg des 16. Jahrhunderts eher die Regel als die Ausnahme. Als 1575 der päpstliche Nuntius Nikolaus Elgard Bamberg besuchte, befand er, der Bischof habe kaum zwei katholische Räte, und nicht einen zuverlässigen Katholiken habe er unter den Sekretarii der Bamberger Zentralbehörden entdecken können.

Bis 1595 amtierte der Protestant Dr. Achaz Hüls als bischöflicher Kanzler, und der gleichfallss evangelische Dr. Paul Prückner diente bis 1594 dem → Domkapitel als Syndikus. Dass ihm nochmals ein Protestant im Amt nachfolgte, verhinderte nur der entschiedene Einspruch des Bischofs. Auch die Klöster hatten evangelische Bedienstete. Der Banzer Abt Johann Burkhard, 1575 auf Betreiben Julius Echters gewählt und ein energischer Vorkämpfer des katholischen Glaubens, ließ sich in Rechtsfragen durch einen Protestanten beraten, den fürstbischöflichen Rat Dr. Konrad Dinner in Würzburg, einen bedeutenden Späthumanisten. Auch der Bruder des Abtes selbst, Georg Burkhard, lehrte als evangelischer Theologe an der Universität Tübingen.

Ansicht von Rattelsdorf aus einer Karte von Veitt Kunrath, ca. 1600-1630. [10]

Pfarrkirche St. Peter und Paul in Rattelsdorf. [11]

Die Entfernung der evangelischen Beamten aus ihren Ämtern ging anfangs zögerlich vonstatten. Als der Langheimer Abt Johann Bückling – wie Johann Weng ein Weismainer – 1593 seine evangelischen Beamten entlassen wollte, wurde er vom Fürstbischof ermahnt, behutsam vorzugehen, damit sein Handeln nicht *allerley Reden geberen* werde. Es solle vielmehr *mit guter Gelegenheit der Anfang gemacht, auch darzu Ursach gesucht* werden.

Johann Wengs Heimat

Johann Weng war wohlhabend, so dass ihn der Verlust des Kastneramtes wohl nicht allzu hart traf. Er ließ sich in seiner Heimatstadt Weismain nieder, deren → Bürgerrecht er während seiner Amtszeit in Gremsdorf und Rattelsdorf bewahrt hatte. 1583 hatte er Baumaßnahmen an seinem Weismainer Haus durchgeführt.

Unter den Einwohnern der Stadt stand er dem Vermögen nach an zweiter Stelle. Dabei hatte er seinen Besitz wohl selbst erworben oder mit seiner Frau erheiratet. Denn die Erben von Andreas Weng, die in der Weismainer Steuerrechnung von 1569/70 auftauchen, besaßen bloß ein knapp durchschnittliches Vermögen. Da der Familienname nur dieses eine Mal in der Stadt vorkommt, ist die Annahme wahrscheinlich, dass der spätestens 1569 verstorbene Andreas Weng der Vater Johann Wengs war; die Erbengemeinschaft bildeten ferner Johanns Bruder Andreas Weng und wenigstens eine Schwester.

Der ältere Andreas Weng, aus Weismain stammend, hatte ab 1511 in Leipzig, ab 1520 dann in Wittenberg studiert und, nachweisbar ab 1535, seinem Herkunftsort als Stadtschreiber gedient. Die Daten seines Universitätsbesuchs deuten darauf hin, dass er sein Studium nach kurzer Zeit beendet hatte – wie die Mehrheit der Immatrikulierten, ohne einen akademischen Grad zu erwerben –, um dann in den geistlichen Stand zu treten: 1517 empfing er in Merseburg die vier niederen Weihen. Es scheint aber, dass er später, von den Ideen der Reformation erfasst, nach Wittenberg ging, um gleichsam im Zentrum der Neuerungen erneut zu studieren. Zugleich mit ihm schrieb sich ein weiterer Weismainer, Gotte Metzner, dort ein. Diese beiden Männer gehörten gewiss zu denen, die, zurück in ihrer Heimat, über die lutherische Theologie und ihre Vertreter erzählten.

Doch nicht allein durch solche Augenzeugen der Wittenberger Vorgänge verbreitete sich die neue Lehre im Bambergischen. Dazu trugen, wie allerorten im Reich, gewiss maßgeblich die zahlreichen Schriften bei, die um 1520 herauskamen und heftige Angriffe in Wort und Bild gegen die römische Kirche, gegen den Welt- und besonders den Ordensklerus unters Volk brachten. Selbst der Bamberger Buchdrucker Georg Erlinger veröffentlichte eine Fülle lutherischen und antikatholischen Schrifttums.

Der Elan der reformatorischen Bewegung freilich erlahmte in den späten 1520er Jahren, ohne dass die Gläubigen sich wieder der katholischen Kirche zugewandt hätten. Stattdessen herrschte, wie es scheint, eher religiöse Indolenz, bis durch das Wirken evangelischer Geistlicher während des Markgräflerkrieges, in den Jahren 1552 bis 1554, der Grund für ein blühendes protestantisches Alltagsleben gelegt wurde.

Als Markgraf Albrecht Alcibiades von Brandenburg-Kulmbach Krieg gegen die → Fürstbischöfe von Bamberg und Würzburg sowie die Reichsstadt Nürnberg führte, um die Vorherrschaft in Franken zu erringen, da gab er seinem

Bild: Zahlreiche Flugblätter und Bücher machten ab 1520 massiv Front gegen Vertreter der römischen Kirche – insbesondere gegen den Papst. [12)]

Antichriſti.

Antichriſtus.

Der Babſt maſt ſich an itzlichen Tyrannen vnd heydniſchen furſten / ßo yre fueß den leuten tzu kußen dar gereicht/nach tzu-volgen/damit es waer werde das geſchrieben iſt. Wilcher dießer beſtien bilde nicht anbettet/ſall getödt werden Apocalip. 13. Ditz kuſſens darff ſich der Bapſt yn ſeynē decretalen vnuorſchembt rūmen. c. cū oli de pri. cle. Si ſummus pon. de ſen. exco.

Feldzug einen religiösen Anstrich: In den Ämtern, die ihm der Bamberger Fürstbischof 1552 abtreten musste oder die er 1553 eroberte, forderte er die Geistlichen auf, den markgräflichen Priestereid zu schwören und sich so zum evangelischen Glauben zu bekennen. Wer das Gelöbnis verweigerte, wurde durch einen Protestanten ersetzt. So geschah es in Weismain. Im Juni 1552 ernannte Albrecht Alcibiades den aus Bamberg stammenden Magister Jonas Lichtenfelser zum Pfarrer, wenige Wochen später dann Peter Wölfel aus Kulmbach. Dieser wurde spätestens 1554 von Bamberg wieder vertrieben, während sich in der Nachbarpfarrei Modschiedel und in einer Reihe anderer bambergischer Orte der vom Markgrafen eingeführte evangelische Pfarrer über Jahrzehnte halten konnte.

Das Wirken der lutherischen Geistlichen, auch wenn es zumeist nur einige Monate oder wenige Jahre währte, entfaltete doch nachhaltige Wirkung. So versicherte 1575 das Bamberger Domkapitel dem päpstlichen Nuntius, es sei damals *das gantz Bistumbs Bamperg mit der ketzerischen Leer und Gift Lutheri an vilen Enden und Orten vergiftig worden.*

Obwohl in Weismain nach 1554 kein evangelischer Geistlicher mehr amtierte, so stellte der Stadtrat doch, wohl mit Duldung des Pfarrers, evangelische Lehrer für die Schule an. Diese Lehrer und einen benachbarten evangelischen Geistlichen machte 1580 der Weismainer Pfarrer für das Vordringen der *lutherischen Ketzerei* (*lutherana haeresis*) in seinem Sprengel verantwortlich. Nachdem er sich beim Fürstbischof beschwert hatte, scheint dessen Regierung den Beamten vor Ort befohlen zu haben, die beiden Lehrer abzusetzen. Doch sie unternahmen offenbar nichts, und als der Pfarrer den Rat drängte, die Lehrer zu entlassen, entgegneten dessen Mitglieder, *weil wider den Schulmeister sonsten keine Klag fur einen erbarn Rhat sey khomen und auch an sie kein furstlich Bevelch sey geschickt worden, so soll der Schulmeister seinen Dienst wie bisher also noch lenger versehen.* So blieb zumindest der obere Lehrer, der Schulmeister, im Amt, bis er 1588 zum Stadtschreiber aufstieg. Und obgleich die Ratsherren 1580 zugesagt hatte, er werde *sich catholisch erweisen*, blieb er bis 1595 beim evangelischen Glauben.

Obwohl in einer bambergischen Landstadt aufgewachsen, prägte den späteren Rattelsdorfer Kastner Johann Weng, um 1535/40 geboren, wohl das evangelische Klima, das ihn umgab: Bestimmt durch einen Vater, der Luther und die übrigen Reformatoren per-

Pfarrer Johann Eck († 1554), Reformator der Stadt Kulmbach, Bildnis im ältesten Taufbuch der Evangelisch-Lutherischen Kirchengemeinde St. Petri, Kulmbach. [13]

sönlich erlebt haben dürfte, sah der Jugendliche, wie in der Weismainer Pfarrkirche für einige Monate evangelischer Gottesdienst gefeiert wurde, und sein evangelischer Lehrer beeinflusste ihn wohl ebenso wie sein älterer Bruder, der an einer evangelischen Hochschule studierte.

Das nicht erhaltene Grabdenkmal von Johann Weng glich dem hier abgebildeten Epitaph des Domherrn Erasmus Neustetter, genannt Stürmer, im Würzburger Dom. [14]

In einer katholischen Kirche beigesetzt

Johann Weng starb zwei Jahre nach seiner Entlassung am 13. September 1594 in Weismain. Noch Mitte des 19. Jahrhunderts erinnerte ein hölzernes Epitaph (Grabdenkmal) in der katholischen Pfarrkirche St. Martin an ihn, das ihn, in einen schwarzen Mantel gekleidet und vor der Dreifaltigkeit kniend, darstellte; abgebildet war auch der langjährige Dienstort Rattelsdorf. Das Grabmal glich damit dem Epitaph des im selben Jahr verstorbenen Domherrn Erasmus Neustetter genannt Stürmer (1523–1594) im Würzburger Dom, das zu seinen Lebzeiten geschaffen wurde. Der namhafte Humanist ließ sich nämlich vor einem Kreuz kniend darstellen; den Hintergrund der Szene bildet das Stift Comburg bei Schwäbisch Hall, dem Neustetter als → Propst vorstand.

Dass sich der Protestant Weng in einer katholischen Kirche beisetzen ließ, war nicht ungewöhnlich. Das hierdurch gesicherte Gedächtnis in der Bürgerschaft war Grund genug. Es war im Übrigen durchaus Usus, dass in bambergischen Landstädten des späten 16. Jahrhunderts evangelische Bürger den katholischen Gottesdienst besuchten, war doch der Kirchgang auch ein sozialer Akt. Johann Weng spendete sogar für die Gotteshausstiftung in Weismain testamentarisch einen namhaften Betrag, möglicherweise um sich die vornehme Grabstätte im Inneren des Gotteshauses zu sichern.

Neben Johann Weng zeigte das Epitaph seine Frau Kunigunda, die ihn um beinahe 25 Jahre überlebte. Wie ihr Mann war sie in Weismain beheimatet, wo sie um 1541 zur Welt gekommen war. Sie entstammte der Familie Senft, die im frühen 16. Jahrhundert mehrere angesehene Geistliche gestellt hatte. Über ihre Großmutter, eine geborene Neydecker, war Kunigunda Weng überdies mit dem einstigen Bamberger → Generalvikar Dr. Paul Neydecker († 1565) und einigen Bamberger Chorherren aus derselben Familie verwandt.

Weismain in einer Stadtansicht von H. Wiedemann, 1829. [15]

Die Weng errichten eine Stipendienstiftung

Gemeinsam mit seiner Frau errichtete Johann Weng 1592, im Jahr seines Abschieds von Rattelsdorf, ein Testament. Zwar ist dieser letzte Wille nicht erhalten, doch wissen wir, für welche öffentlichen Zwecke das kinderlose Ehepaar Geld stiftete. Größere Geldbeträge vermachten sie der Weismainer Gotteshausstiftung, die den Bauunterhalt und die Ausstattung der Pfarrkirche St. Martin zu sichern hatte, und dem → Spital. Überdies bedachten sie den Stadtrat, indem sie eine eigene kleine Stiftung zu seinen Gunsten errichteten: Der Ertrag von 50 Gulden sollte alljährlich den Ratsherren zu gute kommen als Dank für die Mühe, die sie mit der Verwaltung der Vermächtnisse haben würden.

Die ansehnliche Summe von 400 Gulden bestimmten die Eheleute Weng für eine ihren Familien vorbehaltene Stipendienstiftung. *Auß sonderbarer Lieb und wolmeinender Affection und Zuneigung zu den freien Kunsten und derselben studiosis* habe Johann Weng dieses Legat verfügt, meinte der Weismainer Stadtrat. In der Tat wird Weng wohl vom Geist des Humanismus berührt gewesen sein, der im späten 16. Jahrhundert, bis zur einsetzenden Gegenreformation, die Grundlage für ein friedliches Nebeneinander der Konfessionen bildete. Der erwähnte Domherr und Stiftspropst Erasmus Neustetter etwa, der sich als Mäzen von Dichtern einen Namen machte, unterstützte ohne Wenn und Aber lutherische und calvinistische Autoren.

Der Zinsertrag der gestifteten 400 Gulden, die zu den üblichen 5 Prozent verliehen wurden, sollte einem Angehörigen der Familie Weng oder einem

Das Haus von Johann und Kunigunda Weng in Weismain (links). Das Fachwerk stammt aus dem späten 17. Jahrhundert. [16)]

Nachkommen von Matthes Senft – dem Vater von Kunigunda Weng – ausgezahlt werden, wenn er *von der Particularschul uff ein Universitet [...] umb besserer Prosequirung seiner Studien* gehe. Diese Unterstützung solle er drei Jahre lang beziehen, dann sei ein anderer Student aus der Familie an der Reihe. Gebe es gerade keinen Universitätsbesucher, dann sollten *Jungfrauen* aus der besagten Nachkommenschaft zum Zuge kommen, *so [...] sich erbar und woll verhalten*: Die Zinsen des Stiftungskapitals sollten ihr *Heiretgutt*, ihre Mitgift, bilden. Mangle es auch an solchen Empfängerinnen, dann solle man die pro Jahr anfallenden 20 Gulden verleihen und den dadurch gewonnenen Zins armen Spitalinsassen reichen, *unser desto christlicher zu gedencken*. Wengs Witwe ergänzte die Stiftung später um eine weitere, durch die jeweils drei Buben aus der Verwandtschaft, *die in die latein[ische] Schul gehen*, das Schulgeld gezahlt werden sollte.

Weng war nicht der erste, der in Weismain eine derartige Stiftung ins Leben rief. Bereits der 1527 verstorbene Bamberger Chorherr Johann Senft, wohl ein Verwandter von Kunigunda Weng, hatte testamentarisch ein Familienstipendium errichtet, und ihr Onkel zweiten Grades, Johann Neydecker aus Weismain, der 1579 als Stiftskanoniker in Bamberg gestorben war, hatte es ihm gleich getan. Während Neydecker es zur Bedingung für die Empfänger machte, dass sie sich durch Eid zum katholischen Glauben bekannten, fehlt – wenig überraschend – im Testament von Johann Weng offenbar eine solche Bestimmung.

Das Stipendium war nicht nur eine selbstlose Hilfe, die die Eheleute Weng den Nachkommen ihrer Geschwister zukommen ließen. Die Stiftung diente daneben – ebenso wie das Grabmal in der Pfarrkirche – dem Zweck, das Andenken an den Wohltäter wachzuhalten. Das Epitaph scheint freilich beim Abbruch des Langhauses 1889 zugrunde gegangen zu sein, und die Stiftung wurde, nachdem ihr Kapital durch Inflation und Währungsreform zu einem bedeutungslosen Betrag zusammengeschrumpft war, 1961 aufgehoben.

Die Gegenreformation erfasst Weismain

Kunigunda Weng war, so wie ihr Mann, evangelisch. Kaum war sie verwitwet, sah sie sich mit der landesherrlichen Gegenreformation konfrontiert, wie sie Fürstbischof Neithard von Thüngen seit 1595 nach dem Vorbild Julius Echters durchführte. Er stützte sich dabei auf das *jus reformandi*, das der Augsburger Religionsfrieden von 1555 den → Fürsten zugestand: Sie durften den Glauben ihrer Untertanen bestimmen, freilich unter der Maßgabe, denjenigen, die das vorgeschriebene Bekenntnis nicht annehmen wollten, das *beneficium emigrandi* zu gewähren, das Recht auszuwandern. So stellte der Fürstbischof seine Untertanen vor die Wahl, sich zum katholischen Glauben zu bekennen, was durch Beichte und Empfang der Kommunion nach katholischem Ritus angezeigt wurde, oder das Land zu verlassen.

Fürstbischof Neithard von Thüngen (reg. 1591–1598), Grabdenkmal für den Bamberger Dom, heute in der ehemaligen Klosterkirche Michelsberg. [17)]

In Weismain engagierten sich der dortige Pfarrer und ein Ratsherr umgehend im Sinne der neuen Politik. Das Ratsmitglied, das sich besonders hervortat, war Pankraz Neydecker, ein schwerreicher Mann, der mit einer Cousine von Kunigunda Weng verheiratet war, mit Anna Senft. Ihr Zweig der Familie war, anders die Vettern und Basen, durchweg streng katholisch.

Neydecker legte sich derart ins Zeug, dass in Weismain das Gerücht umging, die Anordnungen kämen gar nicht aus Bamberg, sondern seien das *eigen Fürnemen* des Pfarrers und des *pfeffischen Neydeckherß*. Ihre Maßnahmen stießen auf Widerstand. Wie die beiden örtlichen Protagonisten der Gegenreformation nach Bamberg berichteten, hätten sich, als die Anordnung lautbar geworden sei, sogleich evangelische Bürger *zusamen verbunden* und beschlossen, auf Zeit zu spielen. *Dan es sey noch kein rechter Ernst, sunder nur ein Schreckh.*

Dennoch hatten die Gebote, die der Pfarrer und das Ratsmitglied verkündeten und die sehr wohl von Bamberg ausgingen, nach und nach Erfolg: Bis Anfang Juni 1595 erklärten elf Personen, darunter eine Frau, sie würden binnen eines Monats den katholischen Glauben annehmen; 54 Weismainer baten sich einen Monat Bedenkzeit aus, und 13 erklärten kategorisch, sie wollten evangelisch bleiben.

Zwei Monate später konvertierten sieben Männer, unter ihnen ein Ratsherr, und zwei Frauen; 35 Personen versprachen den Übertritt Mitte September, 16 zu Weihnachten 1595. Weitere neun Männer waren nur unter der Bedingung bereit *sich einzustellen*, dass man ihnen *Friest biß auf Ostern* gab.

Kunigunda Weng konvertiert

Kunigunda Weng erscheint in einer Liste vom 31. Oktober 1595. *Die alt Wengin* erklärte demnach ebenso wie neun andere Weismainer, sie werde sich nicht sofort zwischen Konversion und Auswanderung entscheiden. Nur wenn man ihnen bis Ostern 1596 Zeit gebe, würden sie *endlich und gewißlich* den katholischen Glauben annehmen.

So ist wohl anzunehmen, dass Kunigunda Weng zum angekündigten Termin, dem 26. März 1596, übertrat. Einer Quelle von 1598 zufolge waren jedenfalls alle Männer und Frauen in Weismain katholisch.

Kunigunda Weng arrangierte sich offenkundig gut mit dem zwangsweise angenommenen Glauben. Denn rund zwei Jahrzehnte später stiftete sie in ihrem Testament einen Jahrtag; sie sorgte also über ihr Ableben hinaus für ihr Seelenheil. Bis in alle Zukunft sollten an ihrem Todestag vier Priester in der Pfarrkirche Seelmessen zelebrieren. Das geschah nicht nacheinander, sondern gleichzeitig; während am Hochaltar ein Geistlicher eine Messe sang, lasen drei andere an den Nebenaltären Stillmessen. Kunigunda Weng vermachte der Kirchenstiftung 100 Gulden Kapital. Von dessen Ertrag waren die mitwirkenden Priester, die Lehrer und der Mesner zu entlohnen und Kerzen für den Jahrtag zu kaufen. Ferner verfügte sie 50 Gulden für das Spital. Auch sie waren gegen Zins zu verleihen, und das anfallende Geld sollte unter den Spitalinsassen verteilt werden, die den Seelmessen beiwohnten. Sie starb am 2. Juli 1619, wohl in ihrem Haus am Weismainer Marktplatz (Am Markt 32).

Fürstbischof

Als Fürstbischof wurde etwa ab dem 16. Jh. ein Bischof bezeichnet, der neben seiner geistlichen Macht als Landesherr auch weltliche Herrschaft über ein Territorium ausübte, das so genannte → Hochstift. Diese weltliche Herrscherfunktion von Bischöfen in Deutschland ist auf das Vorgehen der fränkisch-deutschen Könige des beginnenden Hochmittelalters zurückzuführen, die sich zur Eindämmung des Einflusses mächtiger Fürsten auf Bischöfe stützten, welche zu dieser Zeit mehrheitlich von ihnen ernannt wurden. Etliche Bischöfe erhielten in diesem Zusammenhang königliche Rechte (Regalien) verliehen.

Kunigunda Wengs Geschwister

Kunigunda Wengs Schwestern waren evangelisch und blieben es wohl bis zum Tod, zumal sie außerhalb des Hochstifts Bamberg wohnten. Die eine war mit dem Vogt der Herren von Giech in Peesten verheiratet, die andere mit einem Kulmbacher Bürgermeister.

Katholisch war oder wurde dagegen ihr Bruder Hans Senft, obwohl er in Leipzig studiert hatte. Er hatte ebenfalls im Dienst des Klosters Michelsberg gestanden, war Wengs Vorgänger als Rattelsdorfer Kastner gewesen. Dann hatte er sich in Bamberg niedergelassen. Dort gehörte er ab 1573 dem Rat an, verwaltete mehrere Stiftungen und amtierte schließlich, von 1585 an, als einer der vier Bürgermeister. Dass er Katholik war, ist 1596 belegt. Seine Frau allerdings, die aus Nürnberg stammte, bekannte sich, anders als ihr Mann, zum evangelischen Glauben. Damals, 1596, wurden in Bamberg im Zuge der Gegenreformation die evangelischen Ratsmitglieder und Bürgermeister abgesetzt; das betraf rund ein Drittel des Stadtrats – und zwar vornehmlich dessen wohlhabendste Mitglieder – und zwei der vier Bürgermeister.

Zu den evangelischen Bürgern von Weismain gehörte ein Bruder von Hans Senft und Kunigunda Weng: Moritz Senft. Vor die Wahl zwischen Konversion und Emigration gestellt, verwies er darauf, seine Frau habe soeben entbunden. Sobald sie sich erholt habe, werde er sich mit ihren Verwandten in Thurnau be-

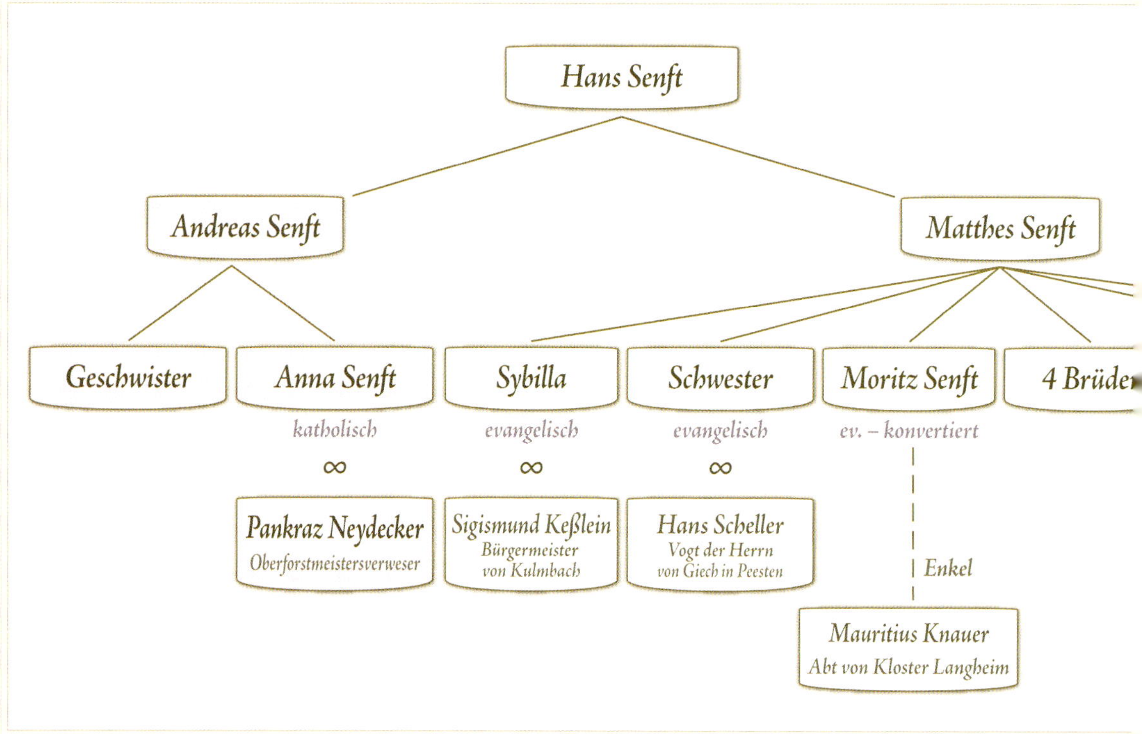

raten, da sie dort noch eine Erbschaft zu erwarten habe. Der Pfarrer und Pankraz Neydecker jedoch glauben, Senft *werd sich gehorsam einstellen*, d. h. katholisch werden.

Tatsächlich konvertierte Moritz Senft und blieb in Weismain. Er starb am 15. Mai 1605 als Kirchenpfleger. Sein Enkel Mauritius Knauer (1613/14 – 1664), der übrigens 1628/29 Stipendiat der Weng'schen Stiftung war, wurde 1649 Abt des Zisterzienserklosters Langheim.

Die dürftigen Daten, die uns von der Familie Senft vorliegen, fügen sich zum Bild einer konfessionell gemischten Familie, wie sie für das Hochstift Bamberg in der zweiten Hälfte des 16. Jahrhunderts typisch gewesen zu sein scheint. Der im Dienst eines Klosters stehende und offenbar gegen die Absetzung eines evangelischen Pfarrers arbeitende Johann Weng, seine gleichfalls evangelische Frau, die in der Gegenreformation katholisch wurde und diesen Glauben auch innerlich annahm, sein katholischer Schwager Hans Senft, mit einer Protestantin verheiratet, und dessen evangelischer Bruder Moritz Senft, der sich der Gegenreformation beugte, sie alle sind beispielhafte bambergische Untertanen im konfessionellen Zeitalter. Dabei bedeutete das Nebeneinander der Konfessionen bis zum Beginn der landesherrlichen Gegenreformation keinen Gegensatz. Man lebte, wie es 1592 in einem Staffelsteiner Ratsprotokoll heißt, *in ruhwiger Ainigkeit der Religion halber.*

18)

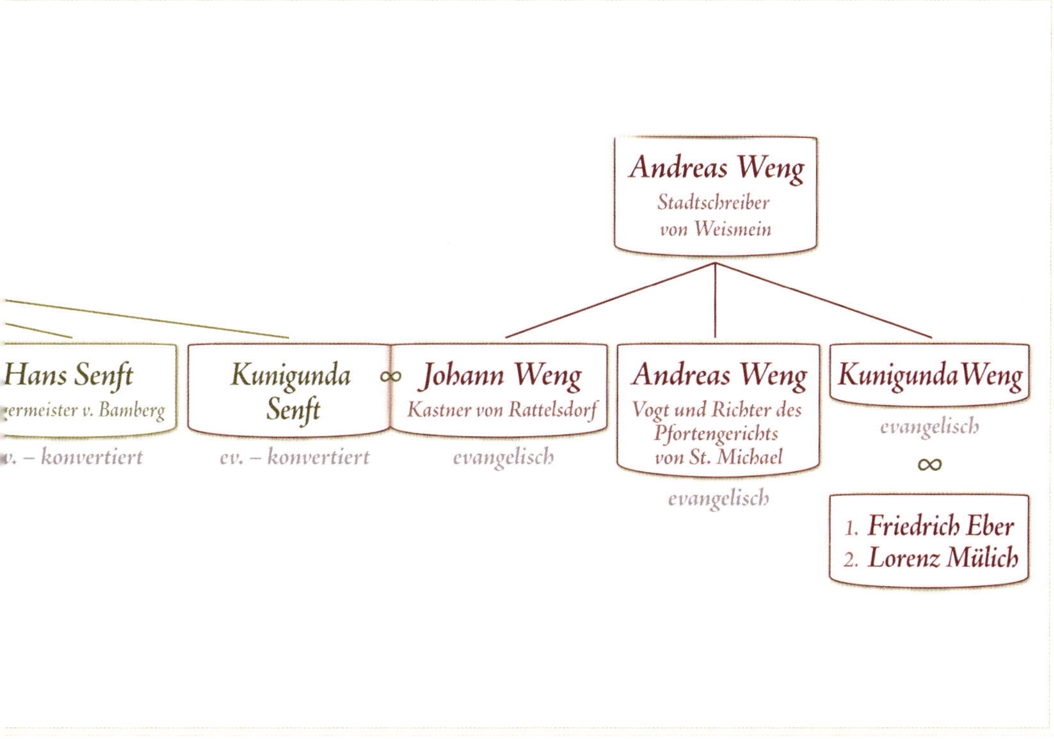

Die Taufe Jesu – unter Anwesenheit protestantischer Reformatoren und fürstlicher Beschützer – symbolträchtig vor die Stadt Nürnberg verlegt.[19]

Caritas Pirckheimer (1467–1537) leistete a Äbtissin des Nürnberg Klaraklosters entschiedenen Widerstan gegen die «Neue Lehre» und gegen die zwangsweise Auflösur des Klosters.[21]

1505-1522

Der humanistisch gesinnte Bischof Georg III. Schenk von Limpurg regelt das Verhältnis von Juden und Christen im Bistum und hält die Dekane dazu an, vom Klerus die genaue Beachtung der Diözesanvorschriften zu fordern.

Martin Luther 1522 inkognito als *Junker Jörg*.[20]

1522-1556

In die Regierungszeit Bischof Weigands von Redwitz fällt die Auseinandersetzung mit den Anhängern Luthers und der Reformation. Weigand ist überzeugt, dass er aufgrund seiner eidlichen Verpflichtungen gegenüber Papst und Kaiser die Reformation bekämpfen müsse. Er erlässt Rundschreiben gegen die Neuerungen und setzt reformationsfreundliche Geistliche ab. Den Übertritt der Gebiete der Markgrafschaft Brandenburg-Kulmbach sowie der Reichsstadt Nürnberg zur lutherischen Lehre kann er dennoch nicht verhindern.

Taufschale aus der Pfarrei Hausen, 1. Hälfte 16. Jh.[22]

1517 ▪ Martin Luther veröffentlicht zu Wittenberg seine 95 Thesen über den Ablass.

1529 ▪ Erste Belagerung Wiens durch die Türken, die trotz eines Paktes der Osmanen mit Frankreich erfolgreich abgewendet werden kann.

Hinrichtung eines Bauern im Bauernkrieg.[23]

Zerstörte Raubritterburg *Neugutenberg*.[25]

1525

Im Bauernkrieg werden Burgen der Ritter und des Bischofs sowie die großen Klöster niedergebrannt. Auch Abt und Konvent des Klosters Michelsberg werden vertrieben. Mit dem Heranrücken des Heeres des Schwäbischen Bundes bricht der Aufstand von selbst zusammen und die äußere Autorität des Bischofs im Hochstift kann wieder hergestellt werden.

1545-1563

In seinen drei Sitzungsperioden (1545/46, 1551/52, 1562/63) vermag das Konzil von Trient nicht, die Wiedervereinigung der abendländischen Christenheit zu erreichen. Dennoch werden dort Entscheidungen getroffen, die die katholische Lehre in den folgenden Jahrhunderten stark prägen sollten. U. a. wird die kath. Glaubenslehre, zusammengefasst im tridentinischen Glaubensbekenntnis, verbindlich festgesetzt, die Pfründehäufung verboten und eine Predigtpflicht für Seelsorgegeistliche vorgeschrieben. Mit dem Konzil geht auch eine verstärkte Zentralisierung der katholischen Kirche einher. Aufgrund der widrigen Zeitumstände kommen die Konzilsdekrete in Bamberg erst im Lauf der nächsten Jahrzehnte allmählich zur Geltung.

Der gebürtige Waischenfelder Friedrich von Nausea starb als Bischof von Wien auf dem Konzil von Trient.[26]

Kreuztragung Christi aus einem um 1500 entstandenen Passionsteppich.[24]

1530 ▪ Reichstag zu Augsburg, keine Einigung in strittigen Religionsfragen, *Confessio Augustana.*

1534 ▪ Das englische Parlament bestätigt die Gründung der anglikanischen Staatskirche und die damit verbundene Trennung von der kath. Kirche und dem Papsttum in Rom. Oberhaupt der neuen Kirche ist der englische König Heinrich VIII.

Plassenburg bei Kulmbach.[27]

Weihbischof Johann Ertlin (1581–1607), ein eifriger Förderer der Seminargründung.[29]

1552-1554

Im sog. Markgrafenkrieg versucht Markgraf Albrecht Alkibiades von Brandenburg-Kulmbach sich weite Teile der Hochstifte Bamberg und Würzburg einzuverleiben, scheitert letztendlich aber daran, dass sich die finanzstarke Reichsstadt Nürnberg trotz der konfessionellen Unterschiede auf die Seite der fränkischen Bischöfe stellt. Dennoch werden weite Teile des Hochstifts Bamberg durch diesen Krieg verwüstet.

1555

Der Augsburger Religionsfriede ermöglicht für die folgenden Jahrzehnte ein friedliches Nebeneinander von Katholiken und Protestanten im Reich.

1561-1577

Unter Bischof Veit II. von Würzburg, dem Neffen Bischof Weigands, wird den eigentlichen geistlichen Aufgaben nur eine geringe Rolle zugewiesen. Wichtiger sind bei seiner Wahl die Erfahrungen als Kriegsrat unter seinen Onkel. Die schleichende Abwanderung zum Protestantismus v.a. auf dem Land hält weiterhin an.

Älteste Ansicht der Stadt Bayreuth von 1531.[28]

Der Bamberger Jesuitenpater Christoph Clavius (1537/38–1612) arbeitete die Gregorianische Kalenderreform aus.[30]

1540 ▪ Päpstliche Bestätigung der «Societas Jesu», des von Ignatius von Loyola gegründeten Jesuitenordens. Die Jesuiten sind die wichtigsten Träger der Gegenreformation und der Weltmission in der Neuzeit.

1572 ▪ Bartholomäusnacht (Pariser Bluthochzeit) in Frankreich, in der auf Veranlassung Katharinas von Medici, der katholischen Mutter des französischen Königs, ca. 20.000 Hugenotten im ganzen Land ermordet werden.

Bistum und Hochstift Bamberg zur Reformationszeit. [33]

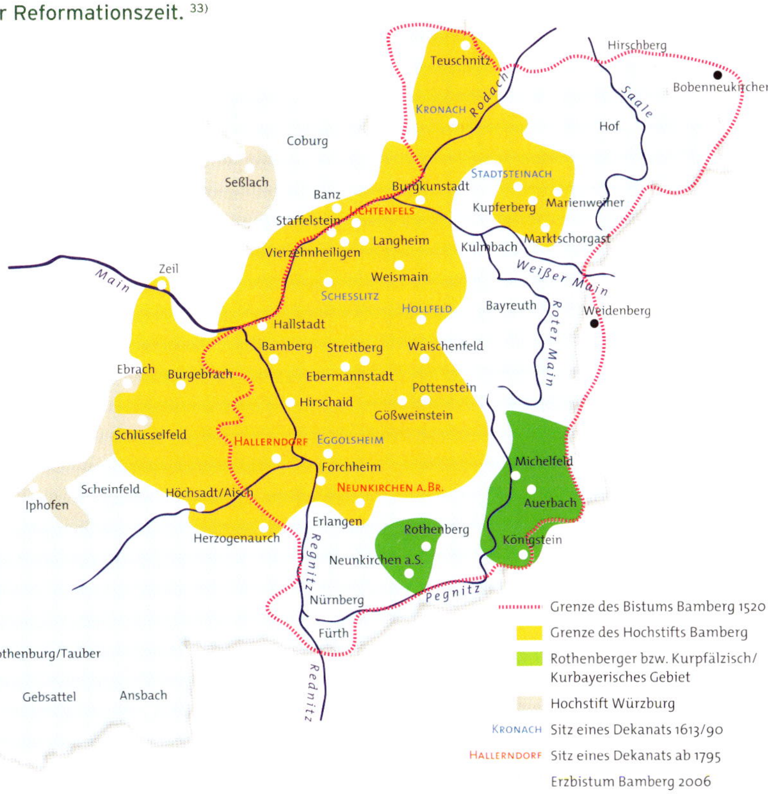

1586

Gründung eines Priesterseminars durch Bischof Ernst von Mengersdorf infolge Bemühen um eine kath. Reform nach dem Konzil von Trient.

Grabmal des Bischofs Ernst von Mengersdorf in der ehemaligen Klosterkirche Michelsberg. [32]

1591-1598

Mit Bischof Neithard von Thüngen bekleidet ein entschiedener Vertreter der kath. Reform das Bamberger Bischofsamt. Er erlässt ein Religionsmandat, das aufgrund landesherrlicher Religionshoheit allen Andersgläubigen die Rückkehr zur kath. Kirche befahl und bei Nichtbeachtung die Landesverweisung androhte. Auch protestantisch eingestellte Lehrer und Beamte werden nach und nach aus dem Dienst entfernt. Diese Maßnahmen versucht Bischof Neidhart auch gegen den Widerstand des Domkapitels durchzusetzen.

1582 ▪ Papst Gregor XII. reformiert den bis dahin gültigen Julianischen Kalender (es fallen elf Tage aus).

1588 ▪ Die spanische Seearmada wird vernichtet, teils durch die wendigeren englischen Segelschiffe (Sir Francis Drake), teils durch Stürme. Diese Niederlage markiert den Beginn des rasanten Niedergangs Spaniens in den folgenden Jahrzehnten.

KATHARINA HAAN

17. Jahrhundert

KATHARINA HAAN

um 1581 – Katharina Haan wird in Mergentheim geboren.[1]

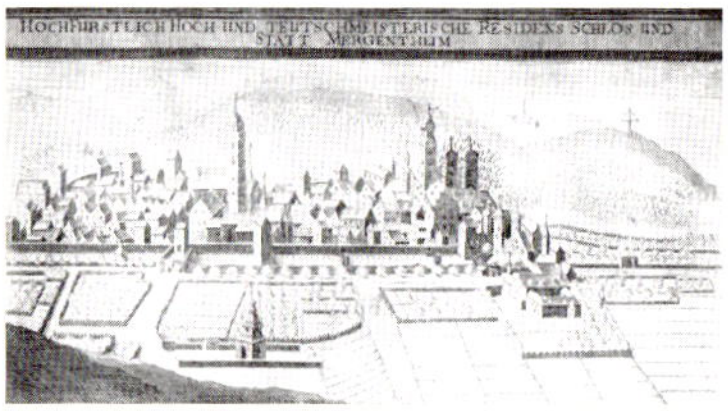

1599-1603 – Georg Haan zieht von Fulda nach Mergentheim und heiratet Katharina.

1603 – Die Haan ziehen nach Bamberg um.[2]

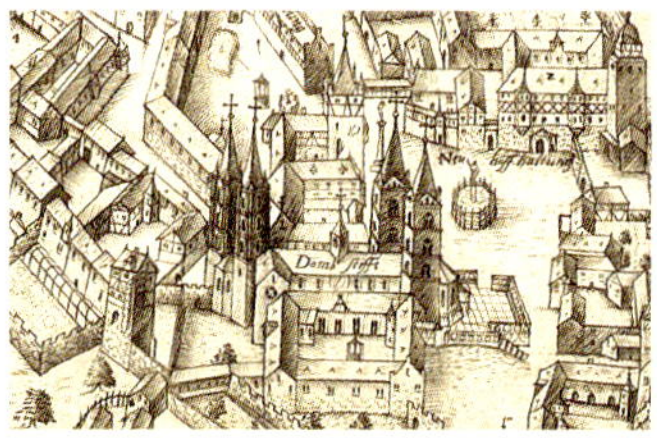

1608 – Bischof Johann Philipp von Gebsattel ernennt Dr. Georg Haan zum Vizekanzler des Hochstiftes.[3]

1611 – Das Domkapitel ernennt Dr. Georg Haan zum Kanzler des Hochstifts.

Eine ganze Familie wird ausgelöscht

Es ist eines der dunkelsten Kapitel der Bistumsgeschichte: die Hexenverfolgungen, bei denen die Kirche eine unrühmliche Rolle spielte. Die Geschichte des Bamberger Kanzlers Dr. Georg Haan, seiner Frau Katharina und seiner Kinder soll hier stellvertretend für all die anderen Unschuldigen erzählt werden, die als «Hexen» und «Zauberer» brannten.

Bis zuletzt hatte sich Katharina Haan, Frau des Bamberger → Hochstifts-Kanzlers Dr. Georg Haan, in Sicherheit gewiegt. Sie war überzeugt gewesen, dass ihre Unschuld so eindeutig war, dass niemand den Gerüchten glauben würde, sie sei eine Hexe. Deshalb hatte Katharina Haan auch dem Drängen ihres Mannes, ihn nach Speyer zu begleiten, nicht nachgegeben. Er sollte nur fahren und beim Reichskammergericht Beschwerde gegen die Diffamierung seiner Frau und seiner Tochter einlegen. Sie wollte nicht davonlaufen, sondern zu Hause auf ihn warten. Sie war sich keiner Schuld bewusst und wollte sich nicht verstecken. Doch das war ein tödlicher Irrtum. Denn kaum war ihr Mann abgereist, wurde Katharina Haan von den Hexenfängern abgeholt. Nur etwa drei Wochen später wurde sie hingerichtet.

Als „Hexen“ im Hochstift Bamberg verfolgt wurden

von Judith Rinklef

Am 28. Dezember werden Katharina Haan und ihre älteste Tochter wegen Verdachts der Hexerei verhaftet. [4)]

Die Schwiegertochter des Kanzlers, Ursula Haan, und seine leibliche Tochter Ursula Maria werden verhaftet und als Hexen getötet. [6)]

27 — 1628 — 1629

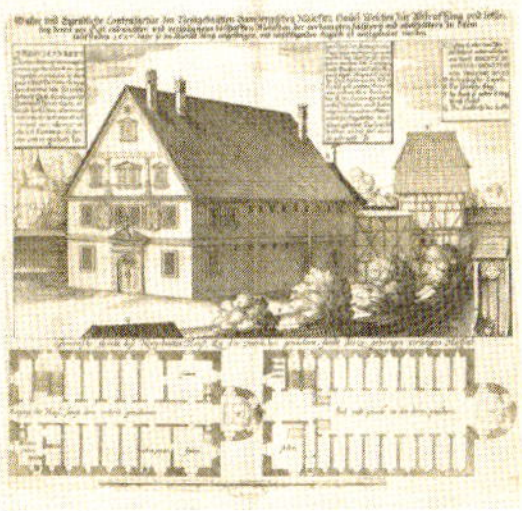

Katharina Haan und ihre Tochter Katharina Röhm werden zum Tode verurteilt und hingerichtet. Auch der Kanzler und sein Sohn Georg Adam werden noch im gleichen Jahr inhaftiert, verurteilt und hingerichtet. [5)]

Der genaue Tag der Gefangennahme der Kanzlersgattin und auch ihr Todestag sind nicht bekannt. Beide können nur grob eingegrenzt werden. Auf einen Tag mehr oder weniger kommt es – bei aller Tragik des einzelnen Schicksals - aber auch nicht an. Was zählt, ist allein die Tatsache, dass eine ganze Familie ausgelöscht werden konnte, ohne dass sich ihre Mitglieder trotz ihrer hohen Bildung und gesellschaftlichen Stellung gegen ihr erniedrigendes und grausames Ende wehren konnten. Im Gegenteil. Indem das Familienoberhaupt versuchte, die wenigen möglichen Rechtsmittel auszuschöpfen, um das Leben seiner Familie zu retten, scheint er es erst recht verwirkt zu haben.

Die Rechtslage bei den Hexenprozesse

Wie viele Menschen als Hexen und Zauberer in Franken wirklich hingerichtet wurden, weiß niemand genau. Es gibt nur Schätzungen. So sollen allein in den Jahren 1616 bis 1630 etwa 900 Frauen und Männer im Hochstift Bamberg den Tod in den Flammen gefunden haben. Andere Schätzungen gehen von rund 4500 Opfern in ganz Franken nach 1580 aus.

Dies war die letzte große Welle der Hexenverfolgungen, die mit einem europaweiten Phänomen zusammenfiel: Einer Klimaveränderung, die bereits in den 1560er Jahren als «Kleine Eiszeit» eingesetzt hatte. Auf Missernten folgten Teuerung und Hungersnöte, der Lebensstandard sank rapide, die Einkommens- und Ernährungssituation vor allem der unteren Bevölkerungsschichten verschlechterte sich auf Dauer und machte sie anfälliger für Krankheiten. In den Jahren 1585 bis 1593 dezimierten gleich zwei Pestwellen die Bevölkerung. Aus der Verkettung all dieser Umstände resultierte eine panikartige Angst, die mit dem Beginn der größten Hexenverfolgungswelle zusammenfiel, während derer zum ersten Mal auch Adelige, Mitglieder der bischöflichen Regierung (wie eben der Bamberger Kanzler Dr. Haan), aber auch Mitglieder des weltlichen Rates, wie die Bamberger Bürgermeister Junius, Neudecker und Dietmayer die Scheiterhaufen besteigen mussten.

Halsgerichtsordnung

Im mittelalterlichen Halsgericht wurden die an den Hals, genauer an Hals und Hand (Leib und Leben) gehenden Strafen verhängt. Gemeint ist also die Blutgerichtsbarkeit in ihrer höchsten Ausformung, der Todesstrafe. Die Zusammenstellungen von Regeln für das Strafverfahren werden in der rechtsgeschichtlichen Forschung als Halsgerichtsordnung bezeichnet.

Die Bambergische → Halsgerichtsordnung *Constitutio Criminalis Bambergensis*, erstmals 1507 gedruckt, war zur Vorlage der *Constitutio Criminalis Carolina*, des 1532 unter → Kaiser Karl V. erlassenen Reichsgesetzes geworden. Beide Gesetzeswerke sahen die Todesstrafe durch Verbrennung ausschließlich für den Schadenszauber vor. Wurde niemand geschädigt, sollte die Strafe für Zauberei milder ausfallen. Verhängnisvoll war allerdings, dass zwischen magischer Handlung und Schadenseintritt keine Kausalität nachgewiesen werden musste.

Darüber hinaus ging man schon bald davon aus, dass dem Schadenszauber ein Pakt mit dem Teufel vorangegangen sein musste. Die «Hexe» hätte sich also freiwillig von Gott ab- und dem Teufel zugewandt, träfe sich regelmäßig mit anderen Hexen und habe die Macht, ihren Mitmenschen zu schaden. Deshalb wurde der Tatbestand des Schadenszaubers auch auf Teufelspakt, Teufelsbuhlschaft und Teilnahme am Hexensabbat ausgedehnt. Das bedeutete, dass allein das Bekenntnis eines dieser Verbrechen für die Verhängung der Todesstrafe ausreichte.

Der Ablauf der Hexenprozesse

Das Verfahren wurde meistens von Amts wegen eingeleitet, um eine eventuelle Gefährdung des Anklägers zu vermeiden. Lagen die erforderlichen Indizien vor, ging man zum Verhör und oft gleichzeitig zur Folter über. Zunächst zeigte und erklärte man den Beschuldigten die Folterinstrumente nur, während man sie *gütlich* befragte. Kam man so nicht weiter, wurden erst die Daumen- und dann die Beinschrauben angelegt, mit denen man den Angeklagten schließlich die Finger und Unterschenkel quetschte. Gestanden sie immer noch nicht, wurde der Bock eingesetzt. Das war ein spitzkantiger Holzbalken, auf dem der Gemarterte (manchmal mit Gewichten an Armen und Beinen) rittlings sitzen musste, während er ausgepeitscht oder mit Schwefelruten gebrannt wurde. Als eine Zeiler Erfindung, die auch in Bamberg gern genutzt wurde, galt das *gefältete Stüblein*, eine Kammer mit spitzkantigem Lattenboden, auf dem an Schlaf nicht zu denken war, auch wenn die Gefangenen mehr als eine Nacht hier verbringen mussten.

Lagen entsprechende Indizien vor, wurde (nicht nur) bei Hexenprozessen Folter angewendet, um Geständnisse zu erzielen. 7)

Die Hexe konnte durch die Aussage von Zeugen, die Evidenz der Tat, durch Indizien und ihr Geständnis überführt werden. Als Zeugenaussagen galten auch Aussagen von Meineidigen. Indizien waren das Hexenmal (die kleinste Pigmentveränderung der Haut oder eine Warze) sowie die Tränenlosigkeit und Schmerzunempfindlichkeit unter der Folter. Hierzu gehörte eine hohe Schmerzgrenze ebenso wie der *Teufelsschlaf*, in den der Teufel seine Buhlen versetzte, damit sie nichts von der Folter spürten. In Wahrheit fielen die Unglücklichen vor Schmerz schlicht in Ohnmacht. Die Evidenz war durch die Tatsache gegeben, dass kein Zusammenhang zwischen Zauberei und Schaden zu beweisen war. Und das Geständnis wurde mit der Folter erpresst. Weil diese von Rechts wegen nur dreimal angewendet werden durfte, wurde sie stets nur *fortgesetzt* und nicht *erneut begonnen*. So war die Todesstrafe so gut wie immer das Ende des Hexenprozesses. Denn mit Fangfragen und schier endlosen Folterungen war das Geständnis gleich welcher Gräueltaten fast immer unumgänglich.

Die Angeklagten wurden von Schöffen verurteilt und hatten keinen Rechtsbeistand. Sie durften sich nur in den seltensten Fällen selbst verteidigen und ihnen blieb als einziges Rechtsmittel die Klage vor dem → Reichskammergericht in Speyer. Das heißt, sie mussten ihren Landesherrn – im Falle der Familie Haan den → Fürstbischof von Bamberg – beim obersten Gericht des Reiches verklagen und hoffen, dass dieses zu ihren Gunsten entschied und den Herren wegen *landesherrlicher Rechtsverweigerung* belangte. Denn der Bamberger Fürstbischof hätte für einen öffentlichen Prozess für alle Haans sorgen müssen.

Das Gerücht: Katharina Haan sei eine Hexe

Dr. Georg Haan hatte die tödliche Gefahr, in der seine ganze Familie schwebte, sofort erkannt, sobald er von seinem Kollegen, dem Juristen Dr. Schwarzkontz, von den Gerüchten erfahren hatte, die ihr gemeinsamer Kollege Dr. Harsee streute: Seine Frau Katharina sollte eine Hexe sein. Sie waren seit fast 30 Jahren verheiratet und hatten gemeinsam fünf Kinder großgezogen: Georg Adam, selbst schon Doktor der Rechte, Katharina, Carl Leonhard, Ursula Maria und Daniel. Georg Adam hatte mit seiner Frau Ursula schon zwei Töchter. Katharina lebte auch schon in ihrer eigenen Familie: sie hatte mit ihrem Mann Martin Röhm einen kleinen Sohn. Carl Leonhard war Jurastudent in Köln, machte den Eltern aber viele Sorgen, weil er sich mit 300 Gulden hoch verschuldet hatte und vom Vater nach Speyer geschickt worden war. Ursula Maria lebte noch zu Hause bei den Eltern, ebenso wie ihr kleiner Bruder Daniel.

Hexen, Gespenster, Dämonen. Dieser Irrglaube war bis in die Neuzeit weit verbreitet. [8)]

Der Kanzler kannte seine Frau so gut wie kein anderer. Sie hatten alle Höhen und Tiefen des Lebens gemeinsam durchgestanden und in ihrer eigenen Kindheit sogar ganz ähnliche Erfahrungen gemacht. Denn die Mütter Beider waren als Hexen diffamiert worden. Schon deshalb wusste der Kanzler am besten, wie solche Denunziationen zustande kamen. Dennoch war er ein Kind seiner Zeit. Er fragte nach dem ersten Schock seine Katharina im Ernst, ob sie wirklich unschuldig sei. Denn auch unter gebildeten Menschen war es weitgehend unstrittig, dass es böse Geister und Dämonen gab, die die Menschen heimsuchten, besessen machten und quälten. Es stand nicht nur in der Bibel. Auch so berühmte Theologen wie Augustinus hatten sich lange und ausführlich genug mit Dämonen und Hexenglauben beschäftigt. Und obwohl Dr. Georg Haan von Haus aus Jurist war, hatte er sich während seines Studiums in Mainz, Ingolstadt und Würzburg mit den Lehren der Kirchenväter auseinandergesetzt. Und seitdem er in den Diensten der Kirche stand – immerhin auch seit etwa 20 Jahren – kannte er die Abläufe der Hexenprozesse nicht nur aus Büchern. Als Mitglied der Malefizkommission, also des Gremiums, das für die Hexenprozesse zuständig war, war er bei vielen derartigen Prozessen dabei gewesen.

Deshalb wollte er sicher gehen, dass die Anschuldigungen gegen seine Frau nicht im geringsten wahr waren. Denn nur dann, nur wenn sie ganz und gar unschuldig war, konnte er ihr vielleicht helfen. Dr. Georg Haan, Kanzler des Fürstbischofs zu Bamberg, Johann Georg II. Fuchs von Dornheim, wusste genau, dass die Denunziation als Hexe meist schon das sichere Todesurteil bedeutete. Manchmal auch für den Ehegatten oder die Kinder, die von der Hexe mit dem *Übel* infiziert wurden wie mit einer ansteckenden Krankheit.

Trügerische Sicherheit

Der Kanzler hatte sich und die Seinen in all den Jahren in Sicherheit geglaubt. Er war überzeugt, dass niemand es wagen würde, gerade ihn oder seine Frau und Kinder zu diffamieren. Dazu war er zu sehr gefürchtet. Darüber hinaus standen sie gewissermaßen über diesen Dingen, gehörten die Haans doch zu den vornehmsten Familien Bambergs. Das zeigte sich schon daran, dass der Kanzler ein Wappen tragen durfte und in einer Kutsche gefahren wurde, sobald er weitere Wege zu bewältigen hatte. Seit dem 1. Mai 1623 bewohnte er mit seiner Familie das *Haus zum Rottenschild*, ein hübsches Anwesen in der Judengasse 6. Hier hatte der Kanzler auch die Kapuziner willkommen geheißen, die 1626 nach Bamberg gekommen waren und ihnen sein Haus zur Verfügung gestellt. Aber er hatte nicht mit dem Neid seiner Kollegen gerechnet. Und auch nicht mit ihrer Angst vor dem Reformwillen des Kanzlers. Denn zum einen war Dr. Georg Haan aus Mergentheim kommend 1611 zum Hochstiftskanzler ernannt worden. Auf diesen Posten hatte es unter anderem Dr. Johann Georg Harsee, der altgediente Hexenkommissär im Hochstift, abgesehen. Zum anderen wollte der Kanzler erreichen, dass das Amt der Hexenkommissäre abgeschafft wurde und sich nur noch wenige Personen hauptberuflich um das Hexenwesen im Hochstift kümmern sollten. Die Entlassenen sollten ihre früheren Posten als weltliche Räte des Fürstbischofs zurückerhalten.

Katharina hatte tagelang geweint, als sie von den Diffamierungen gehört hatte. Sie war nun 47 Jahre alt, aber sie hatte noch nie in ihrem Leben so viel Angst gehabt. Nicht einmal, als ihre Mutter wegen Hexerei verhaftet, angeklagt und schließlich verbrannt worden war. Katharina war damals noch ein Kind und lebte mit ihren Eltern in Mergentheim, wo sie auch geboren worden war. Sie war wohl noch zu klein, um zu verstehen, was es zu bedeuten hatte, als ihre Mutter abgeholt wurde. Sie war immerhin zu jung, um *angesteckt* zu werden. Jedenfalls interessierten sich die Hexenjäger damals nicht für sie. Doch nun war das anders. Und inzwischen ahnte sie auch, was ihr bevorstand; hatte sie doch oft genug zugehört, wenn sich die Juristen in ihrer Familie unterhielten: Ihr Ehemann, die Söhne Dr. Georg Adam und Carl Leonhard Haan sowie ihr Schwiegersohn Martin Röhm.

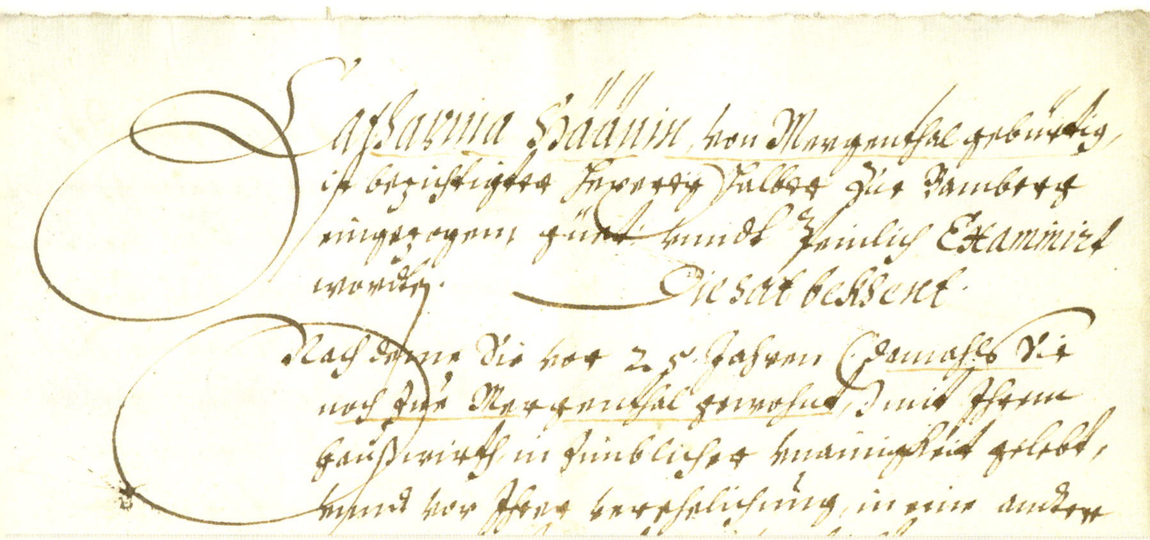

Der Anfang vom Ende: Protokoll des ersten Verhörs von Katharina Haan.[8]

Katharina beteuert ihre Unschuld – vergebens

Der Kanzler wartete nicht lange. Gleich nach den Weihnachtsfeiertagen, am 27. Dezember 1627, brach er nach Speyer auf, um das Reichskammergericht um Schutz für seine Frau und Tochter zu bitten, die scheinbar am stärksten bedroht waren. Wenn seiner Familie nun noch jemand helfen konnte, dann war es dieses oberste Gericht des Reiches. Das wusste Dr. Georg Haan genau. Doch kaum war er unterwegs, wurde seine Frau, die er nicht hatte überreden können, ihn zu begleiten, schon am nächsten Tag verhaftet und von den Hexenkommissären Dr. Schwarzkontz und Dr. Herrenberger sowie dem Stadtschreiber von Zeil, Johann Schmeltzing, verhört. Katharina Haan beteuerte ihre Unschuld und fasste sogar neuen Mut, als sie sah, dass sie nur befragt, aber nicht gefoltert wurde. Sie leugnete ihre Fähigkeit zur Hexerei immer lauter und wortreicher und redete sich richtig in Rage. Das versuchte sie zunächst auch zwei Tage später, am 30. Dezember 1627. Doch dann sagten gleich drei Zeugen in ihrer Gegenwart gegen sie aus: Hans Georg Eder, Agatha Keutin und der junge Hans Morhaupt, ein 14jähriger Student, der rund ein halbes Jahr später hingerichtet werden sollte. Sie behaupteten, Katharina Haan sei bei der «Hexentaufe» des Hans Morhaupt nicht nur dabei, sondern auch seine Patin gewesen. Als die Kanzlerin immer noch leugnete, legte man ihr erst die Daumenschrauben, dann die Beinschrauben an.

Katharina Haan rief immer wieder die Heilige Dreifaltigkeit um Hilfe an und beteuerte ihre Unschuld. Sie schrie, sie wolle gern sterben, könne aber nichts bekennen, da sie doch unschuldig sei. Doch vergebens. Sie wurde sogar noch auf den Bock gesetzt, auf dem sie über eine Stunde lang ausharren musste. Schließlich begann sie zu gestehen: Vor über 25 Jahren schon habe sie der Teufel in Gestalt eines Jägers verführt. Dass es der Teufel war, habe sie an seinen Geißfüßen erkannt. Er habe ihr Schläge und das Ende auf dem Scheiterhaufen angedroht, wenn sie sich weigere, Gott zu verleugnen und sich ihm, dem Teufel, hinzugeben.

Beim nächsten Verhör, am 3. Januar 1628, widerrief Katharina Haan. Sie habe alles erfunden, weil sie die Schmerzen der Folter nicht mehr ertragen hätte. Zwei Tage später erwartete sie eine besondere Qual: Der Folterknecht rasierte ihr bis auf die Kopfhaare die gesamte Körperbehaarung, damit sie auf ein Teufelsmal abgesucht werden konnte. Ein Muttermal, Leberfleck oder eine Warze konnte der Beweis sein, dass der Teufel der Beschuldigten zur Besiegelung ihres Paktes sein Mal aufgedrückt hatte. Ein solches fand sich tatsächlich unter der rechten Achsel der Kanzlerin. Und als beim Hineinstechen kein Blut daraus floss, waren sich die untersuchenden Doktores sicher, eine echte, mit einem Teufelsmal gezeichnete Hexe vor sich zu haben.

Die Todesstrafe war in der Bamberger Halsgerichtsordnung bei schwersten Verbrechen wie Mord oder Hexerei die einzige vorgesehene Strafe. [10)]

Statt ihr einen Jesuiten als Beichtvater zu schicken, wie sie es erbeten hatte, ließen sie ihr nun auch das Haupthaar scheren und verhörten sie so lange, bis sie alle für eine Hexenverbrennung relevanten Anklagepunkte bestätigte: Die Verführung durch den Teufel, die Hexentaufe, die Zusammenkünfte mit anderen Hexen – in diesem Zusammenhang nannte Katharina Haan auch die Bürgermeister Junius, Neudecker und Dietmayer – die Hostienschändung und die Beteiligung am Wetter- also Schadenszauber. Noch dreimal wurde die Kanzlerin verhört und ihre Peiniger brachten sie auch dazu, ihren Sohn Dr. Georg Adam Haan schwer zu belasten. Damit gab sie ihnen die Möglichkeit, ihn inhaftieren zu können, ohne den wahren Grund seiner Verhaftung nennen zu müssen. Denn Dr. Georg Adam Haan musste aus dem Verkehr gezogen werden, weil er seiner Mutter helfen wollte, indem er mehrmals an seinen Vater in Speyer schrieb und ihm die neuesten Entwicklungen im Prozess gegen die Mutter und seine älteste Schwester berichtete.

Zum Tode verurteilt

Am 19. Januar 1628 fällten die Räte und Schöffen der Stadt Bamberg im Rathaus das Urteil über die Kanzlerin: Sie sollte lebendig verbrannt werden. Sie sei eine Hexe, hätte Gott abgeschworen, sich dem Teufel ergeben und deshalb den Tod auf dem Scheiterhaufen verdient, hieß es in der Begründung. Am 22. Januar erließ der Fürstbischof aber – gerade noch rechtzeitig – einen Gnadenzettel: Die Kanzlerin sollte mit dem Schwert gerichtet und erst danach ver-

Johann Georg Fuchs von Dornheim, Fürstbischof von Bamberg (reg. 1623 – 1633) und oberster Dienstherr von Dr. Georg Haan. [11]

brannt werden. Am gleichen Tag durfte sie im Hexenhaus im Beisein der Doktores Schwartzkontz und Herrenberg sowie des Stadtschreibers Schmeltzing von Zeil ihr Testament verfassen. Sie bedachte Kirchen, Klöster und karitative Einrichtungen mit Geldgaben sowie Bedienstete mit Geld und Kleidungsstücken. Auch zwei Wärtern und der Frau des Lochhüters, des obersten Gefängniswärters, hinterließ die Kanzlerin ein wenig Geld. Persönliche und wertvolle Gegenstände wie z. B. Schmuck erwähnte sie nicht, ebenso wie sie auch keinen Familienangehörigen in ihrem letzten Willen nannte.

Wann genau das Urteil vollstreckt wurde, ist nicht überliefert. Fest steht aber, dass sie die Rückkehr ihres Mannes aus Speyer, der am 10. Februar wieder in Bamberg eintraf, nicht mehr erlebte. Und dass die Kanzlerin nicht ihrem vornehmen Stand entsprechend vor Tagesanbruch mit einer Kutsche zur Hinrichtungsstätte gefahren, sondern später und mit einem offenen Heuwagen dorthin gebracht wurde. Laut der Räte geschah dies, weil ihr Mann nach Speyer gefahren war, um beim Reichskammergericht für sie Schutz zu erlangen. Denn dies hatte einen Mandatsprozess gegen den Fürstbischof von Bamberg, Johann Georg II. Fuchs von Dornheim, den obersten Dienstherren des Kanzlers zur Folge, über den der Fürstbischof so erzürnt war, dass er den Kanzler nach seiner Rückkehr zunächst nicht empfangen wollte.

Die Töchter des Kanzlers, Katharina und Ursula Maria, angeklagt

Die älteste Tochter der Kanzlerin war nach ihrer Mutter auf den Namen Katharina getauft worden. Sie war mit dem Juristen Martin Röhm verheiratet und bei ihrer Verhaftung, als sie am 28. Dezember 1627, dem gleichen Tag wie ihre Mutter, in das Bamberger Trudenhaus gebracht wurde, 29 Jahre alt. Ihren kleinen Sohn Wolf Christoph musste sie in der Obhut ihres Mannes zurücklassen. Aber es sollte ja nicht für lange sein, wie sie dachte, denn sie war schließlich zu Unrecht verhaftet worden.

Wie sie bei ihrer ersten Befragung den Doktoren Schwartzkontz und Herrenberger sowie dem Stadtschreiber zu Zeil, Johann Schmeltzing, erklärte, hatte ihr ihre Mutter erst vor einigen Tagen unter Tränen berichtet, sie würde – wie auch ihre Eltern – der Hexerei verdächtigt. Zumindest würde Dr. Harsee das verbreiten. Deshalb sei ihr Vater auch sofort nach Speyer aufgebrochen, um die Unschuld der drei vor dem Reichskammergericht darzulegen und einen Hexenprozess zu verhindern. Aber darüber wisse ihr ältester Bruder, Dr. Georg Adam Haan, am besten bescheid. Sie sei unschuldig, hätte Gott nie verleugnet und sei gewiss keine *Trud*. Sollte sie jemals etwas anderes sagen, dann nur, weil sie die Folterqualen nicht mehr ertragen könne. An solchen Äußerungen sahen wohl auch die Hexenjäger selbst, wie viel Angst und Schrecken die Prozesse und Gerüchte, die unweigerlich über die Folterungen nach Außen gedrungen waren, bereits in der Bevölkerung verbreitet hatten. Und obwohl in diesem Fall die ganze Familie des Kanzlers mit Vorsatz vernichtet werden sollte, glaubten zumindest die direkt am Prozess Beteiligten vermutlich tatsächliche an die Schuld der Angeklagten.

Katharina Röhm überstand die erste Hexenprobe, als man sie das Vaterunser und den Englischen Gruß beten ließ, indem sie beide Gebete fehlerfrei aufsagen konnte und auch die erste Folter mit Daumen- und Beinschrauben am nächsten Tag ohne Geständnis. Dann wurde aber ihr *Teufelsmal* entdeckt: Ein «Zeichen» auf ihrer Hand, aus dem beim Hineinstechen kein Blut floss. Als sie dann mit am Rücken zusammengebundenen Armen am *Zug* aufgezogen wurde und ihr zur Steigerung der Qualen steinerne Gewichte an die Füße gehängt wurden, brach ihr Widerstand zusammen. Sieben Jahre zuvor sei sie vom Teufel verführt worden, gestand sie. Ihr *Stigma diabolicum* sei vom Teufel selbst gemacht. Und sie erfand unter der Folter ihre Hexengeschichte: Der Teufel hätte ihr Gewalt angedroht, damit sie sich mit ihm vereinige. Sie war auch zum Abschwören Gottes bereit und ließ sich vom Teufel selbst taufen, der in der

Durch bischöflichen Gnadenzettel wurde Katharina Haan nicht bei lebendigem Leib verbrannt, sondern zunächst hingerichtet.[12)]

abscheulichen Gestalt eines Ochsen erschienen war. Bei den Hexentänzen hätte sie die beiden Zeugen, die sie in einer Gegenüberstellung der Hexerei bezichtigten, tatsächlich gesehen und sie nannte auch weitere Namen. Dennoch versuchte Katharina Röhm noch ihre Mutter zu schützen, als sie zu Protokoll gab, der *böse Feind* hätte sie wohl geblendet, denn ihre Mutter hätte sie bei den Zusammenkünften nicht gesehen.

Mit dem *Drudenkittel* bekleidet

Am 15. Januar 1628, nach mehr als zwei Wochen Ruhe, widerrief Katharina Röhm ihr Geständnis. Sie hätte es abgelegt, um der weiteren Folter zu entkommen und wolle ihr Gewissen nicht mit Lügen und der Bezichtigung Unschuldiger belasten. Sie wusste wohl, was mit denjenigen geschehen würde, die sie in ihrem Geständnis als Hexen bezeichnet hatte und wollte ihnen das furchtbare Schicksal ersparen. Doch es half nichts. Sämtliche Haare wurden ihr vom Körper geschoren und der *Drudenkittel* wurde ihr angezogen. Dann setzte man sie für eineinhalb Stunden auf den Bock. Als sie in Ohnmacht fiel, vermerkte der Schreiber, Katharina Röhm sitze da, als schliefe sie und empfände keinen Schmerz. Als ihr Schwächeanfall vorbei war, begann sie laut zu beten. So versuchte Katharina Röhm, ihre Peiniger von ihrer Unschuld zu überzeugen. Vergebens. Die Doktores erklärten, nur wenn sie gestehe, könne sie ihre Seele retten. Wenige Stunden später war es dann soweit. Katharina Röhm wiederholte ihr Geständnis und erfand sogar noch ein weiteres Treffen, zu dem sie durch die Luft geflogen sei.

Das Urteil gegen Katharina Röhm datiert ebenso wie das gegen ihre Mutter vom 19. Januar 1628, und der Gnadenzettel des Fürstbischofs galt auch für sie, so dass sie erst enthauptet und danach verbrannt wurde. Ihr Testament machte sie am 23. Januar 1628, einen Tag später als ihre Mutter. Dass Katharina Röhm eine reiche Frau gewesen sein muss, erkennt man schon an der Zahl der Bediensteten, die sie in ihrem Testament bedachte und auch daran, dass sie etliche ihrer edlen Kleidungsstücke als Altardecken oder Gewänder für Muttergottesstatuen umarbeiten ließ. So sollte zum Beispiel ihre schönste weiße Schürze und ihr doppeltaftener Rock zur Bekleidung der Muttergottes mit dem Kind ins Barfüßerkloster gebracht werden. Eine ihrer anderen guten Schürzen, *die durchsichtige und mit Borten verzierte,* sollte die Marienstatue in der Marienkapelle in der Judenstraße kleiden. Ihrer Schwester Ursula Maria Haan, die inzwischen Katharinas kleinen Sohn Wolf Christoph zu sich genommen hatte, vermachte sie einen Gürtel und ihrer Schwägerin Ursula ein Bett.

Was aus Wolf Christoph wurde, ist nicht bekannt. Denn etwas mehr als ein Jahr später, Anfang März 1629, wurde auch Ursula Maria Haan der Hexerei angeklagt. Sie war das vierte Kind des Kanzlerpaares und lebte, noch

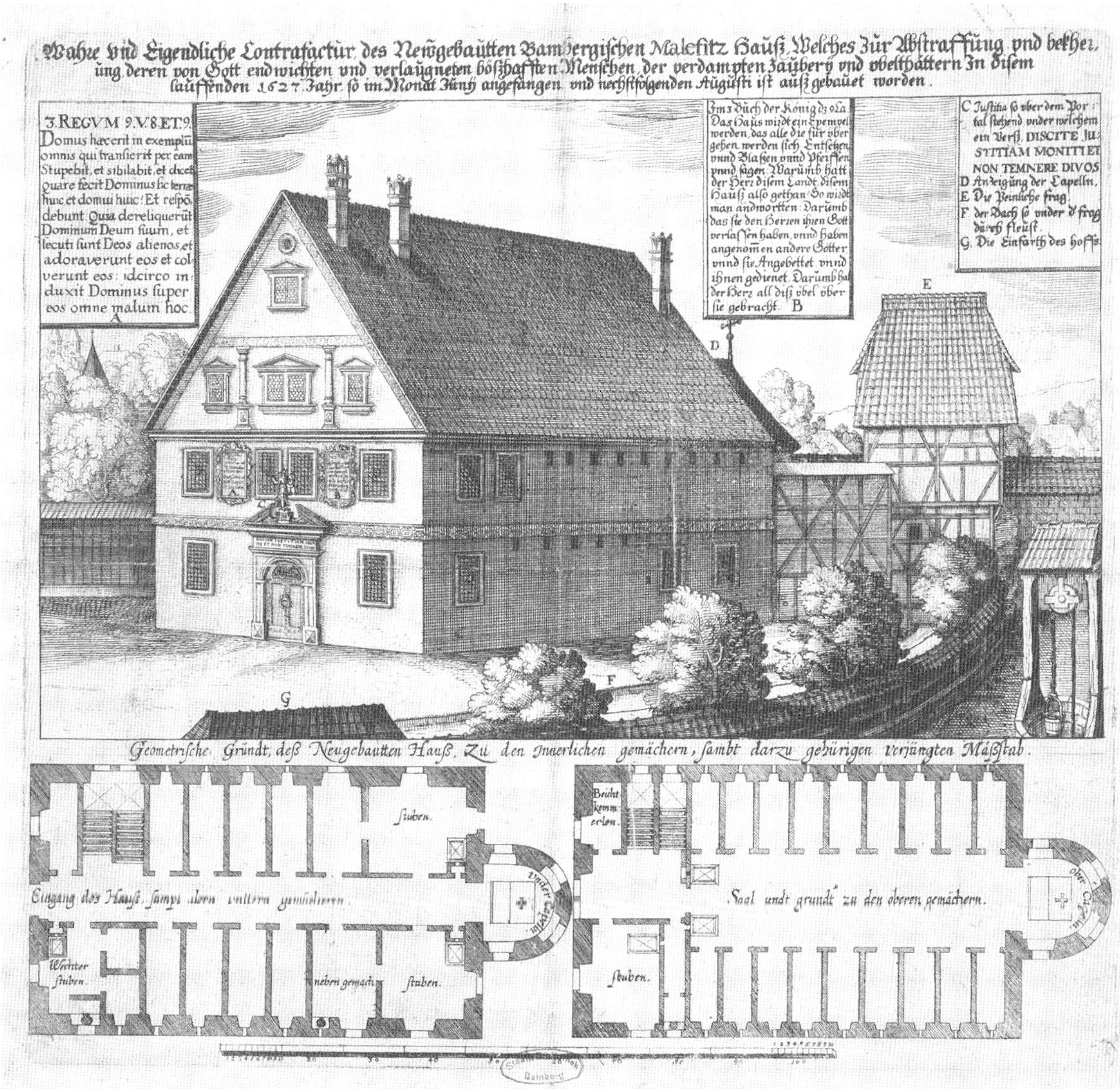

unverheiratet, im Hause ihrer Eltern, bis diese nacheinander der Hexerei angeklagt und hingerichtet wurden. Deshalb musste wohl auch Ursula Maria sterben. Zum einen, weil sie von ihren Eltern nach der gängigen Auffassung mit dem Laster der Zauberei *angesteckt* worden war, und zum anderen, um nicht an deren Hinrichtungen zu erinnern.

Das Bamberger *Trudenhaus* wurde 1627/28 erbaut und stand an der damaligen Stadtgrenze.[13)]

Vorübergehend auf freiem Fuß

Gleich nach ihrer Verhaftung legte Ursula Maria Haan ein Geständnis ab. Sie hätte an verschiedenen Treffen in einem Privathaus an der Altenburg und beim Schwarzen Kreuz teilgenommen, sagte sie aus. Unter den vielen Hexen

Eine «Hexe» reitet auf einer Mistgabel zu einem Hexentreffen durch die Luft. [14]

seien auch ihre Mutter und ihre ältere Schwester, die Frau des Bürgermeisters Junius und die Frau des Bürgermeisters Neudecker gewesen. Am 16. März 1629 durfte Ursula Maria Haan beichten und ihr wurde die Absolution erteilt, für die sie sich überschwänglich beim Fürstbischof bedankte. Damit hatte sie dem Hexenwesen abgeschworen. Dann durfte sie gehen. Sie durfte das *Bamberger Drudenhaus* lebend verlassen. Doch ihre Freiheit dauerte nicht lange. Am 5. November 1629 wurde sie mitten in der Nacht aus dem Schlaf gerissen und *eingezogen*. Bereits am nächsten Morgen kamen die Herren Schwarzkontz, Herrenberger und der Schreiber Schmeltzing, um sie zu verhören.

Nach anfänglichem Leugnen gab sie dann doch zu, eine Hexe zu sein. Ursula Maria war wohl noch sehr jung und überaus verängstigt. Denn auch ohne Folter erzählte sie bereitwillig, wie sie nach ihrer Hexentaufe auf einer Gabel zur Altenburg gefahren sei, wie sie auf Geheiß ihrer Mutter mit Hans Christoph Hüls, einem Verwandten des früheren Kanzlers Hüls, Unzucht getrieben und wie der sich als der *böse Feind* herausgestellt habe. Sie wurde auch am 7., 8. und 9. November verhört. Immer wieder bat sie, man solle ihr nur Zeit lassen, sie wolle ja alles gestehen. Und sie bestätigte einen Punkt nach dem anderen: Aufnahme in den Kreis der Hexen durch die Taufe, Vereinigung mit dem Teufel, Teilnahme an Hexentänzen, Hostienschändung und Schadenszauber.

Schließlich kam der letzte Verhandlungstag: Am 19. November 1629 bestätigte sie ihr Geständnis und *ratifizierte es peinlich*, nachdem ihr die Daumenschrauben angelegt worden waren. Bevor Ursula Maria Haan hingerichtet wurde, vermachte sie ihre Habseligkeiten in einem sehr ausführlichen Testament kirchlichen und weltlichen Stiftungen sowie verwandten und bekannten Einzelpersonen. Auch an ihrem Nachlass war der Reichtum ihrer Familie zu erkennen. Denn sie hinterließ unter anderem Ärmelröcklein und Schürzen aus Barchent, Samt, Damast und Atlas, zwei vergoldete Gürtel und einen Ring mit Diamanten. Ihre beiden Beutel hinterließ sie Ursel Katharina und Marie, den Töchtern ihres Bruders Georg Adam, und ihrem Neffen Wolf Christoph vermachte sie ihre silberne Puppe. So ausführlich ihr Testament auch war, Ursula Maria Haan bedachte ihren Bruder Carl Leonhard ebenso wenig wie ihr Vater, der ihn ebenfalls mit keinem Wort in seinem Testament erwähnt hatte – wohl aus Furcht, die Aufmerksamkeit der Hexenjäger auf ihn zu lenken.

Dem Kanzler Dr. Georg Haan wird der Prozess gemacht

Als der Kanzler am 10. Februar 1628 aus Speyer kommend wieder in Bamberg eintraf, waren seine Frau und seine älteste Tochter bereits als Hexen verbrannt worden. Das kaiserliche Poenalmandat (Strafmandat), das er in Speyer beim Reichskammergericht erwirkt hatte, hatte nur zur Folge, dass sein Dienstherr, Fürstbischof Johann Georg II. Fuchs von Dornheim, *sehr wütend* darüber war, dass gerichtlich gegen ihn vorgegangen wurde. Deshalb wollte er den Kanzler zunächst nicht einmal sehen. Da er gerade in Würzburg weilte, ließ er ihm ausrichten, Dr. Haan müsse sich schon bis zu seiner Rückkehr gedulden. Dieser nahm seine Arbeit wieder auf und war dabei so fleißig wie eh und je, um seinen Dienstherren milde zu stimmen. Um ganz sicher zu gehen, dass er und seine verbliebenen Kinder gefahrlos in Bamberg bleiben konnten, fragte er bei mehreren städtischen und kirchlichen Würdenträgern nach, ob der Fürstbischof den Verdacht der Hexerei gegen ihn und die Seinen hege. Der Kanzler wiegte sich spätestens nach der Verneinung durch den Dompropst in Sicherheit, obwohl er es doch hätte besser wissen müssen. Er hatte ja auch den Ernst der Lage erkannt, als die Gerüchte des Dr. Harsee laut geworden waren, die zur Verhaftung seiner Frau und seiner ältesten Tochter geführt hatten. Damals hatte er sofort reagiert, indem er nach Speyer gefahren war.

Der Kurfürst von Bayern, Maximilian I., sah die Situation wohl klarer als der betroffene Kanzler selbst. Er ließ im Frühjahr 1628 beim Fürstbischof anfragen, ob dieser bereit sei, Dr. Haan in pfälzische Dienste nach Amberg zu

Der verbreitete Volksglaube besagte, dass «Hexen» auf Mistgabeln und Ziegenböcken durch die Luft fliegen, die Ernte vernichten, kleine Kinder kochen und sich mit dem Teufel einlassen könnten.[15]

Reichskammergericht

Das Reichskammergericht war seit seiner Gründung 1495 bis zu seiner Auflösung 1806 das oberste Gericht des Heiligen Römischen Reiches und hatte die Aufgabe, ein geregeltes Verfahren der Streitbeilegung an die Stelle von Fehden, Gewalt und Krieg zu setzen. Es war zuständig für die Erhaltung des Landfriedens, bei Missachtung der Reichsacht, Steuerfragen, Zivilklagen gegen Reichsunmittelbare und für Besitzstreitigkeiten unter diesen. Darüber hinaus war es die oberste Berufungsinstanz aller Gerichte aus den Territorien. Die Schwerfälligkeit der schriftlich geführten Prozesse sowie die Möglichkeit aller Reichsstände, an den Reichstag als letzte Instanz zu appellieren, schränkten seine Wirkungsmöglichkeit ein.

entlassen, um den Kanzler und seine Familie aus Bamberg wegzubringen. Dieser Rettungsversuch scheiterte an der Weigerung von Dornheims, seinen Kanzler ziehen zu lassen. Wenig später, am 20. Mai 1628, war es ohnehin zu spät. Der Kanzler wurde verhaftet und in der Alten Hofhaltung in eine Kammer gesperrt.

An diesem Tag hatte er die Antwort auf seine Supplik aus Speyer erhalten. Was Dr. Georg Haan aber nicht wissen konnte, war, dass das Schreiben aus Speyer abgefangen und gefälscht worden war. Denn seine Gegner brauchten etwas, mit dem sie den Fürstbischof dazu bringen konnten, seinen von ihm durchaus sehr geschätzten Kanzler verhaften zu lassen. Dr. Haan hatte in seiner Klageschrift, die er für seine Frau und seine Tochter beim Reichskammergericht eingereicht hatte, unter anderem von *vielen beschuldigten Hingerichtete*n gesprochen. Daraus hatten seine Gegner allerdings *viele unschuldig Hingerichtete* gemacht. Diese Formulierung konnte schon deshalb nicht vom Kanzler stammen, weil er damit nicht nur die Auffassung des Fürstbischofs über den Hexenglauben, sondern auch seine Gerechtigkeit in Frage und sich selbst somit offen gegen seinen Fürsten gestellt hätte. Damit hätte Dr. Georg Haan bewusst sein eigenes Todesurteil unterschrieben.

Unbequemer Widersacher aus dem Weg geräumt

Unter diesem Vorwand des Landesverrates konnte er allerdings ohne weiteres verhaftet werden und die Räte begründeten ihr Vorgehen dem Fürstbischof gegenüber nur mit der mangelnden Treue des Kanzlers in der Hexenfrage. Die Anklage wegen Hexerei folgte erst eine Woche später, am 27. Mai 1628. Damit wollten sie ganz sicher gehen, ihren Widersacher für immer loszuwerden. Denn am Ende des Hexenprozesses stand ja bekanntermaßen fast immer der Scheiterhaufen.

An diesem Tag wurde ihm eröffnet, dass er nicht nur wegen Landesverrats vor Gericht stehe, weil er gegen den Fürstbischof und auch einige Räte vor das Reichskammergericht gezogen sei, sondern dass ihn auch mehrere Personen der Hexerei angeklagt hätten. Gleich drei Zeugen wurden auch umgehend herbeigeschafft, die den Kanzler auf Hexenzusammenkünften gesehen haben wollten. Unter ihnen war auch Bürgermeister Neudecker.

Dr. Georg Haan erkannte nun endlich die Ausweglosigkeit seiner Lage, die ihm bereits bei der Ablehnung seiner Bitte, zwischen Verhaftung und Prozeßbeginn auf Kaution nach Hause gehen zu dürfen, hätte klar sein müssen. Denn es war durchaus üblich, den Angeklagten gegen Kaution wieder frei zu lassen. Nur bei der Klage wegen Hexerei war die Fluchtgefahr zu groß. Immer wieder beteuerte Dr. Georg Haan seine Unschuld und versuchte mit allen Mitteln, seine ehemaligen Kollegen dazu zu bringen, den Prozess gegen ihn einzustellen. Er bat und flehte. Er beteuerte, dass er nichts zu gestehen hätte, es sei denn, er hielte die Folterqualen nicht länger aus. Er erklärte, dass diejenigen, die gegen ihn aussagten, nur versuchten ihren eigenen Hals zu retten. Mehrmals wies er auf sein gutes Verhältnis zum Fürstbischof hin und dass es ihm leid täte, dass die Hexenkommissäre diesen dazu gebracht hätten, sich an seinem Kanzler schuldig zu machen. Denn Dr. Haan war sicher, dass der Fürstbischof über seinen Prozess im Unklaren gelassen worden war.

Doch alles war vergebens. Sie redeten ihm nur gut zu, er solle sein Gewissen erleichtern, seine Seele retten und die Wahrheit sagen. Dann begannen sie mit der ausführlichen Befragung und sprachen jeden Anklagepunkt an: Seit wann und wie er das Laster der Hexerei ausübe, warum er ein Mandat gegen den Fürstbischof erwirkt habe, warum er etwas an den Hexenprozessen ändern wollte, warum er versucht hatte, seine Frau zu schützen, obwohl sie doch eine Hexe war, warum er seinen Sohn Carl Leonhard, der auch der Zauberei verdächtigt werde, fortgeschickt habe und ob es wahr sei, dass auch seine Mutter schon eine «Hexe» gewesen sei, denn die Eltern steckten ja die Kinder an.

Die einzige Chance bei einer Verurteilung wegen Hexerei: Ein Gang vor das Reichskammergericht.[16]

Das Geständnis des Kanzlers

Vermutlich hätte der Kanzler noch weiter geschwiegen, vielleicht hätte er sogar – zumindest eine Zeit lang – die Folter ertragen. Doch am 26. Juni 1628 brachen seine Ankläger seinen Widerstand mit einem hinterhältigen Trick: Sie lasen ihm die (angebliche) Aussage seines Sohnes Georg Adam vor. Dr. Georg Haan erschrak so sehr, dass er auf der Stelle ein umfassendes Geständnis ablegte. Nun gab es kein Zurück mehr. Er war sich im Klaren darüber, dass es für ihn kein Entrinnen mehr gab und er hatte nur noch ein Ziel vor Augen: Seinen Sohn zu retten oder ihn zumindest soweit als möglich zu schützen.

Um sein Geständnis glaubwürdig erscheinen zu lassen, erzählte er, wie er vom Teufel verführt wurde, während er im Jahre 1613 auf dem Reichstag in Regensburg weilte. In Bamberg hatte er einen zu guten Ruf und jeder wusste, wie untadelig des Kanzlers Lebenswandel war. Doch ob er in der Fremde eine *Buhlin* hatte, konnte niemand nachprüfen. Der Prozess nahm seinen Lauf: Der Kanzler *besagte* alle diejenigen, die auch gegen ihn ausgesagt hatten oder die bereits hingerichtet waren, um zu verhindern, dass noch mehr Angehörige oder Bekannte sein Schicksal teilen mussten. Wenn sein Geständnis ins Stocken geriet, halfen die Kläger mit der Folter nach. Bei einer dieser *peinlichen Befragungen* entdeckten sie am Körper des Kanzlers ein gräulich-gelb-gesprenkeltes Teufelsmal in der linken „Weich". Darauf hin gab Dr. Georg Haan die Hostienschändung zu. Nun fehlte nur noch der Schadenszauber und das Todesurteil konnte gefällt werden. Schon zwei Verhandlungstage später war es soweit: Am 28. Juni erzählte der Kanzler, wie er den Teufel in *Gestalt einer Geiß* angebetet und anschließend eine Sau mit einem Pulver getötet habe. Vier mal noch musste er, teils mit, teils ohne Folter Rede und Antwort stehen, bis er am 11. Juli zum letzten Mal vor seine Ankläger trat. Der Gerichtsschreiber verkündete dem Kanzler, dass er am nächsten Freitag, am 14. Juli 1628, enthauptet werden sollte. Bis dahin hatte Dr. Haan genügend Zeit, um zu beichten, zu kommunizieren und sein Testament zu verfassen. Er vermachte sein gesamtes Hab und Gut seinen Kindern, denen er zum Teil Vormunde bestimmte. Er bedachte auch Personen, denen er noch etwas schuldete, mit Geld sowie mit persönlichen Dingen. Der Kirche vermachte er – im Gegensatz zu seiner Frau und seinen Töchtern – nichts. Keine Messe sollte für ihn gelesen, keine Kerze angezündet werden. Lediglich die Schwestern in der Judengasse bedachte der Kanzler in seinem Testament. Sie waren Nachbarn gewesen und versorgten seine hinterlassenen Kinder.

Das Urteil wurde in der Alten Hofhaltung um 4.30 Uhr vollstreckt. Um 9 Uhr wurde sein Leichnam zusammen mit sieben anderen wegen Hexerei verurteilten Personen verbrannt.

Die Geständnisse der «Hexerei» wurden durch die Anwendung raffinierter Folterwerkzeuge erzielt.[17)]

Der Kanzlersohn Georg Adam und seine Frau Ursula

Am 27. Mai 1628, eine Woche nach der Verhaftung des Kanzlers, wurde sein Sohn Georg Adam in die obere Stube über der Kapelle der alten Hofhaltung zum Verhör gebracht. Vehement bestritt er die Vorwürfe der Zauberei. Daran änderten anfangs auch die Aussagen von zwei Zeugen nichts. Doch schließlich brach auch sein Widerstand und er legte am 14. Juni 1628 ein umfassendes Geständnis ab: Während seines Studiums in Siena sei er – im Oktober 1624 – von einer Kurtisane verführt worden, die sich als der *böse Feind* herausgestellt habe. Recht bald schon habe sie ihn mit der Drohung, sein Leben zu verzaubern, dazu gebracht, sich taufen zu lassen und so habe er Gott abgeschworen.

Nach seiner Promotion in Siena sei er mit einem Freund im April 1625 nach Rom gefahren, wo er den Nachstellungen des Teufels für einige Wochen entkam. Dann sei er allerdings über Augsburg nach Bamberg zurückgekehrt und schon dort hätte ihn seine Buhlin wieder gefunden. Dr. Georg Adam Haan gestand noch einige Hexenzusammenkünfte, fast alle aber außerhalb von Bamberg, so dass er niemanden besagen musste und auch er von keinem Zeugen erkannt worden sein konnte. Er gab die Hostienschändung und zumindest seine Mitwirkung beim Schadenszauber zu. Am 30. Juni 1628 widerrief er sein Geständnis und wurde daraufhin gefoltert. Hier enden die Quellen allerdings. Auch der Tag der Hinrichtung von Dr. Georg Adam Haan ist nicht bekannt. Nur, dass er am 13. Juli 1628 sein Testament machte, was ihm der Fürstbischof ausdrücklich erlaubte. Er hinterließ etlichen Kirchen und kirchlichen Stiftungen Geld, ließ Messen für sein Seelenheil lesen und verfügte, dass und wie Arme und Waisen gespeist werden sollten. Auch einen Degen und eine Pistole vererbte er. Seinen Trauring, einen goldenen Ring mit einem Türkis, hinterließ Georg Adam Haan weder seiner Frau noch seinen Kindern, sondern stiftete ihn Unserer Lieben Frau in St. Getreu.

Ursula Haan überlebte ihren Mann nur um Monate. Sie wird wohl gerade begonnen haben, sich in Sicherheit zu wiegen, als sie am 13. März 1629 vorgeladen wurde, um sich wegen der Anklage auf Hexerei zu verteidigen. Sie musste für ihr Geständnis nicht einmal gefoltert werden, die gütliche Befragung nach der Demonstration der Folterwerkzeuge reichte aus: Sie sei dreieinhalb Jahre zuvor vom Teufel verführt worden, der in ihrer Hochzeitsnacht in Gestalt von Gabriel Hofmeister, ihrer ersten großen Liebe erschien. Sie hatte Gabriel nicht heiraten dürfen, weil sie ihre Eltern dem Kanzlersohn versprochen hatten. Bei Verhören am 15. und 19. März 1629 nannte sie Namen von weiteren der Hexerei verdächtigten Personen, gestand die Hostienschändung, Teufelsbuhlschaft und den Schadenszauber. Sie habe aus Angst gehandelt, denn sonst wäre ihr der Hals umgedreht worden. Das hätte ihr der Teufel angedroht, der sie auch gezeichnet habe. Ihr Teufelsmal sei in der Scham. Der letzte Verhandlungstag der Ursula Haan war der 2. April 1629. An diesem Tag besagte sie eine weitere Hexe und ratifizierte ihr Geständnis peinlich. Ein schriftliches Testament hinterließ die Schwiegertochter des Bamberger Kanzlers nicht. Sie bat den Fürstbischof nur, sich ihrer kleinen Kinder anzunehmen.

Nach Schätzungen mussten im Hochstift Bamberg zwischen 1626 und 1631 rund 600 unschuldige Menschen den Hexenwahn mit ihrem Leben bezahlen.[18)]

Der späte Sieg der Vernunft

Der Kanzler Dr. Georg Haan und fast alle erwachsenen Mitglieder seiner Familie waren unter den etwa 900 Verfolgten und 600 Hingerichteten, die es allein in den Jahren 1626 bis 1631 im Hochstift Bamberg gab. Lediglich die Söhne Carl Leonhard und Daniel entkamen den *Trudenfängern* und erhielten Hilfe im Heiliggrabkloster. Vermutlich überlebten auch die drei kleinen Enkel des Kanzlerpaares. Dr. Georg Haan war in die Maschinerie des Todes geraten, weil er die Hexenprozesse reformieren wollte. Dadurch sahen die alteingesessenen Hexenkommissäre ihre Stellung gefährdet und beseitigten kurzerhand den fremden Emporkömmling, der Dr. Haan in ihren Augen war.

Durch den Prozess gegen die Kanzlerfamilie wurden die Widerstände gegen die Hexenprozesse, die sich auch im Hochstift durchaus regten und auf Initiative des Kanzlers auch vom Reichskammergericht in Speyer unterstützt wurden, zunächst im Keim erstickt. So konnte die Bamberger Malefizkommission weiterhin unter dem Schutz des Fürstbischofs Unschuldige als Hexen diffamieren, verhaften, foltern und hinrichten. Bis 1631 der Reichshofrat die Hexenprozesse verbot und 1632 die Schweden einmarschierten.

Cautio
CRIMINALIS,
Seu
DE PROCESSIBUS
CONTRA SAGAS
Liber.
AD MAGISTRATUS
Germaniæ hoc tempore neceſſarius,
Tum autem
Conſiliariis, & Confeſſariis Principum,
Inquiſitoribus, Judicibus, Advocatis, Confeſſariis
reorum, Concionatoribus, cæterisq; lectu
utiliſſimus.
AUCTORE
INCERTO THEOLOGO ROMANO.
RINTHELII,
Typis exſcripſit Petrus Lucius Typog. Acad.
M DC XXXI

Ein entscheidender Meilenstein für ein positives Umdenken. Die *cautio criminalis* des Jesuitenpaters Friedrich von Spee. [19]

Auch in anderen Teilen des Reiches regte sich der Widerstand gegen die Hexenverfolgung – sowohl in weltlichen als auch in kirchlichen Kreisen. Die kritischen Stimmen wurden immer zahlreicher und lauter. So hielt Lieselotte von der Pfalz die ganze Hexenverfolgung für unsinnig. Der Leibarzt des Herzogs von Kleve-Jülich-Berg, Johann Weyer, erklärte in einer Streitschrift, die Hexen seien verhexte, darum hilflose und erbarmungswürdige Wesen. Der Trierer Theologe Cornelius Loos kam zur Auffassung, die Missetaten des Satans seien frei erfunden und die Geständnisse der Hexen unter der Folter erpresst. Balthasar Becker und Christian Thomasius schließlich leugneten jegliche Verbindung zwischen Teufel und Mensch. Thomasius beeinflusste auch den Umdenkungsprozess, der wesentlich dem Jesuitenpater Friedrich von Spee zu verdanken war, welcher dem Hexenwahn christliche Nächstenliebe entgegensetzte und in letzter Konsequenz die Einstellung der Hexenprozesse sowie die Beseitigung der Folter forderte. Die Aufklärung, deren Anfänge in die Hoch-Zeit der Hexenverfolgung fielen, siegte am Ende doch über Hass, Neid und Aberglauben.

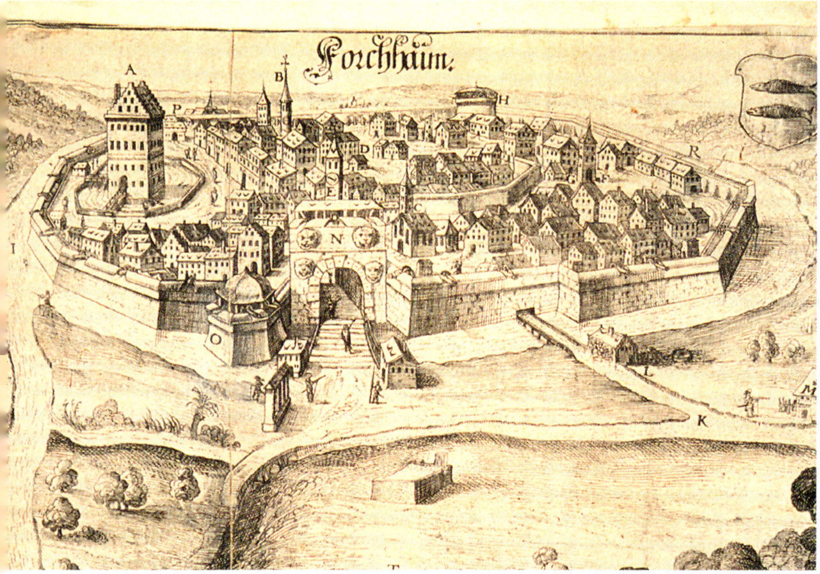

Die starke Befestigung bewahrte Forchheim vor einer Eroberung im 30-jährigen Krieg. [20]

Rund 600 Menschen fielen im Hochstift Bamberg zwischen 1626 und 1631 dem Hexenwahn zum Opfer. [22]

1599-1609

Mit Johann Philipp von Gebsattel wird ein ausgesprochener Gegner der kath. Reform zum Bischof gewählt. Er fördert Lutheraner in seiner Umgebung.

1609-1622

Bischof Johann Gottfried von Aschhausen verschafft der kath. Reform in Bamberg endgültig den Durchbruch. Er fördert besonders das Priesterseminar.

1613

Neustrukturierung des geistlichen Einflussgebiets durch die Einrichtung von vier Dekanaten oder Landkapiteln: Kronach, Hollfeld, Eggolsheim, Scheßlitz.

Bischof Johann Gottfried von Aschhausen förderte die katholische Reform entschlossen. [21]

1618-1648

Der Dreißigjährige Krieg wütet in Deutschland. Im Hochstift Bamberg geht die Bevölkerungszahl aufgrund von kriegerischen Auseinandersetzungen, Seuchen und Hungersnöten um mehr als 40 Prozent zurück.

Der Jesuitenpater Friedrich von Spee half, den Hexenirrglauben zu überwinden. [23]

1616 ▪ Das heilige Offizium verbietet die Lehre von Nikolaus Kopernikus, nach der sich die Erde um die Sonne bewegt (heliozentrisches Weltbild).

1618-1648 ▪ 30-jähriger Krieg in Deutschland, der die Verwüstung weiter Teile der deutschen Territorien und den Tod eines Drittels der deutschen Bevölkerung zur Folge hat.

Belagerung Kronachs durch die Schweden 1634, Gemälde von Lorenz Kaim aus dem 19. Jh. [24]

1623-1633

Bischof Johann Georg II. Fuchs von Dornheim setzt im Rahmen der katholischen Reform verstärkt auf obrigkeitliche Mittel und vertreibt die evangelischen Geistlichen mit Gewalt aus den Hochstiftspfarreien. Schon 1649 müssen diese allerdings wieder zurückgegeben werden, ohne dass die katholischen Geistlichen in der Zwischenzeit große Erfolge zu verzeichnen hatten.

Heiligenfiguren an der Gremsdorfer Kanzel. [26, 27]

1626-1630

Ende Mai 1626 erfriert nahezu die gesamte Wein- und Getreideernte in Franken auf den Feldern. Diese Missernte und die durch sie bedingte Teuerung lösen im Jahre 1626 eine große Hexenverfolgungswelle im Hochstift aus, die vier Jahre lang wütet und über 600 Opfer fordert.

1632-1634

Mehrfache Besetzung des Hochstifts durch schwedische Truppen. Truppendurchzüge, Brandschatzungen und Plünderungen verwüsteten große Gebiete des Hochstifts.

Kronacher Stadtwappen von 1651 in Anerkennung für die Tapferkeit während des 30-jährigen Krieges. [25]

Kanzel in der Gremsdorfer Kirche, 1636 gestiftet, als fast die gesamte Region durch den 30-jährigen Krieg entvölkert war. [28]

1637 ▪ René Descartes begründet mit seinem Werk *Discours de la methode* den wissenschaftlichen Kritizismus und den kritischen Rationalismus.

1640-1688 ▪ Friedrich Wilhelm I., der Große Kurfürst, legt den Grundstein für den Aufstieg des brandenburgisch-preußischen Staates, u.a. durch eine enorme Ausweitung des Heerwesens.

VINCENTIVS · CARRAFA
SOCIETATIS · IESV · PRAEPOSITVS · GENERALIS ·
M.DCXLVII.

Annahme und Bestätigung der neuen Bamberger Akademie durch den Jesuitengeneral Vinzenz Carrafa. [29]

Wappen des Bischofs Philipp Valentin Voit von Rieneck (1653–1672) am Valentinswerk der Festung Forchheim. [31]

1642–1653

Bischof Melchior Otto Voit von Salzburg erreicht 1648 trotz der Kriegswirren die Gründung einer Jesuitenakademie, der Vorläuferin der heutigen Hochschule, in Bamberg.

Votivbild aus Gößweinstein. [32]

Bamberger Herrschaftsgebiete in Kärnten mit dem Amtssitz Wolfsberg (Ausschnitt), um 1650. [30]

1661–1715 ▪ Ludwig XIV., der Sonnenkönig, regiert in Frankreich. Er ist bestrebt, dieses zur Hegemonie in Europa zu führen. Die Regierung Frankreichs wird allein vom König ausgeübt, der damit die Grundlagen für die absolutistische Regierungsform legt.

1663 ▪ Der Immerwährende Reichstag wird in Regensburg als Gesandtenkongress der Reichsstände installiert und besteht bis 1806.

Wettermarterl in Modschiedel. [33]

1683-1693

Bischof Marquard Sebastian Schenk von Stauffenberg führt im Bistum die Ewige Anbetung ein und erbaut das Schloss Seehof bei Memmelsdorf – ein Zeichen für die weit fortgeschrittene Erholung des Erzbistums von den Zerstörungen des 30-jährigen Krieges.

1653-1672

Bischof Valentin Voit von Rieneck saniert die durch den Krieg zerrütteten Hochstiftsfinanzen und leitet die Wiederbesiedlung brachliegender Dörfer und Güter ein.

«Silbermadonna» der Marianischen Herren- und Bürgersodalität zu Bamberg, geschaffen 1696 von Caspar Riss. [34]

Barocke Innenansicht des Bamberger Domes, Kopie eines Gemäldes von G. A. Arnold von 1669. [35]

1672 ▪ Samuel Freiherr von Pufendorf begründet die Naturrechtslehre.

1683 ▪ Zweite Belagerung Wiens durch die Türken. Ein europäisches Entsatzheer siegt in der Schlacht am Kahlenberg und beendet damit den türkischen Druck auf Europa.

Leonhard Strässl

18. Jahrhundert

Leonhard Strässl

Leonhard Strässl
wohnt in Klingen,
Oberpfalz. [1]

Bruderschaftsmitglie
in Schnaittach. [3]

bis 1729 | 1729-1740

Als Taglöhner bei
den Bauarbeiten zur
Festung Rothenberg
beschäftigt. [2]

Leonhard Strässl fristete sein Dasein als Tagelöhner in Schnaittach im Schatten der Geschichte. Sein Leben dient als ein Beispiel lebendiger Frömmigkeit der «einfachen Leute» in der Phase zwischen dem 30-jährigen Krieg und der Aufhebung der geistlichen Fürstentümer.

Die bayerische Großbaustelle Rothenberg – moderne Festungsbaukunst am Nordwestrand der Oberpfalz

Man schrieb das Jahr 1703. Die kurbayerische Herrschaft Rothenberg war im Zuge des Spanischen Erbfolgekrieges von Truppen der zum Fränkischen Reichskreis zählenden Reichstadt Nürnberg erobert worden. Sie hatten die befestigte Burganlage und das dazugehörige, nach Osten vorgelagerte «Städtchen» auf dem Rothenberg eingenommen und bis auf die Grundmauern geschleift.

Inzwischen hatte sich die politische Lage in Kurbayern geändert. Mit dem Frieden von Rastatt im Jahr 1714 war der Rothenberg mit seinem Hauptort Schnaittach an Kurbayern zurückgegeben worden. Seine strategisch günstige Lage vor den

Ein Rothenberger Tagelöhner und sein Anteil am Himmelreich

von Ina Schönwald

Nach dem Abbruch der Bauarbeiten Aufnahme ins Armenhaus von Schnaittach. Im selben Jahr stirbt Leonhard Strässl dort. [4)]

1740

Vermächtnis für Prozessionsweg und Kapelle auf dem Schnaittacher Kalvarienberg. [5) 6)]

Toren der Stadt Nürnberg, umgeben von Nürnbergischen und Markgräflichen Landgebieten und als Vorposten zur nahen Oberpfalz, war von enormer Bedeutung für die Bayerischen → Kurfürsten.

Bereits 1721 hatte der bayerische Kurfürst Max Emanuel für den geplanten Neubau einer Befestigungsanlage begonnen, das Gelände um die zerstörte Burg aufräumen zu lassen. Bayerns ehrgeizige Pläne zur Erlangung der deutschen Kaiserkrone hatten nicht zuletzt durch die Hochzeit des Kurprinzen mit der Tochter → Kaiser Josefs I. neuen Auftrieb erhalten. Als Max Emanuels Sohn Karl Albrecht 1726 die Nachfolge in Bayern angetreten hatte, ging er nun – nur drei Jahre später – daran, auf dem Rothenberg eine Festungsanlage nach neuesten französischen Erkenntnissen der Festungsbaukunst erstehen zu lassen. 19 Meter hohe Mauern sollten ein Areal zwischen sechs Bastionen umfas-

Der Vorgängerbau: Die 1703 zerstörte Burg der Ganerben. [7)]

sen; durch die umlaufenden Kasematten sollte das Bauwerk in seiner gesamten Außenfront erschlossen werden. Eine große Halle innerhalb der Kasematten als Schutz- und Bereitschaftsraum für die Bevölkerung in Kriegszeiten würde das gewaltige Projekt ergänzen. 1731 sollten der Kurfürst und seine Gemahlin selbst die Grundsteine zu den nach ihnen benannten Karls- und Amalienbastionen und -kasernen legen. Das kurfürstliche Interesse am Rothenberg war groß. Davon zeugen die zahlreichen persönlichen Besuche Karl Albrechts. Der Ingenieuroberst Peter de Coquille leitete die gigantische Großbaustelle, deren Ruhm bald tief bis in die bayerischen Kernlande vordrang.

Die Geburt bestimmt das Leben

Maurer beim Festungsbau, Kupferstich/Radierung, Nürnberg, 1738. [8)]

Bis in den kleinen oberpfälzischen Ort Klingen bei Hemau drang die Nachricht von dem neuen landesherrlichen Bauwerk, das einer zahllosen Menge Landeskindern Arbeit bieten würde. Gemäß der kurbayerischen Politik, die seit der zweiten Hälfte des 17. Jahrhunderts stringent vom jeweilig regierenden Kurfürsten verfolgt wurde, fanden zumeist nur bayerische Untertanen der seit 1628 rekatholisierten Oberpfalz in derem äußersten westlichen Bollwerk – dem Rothenberger Land – Arbeit. Die protestantischen Territorien der Reichsstadt Nürnberg und der brandenburgischen Markgraftümer Ansbach-Bayreuth waren nah, und es war kaum ein Menschenalter vergangen, seitdem die Rekatholisierung in der ehemals protestantischen Herrschaft Fuß fassen konnte.

Im oberpfälzischen Klingen machte sich der Taglöhner Leonhard Strässl auf den mehrere Tagesreisen dauernden Weg nach Nordwesten zum Rothenberg. Die Möglichkeit, in seiner ärmeren Oberpfälzer Heimat eine dauerhafte Beschäftigung zu finden, war gering. Nun hoffte er darauf, einer der zahllosen einfachen Mitarbeiter am monumentalen Wehrbau auf dem Rothenberg werden zu können. Strässl hatte Glück: Der Vorarbeiter, der für die Musterung

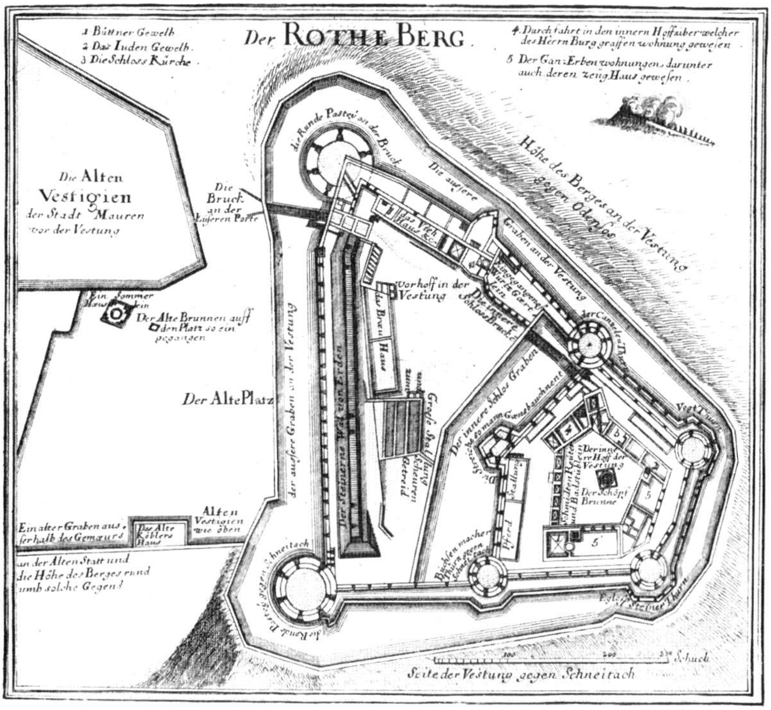

der Bauleute zuständig war, stellte ihn ein. Noch war er jung und konnte arbeiten. Er hatte keine Frau und keine Familie zu ernähren, und er erhoffte sich nicht viel von seinem Leben. Er wusste, dass ihm nun jahrelang tagaus, tagein eine körperlich fast unerträglich schwere und belastende Arbeit bevorstand. Doch jetzt hatte er Arbeit. Und was konnte sich einer, der in die niedrigste Stufe der gesellschaftlichen Hierarchie hineingeboren war, von dieser Welt schon erwarten? Zu sehr war das gesellschaftliche Weltbild im Spätbarock vom ständischen Denken geprägt und auf das Jenseits ausgerichtet. Während der Hauptbauzeit der Festung zwischen 1729 und 1760 war außer Strässl eine große Anzahl von Taglöhnern und Hilfsarbeitern am Baubetrieb auf dem Rothenberg beschäftigt. Viele von Ihnen kamen von weither aus Altbayern, der Oberpfalz und sogar Böhmen, wie die Festungsmatrikeln aufzeigen. Die meisten hatten Ihre Familien in der Heimat zurückgelassen. Diejenigen, die Frau und Kinder nach einiger Zeit nachholten, da sich die Erbauung der Festung über Jahre erstrecken sollte, brachten sie entweder in einer der Bauhütten auf dem Rothenberg, die auch den Arbeitern als Quartier dienten, unter oder fanden für sie eine bequemere Unterkunft im Ort Schnaittach. Allein in der Zeit zwischen 1737 und 1741 starben 53 Arbeiter beim Festungsbau. Wie die Quellen berichten, brach 1738 ein Gerüst auf der Bastion Schnaittach zusammen, wobei der Bauarbeiter Jakob Wittmann den Tod fand. Am Abend des 26. August 1741 wurde Thomas Killer aus Oberdaching beim Sturz von einer Böschungsmauer verschüttet; am 25. Oktober desselben Jahres erlag Johann Georg Geigenfeind aus Kallmünz in der Oberpfalz einem ähnlichen Schicksal, um nur einige zu nennen, die mit Strässl das harte Los der am Bau beschäftigten Taglöhner teilten.

Grundriss der Festung Rothenberg nach den bis 1760 andauernden Umbauarbeiten.[9]

Leonhard Strässl war katholisch. Mit seinem uns nicht genau überlieferten Geburtsdatum wurde er hineingeboren in eine Epoche, der nach der «von oben» verordneten Gegenreformation für die Bevölkerung bereits das innere (Er)Leben der katholischen Spiritualität gefolgt war.

Das Rothenberger Land im konfessionellen Zeitalter

44 fränkische Reichsritter, die in erbrechtlicher Besitzergemeinschaft die Landeshoheit über das Rothenberger Land ausübten – die sogenannten «Ganerben» –, hatten 1529 die Reformation eingeführt. Das verbriefte «Öffnungsrecht» in Kriegszeiten, also die Möglichkeit den Wehrbau auf dem Rothenberg für eigene Zwecke zu nutzen, verblieb jedoch bei den Wittelsbachern, die ihnen den Rothenberg im 15. Jahrhundert verkauft hatten.

Die Geschichte der Rekatholisierung der Herrschaft hatte damit begonnen, dass das einer Burg ähnelnde Ganerbenschloss, der Vorgängerbau der Festung auf dem Rothenberg, im Zuge der Ereignisse des Dreißigjährigen Krieges 1628 besetzt worden war. Kurfürst Maximilian hatte nach dem Sieg der katholischen Liga bei der Schlacht am Weißen Berg und der Niederlage des «Winterkönigs» die rechtsrheinische und die *Obere Pfalz* als Ersatz für seine Kriegskosten erhalten. Maximilian, als Vorreiter der gegenreformatorischen Kräfte im Reich, sah die Rekatholisierung der Bevölkerung gleichermaßen als seine Pflicht wie auch als Kampf um die Landesherrschaft an. Der Rothenberg und sein Landgebiet als Außenposten der Oberen Pfalz schienen ihm dabei von besonderem Interesse. Gleichermaßen gehörten Teile des Rothenberger Landgebiets, nicht allein in südöstlicher Grenzlage, noch zum → Bistum Bamberg. → Fürstbischof Johann Gottfried von Aschhausen, unter dessen Leitung sich das → Hochstift Bamberg der katholischen Liga Maximilians anschloss, war im selben Maß an einer Rekatholisierung des Rothenbergs interessiert.

Friedrich Förner, Bamberger Weihbischof (1612 – 1630) und Generalvikar, drängte auf die Katholisierung der Bevölkerung in der Rothenberger Herrschaft.[10]

Am 27. Mai 1628, also kurz nach dem Beginn der bayerischen Besatzung, erschienen deshalb → Generalvikar Friedrich Förner und ein Bamberger Fiskal in den Rothenberger Pfarreien und im Hauptort Schnaittach und verbaten den evangelischen Gottesdienst. Im Gegensatz zur zentralen Oberpfalz sollte der Kampf um die Katholisierung der Bevölkerung in der Rothenberger Herrschaft noch mehrere Jahrzehnte andauern. Die Ganerben waren die unmittelbaren Landesherren, der Rothenberg

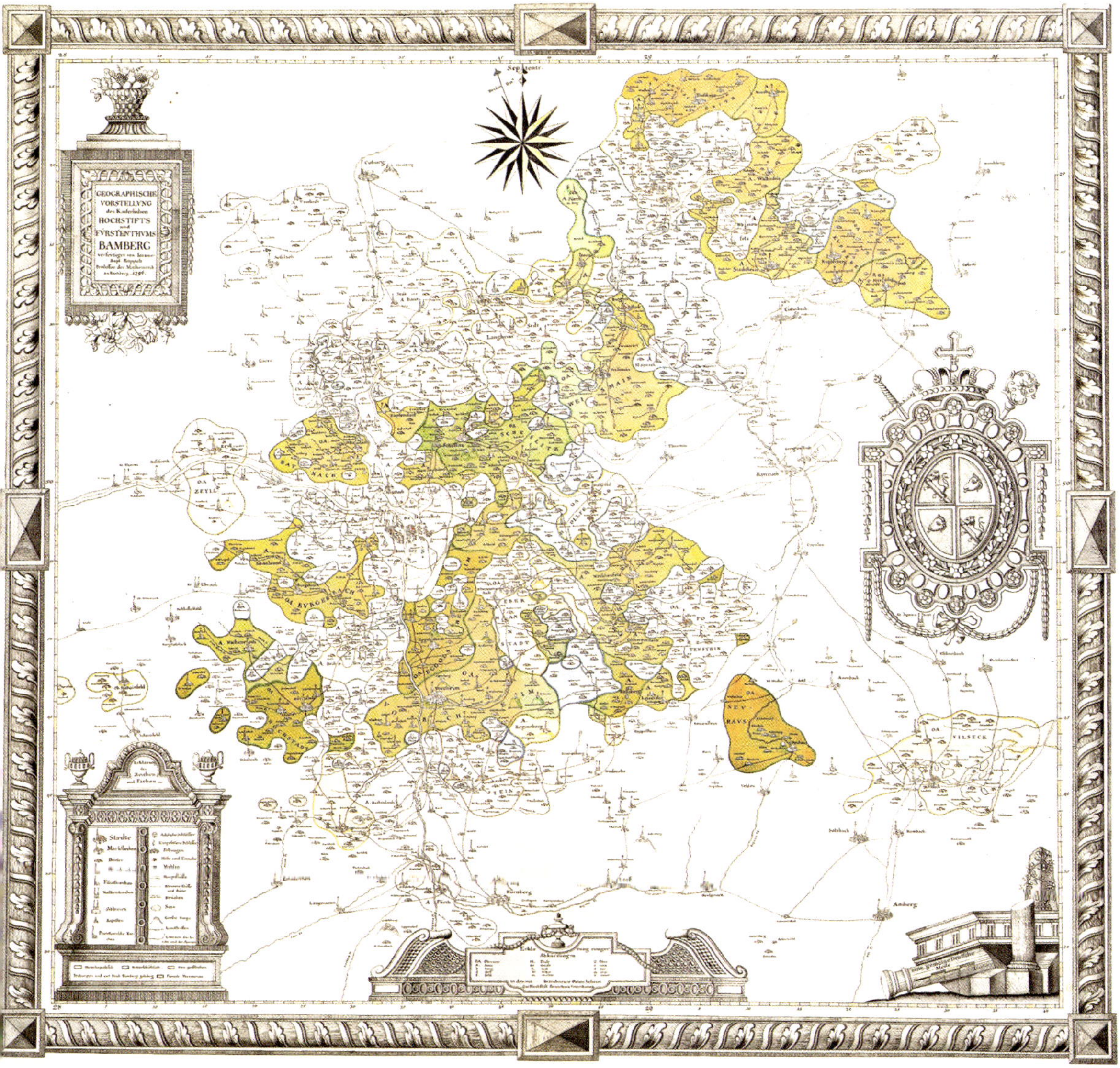

Karte des Hochstifts Bamberg am Ende des Alten Reichs. Die farblich voneinander abgesetzten Farben zeigen die einzelnen Ämter, aber auch die zerstreute Herrschaft.[11]

jedoch Oberpfälzer → Lehen und somit Kurbayern oberster Landes- und Lehensherr mit den Ganerben als Landsassen. Das → Reichskammergericht zu Speyer wich im nun folgenden Streit – einem Präzedenzfall – zwischen 1631 und 1661 jeder Entscheidung aus. 1650 musste Kurbayern den Rothenberg den Ganerben zurückgeben. Um den Konflikt endgültig aus der Welt zu schaffen und sich die Herrschaft im Landgebiet zu sichern, lösten die bayerischen Kurfürsten den Rothenberg bis zum Jahr 1695 mit einer letzten Kaufrate endgültig aus den Händen der Ganerben. Unter der kurbayerisch-oberpfälzer Regierung begann der Einfluss des Bamberger Bistums wieder zu erstarken. Im selben Jahr wurde Lothar Franz von Schönborn Fürstbischof von Bamberg.

Das Bruderschaftswesen in Franken in Folge der Gegenreformation

Die beiden «neuen» Rothenberger Lehensherren, die nun ihren Einfluss massiv geltend machten, hatten das Bruderschaftswesen als Instrument zur Förderung der katholischen Volksfrömmigkeit nach Kräften unterstützt. Bereits 1674 hatte Kurfürst Ferdinand Maria in Bayern die Errichtung von Corporis-Christi-Bruderschaften angeordnet.

Anlässlich der Einführung der Ewigen Anbetung im Bistum Würzburg im Jahr 1731 lässt Friedrich Karl von Schönborn die *Vollkommene Glory der H. Ertz-Bruderschaft Corporis Christi* drucken. In der Schrift wird die *uralte Katholische Glaubens-Lehr* über diese Bruderschaft und die Ewige Anbetung vorgestellt. Auch Sinn und Zweck einer Bruderschaft werden hinlänglich erklärt: *Eine gottseelige Versammlung oder Gesellschaft verschiedener Personen, welche mit Genehmhaltung der hohen geistlichen Obrigkeit zur Übung der Andacht und anderer Christlichen Tugend-Wercken ist aufgerichtet.* Handelte es sich bei den vorreformatorischen Bruderschaften um Vereinigungen der zumeist städtischen Oberschicht, deren Motive für einen Zusammenschluss sozialer und standesspezifischer Art waren und der mittelalterlichen Zunft ähnelten, waren für das 17. und 18. Jahrhundert ausschließlich religiöse Beweggründe ausschlaggebend.

Als wichtigste Träger der nachtridentinischen Bekenntnisfrömmigkeit auch im ländlichen Bereich waren sie nun per Gesetz enger an die Kirche gebunden, ihrer Kontrolle unterstellt und integriert. Als katholisches Spezifikum in die Reformbewegung miteinbezogen, erhielten die Bruderschaften jetzt ihre außerordentliche Funktion in der Seelsorge und bestimmten in weiten Teilen das religiöse Leben der Zeit. Durch die Ausrichtung von Volksandachten und Gebetsübungen, die feierliche Ausgestaltung von Prozessionen, Gottesdiensten und Wallfahrten und das Engagement, die Mitglieder zu einem tadellosen Lebenswandel und dem Gebet für das Seelenheil der Verstorbenen anzuhalten, trugen sie maßgeblich zur religiösen Erneuerung sowie zur Stärkung der Volksfrömmigkeit bei. Im Gegensatz zum Mittelalter war im 18. Jahrhundert die Gemeinschaftsbildung bruderschaftlicher Gebetsfrömmigkeit, die sich über jegliches ständische Denken der barocken Gesellschaft erhob, von besonderer Bedeutung für das Erstarken des religiösen Lebens, und zwar quer durch alle Schichten der Gesellschaft. Im Laufe des 18. Jahrhunderts wurden im Bistum Bamberg unzählige weitere Bruderschaften gegründet.

Bruderschaften

Die Grundlage für die Entstehung des v.a. in Mittelalter und Früher Neuzeit weit verbreiteten Bruderschaftswesens findet sich in der gegenseitigen Sorge um das Gebetsgedächtnis über den Tod hinaus. Dazu kam bald ein genossenschaftliches Element, mit welchem häufig kulturelle, sozial-caritative oder auch wirtschaftliche Ziele verbunden waren. Die überwiegend aus Laien bestehenden Bruderschaften waren gekennzeichnet durch gemeinsame Statuten, religiöse Handlungen (Andachten, Prozessionen, Wallfahrten) an bestimmten Kirchen, Kapellen oder Altären sowie ggf. gemeinsame Mahlzeiten und Trinkgelage. Das Vermögen wurde durch Eintritts- und Jahresgelder, Spenden und Vermächtnisse eingebracht und im Sinne des Bruderschaftsziels in der Regel selbst verwaltet.

Bruderschaften in Schnaittach

Auch in Schnaittach hatten sich um die Wende vom 17. zum 18. Jahrhundert drei Bruderschaften gegründet. In den Bruderschaftsrechnungen von 1704/05 erscheinen die *Hochlöbliche Bruderschafft der Immerwährenden Anbettung deß heyligen Sacraments* und die Bruderschaft zu *Unserer lieben Frauen Scapulier so in der Pfarrkirchen zu Schnaittach aufgerrichtet.* Auch die Corporis-Christi-Bruderschaft tritt zu diesem Zeitpunkt bereits in den Rechnungen auf. Sie schaffte Paramente an und besaß ein gemeinsames Vermögen mit der Skapulierbruderschaft. Das lässt darauf schließen, dass die Mitglieder beider Bruderschaften identisch waren. Im Jahr 1746 wurde eine dritte Bruderschaft gegründet, die dem heiligen Franz Xaver geweiht war. Noch im selben Jahr stiftete sie für die Schnaittacher Kirche einen Bruderschaftsaltar. Dieser östliche Seitenaltar – der so genannte Frauenaltar – zeigt in seinem Hauptgemälde Die Skapulierübergabe der Muttergottes an den hl. Dominikus und im Auszug den Tod des hl. Franz Xaver vom Asamschüler Otto Gebhard (1703 – 1773). Die entscheidende Aktivität für das religiöse Leben im Schnaittach des 18. Jahrhunderts entwickelte jedoch die Corporis-Christi-Bruderschaft.

Im Heiligen Römischen Reich und vor allem in Italien waren bereits im Verlauf des 15. Jahrhunderts Bruderschaften zur Verehrung des Allerheiligsten entstanden, die die Realpräsenz Christi in der Hostie betonten und Prozessionen sowie Gebetsandachten veranstalteten. Papst Paul III. hatte im Jahr 1539 die zwölf Jahre zuvor in Santa Maria sopra Minerva in Rom entstandene Corporis-Christi-Erzbruderschaft genehmigt. Die in etwa zur gleichen Zeit als öffentliche Andachtsübung entstandene Ewige Anbetung wurde 1632 durch Papst Urban VIII. auf die Universalkirche ausgedehnt.

Beiden Ereignissen lag die außerordentliche Betonung des eucharistischen Sakraments durch das → Konzil von Trient zu Grunde, das im Eucharistiedekret von 1551 niedergelegt und 1564 publiziert worden war. Dort wurde auch der Kult und die Verehrung, die diesem heiligsten Sakrament zu erweisen sind, ausdrücklich hervorgehoben: Das Konzil betonte außerdem, dass dieses *erhabene und ehrwür-*

Östlicher Seitenaltar der Pfarrkirche St. Kunigund, Schnaittach, sogen. «Frauenaltar» oder «Bruderschaftsaltar», gefertigt von Otto Gerhard (1703–1773). Das Altarbild zeigt die Skapulierübergabe der Muttergottes an den heiligen Franz Xaver. [12]

dige Sakrament in jedem Jahr an einem eigenen Festtag mit besonderer Verehrung und Festlichkeit gefeiert wird, und dass es in Prozessionen ehrfürchtig und ehrenvoll durch öffentliche Straßen und Plätze herumgetragen wird. Es ist nämlich höchst richtig, dass einige heilige Tage festgelegt sind, an denen alle Christen durch eine besondere und gewissermaßen seltene Kundgebung ihre dankbare und erkenntliche Gesinnung gegenüber dem gemeinsamen Herrn und Erlöser bezeugen angesichts der so unaussprechlichen und eindeutig göttlichen Wohltat, durch die der Sieg und Triumph seines Todes dargestellt wird. Und zwar sollte die siegreiche Wahrheit einen solchen Triumph über Lüge und Häresie feiern, dass ihre Gegner, in den Anblick eines so großen Glanzes und in eine so große Freude der gesamten Kirche versetzt, entweder entkräftet und gebrochen dahinschwinden oder von Scham erfüllt und verwirrt irgendwann einmal wieder zur Einsicht kommen. Mit dieser Formulierung war das Auftreten der Kirche in der Öffentlichkeit, das nicht nur in Schnaittach von den Bruderschaften ausgestaltet wurde, als *ecclesia triumphans* festgelegt.

Die Bruderschaft organisierte die feierliche Ausrichtung des Fronleichnamsfests und der -prozession und versorgte die Fahnen- und Figurenträger, Musiker und andere Teilnehmer mit Lohn und Brot. 1706 findet sich in den Bruderschaftsrechnungen erstmals der Hinweis zur Ausgestaltung des Karfreitagsfestes: Am 3. April erhielt *Jacob Stamler 21 fl 43 kr* Lohn für das Anfertigen von *Geißel-Hemden*; der Seiler *Lorenz Träg* erhält am 10. April *21 fl 15 kr für fünf*

Das Grab Christi als 14. Station unter der Sakristei im östlichen Anbau der Kapelle. [13]

Geiseln, sechs Leibchen, ein Pfund Haar und Bindfäden. Seit dieser Zeit geben die Rechnungen Auskunft darüber, dass sich die Gestaltung des Karfreitagsfestes im Ort immer mehr steigerte. 1710 werden die *carfreytagsfiguren* renoviert; es ist außerdem von *carfreytagskleidern* die Rede. Man kann davon ausgehen, dass bereits zu diesem Zeitpunkt eine von den Bruderschaften immer prächtiger ausgestaltete Karfreitagsfeier mit Prozession existierte. An dieser nahmen ganz Schnaittach und die Einwohner der benachbarten – sogar der protestantischen – Orte teil.

Bis 1770 wurde alljährlich an diesem Tag ein prächtig inszeniertes Karfreitagsspiel *Zum heiligen Grabe* aufgeführt, das eine aufwändige Prozession einschloss. Die in den Bruderschaftsrechnungen überlieferte ausführliche *Ordnung der jährlichen Charfreytagsproceßion* zeigt die einzelnen, in neun Ordnungen gegliederten Gruppen, die den starken typologischen Charakter des Heilsgeschehens betonen. Das Alte Testament wird als Voraussetzung für die heilsgeschichtliche Erfüllung im Neuen Testament gesehen. Besonders deutlich wird dies am Eingang der Prozession, wenn das *Verderben des menschlichen Geschlechts durch den Ungehorsamb des ersten Menschen Adams der Erlösung desselben durch den anderen Adam, Jesum Christum* gegenübergestellt wird. Die Bruderschaften kümmerten sich von Anfang an auch um die Opferstöcke am «alten» Kalvarienberg (Siechenberg) und an der *Kapelle auf der Creutzwiese* (an der Straße zur Ziegelhütte).

Noch zu Beginn des 20. Jahrhunderts war die Corporis-Christi-Bruderschaft im Dekanat Neunkirchen a. Sand aktiv.

Gelobt sei das allerheiligste Sakrament des Altars.

Grimm Barbara v. Rollhofen

aufgenommen den 9. Februar 1913.

in die Corporis-Christi-Bruderschaft in Neunkirche

Betstunde: 2. Sonntag n. Pfingsten

Heumann

Pfarrer.

Aufnahmezettel für Barbara Grimm in die Corporis-Christi-Bruderschaft in Neunkirchen am Sand vom 19. Februar 1913. [14)]

Jesuiten betreiben Mission

Neben den Bruderschaften waren es im 17. Jahrhundert vor allem die jesuitischen Volksmissionen, auf die sich die Landesherrn sowohl im Bamberger Bistum als auch im Kurfürstentum Bayern stützten. Bischof Johann Gottfried von Aschhausen hatte den Orden 1610 nach Bamberg berufen. In Bayern hatten die Jesuiten bereits 1559 das Kolleg in Ingolstadt übernommen, bevor 1621 die ersten Jesuiten in Begleitung der bayerischen Truppen in die Oberpfalz kamen, wo sie sich 1624 in Amberg niederließen. Durch die Jesuiten versprach man sich eine Wiederbelebung des katholischen Glaubens in allen Gesellschaftsschichten. Sie hatten sich besonders der Seelsorge verschrieben und sorgten für eindrucksvoll gestaltete Messfeiern, die die Bevölkerung in ihrem religiösen Eifer geradezu mitrissen. Im Mittelpunkt standen dabei die

Die Heiligen des Jesuitenordens, Ignatius von Loyola und Franz Xaver, unter dem Christuskind im Strahlenkranz, Kupferstich, 1. Hälfte 17. Jh.[15]

Kinder sowie die Randgruppen und Außenseiter in der Bevölkerung. Die Armenspeisung und der Dienst an minderbemittelten Gesellschaftsmitgliedern entsprachen als ein Werk der Barmherzigkeit der Auffassung des Ordensgründers Ignatius von Loyola. Daneben spielte die Vorbereitung auf das Bußsakrament, die Beichte selbst und die so genannte *Standeslehre* für Eheleute, Unverheiratete und Dienstboten eine große Rolle. Wichtig für das jesuitische Wirken waren die groß angelegten Missionen zur Festigung des Glaubens in der Bevölkerung.

Überall im Bistum Bamberg und in der bayerischen Oberpfalz wurden nun Volksmissionen durchgeführt, die einen entscheidenden Teil jesuitischen Wirkens bestimmten. In Schnaittach waren es zwei Jesuitenpatres des Amberger Kollegs, auf die sich die Regierung hinsichtlich Konfessionalisierung, Glaubensstärkung und Fundamentierung der Volksfrömmigkeit stützte. Der Bamberger Bischof hatte der Mission im Rothenberger Land seine Vollmacht gegeben, als kurz nach Abzug der Nürnberger Besatzung in den Jahren 1716 und 1717 im Rothenberger Land eine Volksmission durchgeführt wurde. Laut einer handschriftlich überlieferten Beschreibung dieser Mission wurde in der Mitte des Schnaittacher Marktplatzes ein Missionskreuz errichtet, das die Jahreszahl 1717 trug. Eine Prozession von *wohl 4 tausend Menschen* zog auf den Rothenberg. Einer der Missionare erteilte den päpstlichen Segen, worauf der örtliche Pfarrer den *Ambrosianischen Lobgesang* anstimmte. Die zu dieser Zeit noch im Ort Schnaittach stationierten bayerischen Soldaten gaben aus ihren Geschützen dreimal Feuer *und ware diese Solemnität so herzbrechend anzusehen, das alle, auch sogar die aus Fürwitz anwesenten Lutheraner heufig waineten.*

Der Kalvarienberg und die Kapelle zum Hl. Kreuz

Die jesuitische Volksmission und das Wirken der Schnaittacher Bruderschaften fielen in allen Schichten der Bevölkerung auf fruchtbaren Boden. Bereits im Jahr 1722 gingen die Bruderschaften daran, auf der Anhöhe westlich des Marktes einen neuen Kalvarienberg mit Kreuzweg zu errichten. Die Kreuzwege waren aus Umgängen entstanden, die unter Führung der Franziskaner die heiligen Stätten der Passion Christi in Jerusalem besuchten. Sie übernahmen im Europa der Gegenreformation diese Sinnzusammenhänge gläubiger Praxis für ein Ensemble aus baumgesäumtem Passionsweg und Architektur, meist einer Wallfahrtskapelle. Der Kreuzweg Christi wurde durch Festlegung einzelner Stationen nacherlebt; seit dem Ende des 17. bis zur Mitte des 18. Jahrhunderts wurde die Anzahl der Stationen in Europa von sieben auf vierzehn erhöht. Die mit dem baulichen Ensemble auf das Engste verbundenen Gebets- und Andachtsformen der *compassio* und *empathie* hatten sich seit dem 12. Jahrhundert entwickelt und basierten auf der Verehrung des Heiligen Kreuzes, die auch zentrales Anliegen der Schnaittacher Bruderschaft war. Im Jahr 1725 erwarb die Bruderschaft einen Kreuzpartikel, den sie in Bamberg fassen ließ.

Gleich der «nachgeholten» Barockbaukunst, die im Deutschen Reich erst nach dem Dreißigjährigen Krieg einsetzen konnte, kam es im Rothenberger Land nach seiner endgültigen Rekatholisierung zu einer unglaublich regen Welle des Kunstschaffens mit religiösen Inhalten. Die spätbarocke Baukunst der Zeit sah für die triumphale Erhöhung des Kreuzes Christi als Zeichen der Überwindung von Sünde und Tod eine reiche, glanzvolle Ausgestaltung und Ausschmückung des Gesamtkunstwerks aus Stationenpavillions, Kreuzigungsgruppe und Wallfahrtskapelle vor. Als Zeichen der Gegenreformation und der Festigung des alten Glaubens entstanden allerorts in Bayern und der Oberpfalz Kreuzweganlagen, so auch im benachbarten Kirchröttenbach, das nach Schnaittacher Vorbild in den Jahren 1745/46 – 1750 eine schlichtere Anlage gleicher Art erhielt. Dass religiöse Bilder mit ihrer allgemeinverständlichen Sprache einen großen didaktisch-katechetischen Nutzen besaßen, darauf hatte

Der Kreuzweg am Schnaittacher Kalvarienberg westlich des Ortes.[16)]

schon das Tridentische Konzil hingewiesen. In seiner Nachfolge wurden auch in den Rothenberger Pfarreien Bilder für die großteils analphabetische Bevölkerung und deren Glaubensfestigung eingesetzt und wertgeschätzt.

«Einfache Leute» errichten den Kalvarienberg

Der Schnaittacher «Kalvarienberg» und die Kapelle zum «Hl. Kreuz» entstanden aus der tiefsten Glaubensüberzeugung und unter größten Anstrengungen der Einwohnerschaft. Zu ihrer Errichtung haben die «einfachen Leute», die aus den unteren Gesellschaftsschichten stammten und in den Bruderschaftsrechnungen als *guttäter* bezeichnet werden, nach Kräften beigetragen. Keine Herrschaft beteiligte sich an der Errichtung der Anlage. So waren es neben Geldgaben oder mehr oder weniger wertvollen Gegenständen vor allem auch Hand- und Spanndienste, die von der örtlichen Bauern- und Bürgerschaft, Rothenberger Soldaten und auch den Allerärmsten im Ort geleistet wurden. Neben Hals- und Kopftüchern waren es Rosenkränze, Flachs oder Wachs, die man entweder in der Kirche gebrauchen oder für wenige Kreuzer veräußern konnte. Auch Münzen zählten zu den der Bruderschaft geopferten Gaben, die an einer nicht mehr erhaltenen Münzpyramide am Altar in der Kapelle befestigt waren.

Blick von Südosten auf die Kapelle zum Heiligen Kreuz am höchsten Punkt des Kalvarienbergs mit dem Eingang zur 14. Station, dem heiligen Grab.[17]

Johann Michael Doser (1678 – 1756), der bei Auerbach geborene Bildschnitzer und Altarbauer, der Kindheit und Jugendjahre in Schnaittach verbracht hatte und später von Auerbach aus fast alle Aufträge seiner Zeit für Kirchengemeinde und Bruderschaften in Schnaittach erhielt, fertigte in den Jahren 1722/23 zunächst die Dreiergruppe der Kreuzigung auf dem höchsten Punkt des Berges, der nun erstmals als *neuer Calvarieberg* in den Bruderschaftsrechnungen erscheint. Im Jahr 1723 vermerken die Bruderschaftsrechnungen: *denen ienigen, welche hervorgedachtes Holz, Stein und kalch dann ziegel ohne verlangten lohn beygeführt, ist [...] pier und brodt gereicht worden.[...] Als man bey [...] der Capellen den ersten grundstein gelegt [...] die jugend an pfennigen ausgeworfen worden 77 kr.*

Die Fertigstellung der Anlage, die in ihrer thematischen und ikonographischen Geschlossenheit auch heute noch wie aus einem Guss erscheint, erstreckte sich über 30 Jahre. In ihrer Erweiterung und ihrem Baufortgang war sie auf immer neue (finanzielle) Mithilfe der Einwohnerschaft angewiesen.

1724 war die Kapelle als einschiffiger rechteckiger Bau mit drei Jochen und einem dreiseitigen Chorabschluß fertig gestellt und von einem Walmdach bedeckt. Die reiche Stuckierung durch die Alabasterer Karl Feierlein und Johann Kaspar Streicher aus Nürnberg zeigt im korbbogigen Deckengewölbe Putten mit brennendem Herz, Kreuz und Anker und weitere Sinnbilder für das Erlösungswerk Christi. Die Deckenmedaillons des Auerbachers Johann Michael Wild nehmen von Westen zum Ostchor die Thematik des Kreuzes auf: Kreuzauffindung, Kreuztragung, Kreuzanheftung, Christus am Kreuz und Kreuzabnahme. Die beiden Feste «Kreuzauffindung» und «Kreuzverehrung» am Karfreitag wurden hier besonders zelebriert. Flankiert werden diese großen Deckengemälde von kleineren Darstellungen, die sich mit dem Erlösungswerk beschäftigen und auf Schriftbändern entsprechende lateinische Texte wieder geben.

1725 wurde an der Westwand über dem Eingang bereits eine Holzempore eingezogen und das Grab Christi als 14. Station errichtet. Den Auftrag zur dazugehörigen Christusfigur erhielt wiederum Doser. In den Jahren 1734/35 baute man an den vorhandenen Ostchor eine Sakristei mit Glockenturm an und fügte der Kapelle nach Süden auf abgesenktem Bodenniveau ein eigentümliches Grottenhaus hinzu, das den Abschluss des Passionswegs bilden sollte: ein rechteckiger Bau mit Walmdach und Mittelgiebel, den ehemals eine Figur des hl. Petrus und nach der anderen Seite eine des hl. Paulus zierten. Die achtseitige Gewölbekuppel des Innenraums ist mit Borkenstücken ausgekleidet, nach Norden und Süden führen Rundbogenportale ins Freie, zwei aus großen Tuffsteinen erbaute Grottenräume sind mit Figuren der hl. Maria Magdalena als Büßerin und dem hl. Hieronymus mit dem Löwen bestückt. 1736 bis 1739 fertigte Johann Michael Doser fast die gesamte Inneneinrichtung. Der Hauptaltar im Chor der Kirche zeigt in seiner Mitte als 13. Station des Passionsweges eine qualitätvolle Pietà; sie wird flankiert von zwei Engeln, die die Leidenswerkzeuge, die *arma christi*, präsentieren. Sie wurden als Zeichen des Sieges Christi über die Sünde der Welt verehrt. Der nördliche und der südliche Seitenaltar sind den im 18. Jahrhundert besonders populären Pest- und Seuchenheiligen Rochus und Sebastian gewidmet.

Deckengemälde unter der Empore (1724): «Kreuzauffindung durch die hl. Helena». [18]

Kreuzigungsgruppe von Johann Michael Doser, geschaffen 1722–26. [19]

Westliche Grotte im Grottenhaus von 1734/35 mit dem hl. Hieronymus . [20]

Die von Johann Michael Doser für den Kreuzweg auf den Kalvarienberg geschaffenen sieben Leidensstationen befinden sich heute in der Pfarrkirche. [21)] [22)]

Während des Österreichischen Erbfolgekriegs ruhten die Bautätigkeiten. Erst in das Jahr 1748 fallen die Vermehrung und der Ausbau der Kreuzwegstationen, wie sie heute noch erhalten sind. Die ursprünglichen sieben alten Stationen von Doser aus dem Jahr 1728 wurden durch elf neue ergänzt. Schließlich erhielt die Kapelle in den Jahren 1749 bis 1751 ihre endgültige Gestalt: Zwei Seitenkapellen, zunächst nach Norden, dann nach Süden, wurden ergänzt und komplettierten den Gebäudegrundriss hin zur Kreuzform, die das Patrozinium widerspiegelt.

Es war wiederum Johann Michael Doser aus Auerbach, der 1751 die beiden Seitenaltäre schuf. Der Altar der südlichen Kapelle zeigt die hl. Anna, auf ihrem Schoß Maria, flankiert von weiteren Heiligen. Von besonderem Interesse ist der nördliche Seitenaltar, der *Wiesaltar*, der in seiner Mitte ein Abbild des Gnadenbildes vom *gegeißelten Heiland in der Wies* zeigt. Die im Jahr 1738/39 entstandene Wallfahrt zur Wieskirche im Landkreis Schongau errang in kürzester Zeit so große Popularität, dass auch Schnaittach davon ergriffen wurde. Die Bruderschaft ließ für 10 fl. eine ähnliche Figur bei Doser ordern, die 1750 von zwei Soldaten der bayerischen Garnison auf dem Rothenberg zu Fuß zur Wieskirche getragen, dort mit dem Gnadenbild berührt und nach Schnaittach zurückgebracht wurde. Schließlich verlängerte man das Schiff um ein weiteres Joch nach Westen. Das Portal versetzte man in seinen heutigen Zustand. Es wurde mit den zwei Putten unter dem Patriarchenkreuz von Jerusalem, das auf das *wahre Kreuz Christi* verweist, ausgeschmückt.

Leonhard Strässl

Diesen religiösen Hintergrund fand der gläubige Taglöhner aus dem oberpfälzischen Klingen in der Rothenberger Herrschaft, als er im Jahr 1729 auf der Baustelle anstellig wurde. Besonders beeindruckten ihn, der weder lesen noch schreiben konnte, die kurz zuvor für die damals vorhandenen sieben Kreuzwegstationen geschaffenen Holzreliefs von Johann Michael Doser am Kalvarienberg.

Mit dem Leiden Christi, der die schwere Last des Kreuzes auf seinen Schultern trägt, konnte sich Leonhard

Strässl identifizieren, hier sah er sein eigenes irdisches Leben, seine tägliche schwere Arbeit mit den Steinen beim Bau der Festung, widergespiegelt und erlebte Trost und Sinn in langer Betrachtung der Bilder. Das Nacherleben der Passion Christi, die Schriftworte vom «Kreuz-auf-sich-nehmen» in der Nachfolge Christi bekamen hier für ihn einen ganz besonderen Sinn und eine Perspektive.

Das Engagement der Schnaittacher Bruderschaften ließ ihn in der gesellschaftsübergreifenden Seelsorge nicht spüren, dass er ein minderes Mitglied der Gesellschaft war, um dessen Existenz sich niemand kümmerte. Die Bruderschaften ließen ihn, den «Heimatlosen», in der Gemeinschaft der Gläubigen das erste Mal eine Art Heimat erahnen. In der Überwindung der ständischen Gesellschaft im religiösen Leben vor Ort nahmen die Bruderschaften hier bereits frühaufklärerische Tendenzen vorweg. Das gemeinsame Gebet in den eindrucksvoll gestalteten Messfeiern wurde ihm neues Zuhause.

Als der Bau der Festung im Jahr 1740 auf Grund des drohenden Österreichischen Erbfolgekriegs vorerst eingestellt wurde, waren die Bastionen und die Kommandantur fertig gestellt: Die in Schnaittach untergebrachte Garnison verlegte ihr Quartier auf die Festung. Bauarbeiter, Taglöhner und alle am Festungsbau Beschäftigten mussten nun das Bauwerk verlassen. Leonhard Strässl ging nicht zurück nach Klingen, das er vor elf Jahren verlassen hatte. Von seiner Familie hatte er wahrscheinlich nichts zu erwarten, möglicherweise gab es auch niemanden mehr, der dort auf ihn gewartet hätte. Das Schnaittacher Armenhaus nahm den wahrscheinlich kranken Taglöhner nun auf. Ein einziger Vermerk in den Schnaittacher Bruderschaftsrechnungen hat den Rothenberger

Ein Almosen-Leprosen- oder Siechenhaus ist seit 1589 an dieser Stelle am Schnaittacher «Siechenberg» belegt. Eigentümer ist bis heute die Gemeinde Schnaittach, die hier in Not geratenen oder obdachlosen Schnaittacher Bürgern Unterkunft gewährt. [23]

Handlanger dem Vergessen entrissen. Im Rechnungsbuch, das die Einnahmen und Ausgaben von Lichtmeß 1748 bis Lichtmeß 1749 verzeichnet, findet sich unter dem Titel *Einnamb an verhafft und legirten [vermachten] geldern* unter der Nr: 3 *Von dem dahier im armen Haus vor 7 Jahren verstorbenen Rottenbergl. Handlanger Leonhardt Sträßl aus Klingen seyend lauth Pfarrherrl. Attestation legirt worden 40 fl.*

Der «Johannisfriedhof» in Schnaittach nahm auch ärmere Menschen auf. [24)]

Blick auf die die Kreuzigungsgruppe des Kalvarienbergs. Die Umbauung wurde 1759 ergänzt. [25)]

Und die Schnaittacher Sterbematrikel bestätigen weiter, dass am 2. Mai 1740 der Taglöhner *Strässl in domo librosorum* verstorben ist. Die Verschiedenartigkeit der Schreibweisen des Namens war zur damaligen Zeit keine Seltenheit, denn der eigene Name konnte nur genannt und nicht niedergeschrieben werden. Auch das Sterbejahr wird in den Bruderschaftsrechnungen nicht richtig zurückgerechnet. Als letzter Puzzlestein bestätigt eine andere Abschrift der Pfarrmatrikel im Depot des Schnaittacher Heimatmuseums den Tod eines *Sträußl, Bauarbeiter auf dem Rothenberg.* Unter der Rubrik Bemerkungen ist notiert *begraben am Friedhof außerhalb Schnaittachs*. Gemeint ist damit der

Johannisfriedhof, auf dem vor der Einsegnung des Festungsfriedhofs am Rothenberg im Juli 1740 üblicherweise Soldaten und am Festungsbau Beschäftigte bestattet wurden. Strässl ist der letzte Rothenberger Taglöhner, der hier beerdigt wurde.

Es war sein ganzes Erspartes, das Leonhard Strässl den Bruderschaften vor allem zur damals aktuellen Errichtung von Prozessionsweg und Kapelle auf dem Kalvarienberg überlassen hat. Er wollte mitwirken an diesem Bauwerk, das auf solch intensive Weise mit der Heilstat Christi verbunden war. Es war ihm beruhigende Gewissheit, dass an den Jahrestagen von den Bruderschaftsmitgliedern auch seiner verstorbenen Seele gedacht und für sie gebetet wurde. So konnte er Anteil haben, an einem kleinen Stück der Ewigkeit und des Himmelreichs, das er auf Erden so nie kennen gelernt hatte.

Volksfrömmigkeit kontra Säkularisierung

Die Errichtung des Schnaittacher Kalvarienbergs durch das in tiefer Frömmigkeit begründete Engagement Schnaittacher Bürger fällt in die letzte große Epoche des Kirchenbaus vor den in Politik und Philosophie um 1750 bereits spürbaren säkularen Tendenzen. Im Jahr 1742 entstand im Zusammenhang mit dem Österreichischen Erbfolgekrieg ein erstes Säkularisationsprojekt für die süddeutschen Reichsbistümer. Ausgerechnet der Erbauer der Festung Rothenberg, der 1742 zum deutschen Kaiser gewählte und glücklose bayerische Kurfürst Karl VII. Albrecht, plante zusammen mit Preußen die Säkularisation geistlicher Territorien, um die Hausmacht der Wittelsbacher zu stärken. Die um Reichsverfassung und Gleichgewicht der Mächte bemühte Reichskirche und vor allem der einflussreiche Bamberger Fürstbischof Friedrich Karl von Schönborn konnten noch für kurze Zeit ihre Unabhängigkeit wahren. Doch wurden die geistlichen Fürstentümer im Reich immer mehr zum Spielball politischer Interessen, bis das Hochstift Bamberg im Herbst 1802 endgültig dem Kurfürstentum Bayern einverleibt wurde. Die in diesem Zusammenhang vom Abriss bedrohte Kalvarienbergkapelle wurde nur deshalb verschont, weil der Schnaittacher Landrichter glaubwürdig versicherte, dass sie sich ausschließlich durch freiwillige Beträge erhalte und der Leichenacker dorthin versetzt werde.

Porträt des Kurfürsten Max IV. Joseph von Bayern und späteren Königs Maximilian I. Joseph von Bayern (* 1756, † 1825), der 1802 das Hochstift Bamberg besetzen ließ. [26)]

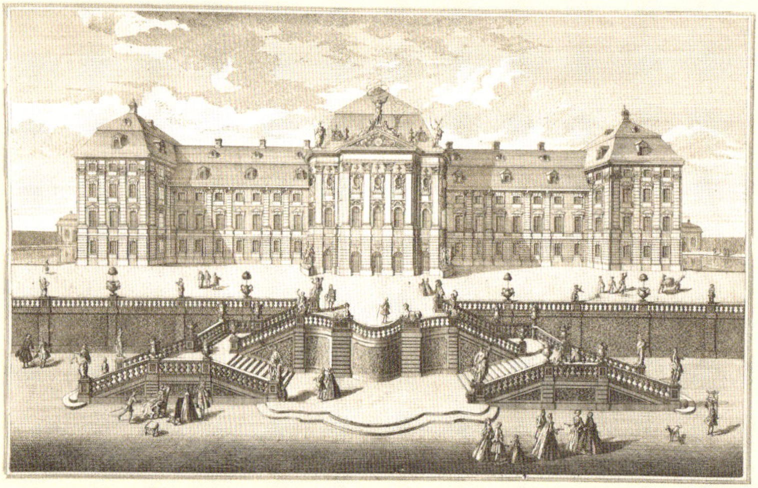

Schloss Weißenstein in Pommersfelden, das Privatschloss von Lothar Franz von Schönborn, Stich von Salomon Kleiner. [27]

Wappen des Fürstbischofs Lothar Franz von Schönborn am Hauptaltar der Bamberger Oberen Pfarre. [30]

1693-1729

Lothar Franz von Schönborn besteigt den Bamberger Bischofsstuhl. 1695 wird er zusätzlich Erzbischof von Mainz und damit Kurfürst und Reichserzkanzler. Er ist Bauherr herausragender Werke der Barockarchitektur wie etwa der Neuen Residenz in Bamberg und Schloss Weißenstein in Pommersfelden.

1700

Bischof Lothar Franz genehmigte die Große Marienprozession anlässlich des Hochfestes der Oberen Pfarre in Bamberg.

1729-1746

Friedrich Karl von Schönborn, der Neffe von Lothar Franz, wird Bischof von Bamberg und wenig später auch von Würzburg. Der barocke Prunk der Adelskirche erreicht unter ihm seinen Höhepunkt. So führt er an seinen Residenzen etwa das spanische Hofzeremoniell ein. Durch seinen stark absolutistischen Herrschaftsstil gerät er ab 1738 in einen unversöhnlichen Konflikt mit dem Domkapitel.

Wehrkirche in Büchenbach, um 1762. [28]

Drei Generationen des Hauses Schönborn bei der Verehrung der Heiligsten Dreifaltigkeit, darunter Lothar Franz (hinten, 2.v.L.) und Friedrich Karl (vorne, 1.v.l) [29]

1701–1713/14 ▪ Im Spanischen Erbfolgekrieg, welcher als erster Weltkrieg der Neuzeit gilt, versuchen die europäischen Mächte in wechselnden Koalitionen eine Vorherrschaft Frankreichs oder Österreichs zu verhindern. Sieger ist letztendlich Großbritannien, dem eine europäische Schiedsrichterrolle zufällt.

1707 ▪ Union von England und Schottland unter dem Namen Großbritannien.

Wallfahrtsbild von Maria Glosberg, Kupferstich auf Seide, Ende 18. Jahrhundert. 31)

Innenansicht der nach Plänen von Balthasar Neumann erbauten Wallfahrtskirche Vierzehnheiligen. 33)

Barocke Garnitur Messkännchen aus dem Dekanat Forcheim. 32)

1743-1772

Die Basilika von Vierzehnheiligen, ein Meisterwerk im Stil von Barock und Rokoko, wird nach Plänen von Balthasar Neumann erbaut.

1756-1763 ▪ Siebenjähriger Krieg zwischen Preußen und Österreich, nach dem Preußen zur europäischen Großmacht aufsteigt.

1769 ▪ James Watt konstruiert die erste Dampfmaschine und liefert damit eine wichtige Voraussetzung für die folgende Industrialisierung.

Schloß Seehof, das barocke Sommerschloß der Bamberger Fürstbischöfe. [34]

Teile aus dem Bamberger Tafelsilber des Fürstbischofs Adam Friedrich von Seinsheim. [36]

1756-1763
Im Siebenjährigen Krieg zwischen Preußen und Österreich hat das Bistum Bamberg mehrere Einfälle preußischer Truppen zu verkraften und musste hohe Zahlungen leisten.

1757-1779
Bischof Adam Friedrich von Seinsheim regiert im Sinne der katholischen Aufklärung. Diese war von dem Versuch geprägt, Vernunft und Glauben zusammenzubringen.

In diesem Sinne reformiert Bischof Adam Friedrich Verwaltung und Schulwesen und gibt eine Reihe von Gesetzessammlungen heraus.

Schutzbrief mit Heiligenbildern, Wachsabdrücken und eingewickelten Reliquien, 1778. [35]

Totenfahne der Bamberger Seiler, 1763. [37]

1773 ▪ Papst Clemens XIV. hebt auf französischen Einfluss den Jesuitenorden auf.

1775-1783 ▪ Nordamerikanischer Unabhängigkeitskrieg, der mit dem Zusammenbruch des britischen Atlantikempires und der Gründung der USA endet.

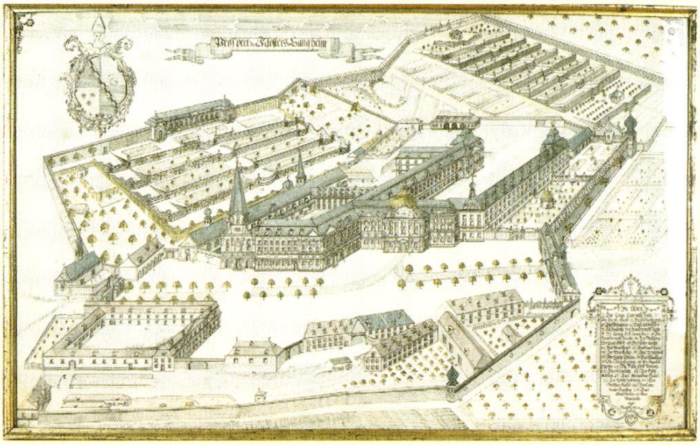

Ansicht des Klosters Langheim um 1800. [38]

Ende des 18. Jhs. rechneten die meisten Menschen mit dem Ende der weltlichen Herrschaft der Fürstbischöfe, Titelbild des Bambergischen Stadt- und Landkalenders von 1796. [40]

1779–1795
Bischof Franz Ludwig von Erthal setzt die Politik seines Vorgängers fort und engagiert sich in damals neuartiger Weise für soziale Belange. So zählte das 1789 von ihm eingeweihte Allgemeine Krankenhaus in Bamberg zu den modernsten Einrichtungen seiner Art in ganz Europa. Daneben war er auch ein starker Förderer der Bamberger Universität.

Das Bamberger Krankenhaus. Zeichnung des Hofarchitekten Johann Lorenz Fink von 1787. [39]

Porträt von Fürstbischof Franz Ludwig von Erthal. [41]

1788 ▪ *Kritik der praktischen Vernunft* von Immanuel Kant erschienen.

1789 ▪ Beginn der Französischen Revolution.

Lorenz Hopfenmüller

19.
Jahrhundert

Lorenz Hopfenmüller

1844

Geburt in Weismain am Rand der Fränkischen Schweiz.[1]

1866

Priesterweihe

1867

Promotionsstudium in Würzburg.[2]

ST. IRENAEUS

DE EUCHARISTIA.

DISSERTATIO INAUGURALIS

1867-76

Kaplan in St. Martin

1871-76

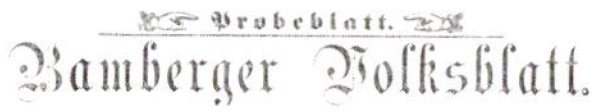

Redakteur des wiederbegründeten *Bamberger Volksblattes.*[4]

Gefängnisstrafen wegen Beleidigung von König Ludwig II. und Reichskanzler Bismarck.[5]

1876-78

Übernahme der Kuratie in Reichmannsdorf.[6]

Eiferer für die Sache Gottes

Für viele, die ihn kannten, war er ein Heiliger. Als großer Wohltäter stand er noch nach Jahrzehnten in seinen ehemaligen Pfarrorten in höchstem Ansehen. Die Seußlinger schufen sogar eine Heiligenfigur mit seinem Antlitz. Und sein erster Biograf nennt Dr. Lorenz Hopfenmüller bewundernd eine *Apostelgestalt*.

Zu Lebzeiten war Lorenz Hopfenmüller höchst umstritten. Neben Zeugnissen der Wertschätzung sind viele kritische Stimmen überliefert. Publizistische Gegner sahen in ihm einen hetzerischen *Pulver- und Petroleumkaplan*. Den staatlichen Behörden galt er als *ultramontaner Heißsporn*. Und im katholischen Lager warfen ihm die auf Ausgleich mit dem Staat bedachten Kräfte ein *hochmüthiges* Wesen und eine *extreme und einseitige Geisteshaltung* vor.

Was für ein Mensch war Dr. Lorenz Hopfenmüller wirklich? Ein Geistlicher, der sein Leben in den Dienst Gottes stellte, aber seinen → Bischof beim → Papst anschwärzte. Ein Theologe, der ein wissenschaftliches Lehramt anstrebte, und sich als Seelsorger bei den Armen höchstes Ansehen erwarb. Ein Priester der Erzdiözese Bamberg, der seiner Heimat den Rücken kehrte und als Ordensmann in der Mission in Indien starb.

Vom Kulturkämpfer zum Indienmissionar

von
Michael Kleiner

1882-87 – Pfarrer in Seußling. [7]

1887 – Eintritt in die Katholische Lehrgesellschaft (spätere Salesianer) mit dem Ziel der Mission. [8]

1890 – Mission in der nordindischen Provinz Assam. [9]

1890 – Tod im indischen Shillong. [10]

Diese scheinbaren Gegensätze in Hopfenmüllers Biografie könnten auf eine zutiefst widersprüchliche Persönlichkeit schließen lassen. Doch das Gegenteil ist zutreffend. Lorenz Hopfenmüller war ein Eiferer für die Sache Gottes.

Was er als richtig und wichtig für seine Kirche und die ihr anvertrauten Menschen erkannte, dafür setzte er sich bedingungslos ein. Ohne Rücksicht auf sich und bisweilen auch auf andere. Oft arbeitete er bis zur Erschöpfung – für die korporativen Rechte der katholischen Kirche, für die Verbesserung der sozialen Bedingungen und für die Verbreitung des Glaubens in einem fernen Land.

Frühzeitig von ultramontanem Geist geprägt

Geboren wurde Lorenz Hopfenmüller am 29. Mai 1844 in der kleinen Landstadt Weismain, am nördlichen Rand der fränkischen Schweiz. Seine Eltern, Friedrich und Marianne Hopfenmüller, hatten durch Landwirtschaft und Schuhmacherei ein kleines, aber gesichertes Auskommen. Zusammen mit drei Brüdern und acht Schwestern wuchs der ruhige und begabte Sprössling in bescheidenen, aber für die damalige Zeit nicht außergewöhnlich ärmlichen Verhältnissen auf.

Seine geistigen Fähigkeiten fielen vor allem der örtlichen Geistlichkeit schnell auf. Der Pfarrer setzte sich beim Vater dafür ein, dass Lorenz eine weiterführende Schule besuchen konnte. Der Kaplan sorgte durch kostenlosen Privatunterricht dafür, dass der ehrgeizige Schüler im Sommer 1856 die Aufnahmeprüfung für das Alte Gymnasium in Bamberg bestand. Bereits ein Jahr später erhielt Lorenz wegen guter Leistungen kostenlose Aufnahme im Freiherr-von-Aufseesschen Studienseminar. Mit der für ihn charakteristischen Selbstdisziplin gehörte er stets zu den Besten seines Jahrganges. 1862 absolvierte er als Zweitbester seiner Klasse das Abitur. Es folgten zwölf Monate philosophische Studien am Lyzeum in Bamberg, damals ein Muss für künftige Priester. Dieser Berufswunsch war in Lorenz Hopfenmüller vermutlich schon längere Zeit gereift. Schon während der Kindeszeit bestätigten ihm Zeitgenossen eine tiefe Religiosität. Folgerichtig trat er ins Priesterseminar ein und empfing nach dreijährigen theologischen Studien am 6. Oktober 1866 die Priesterweihe durch → Erzbischof Michael von Deinlein.

Es gehörte zur guten Gewohnheit, dass die Bistumsleitung besonders begabte Theologen für eine in Bamberg nicht mögliche Promotion an eine auswärtige Universität nach Bayern, Österreich oder an die Päpstliche Universität nach Rom schickte. Offenbar war es der persönliche Wunsch von Erzbischof Deinlein, dass auch Lorenz Hopfenmüller sich einem vertieftem Studium widmete. Der Auserwählte ging in das benachbarte Würzburg. Die dortige theologische Fakultät war überwiegend von der Neuscholastik geprägt.

Blick auf Hauptstraße und Pfarrkirche von Weismain auf einer Ansichtskarte um 1925. [11]

Diese in der zweiten Hälfte des 19. Jahrhunderts immer dominanter werdende Lehrrichtung orientierte sich stark an der Römischen Theologie. Im Gegensatz zur *Deutschen Theologie* stand sie loyal zu den dogmatischen Traditionen und zeigte kein Verständnis für eine historisch-kritische Forschung. Die Neuscholastik prägte eine neue, junge und kämpferische Generation von Theologen: Ihr Anliegen war es, die römisch-katholische Lehre in strenger Abgrenzung von eigenständigen theologischen Strömungen, vom Protestantismus und von der modernen Gesellschaft zu verkünden und zu verteidigen.

Seine erste seelsorgliche Aufgabe bekam Hopfenmüller in der Pfarrei St. Martin in der Bamberger Innenstadt. Das Foto mit den berühmten Bamberger Marktfrauen im Vordergrund stammt aus der Zeit um 1900. [12)]

Von diesem ultramontanen Geist war auch Lorenz Hopfenmüller sein ganzes Leben lang zutiefst geprägt. Und diese Überzeugung war auch ein wichtiger Grund für seine zahlreichen – mitunter sehr heftig geführten – Auseinandersetzungen innerhalb und außerhalb der Kirche.

Engagierter Kaplan und scharfzüngiger Redner

Im Jahr 1867 konnte Hopfenmüller seine Studien mit einer Arbeit über die Lehre des hl. Irenäus († um 202) über die Eucharistie mit dem Doktorgrad beenden. Zum 1. Oktober dieses Jahres wurde ihm vom Generalvikariat die vierte Kaplansstelle an der Bamberger Pfarrei St. Martin zugewiesen. Dass seine erste seelsorgliche Aufgabe in einer so renommierten Stadtpfarrei lag, konnte der junge Priester als Wertschätzung empfinden. Doch Lehrjahre sind keine Herrenjahre. Das gilt auch für die Kaplanszeit von Lorenz Hopfenmüller. Der Verdienst war gering, Unterkunft und Verpflegung spartanisch.

Papst Pius IX. und das Vatikanische Konzil als Eselskarren, der den modernen Fortschritt behindert. Karikaturen wie diese kursierten in der Zeit vor und während des Ersten Vatikanums auch im Erzbistum Bamberg. [13]

Im Berufsalltag hatte Hopfenmüller Pfarrer Andreas Reding bei den pastoralen Aufgaben zu unterstützen und zu entlasten: bei den Gottesdiensten – vor allem den zahlreichen Seelenämtern –, dem Religionsunterricht und bei der persönlichen Zuwendung zu den Gläubigen.

Ein zusätzliches Betätigungsfeld ergab sich mit dem aufblühenden Vereinswesen. Die «modernen» Vereine waren seit der gescheiterten Revolution von 1848 auch für die katholische Kirche eine immer wichtiger werdende Organisationsform. Sie boten die Möglichkeit, die Gläubigen für soziale, kulturelle oder politische Zwecke zu sammeln und ein eigenständiges Milieu aufzubauen. Hopfenmüller erkannte frühzeitig Potenzial und Perspektive des Vereinswesens. Schon als Alumne war er dem *St.-Otto-Verein* zur Gründung einer katholischen Universität beigetreten. Während seiner Kaplanszeit engagierte er sich beim Kindheit-Jesu-Verein für *arme Heidenkinder*, dem Verein für emeritierte Kuratpriester und vor allem als Präses im Kolpingschen Gesellenverein. Letzterer bildete zusammen mit dem karitativ ausgerichteten Vinzenzverein zunächst den Eckpfeiler des sozialen Katholizismus.

Der politische Katholizismus hatte sich 1848 zunächst über die Pius-Vereine zu Wort gemeldet, war in der folgenden Zeit der politischen Reaktion aber schon bald wieder eingeschlafen. Ab den 1860er Jahren erhielt er durch die Casino-Bewegung neuen Auftrieb. Den Hintergrund bildete ein neuer allgemeiner Politisierungsschub, ein sich abzeichnender deutscher Nationalstaat unter preußisch-protestantischen Vorzeichen und die fortschreitende Modernisierung und Liberalisierung der Gesellschaft.

Die römische Kirche antwortete auf die Entwicklungen der säkularen Welt mit einer eindeutigen Abgrenzung. Papst Pius IX. verurteilte 1864 im Aufsehen erregenden *syllabus errorum* aus seiner Sicht grundlegende Irrtümer der Zeit und der bürgerlichen Gesellschaft, darunter Diffamierungen von Kirche und Religion, aber auch moderne Errungenschaften wie die Religions- Gewissens- und Pressefreiheit. Innerkirchlich festigte er den kurialen Zentralismus und eine völlig auf Rom ausgerichtete Kirche. Den umstrittenen Höhepunkt erreichten diese Bemühungen beim 1. Vatikanischen → Konzil (1870/71) mit der Dogmatisierung des päpstlichen Unfehlbarkeitsanspruches.

Die Zeichen standen also auf Sturm. In den zunächst eher geselligen Casinos sammelten sich ultramontane Kräfte, die eine antiliberale Politisierung der Katholiken vorbereiteten. So war es auch für Lorenz Hopfenmüller naheliegend, in das Bamberger katholische Casino einzutreten. Vor den Vereinsfreunden betonte er im Jahr 1870 bei einem Vortrag die unversöhnliche Frontstellung zu einem *gottlosen* Zeitgeist unter der Maske des Fortschritts: *Wir dürfen den sogenannten Liberalismus nicht Liberalismus, sondern absoluthe Parteiwirtschaft, die sog. Freiheit nicht Freiheit, sondern Zügellosigkeit, die sog. Bildung und Aufklärung nicht Bildung, sondern Verbildung und Verthierung des Menschen, den sogenannten Fortschritt nicht Fortschritt, sondern Umsturz heißen.*

Mit seiner gewandten Rhetorik und seiner deutlichen Polarisierung war Hopfenmüller ein gefragter Redner. Nicht nur im Casino, sondern in ganz Oberfranken auf den Wahlversammlungen der Bayerischen Patriotenpartei. Hier organisierten sich katholisch-konservative Kräfte, die in den Parlamenten und kommunalen Gremien kämpften für eine Behauptung des kirchlichen Einflusses in der Gesellschaft, etwa in der Schule

Andachtsbild von Papst Pius IX. (reg. 1846–1878) aus seinem Todesjahr. [14]

Ultramontanismus

Eine Ausrichtung in der katholischen Kirche, die sich besonders eng an den Papst und die Kurie, also an «jenseits der Berge» (lat. *ultra montes*), orientiert. Als negativ besetztes Schlagwort kursierte der Ultramontanismus in Deutschland insbesondere vor und während des 1. Vatikanischen Konzils und des Kulturkampfes in vielen Zeitungen und Schmähschriften. Inzwischen ist der Begriff fast vollständig aus der deutschen Sprache verschwunden.

und in der Armenpflege. In der Wirtschaftspolitik lehnten sie zugunsten sozial schwacher Gruppierungen wie Handwerker, Händler und Bauern eine völlige Liberalisierung des Marktes ab. Innenpolitisch setze sich die Partei – entsprechend ihrem Namen – für ein möglichst starkes Bayern und gegen eine *Verpreußung* im neuen Deutschen Reich ein.

Liberaler Fortschritt oder konservative Bewahrung – diese Fragestellung markierte den Anfang der modernen Parteibildung in Bayern und Deutschland. Sofort setzte zwischen den rivalisierenden Gruppierungen ein weitgehend unreglementierter, dafür umso heftigerer Kampf um die öffentliche Meinung ein. Voraussetzung dafür waren neue demokratische Elemente in einem autoritären Staat – wie etwa der unter der männlichen Bevölkerung nach allgemeinem, gleichem und unmittelbarem Wahlrecht gewählte Reichstag in Berlin.

Redakteur mit *muthigem Manneswort*

Der erste Bamberger Presskaplan Franz Josef Mahr gründete 1852 das Bamberger Volksblatt. [15]

Im 19. Jahrhundert steigerte sich das allgemeine Bildungsniveau deutlich – vor allen Dingen gab es eine regelrechte «Leserevolution». Sie war um 1870 noch nicht am Ende angelangt, hatte aber schon große Fortschritte gemacht. Analphabeten gab es im zweiten Drittel des 19. Jahrhunderts fast nur mehr unter der älteren Generation. So gelang der Zeitschrift als Vorläufer der modernen Illustrierten der Durchbruch zum Massenmedium. Die bekanntesten dieser Familienzeitschriften erreichten bereits eine sechsstellige Auflage. Politische Zeitungen hatten demgegenüber einen schwereren Stand, was nicht nur an den Interessen der Leser, sondern auch an teilweise schikanösen Zensurvorschriften lag. Dennoch war es in den 1860er und 1870er Jahren liberalen Unternehmern gelungen, in Deutschland für ein deutliches Übergewicht der eigenen, liberalen Tagespresse zu sorgen. Diese kritisierte vor allem im Umfeld des 1. Vatikanischen Konzils nicht nur die Dogmatisierung der päpstlichen Unfehlbarkeit, sondern verhöhnte und verspottete vielfach auch den katholischen Glauben als unzeitgemäß und überkommen. In Bayern wurden liberale Meinungsführer wie der *Nürnberger Anzeiger* oder die *Münchner Neuesten Nachrichten* durch Subventionen und exklusive Vergabe von Artikeln und Inseraten von der bayerischen Regierung unterstützt. So kann es nicht verwundern, dass die katholische Presse einen schweren Stand hatte.

Besonders krass war das Missverhältnis in Oberfranken. 1871 existierten zehn liberale Zeitungen und Zeitschriften mit zusammen 13 000 Abonnenten, dazu vier *farblose* ohne erkennbare politische Ausrichtung. Demgegenüber gab es im katholischen Bereich nur das kleine, überwiegend binnenkirchlich orientierte *Bamberger Pastoralblatt*. Der Versuch mit der *Neuen Bamberger Zeitung* ein katholisches Organ zu etablieren, war 1870 ziemlich kläglich gescheitert. Ein katholisches Presskomitee aus Vertretern des Katholischen Casinos – unterstützt von Teilen des höheren Klerus - wagte einen neuen Anlauf. *Die Presse ist eine Macht. Benützen auch wir diese Macht,* hieß es in einem Aufruf vom Dezember 1871. Man gab die Gründung eines *Bamberger Volksblattes* bekannt und warb um finanzielle Unterstützung im gesamten Diözesanklerus. Die Redaktion sollte Dr. Lorenz Hopfenmüller übernehmen.

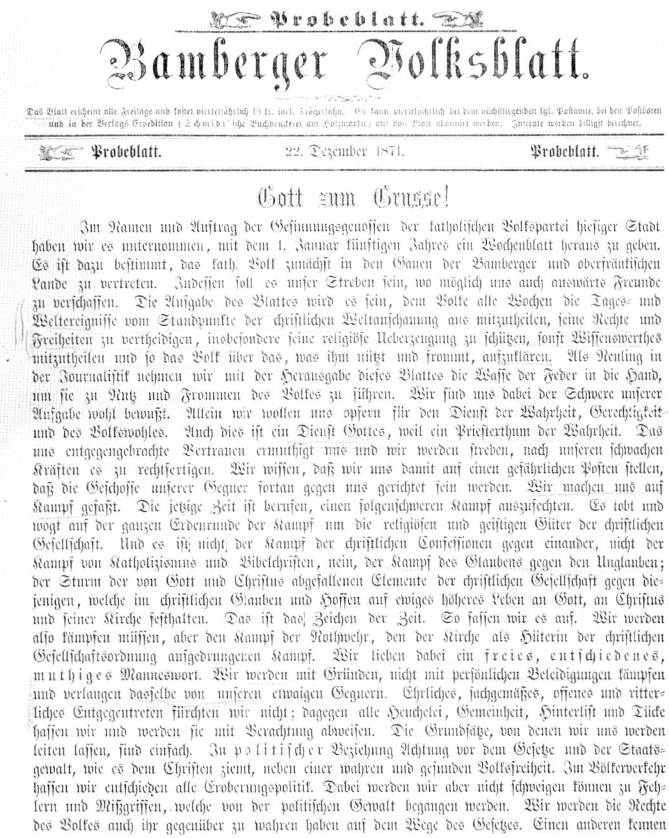

Probeblatt.

Bamberger Volksblatt.

Das Blatt erscheint alle Freitage und kostet vierteljährlich 18 kr. incl. Trägerlohn. Es kann vierteljährlich bei dem nächstliegenden kgl. Postamte, bei den Postboten und in der Verlags-Expedition (Schmidt'sche Buchdruckerei am Holzmarkte) auf das Blatt abonnirt werden. Inserate werden billigst berechnet.

Probeblatt. 22. Dezember 1871. Probeblatt.

Gott zum Grusse!

Im Namen und Auftrag der Gesinnungsgenossen der katholischen Volkspartei hiesiger Stadt haben wir es unternommen, mit dem 1. Jannar künftigen Jahres ein Wochenblatt heraus zu geben. Es ist dazu bestimmt, das kath. Volk zunächst in den Gauen der Bamberger und oberfränkischen Lande zu vertreten. Indessen soll es unser Streben sein, wo möglich uns auch auswärts Freunde zu verschaffen. Die Aufgabe des Blattes wird es sein, dem Volke alle Wochen die Tages- und Weltereignisse vom Standpunkte der christlichen Weltanschauung aus mitzutheilen, seine Rechte und Freiheiten zu vertheidigen, insbesondere seine religiöse Ueberzeugung zu schützen, sonst Wissenswerthes mitzutheilen und so das Volk über das, was ihm nützt und frommt, aufzuklären. Als Neuling in der Journalistik nehmen wir mit der Herausgabe dieses Blattes die Waffe der Feder in die Hand, um sie zu Nutz und Frommen des Volkes zu führen. Wir sind uns dabei der Schwere unserer Aufgabe wohl bewußt. Allein wir wollen uns opfern für den Dienst der Wahrheit, Gerechtigkeit und des Volkswohles. Auch dies ist ein Dienst Gottes, weil ein Priesterthum der Wahrheit. Das uns entgegengebrachte Vertrauen ermuthigt uns und wir werden streben, nach unseren schwachen Kräften es zu rechtfertigen. Wir wissen, daß wir uns damit auf einen gefährlichen Posten stellen, daß die Geschosse unserer Gegner fortan gegen uns gerichtet sein werden. Wir machen uns auf Kampf gefaßt. Die jetzige Zeit ist berufen, einen folgenschweren Kampf auszufechten. Es tobt und wogt auf der ganzen Erdenrunde der Kampf um die religiösen und geistigen Güter der christlichen Gesellschaft. Und es ist nicht der Kampf der christlichen Confessionen gegen einander, nicht der Kampf von Katholizismus und Bibelchristen, nein, der Kampf des Glaubens gegen den Unglauben; der Sturm der von Gott und Christus abgefallenen Elemente der christlichen Gesellschaft gegen diejenigen, welche im christlichen Glauben und Hoffen auf ewiges höheres Leben an Gott, an Christus und seiner Kirche festhalten. Das ist das Zeichen der Zeit. So fassen wir es auf. Wir werden also kämpfen müssen, aber den Kampf der Nothwehr, den der Kirche als Hüterin der christlichen Gesellschaftsordnung aufgedrungenen Kampf. Wir lieben dabei ein freies, entschiedenes, muthiges Manneswort. Wir werden mit Gründen, nicht mit persönlichen Beleidigungen kämpfen und verlangen dasselbe von unseren etwaigen Gegnern. Ehrliches, sachgemäßes, offenes und ritterliches Entgegentreten fürchten wir nicht; dagegen alle Heuchelei, Gemeinheit, Hinterlist und Tücke hassen wir und werden sie mit Verachtung abweisen. Die Grundsätze, von denen wir uns werden leiten lassen, sind einfach. In politischer Beziehung Achtung vor dem Gesetze und der Staatsgewalt, wie es dem Christen ziemt, neben einer wahren und gesunden Volksfreiheit. Im Völkerverkehr hassen wir entschieden alle Eroberungspolitik. Dabei werden wir aber nicht schweigen können zu Fehlern und Mißgriffen, welche von der politischen Gewalt begangen werden. Wir werden die Rechte des Volkes auch ihr gegenüber zu wahren haben auf dem Wege des Gesetzes. Einen anderen kennen

Titelseite des Bamberger Volksblattes vom 22. Dezember 1871. Als katholische Tageszeitung existierte es bis zum Jahr 1969. [16)]

In einem ersten Probeblatt am 22. Dezmber verkündete der journalistische Neuling sein Programm: *dem Volke alle Wochen die Tages- und Weltereignisse vom Standpunkte der christlichen Weltanschauung aus mitzuteilen … und insbesondere seine religöse Ueberzeugung zu schützen.* Hopfenmüller kündigte an, dabei ein *freies, entschiedenes, muthiges Manneswort* führen zu wollen. Und er wurde seinem Versprechen gerecht. Die Lehre der die Beschlüsse des Vatikanums ablehnenden Altkatholiken nannte er nach ihrem geistigen Vater *Döllingerschwindel.* Die Freimaurer verglich er mit einem *Gewürm* und er scheute sich auch nicht, mit liberalen Ideen sympathisierende Gläubige als *Taufscheinkatholiken* zu brandmarken.

Kein Wunder, dass den auf innere Ruhe bedachten städtischen Behörden bereits das Probeblatt als eine *Sturm kündende Möwe* und der Redakteur als *ultramontaner Heißsporn* erschien. Sie sollten Recht behalten: Von Anfang an sorgte das Volksblatt für Diskussionsstoff in den Kneipen und Salons. Seine Erstausgabe erhielt der Redakteur anonym zurückgeschickt – versehen mit üblen Glossen wie *Lügner* oder *elender Pfaff*. Bei den Gegnern bürgerten sich in Folge Begrifflichkeiten wie *Jesuitenblatt* und *ultramontane Schmeißfliege* sowie *Pulver- und Petroleumkaplan* für den Redakteur ein.

Aber auch in katholischen Kreisen war Hopfenmüllers Kurs und Ton umstritten. Auf dem Land erschien das Volksblatt manchen als *zu gelehrt, zu kalt, so daß es beim Volke dahier ansprechen sollte*. Und auch am Domberg spaltete es die Gemüter. Zwar gab es ähnlich denkende, ultramontan orientierte Geistliche, etwa → Domkapitular Dr. Friedrich Herd oder → Generalvikar Dr. Karl Thumann. Letzterer hatte – wenn man Hopfenmüller Glauben schenken will – den jungen Kaplan zur Übernahme der Volksblattredaktion aufgefordert. Der größte Teil des höheren Klerus war aber traditionell friedliebend und hegte die Hoffnung auf ein dauerhaftes Bündnis von Thron und Altar.

Im Kulturkampf – *Krieg auf Leben und Tod*

Es erwies sich bald, dass die Hoffnung auf ruhige Zeiten illusorisch war. Im Gegenteil: Reichskanzler Otto von Bismarck glaubte, in der Katholischen Kirche einen großen Feind des kleindeutschen Reiches erkannt zu haben. Im Verbund mit den Liberalen versuchte er, Staat und Kirche scharf voneinander abzugrenzen, den kirchlichen Einfluss aus Gesellschaft und Politik herauszuhalten und auch auf innerkirchliche Angelegenheiten einzuwirken. In diesem → *Kulturkampf* wurde in Preußen unter anderem die Zivilehe eingeführt, ein Mitspracherecht der Behörden bei kirchlichen Ämtern installiert, wurden unliebsame Geistliche ausgewiesen und fast alle Orden aufgehoben.

Das einzige erhaltene Foto von Lorenz Hopfenmüller wurde um 1870 aufgenommen. [17)]

Diese drakonischen Maßnahmen provozierten den entschiedenen Widerstand der Katholiken. Die katholische Parteibildung wurde gefestigt und eine stattliche Anzahl katholischer Zeitungen gegründet. An der Spitze dieser Organe standen statt geschulter Journalisten Seelsorgsgeistliche – in der Regel *Presskapläne* wie in Trier Georg Friedrich Dasbach, der Gründer des Paulinus-Verlages oder Paul Majunke, der das katholische publizistische Schlachtschiff *Germania* durch den Kulturkampf steuerte. Zu eben jenem Typ beherzter Presskapläne zählte in Bamberg Lorenz Hopfenmüller. Von Anfang an berichtete er im Volksblatt schonungslos und offen über die Vorgänge in Preußen. Immer wieder erfuhr der Leser in Rubriken wie *Kulturkampfszenen*, *Verfolgungsregister* oder *Preußengeschichten* über behördliche Willkür gegenüber Katholiken, Gehältersperrung von Priestern und Verhaftung selbst von Bischöfen.

Hopfenmüllers Absicht war es, die Katholiken wachzurütteln – auch in Bayern, wo der Kulturkampf weniger dramatisch verlief.

Der Trierer Kulturkampfflüchtling Thomas Schmitz wurde Hopfenmüllers Nachfolger als Volksblattredakteur und blieb ihm zeitlebens ein enger Freund. [18)]

Denn auch hier durften sich nach 1872 keine Jesuiten mehr aufhalten.

Die Regierung versuchte permanent, den Einfluss der katholischen Partei möglichst gering zu halten und veränderte etwa geschickt die Wahlkreiseinteilung. Im Verbund mit der übrigen Kaplanspresse wollte der Redakteur des Volksblattes eine geschlossene Protestfront gegen diese Übergriffe und Benachteiligungen aufbauen. Deshalb scheute er auch hier das deutliche Wort nicht, nannte den Kulturkampf einen *Krieg auf Leben und Tod* und verlangte, dass der bayerische Kultusminister, Johann Freiherr von Lutz, *für den Friedens des Landes … geopfert* werden müsse.

Dass er wegen seiner Haltung, mehr aber noch wegen seiner spitzen Feder nicht nur angefeindet, sondern auch vor Gericht gezogen wurde, nahm Hopfenmüller in Kauf. Er wehrte sich ausschließlich mit der Druckerschwärze und ertrug auch die persönlichsten Beleidigungen mit stoischer Ruhe und ohne polizeiliche Anzeige. Der *bartlose Jüngling* selbst musste sich wegen verschiedenster Artikel mehrfach vor Gericht verantworten. Die in der Regel liberal denkende Bürokratie beäugte das Volksblatt besonders gründlich und versuchte mehrfach, ihm Verstöße gegen das Pressegesetz nachzuweisen. Äußerungen, dass Preußen die Kirche *unterdrücken und vernichten* wolle, brachte der Zeitung bereits die Konfiszierung und dem Redakteur die Vorladung vor den Untersuchungsrichter wegen Beleidigung des deutschen → Kaisers ein. Durch geschickte Verteidigung konnte sich Hopfenmüller wiederholt vor härteren Strafen retten. Der bayerische Innenminister Winfried von Hörmann, dem er 1876 – nicht zu unrecht – Wahlmanipulation vorgeworfen hatte, musste dies höchstpersönlich anerkennen. *Derselbe ein in hohem Grade von seiner Würde durchdrungener Hetzkaplan,* so Hörmann in einem Brief an sein Ministerium, *vertheidigte sich selbst und zwar nach allgemeinen Urtheil in sehr gewandter und meist geschickter Weise.*

Kulturkampf

Auseinandersetzungen zwischen der dogmatisch und antimodern ausgerichteten römisch-katholischen Kirche unter Papst Pius IX. und dem Königreich Preußen bzw. dem Deutschen Reich unter Reichskanzler Otto von Bismarck. Katholiken galten potentiell als *Reichsfeinde*. Zwischen 1871 und 1878 wurden u.a. der Kirche alle staatlichen Zuschüsse gestrichen, die Priester auf die Staatsverfassung verpflichtet und die meisten Klöster in Preußen zwangsaufgelöst. 1876 waren alle katholischen Bischöfe Preußens in Haft oder ausgewiesen.

Der Presskaplan in Festungshaft

Trotzdem entging Hopfenmüller dem Schicksal der meisten ultramontanen Presskapläne nicht. Ähnlich wie Franz Josef Mahr, der 1852 das erste katholische Bamberger Volksblatt gegründet hatte, und Dr. Johann Körber, der seit 1871 an der Spitze des Bamberger Pastoralblattes stand, musste auch der junge Kaplan von St. Martin den Weg in die Gefängniszelle antreten. Kurz hintereinander wurde er wegen angeblicher Beleidigung des bayerischen → Königs Ludwig II., seines Innenministers und des Reichskanzlers Bismarck zu insgesamt mehr als 8 Monaten Freiheitsentzug verurteilt. Seine Strafen saß er – etwas ehrenhafter – in der Festung Oberhaus bei Passau und – etwas unehrenhafter – in Gefängnissen in Bamberg und Nürnberg ab. Schon vor Antritt der ersten Strafe am 13. November 1876 legte Hopfenmüller die Leitung des Bamberger Volksblattes in andere Hände. Sein Nachfolger war der aus der Diözese Trier stammende Kulturkampfflüchtling Thomas Schmitz, der in seinem Sinne das Blatt weiterführte und ihm zeitlebens ein enger Freund war.

Es ist Hopfenmüller durchaus abzunehmen, dass er *nicht aus Muthlosigkeit, nicht aus Verzagtheit, nicht gebeugten und gebrochenen Herzens* sein Amt aufgab. Die Doppelbelastung als Kaplan und Redakteur hatte den körperlich schwachen Priester über sechs Jahre hinweg aufgezehrt. Von einem ungerechten System für seine Überzeugung verurteilt zu werden, empfand er nicht als Demütigung sondern zumindest ein Stück weit auch als Auszeichnung und Martyrium. Die Gefängniszeit betrachtete der asketische Hopfenmüller nicht nur negativ *als unfreiwilliges Klosterleben, mit all den körperlichen Ungemächtlichkeiten und geistigen Freuden, welche daraus kommen.*

Drei Monate Festungshaft musste Lorenz Hopfenmüller wegen *Pressvergehen* in Oberhaus bei Passau einsitzen. [19]

Was seine Zeit beim Volksblatt betraf, konnte der *Presskaplan* eine positive Bilanz ziehen. Er hatte das einzige dezidiert katholische Organ in Oberfranken nicht nur fünf Jahre lang geführt. Die Auflage war von gerade mal 850 auf rund 2 500 Exemplare angewachsen. Vor allem aber war es gelungen, gemeinsam mit den Freunden des Presskomitees aus dem Wochenblatt eine täglich erscheinende Zeitung zu machen. So betrübte Hopfenmüller bei Strafantritt nach eigenen Worten lediglich, dass er *von einzelnen höheren und niedrigen Geistlichen statt Anerkennung zu finden, mit scheelen Augen angesehen werde.* Wie recht er mit dieser Einschätzung hatte, zeigte sich nur zu bald.

Kurat in Reichmannsdorf – Betteln für die Armen

Noch am Tage seiner Rückkehr aus dem Gefängnis, am 1. April 1878, wurde Hopfenmüller von seiner Kaplansstelle entbunden und wenige Tage später zum Kuratus in Reichmannsdorf ernannt. Wie ist das zu erklären? Ein wesentlicher Grund scheint im Wechsel des Ortsbischofs zu liegen. Seit 1875 saß Erzbischof Friedrich von Schreiber auf dem Stuhl des Heiligen Otto. Weit mehr als sein Vorgänger Deinlein suchte der treue Anhänger des Wittelsbacher Königshauses ein Auskommen mit dem Staatsapparat. Da störte in der Stadt des Bischofs das Volksblatt mit seiner, wie Schreiber fand, *bissigen Art* und ein Unruhe stiftender Presskaplan wie Hopfenmüller. Dessen Haftstrafe bot dem Erzbischof – ermutigt durch staatliche Behörden – eine ideale Möglichkeit, den missliebigen Heißsporn los zu werden.

Der Betroffene empfand seine neue Aufgabe als Degradierung, als die *beinahe geringste von allen Stellen* im → Erzbistum. Zwar war man binnen vier Stunden zu Fuß in Bamberg, trotzdem galt der rund 1000 Seelen kleine Ort im Steigerwald als abgelegen. Zusätzlich hatte der junge Geistliche vom Generalvikariat wohl die Auflage bekommen, sich fortan öffentlich weder politisch noch publizistisch zu betätigen.

Doch Hopfenmüller wäre nicht Hopfenmüller, wenn er nicht auch in Reichmannsdorf eine große Aufgabe gesucht und gefunden hätte. Schon in seiner Bamberger Zeit hatte die aufkommende → soziale Frage den wachen Kaplan

Während der Frühindustrialisierumg gab es noch keine Arbeiterschutzgesetze. Die Beschäftigten mussten unter härtesten Bedingungen täglich 10 Stunden oder mehr arbeiten. [20]

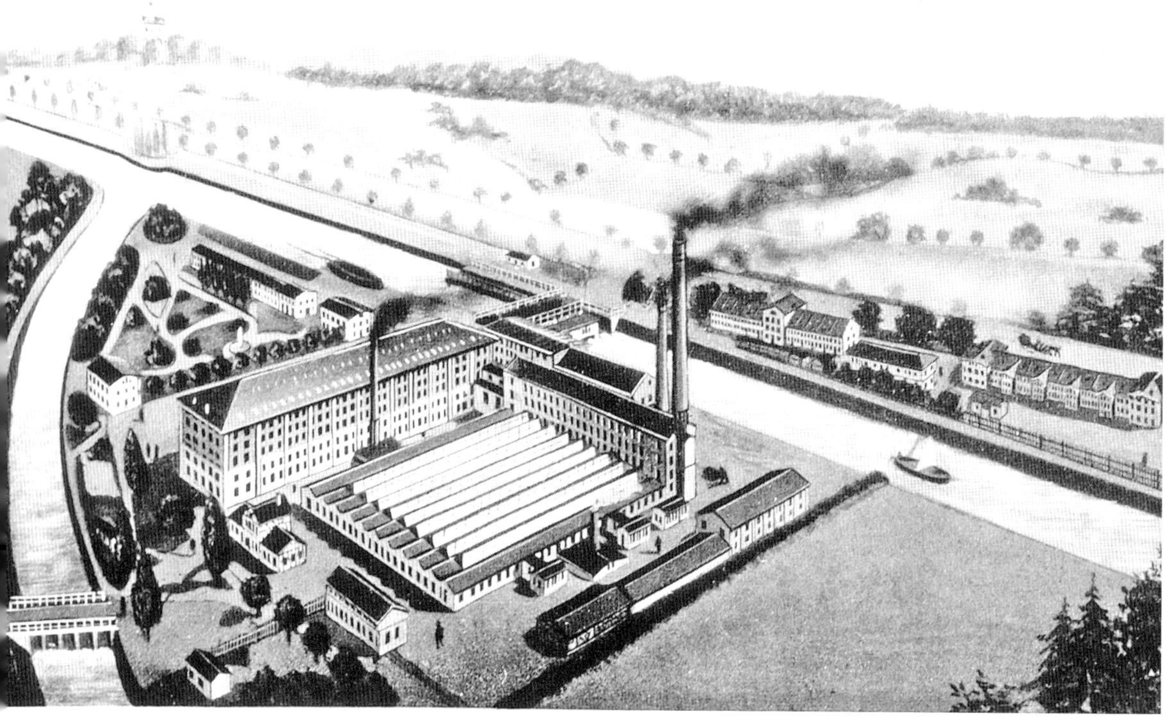

Mit der Gründung der mechanischen Baumwollspinnerei erreichte die Industrialisierung 1855 Bamberg – eine Herausforderung auch für die katholische Kirche. [21]

beschäftigt. Im benachbarten Gaustadt hatte er ein Anschauungsobjekt direkt vor Augen gehabt: die 1855 gegründete mechanische Baumwollspinnerei mit rund 1400 Arbeitern und die mit der Industrialisierung verbundenen Folgen: fehlende soziale Absicherung, familiäre Entwurzelung, Alkoholismus. Wiederholt hatte er in seiner Kaplanszeit auf die negativen Folgen des Wirtschaftsliberalismus hingewiesen und im Volksblatt die allzu harte Kinderarbeit und die Massenverarmung angeprangert. *Die menschliche Gesellschaft wird immer mehr gespalten in die Klasse der wenigen besitzenden reichen Fabrikbarone*, erklärte er 1870 im Bamberger Casino, *der ... Geld- und Börsengrößen und auf der andern Seite in die Klasse der als Arbeitsmaterial und als Maschinen benützen in Armuth und Elend verkommenden Masse der Arbeiter.* Die Lösung der gesellschaftlichen Probleme sah Hopfenmüller im *Christenthum allein.* Mit seinem systemkritischen Ansatz stellte er sich in eine Linie mit den *roten Kaplänen*, die sich vor allem im Ruhrgebiet in direkter Konkurrenz zu Marx und Engels um die Arbeiterfrage bemühten. Er hatte aber noch nicht den gedanklichen Durchbruch eines Wilhelm Emmanuel von Ketteler vollzogen, der als Bischof von Mainz schon 1869 den Staat zur Lösung der Sozialen Frage in die Pflicht nahm und umfangreiche Gesetze zum Schutz der Arbeiter forderte.

Dass er Wort und Tat nicht trennte, bewies Hopfenmüller auf seinem neuen Posten in Reichmannsdorf. Vor allem im sozialen Bereich standen die Verhältnisse nicht zum besten. Es gab lediglich wenige wohlhabende Familien. Die meisten Bewohner hatten ihr Auskommen durch Taglöhnerei, etwas Landwirtschaft und vor allem Bettel. Gerade die Kinder wurden von den Eltern gerne zum Almosen Sammeln in die benachbarten Ortschaften geschickt. Verwahrlosung, mangelnde Bildung und sittliche Verrohung waren die Folge. An diesen beklagenswerten Zuständen hatte die Schließung einer Porzellanmanufaktur im Jahr 1867 und die daraus resultierende Arbeitslosigkeit wesentlichen Anteil.

Mit der gleichen Energie, die er in das Volksblatt investiert hatte, machte sich Hopfenmüller in seiner neuen Gemeinde an die Arbeit. Seine oberste Priorität war es, das Betteln abzustellen. Um dies zu erreichen, wurde er selbst zum Bettler. Für drei Jahre hatte er die Erlaubnis der Polizeibehörde erwirkt, in den benachbarten Orten sammeln gehen zu dürfen. Dafür war es keinem anderen Bettler seiner Gemeinde gestattet, an einer Haustüre um milde Gaben zu bitten. Über benachbarte Geistliche machte der Reichmannsdorfer Kuratus auf sein Anliegen aufmerksam. Das Einsammeln der Spenden und die Vergabe der Güter an bedürftige Familien organisierte er durch den von ihm gegründeten *Verein für christliche Armenpflege*.

Schon nach kurzer Zeit war sein Bemühen von Erfolg gekrönt. Durch die Sammlungen des Vereins gelang es, auch die ärmsten Familien durch den Hungerwinter von 1879 zu bringen.

Soziale Frage

Der Begriff setzt sich ab etwa 1830 allmählich durch und meint die mit dem Bevölkerungswachstum und der Frühindustrialisierung entstehende Verelendung von Gesellen und Arbeiterbevölkerung. Zur Lösung dieser Frage engagierten sich zuerst bürgerliche, dann sozialistische und – wie etwa der Kolpingsche Gesellenverein – ab der Jahrhundertmitte auch katholische Bewegungen.

Hopfenmüller organisiert Hilfe zur Selbsthilfe

Die Linderung der unmittelbaren Not genugte Hopfenmuller nicht. Sein Bestreben ging dahin, Hilfe zur Selbsthilfe zu leisten und aus den Bewohnern seiner Gemeinde selbständige Menschen und gute Christen zu machen. Die Mädchen ließ er in einer Arbeitsschule das Spinnen, Stricken und Nähen lernen, damit sie zusätzliche Verdienstmöglichkeiten hatten. Für die Jungen versuchte er, gute Lehrstellen zu finden. Die arbeitslosen Familien sollten nach seiner Vorstellung während der Wintermonate durch Heimarbeit ihr Auskommen sichern. Neben der Herstellung von Filzschuhen, Bürsten und verschiedenen Landwirtschaftsgeräten kam vor allem die Korbflechterei in Frage – für Oberfranken damals ein besonders charakteristischer Gewerbezweig. Aus dem eigenen Portemonnaie finanzierte Hopfenmüller die Weidenzweige vor. Seine Hochherzigkeit wurde nicht immer belohnt. Manche blieben lieber beim Betteln als bei der geregelten Arbeit und andere versuchten seine Wohltätigkeit auszunützen. Trotzdem: während Hopfenmüllers vierjährigen Schaffens in Reichmannsdorf stieg die Lebensqualität vor allem der ärmeren Einwohner spürbar an.

K u r a t

ist ein alter kirchenrechtlicher Titel und bezeichnet in der katholischen Kirche einen mit der Seelsorge in einem Bezirk betrauten Geistlichen, der keine eigene Pfarrei innehat. (Kuratie, Pfarrvikarie). Das Wort «Kurat» leitet sich dabei vom lateinischen Wort cura (= Fürsorge, Pflege) ab. In den katholischen Pfadfinderverbänden im deutschsprachigen Raum werden die Pfadfinderseelsorger Kuraten genannt.

Die pastoralen Aufgaben in der Pfarrei vernachlässigte der → Kuratus keineswegs. Mit Hilfe von Gönnern wie der Baronin Wilhelmina von Schrottenberg konnte er die kleine Kirche ausbessern und notwendige liturgische Geräte, Statuen und Messgewänder anschaffen. Im Zentrum seiner Aufmerksamkeit stand aber stets der Dienst am Nächsten: Aufopfernd kümmerte Hopfenmüller sich um Kranke und Sterbende und half in den benachbarten Pfarreien beim Dienst im Beichtstuhl aus.

Persönlich gönnte sich der unermüdliche Seelsorger weder Ruhe noch Luxus. Zusammen mit seinen Eltern wohnte er in einem kleinen Kuratushäuschen und verzichtete bewusst auf Alkohol und feinere Speisen. Mitunter verbrachte er die Nacht andächtig im Gebet versunken.

Hopfenmüllers Reichmannsdorfer Zeit markierte eine Wende in seiner öffentlichen Wahrnehmung. Zwar gab es auch in anderen Orten sozial engagierte Priester und etwa in Mistendorf oder Aschbach Vereine gegen Armut und Bettelei. Durch seine Erfolge und seine radikale Konsequenz hatte sich Hopfenmüller aber als begabter «Sozialreformer» weit über die Pfarrgrenzen hinaus einen Namen gemacht, selbst bei denen, die ihn bislang nur als Ultramontanen wahrgenommen und kritisch beäugt hatten.

Im Dezember 1881 macht ihn das Bezirksamt Bamberg II auf die vakante Pfarrstelle in Seußling aufmerksam – in der Hoffnung, dass er auch dort die sozialen und wirtschaftlichen Missstände bekämpfen würde. Der 27-jährige Geistliche zeigte sich tatendurstig und für neue Herausforderungen offen. Er bewarb sich um die freie Stelle und wurde wenig später zum neuen → Pfarrer von Seußling ernannt. Seine alte Gemeinde bescherte ihrem scheidenden Wohltäter einen herzlichen Abschied. *Kein Auge blieb trocken,* berichtete ein Korrespondent im Volksblatt. *Unter lautem Weinen folgten alle der mit herrlichen Kränzen gezierten Kutsche, die den edlen Menschenfreund und frommen Priester der trauernden Gemeinde entführte.*

Als *barmherziger Samaritan* in Seußling

Am 9. Februar 1882 hielt Hopfenmüller Einzug in seine neue Gemeinde. An Vorschußlorbeeren fehlte es nicht. *Ihr bekommt einen barmherzigen Samaritan,* verkündete der königliche Kommissar bei der Amtseinführung. Die Verhältnisse, die der neue Pfarrer an seinem künftigen Wirkungsfeld vorfand, waren mit denen in Reichmannsdorf vergleichbar. Besonders traurige Zustände herrschten in den zur Pfarrei gehörigen Orten Köttmannsdorf und Sassanfahrt. Vor allem Sassanfahrt galt als Armenhaus, seit Ende des 18. Jahrhunderts Julius Graf von Soden hier viele Heimat- und Obdachlose in kleinen *Tropfhäusern* angesiedelt hatte. Die zumeist kinderreichen Familien suchten durch Heimarbeit, Hausieren, Bettelei und zum Teil auch kleineren Gaunereien sich ein notdürftiges Auskommen zu sichern.

Hopfenmüllers Vorgehen entsprach seinem in Reichmannsdorf eingeschlagenen Weg. Zunächst wollte er dem Betteln Einhalt gebieten, denn dabei – so schrieb er in die Seußlinger Pfarreichronik – *wird das Herz verwildert, so dass der Mensch für den Aufbau des übernatürlichen Lebens alle Fähigkeit verliert.* Als Gegenmittel gründete er auch in Seußling einen *Verein für christliche Armenpflege.* Über Anzeigen im Bamberger Volksblatt forderte er die Bewohner der Nachbarorte auf, Almosen künftig nur mehr an die Vereinsmitglieder oder direkt an das Pfarramt zu geben. Wiederum ging der Pfarrer mit gutem Beispiel voran. Einmal im Jahr zog er mit einem Sack auf dem Rücken von Haus zu Haus, um für seine Armen zu bitten. Durch sein Vorbild unterstützten viele Wohlhabende den Verein. Über die Weitergabe der eingesammelten Waren – Brot, Mehl und Salz genauso wie Schuhe, Strümpfe oder Jacken – bestimmten die Vereinsmitglieder in ihren 14tägigen Versammlungen. Im Pfarrhaus wurden die ersammelten Vorräte zwischengelagert und ein Brotladen für die Armen errichtet.

Die Pfarrei Seußling galt Ende des 19. Jahrhunderts als *Armenhaus* des Bamberger Landes und stellte für Lorenz Hopfenmüller eine neue Herausforderung dar, Foto um 1930. [22]

Auch in Hopfenmüllers neuer Pfarrei stellten sich allmählich die gewünschten Erfolge ein und vor allem das Betteln der Kinder hörte auf. Wer aber aus Bequemlichkeit weiter den alten Unsitten fröhnte, für den zeigte Hopfenmüller kein Verständnis. In Zeitungsanzeigen warnte er vor *Weibersleuten aus Sassanfahrt,* die mit der falschen Behauptung bettelten, der christliche Verein habe

Sassanfahrter Korbflechter um 1885. [23]

aufgehört zu existieren. Auch hatte er keinerlei Hemmungen, notorische Berufsbettler der Polizei zu übergeben. Mehrfach wurde Hopfenmüller deswegen von unwilligen Armen belästigt und einmal sogar überfallen. Seinen einmal eingeschlagenen Kurs änderte der Pfarrer deswegen aber nicht.

Als ein Mann mit intellektuellem Scharfsinn beließ es Hopfenmüller nicht bei einem rein karitativen Wirken. Seine besondere Aufmerksamkeit galt den Korbflechtern, die in Sassanfahrt und Trailsdorf wohnten. Sie hatten zwar viel Arbeit, aber nur wenig Verdienst. Als abhängige Heimarbeiter erhielten sie nur geringes Geld für die fertige Ware. Den Reibach machten die zumeist aus dem benachbarten Hirschaid stammenden Zwischenhändler, die auch über das Weidenmonopol an der Regnitz verfügten. Durch die Gründung einer Korbmacherinnung wollte Hopfenmüller 1884 die Verdienstspanne der Heimarbeiter vergrößern und den *kapitalistischen Zwischenhandel* ausschalten. Mit der ihm eigenen Hartnäckigkeit ging er ans Werk. Er stellte sein privates Vermögen zur Verfügung, kümmerte sich um ein staatliches Darlehen, erwirkte die Genehmigung der Behörden, schloss Weidenpachtverträge ab und setzte die Satzung eigenhändig auf. Gemeinsamer Einkauf der Rohstoffe und gemeinsamer Verkauf der Endprodukte, dieser Ansatz war schlüssig, für die angesprochenen Korbmacher aber völlig neu. Es mangelte an Verständnis für dieses zukunftsweisende Projekt. Zu wenige traten der Innung bei. Umsatz und Qualität der Produkte blieben deutlich hinter den Erwartungen zurück und auch von Veruntreuungen blieb man nicht verschont. Hopfenmüller blieb nichts anderes übrig, als sein Sozialexperiment wieder zurückzunehmen. Er löste 1886 die Innung auf und musste persönlich für die Verbindlichkeiten aufkommen. In einem Brief an das Bezirksamt bat er um Stundung der Schulden und räumte ein, bei *der Lösung eines Teiles der sozialen Frage ... eine Enttäuschung erfahren* zu haben.

Gründung eines Spar- und Darlehensvereines

Mehr Erfolg war Hopfenmüller 1882 mit der von ihm initiierten Gründung des Seußling-Trailsdorfer Darlehenskassenvereins beschieden. Der Verein bot eine sichere Kapitalanlage und stellte andererseits zinsgünstige Darlehen zur Verfügung. So blieben viele bedürftige Bauern und Handwerker vor den Machenschaften der Zinswucherer verschont. Als der Pfarrer 1886 von seinem Amt als Kassenführer zurücktrat, konnte er seinem Nachfolger 103 Privatschuldscheine und 7 Hypothekenbriefe übergeben.

Dank seines unermüdlichen Arbeitseifers gelang es Hopfenmüller, die vielfältigen sozialen Tätigkeiten mit seinen pastoralen Pflichten gut in Einklang zu bringen. Aus der Verehrung der Gottesmutter, dem Gebet und aus der heiligen Messe schöpfte er die Kraft, die er für seinen aufopfernden Dienst benötigte. Obwohl er selbst in einer klösterlichen Bescheidenheit lebte, erschien er den ihm anvertrauten Gläubigen keineswegs mürrisch oder streng, sondern *frei, offen und milde*. Andächtig und mit großer Hingabe widmete er sich den seelsorglichen Pflichten, den Predigten, Prozessionen oder der Christenlehre für die nicht mehr schulpflichtige Jugend. Mit dem Einbau einer neuen Orgel und einer Innenrenovierung gelang es dem Pfarrer auch, die Kirche des Ortes zu verschönern.

Die Menschen ließen sich von ihrem charismatischen Seelsorger anstecken. Das zeigte sich etwa, als Hopfenmüller in Rom zum 1. November 1885 die Errichtung einer Rosenkranzbruderschaft in seiner Pfarrei erwirkte. Schon am ersten Tag trugen sich nicht weniger als 361 Gläubige in das Bruderschaftsbuch ein.

Auch in politischer Hinsicht folgte ihm seine anvertraute Gemeinde. Als er anlässlich der Reichstagswahlen 1884 vor den Gefahren der Sozialdemokratie warnte, gab kein Einziger seine Stimme der Arbeiterpartei.

Hopfenmüllers Abschied nach über fünfjährigem Wirken geriet zu einer eindrucksvollen Sympathiekundgebung. Ein großer Teil der Kirchengemeinde begleitete ihn unter *Weinen und Wehklagen* zum Bahnhof nach Hirschaid. Die Bürgermeister der zu seiner Pfarrei gehörigen Dörfer gaben eine Anzeige im Volksblatt auf, in dem sie Hopfenmüller bescheinigten, *das Muster eines für seinen heiligen Beruf begeisterten Priester* zu sein, *dem nur das Heil der Seelen ohne alle irdischen Nebenrücksichten am Herzen lag*. Sein Fortgehen war für viele ein Schock. Doch alle Überredungsversuche, unter anderem vom Ordinariat, halfen nichts. Am 1. September 1887 verließ er Seußling für immer. Zuvor hatte er allerdings dafür gesorgt, dass die Pfarrei mit Johann Schramm einen würdigen Nachfolger erhielt.

Visionen in Deutschland nicht umsetzbar

Hopfenmüller sah sich für eine neue, letzte Aufgabe berufen. Innerlich drängte es ihn, dem Ordensstand beizutreten und in die Mission zu gehen. Dieser Entscheidungsprozess vollzog sich keineswegs linear im Sinne einer bewussten *Karriere nach unten*. Seine wissenschaftlichen, publizistischen und (kirchen)politischen Ambitionen hatte er während seiner Zeit in der Pfarrseelsorge nie gänzlich aufgegeben. 1875 veröffentlichte er in der Bibliothek der Kirchenväter die Übersetzung des griechischen Kirchenlehrers Titus Flavius Clemens. Im gleichen Jahr und nochmals 1881 bewarb er sich vergeblich um eine Professur am Bamberger Lyceum. Auch am Volksblatt arbeitete Hopfenmüller weiter mit und nahm während der Abwesenheit des Redakteurs Schmitz dessen Platz ein, freilich ohne im Impressum namentlich genannt zu werden. Auch auf Wahlversammlungen der Patriotenpartei war der Kulturkämpfer noch zu hören. Zwischenzeitlich unterstützte er auch deren rechte Abspaltung, die Katholische Volkspartei, die nach mittelalterlichem Vorbild eine Neuauflage eines *christlichen Culturstaates* wünschte, aber auch für stärkere demokratische Rechte und eine umfassende Besteuerung des Großkapitals eintrat. Bei öffentlichen Auftritten übernahm er aber in der Regel nur einen kleineren Part und referierte ausgehend von seinen persönlichen Erfahrungen über sozialpolitsche Fragestellungen. Selbst seine innerkirchlichen Kritiker, wie Johann Martin Katzenberger, der Direktor des Lyzeums, bescheinigten ihm, dass er seit seiner Reichmannsdorfer Kuratenzeit *etwas gemäßigter* auftrat. Dass er seine Gesinnung nicht geändert hatte, zeigte Hopfenmüller im Jahr 1883. Mit einem Memorandum wandte er sich an Papst Leo XIII. Darin griff er die Person Erzbischof Schreibers an, der *dem Liberalismus der bayerischen Regierung allzu sehr nachgibt.* Eine merkliche Reaktion des Heiligen Stuhles blieb aber ebenso aus wie bei einer zweiten Eingabe zwei Jahre später. Hopfenmüller musste erkennen, dass seine Visionen einer gesellschaftlichen Erneuerung auf christlich-katholischer Grundlage sich in Deutschland in der gewünschten Weise nicht umsetzen

Der «liberale» Erzbischof Friedrich von Schreiber (reg. 1875–1890) und Hopfenmüller empfanden eine tiefe gegenseitige Abneigung. [24)]

ließen. Die führenden Kräfte in der kirchlichen Welt mit dem Papst an der Spitze suchten den Ausgleich mit der bestehenden Regierung und der zunehmend liberalen Gesellschaftsordnung.

Von Pfarrer Lorenz zu Pater Otto

Mit dem Eintritt in den Ordensstand verabschiedete sich Hopfenmüller von allen bisherigen Ambitionen. Der Tod seiner Eltern hatte ihm die letzten inneren Bindungen an die alte Heimat genommen. Noch am Beerdigungstag seiner Mutter im Januar 1887 wandte er sich an P. Bonaventura Lüthen von der erst 1881 gegründeten Katholischen Lehrgesellschaft in Rom, den späteren Salvatorianern. *Unser europäisches Christenvolk ist in der Entartung*, schrieb er pessimistisch, *der Boden nimmt den himmlischen Tau nicht mehr auf.* Mit dieser Einschätzung war es nur folgerichtig, dass der Bamberger Diözesanpriester nach einem neuen Wirkungskreis Ausschau hielt. In einem mehrtägigen Gebet suchte Hopfenmüller die letzte Klarheit. Wenig später meldete er sich beim Ordensgründer P. Johann Baptist Jordan mit dem Ziel der *Heidenmission* an. Sicher hätte er sich traditionsreichere und gefestigtere → Missionsorden auswählen können. Mit dem ihm eigenen Gottvertrauen wählte er diese neuen Gemeinschaft. Noch hatte der neue Orden nirgendwo auf der Welt das Wort Gottes verkündet. Und hier bestimmten ausschließlich die Oberen über seine künftige Aufgabe und Verwendung.

Am Ziel seiner Wünsche – Pater Dr. Otto Hopfenmüller mit Missionskreuz im Ordenskleid der Katholischen Lehrgesellschaft. [25]

Nach einigen Verzögerungen erhielt Hopfenmüller im September 1887 in Rom das ersehnte Ordensgewand. Trotz seiner inzwischen 43 Lebens- und 21 Priesterjahre fügte er sich ohne Murren in die Härten des Noviziates. Auf Grund seiner hervorragenden Befähigungen wurde er rasch zu Katechesen und Vorträgen für die anderen Neuaufgenommenen eingesetzt. Am 28. Mai 1888 legte Hopfenmüller die Ordensgelübde ab. Auf eigenen Wunsch und als Zeichen seiner anhaltenden Verbindung mit der Heimatdiözese nahm er den Ordensnamen Otto an. Es spricht für das Vertrauen der Ordensoberen, dass sie ihm gleich nach seiner Profess

Nr. 23. IX. Jahrgang. **Der Missionär.** 8. Dezember 1889.

Organ der katholischen Lehrgesellschaft für das Volk.

Die katholische Volkszeitschrift „Missionär" erscheint monatlich zweimal (nämlich für jeden zweiten und letzten Monatssonntag) und kostet per ein Exemplar und ein halbes Jahr 78 Pfg. (46 kr.). — Bei Bezug von drei oder mehr Exemplaren kostet das einzelne Exemplar jedoch nur 60 Pfg. (36 kr.).

Eine Freudenbotschaft.

Heute können wir unseren Lesern die Freudenbotschaft bringen, daß unsere Gesellschaft ein neues Arbeitsfeld übernommen hat. Bisher haben wir durch unsere Blätter und Kalender dem katholischen Volke zu nützen gesucht.

Mit großem Eifer widmete sich P. Otto in Rom der Herausgabe der Ordenszeitschrift *Missionär.* [26]

eine wichtige Aufgabe übertrugen. Er betreute die jungen Männer, die sich auf das Noviziat vorbereiteten. Außerdem arbeitete er im Mutterhaus an der Ordenszeitschrift *Missionär* und verfasste ein vielbeachtetes Erbauungsbuch, das *Manna Religiosum.*

Das eigentliche Ziel seiner Wünsche rückte näher, als im Dezember 1889 der Orden von der vatikanischen Kongregation für Glaubensweitergabe als erstes Missionsgebiet die Provinz Assam in Nordindien zugeteilt bekam. Pater Otto wurde vom Ordensgründer zum Superior, zum Vorsteher der kleinen Reisegruppe, ernannt. Vor seiner Abreise musste er sich noch um finanzielle Hilfe für seinen neuen Wirkungskreis kümmern. Er gewann die Unterstützung des Ludwig-Missions-Vereins, des Vorgängers von MISSIO München, und unternahm einen weiteren Werbefeldzug in seiner alten Heimatdiözese. Dort predigte er unter anderem in den vollbesetzten Kirchen seiner alten Wirkungsstätten in Seußling und Bamberg/St. Martin und hielt Vorträge beim Gesellenverein und dem Casino, wo er – laut Volksblatt – *über seinen Beruf und sein Vorhaben so begeistert und begeisternd sprach.* Als Pater Otto am 7. Januar 1890 die Rückreise nach Rom antrat, hatte er genügend Geld im Gepäck, um die Überfahrt und auch die ersten Monate in Indien bezahlen zu können.

Am Ziel der Wünsche – als Missionar in Indien

Mit einem Mitpater und zwei Ordensbrüdern verließ Hopfenmüller am 19. Januar in Brindisi europäischen Boden. 41 Tage später kamen die Missionare in der Provinzhauptstadt Shillong an. Hier sollte der Sitz der Apostolischen Präfektur sein. Die vier Salvatorianer hatten wahrhaft eine «Apostelaufgabe» vor sich. Bei einer Volkszählung wurden in der Provinz Assam 1881 fast 4,9 Millionen Einwohner gezählt, darunter nur 351 Katholiken. Das Land selbst war wie es der Name ausdrückt: *unvergleichlich.* Die Talebene ist vom mächtigen Brahmaputra durchzogen. Im Norden erhebt sich majestätisch der Himalaya, an den sich Berge, Hügel und Dörfer malerisch anschmiegen. Für den landschaftlichen Reiz hatte die kleine Salvatorianergruppe aber sicherlich nur wenig Muße. Es galt, das Leben notdürftig zu organisieren und Vorbereitungen für die Verkündigung zu treffen. Ein erster Wandermissionar hatte an den wenigen von Katholiken bewohnten Orten eine bescheidene Infrastruktur mit einigen kleinen katholischen Stationen aufgebaut. So konnten die Salvatorianer in Shillong eine Hütte beziehen, in die eine winzige Kapelle für bis zu 15 Personen integriert war. Ihre Größe, aber auch die Lage im euro-

Eucharistiefeier eines Missionars der Lehrgesellschaft in Indien, Abbildung aus der Ordenszeitung *Missionär* um 1890. [27)]

päischen Wohnviertel ließ sie als künftige Missionszentrale für Pater Otto ungeeignet erscheinen. Denn er hatte sich dafür entschieden, vorrangig dem einheimischen Bergvolk der Khasi das Evangelium zu verkünden. Diese schienen für das Christentum leichter empfänglich als die Muslime und kannten kein Kastenwesen. Als Nachteil empfand es Hopfenmüller allerdings, dass die Einheimischen *durch protestantische Engländer verdorben* waren, von *den Missionären durch Häresie, von den Laien durch Unsittlichkeit.*

Pater Ottos ganzes Denken drehte sich fast ausschließlich um das große Ziel der Glaubensweitergabe. Er nahm Verhandlungen mit dem Khasikönig auf, um eine neue, größere Missionsstation bauen zu können. In kürzester Zeit lernte er die für europäische Zungen sehr schwer verständliche Khasisprache, was ihm, wie er nach Deutschland schrieb, schwerer fiel als *Holzspalten und Dreschen.* Nach nur einem halben Jahr hatte er bereits eine Zusammenfassung des christlichen Glaubens in der Sprache der Einheimischen erstellt sowie die Schriften über die Leben Jesu und Mariä übersetzt. Möglich war dies nur durch den grenzenlosen Willen des Superiors. *Mein Leben ist noch ziemlich einförmig,* schrieb er an seinen Freund, den Volksblattredakteur Thomas Schmitz, *Studieren, Katechismus machen, Beten, Betrachten.* Hinzu kam die Askese. Eigentlich unterlagen die Missionare wegen der harten Lebensbedingungen weniger strengen Fas-

Die ersten einheimischen Christen in Shillong kurz nach Hopfenmüllers Tod. [28]

tenvorschriften. Pater Otto ging jedoch weit darüber hinaus – um Geld zu sparen und um der Selbstheiligung willen. *Ein wenig Brot, oft nicht das, Brotsuppe, Reis, Erbsen, Bohnen, Kartoffeln, ein paar Tassen Tee, der uns geschenkt wurde, einige Früchte sind unsere Nahrung*, berichtete er dem Bamberger Volksblatt über seine Ernährung in Indien.

Wie wenn Vater und Mutter gestorben wären

Mehrfach hatte Hopfenmüller den Rat bekommen, es mit der Armut nicht zu weit zu treiben, unter anderem von Pater Machal, dem Generalvikar der Diözese Kalkutta. Wenn er so wenig Rücksicht auf seinen Körper nehme, werde er kein halbes Jahr in Indien überleben, hatte jener gemahnt. Und Machal sollte mit seiner düsteren Vorahnung Recht behalten. Körperlich war Hopfenmüller ohnehin nicht von robuster Natur. Die übermäßige Arbeit, das mehr als spartanische Leben und das ungewohnte Klima forderten ihren Tribut. Beim Messdienst am 17. August 1890 fühlte er sich plötzlich unwohl und konnte sich nur mit Mühe am Altar festhalten. Sein gesundheitlicher Zustand verschlechterte sich rapide. Zwei Tage später fiel der 47-jährige in Bewusstlosigkeit. Der eilends herbeigerufene Arzt konnte nicht mehr helfen. Pater Otto Hopfenmüller erlag am 21. August 1890 in Shillong einer Gehirnhautentzündung, noch bevor er sein eigentliches Missionswerk beginnen konnte. Am Tag darauf fand er auf dem anglikanischen Friedhof in Shillong seine letzte Ruhestätte. Noch heute erinnert eine Gedenktafel an ihn.

Hopfenmüller konnte die Früchte seiner Arbeit nicht mehr ernten. Sein Lebenswerk blieb aber nicht ohne Folgen. Aus seinem persönlichen Umfeld traten einige Frauen und Männer in den Orden der Salvatorianer ein, darunter Bruder Marianus Schumm, der ihn nach Rom und Shillong begleitet hatte. Hopfenmüllers Nichte schloss sich als Schwester Scholastica dem weiblichen Zweig an und wirkte zusammen mit zwei Mitschwestern aus Pettstadt und Sassanfahrt von 1891 bis zu ihrer Ausweisung 1915 in Ostindien. Auch das Missionswerk in Assam wurde von deutschen Salvatorianern mit stetem Erfolg weitergeführt. Unterstützung kam auch aus der Erzdiözese Bamberg, wo das Volksblatt weiter aus der Provinz Shillong berichtete. Die von ihm wiedergegründete Zeitung selbst hatte mit zwangsbedingter Unterbrechung während der NS-Zeit bis ins Jahr 1969 als tägliches katholisches Sprachrohr in der Erzdiözese Bamberg Bestand.

Viele Zeitgenossen sahen in Lorenz Hopfenmüller einen Heiligen. Deswegen trug in der früheren Seußlinger Friedhofskapelle der heilige Franz Xaver seine Gesichtszüge. [29]

Unvergessen blieb Hopfenmüller vor allem dort, wo er sich als Seelsorger um die sozialen Belange der Menschen gekümmert hatte. *Es herrschte ein Weinen und Schluchzen, wie wenn Vater und Mutter zugleich gestorben wären*, hieß es angesichts der Todesnachricht etwa aus Reichmannsdorf. In Seußling gab man einem Bildnis des heiligen Franz Xaver in der dortigen Kapelle sogar die Gesichtszüge des einstigen Pfarrers.

Vielen, die Lorenz Hopfenmüller kannten, galt er als Heiliger. Auf jeden Fall aber war er eine große und schillernde Priesterpersönlichkeit in einem bewegten Jahrhundert.

Heutige Ansicht des katholischen Friedhofs von Shillong mit Friedhofskapelle. [30]

Christoph Franz von Buseck (Fürstbischof 1795–1802). [31]

1802/03
Säkularisation des Hochstifts Bamberg. Fürstbischof Christoph Franz von Buseck verliert seine weltliche Herrschaft, Klöster werden aufgelöst. In der Folge unterliegt das gesamte kirchliche Leben starken Beschränkungen.

1818/21
Errichtung des neuen Erzbistums Bamberg – Joseph Graf von Stubenberg wird erster Erzbischof von Bamberg.

Repräsentatives Gemälde mit den Porträts des Papstes, des Königs, des Erzbischofs Joseph Graf von Stubenberg (reg. 1818/21–1824) und der zwölf neuen Bamberger Domkapitulare, 1822. [33]

Pfarrkirche Herz-Jesu in Erlangen, um 1860. [32]

1809
Das Religionsedikt garantiert Glaubensfreiheit, erste katholische Pfarreien in den ehemals rein protestantischen Gebieten in Bayreuth und Ansbach (1807), Nürnberg (1810) und Erlangen (1813) entstehen.

Abtransport: Waagzettel für eine Kiste wertvollster Gegenstände des Bamberger Domschatzes. [34]

In der Königlichen=Preußischen Zollstatt
entrichtet
von
den 16. Anno 1803 fl. kr. 48 pf.
Num. 3199.

1803 ▪ Reichsdeputationshauptschluss, in dessen Folge sehr viel kirchlicher Besitz eingezogen und viele kleinere Territorien und selbstständige Städte von den großen Flächenstaaten einverleibt wurden.

St. Augustin, Coburg, 1860 von Erzbischof Deinlein konsekriert. [35)]

Bamberger Kapuzinerkloster St. Heinrich und St. Kunigunde, 1879 abgebrochen. [36)]

1826
Erzbischof Joseph Maria Freiherr von Fraunberg (1824–1842) setzt eine neue Dekanatseinteilung in Kraft. Coburg wird mit päpstlicher Genehmigung dem Erzbistum Bamberg zugewiesen.

ab 1827
Mit der katholischen Erneuerung unter König Ludwig I. geht eine Wiederbelebung des Ordenswesens einher. Als Erste kommen in der Schule und in der Caritas tätige Frauenorden ins Erzbistum.

1848
Erzbischof Bonifaz Kaspar von Urban steht in der Revolution auf Seiten des Wittelsbacher Königshauses, unterstützt aber die Gründung eines für die Rechte der Kirche kämpfenden Pius-Vereines.

Der Bamberger Erzbischof Bonifaz Kaspar von Urban als Teilnehmer der ersten deutschen Bischofskonferenz 1848 (untere Reihe, 2. von rechts). [37)]

1815 ▪ Auf dem Wiener Kongress legen die führenden Staaten die Grundlage für eine europäische Ordnung nach Napoleon. Dazu gehörte für Deutschland auch die Unterdrückung des nationalstaatlichen Gedankens und das Verbot freier Meinungsäußerung.

1847–1848 ▪ Revolutionsjahre in Italien, Frankreich, Deutschland, Österreich; Karl Marx/Friedrich Engels: *Kommunistisches Manifest*; Scheitern der Revolutionen.

«Herz-Jesu-Missionar» P. Matthäus Rascher, der ab 1895 auf einer Missionsstation in der Südsee tätig war. [38)]

Das erste erhaltene Foto eines Bamberger Erzbischofs zeigt Michael von Deinlein (1858–1875). [40)]

Der aus Bamberg stammende Kirchenrechtsprofessor Ignaz von Döllinger (1799–1890) lehnte die Unfehlbarkeit des Papstes ab und gab indirekt den Impuls für die Gründung altkatholischer Gemeinden. [41)]

1855
Gründung des Kolping-Gesellenvereins in Bamberg.

ab 1854
Der aus Bamberg stammende Kaplan Matthäus Kirchner geht als Comboni-Missionar nach Zentralafrika. Viele weitere Priester und Ordensangehörige folgen ihm in den nächsten Jahrzehnten nach Afrika, Südamerika und Asien.

1870
Auf dem 1. Vatikanischen Konzil zählt der Bamberger Erzbischof Michael von Deinlein zu den Minderheitsbischöfen, die sich gegen eine persönliche Unfehlbarkeit des Papstes aussprechen.

Typische Frömmigkeitsform im 19. Jh.: «Herz-Jesu», Entwurf für ein Glasfenster in Witzmannsberg. [39)]

Audienz bei Papst Pius IX. während des Vatikanischen Konzils. [42)]

1870 ▪ Das 1. Vatikanische Konzil verabschiedet das Dogma von der Unfehlbarkeit des Papstes in Glaubens- und Sittenfragen

Abzeichen des kath. Arbeitervereins; die ersten im Erzbistum entstanden 1887 in Bamberg und 1888 in Wilhelmsthal. [43]

Ausflug des Bamberger St.-Heinrichsvereins, der sich seit 1883 der Belange von Lehrlingen annahm. [45]

1872–1887

Der Kulturkampf führt auch im Erzbistum zur Ausweisung der Jesuiten und zur Konfrontation entschieden-katholischer Kräfte mit dem Staat.

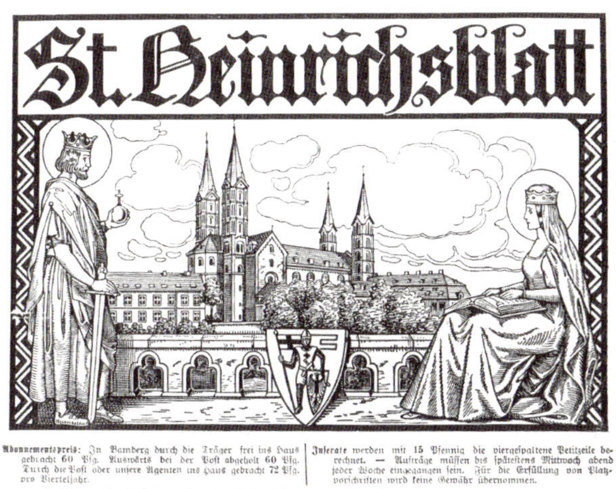

St. Heinrichsblatt

Abonnementspreis: In Bamberg durch die Träger frei ins Haus gebracht 60 Pfg. Auswärts bei der Post abgeholt 60 Pfg. Durch die Post oder unsere Agenten ins Haus gebracht 72 Pfg. pro Vierteljahr.

Inserate werden mit 15 Pfennig die viergespaltene Petitzeile berechnet. — Aufträge müssen bis spätestens Mittwoch abend jeder Woche eingegangen sein. Für die Erfüllung von Platzvorschriften wird keine Gewähr übernommen.

1893 wurde das St.-Heinrichsblatt gegründet, bis heute Kirchenzeitung für das Erzbistum Bamberg. [44]

Andachtsbild von Papst Leo XIII. (1878–1903). [46]

1871 ▪ Gründung des Deutschen Reiches. Der preußische König wird deutscher Kaiser und die Katholiken geraten im neuen Staat in eine Minderheitensituation.

1891 ▪ Papst Leo XIII. nimmt sich in der Enzyklika *Rerum Novarum* der Arbeiterfrage an

Elisabeth Bach

20.
Jahrhundert

Elisabeth Bach

1908

Elisabeth Bach wird in Essen geboren. [1)]

1914

Umzug mit ihrer Familie nach Nürnberg. [2)]

1947-1960

Ehrenamtliche Diözesanleiterin der Frauen im Kath. Werkvolk. [3)]

1948

Eine Denkschrift von Elisabeth Bach ist Grundlage für eine Hirtenwort von Erzbischof Joseph Otto Kolb. [4)]

Eine alleinstehende Arbeitnehmerin aus Nürnberg, Elisabeth Bach, engagierte sich nach dem Zweiten Weltkrieg in einer Phase des tiefgreifenden gesellschaftlichen Wandels für Frauen, Arbeiter, Senioren und kinderreiche Familien.

Einsatz für eine bessere und gerechtere Gesellschaft

Elisabeth Bach war eine überzeugte Streiterin für mehr soziale Gerechtigkeit zugunsten von Verlierern des Zweiten Weltkrieges, zum Beispiel der Ausgebombten der Großstadt Nürnberg ebenso wie der Flüchtlinge. Sie engagierte sich aber auch für Arbeitnehmer und Arbeitnehmerinnen, die durch ihrer Hände und ihres Kopfes Arbeit die Industrialisierung möglich gemacht hatten. Deren Lohn aber durfte zumindest bis in die späten 1960er Jahre hinein kaum als gerecht eingestuft werden.

Elisabeth Bach war eine überzeugte Wegbereiterin für eine neue Generation von Frauen. Diese begannen, sich aus der Rolle der nach-geordneten Partnerin in Ehe und Familie zu befreien. Elisabeth Bach blieb selbst unverheiratet, vertrat aber leiden-

Streiterin für soziale Gerechtigkeit

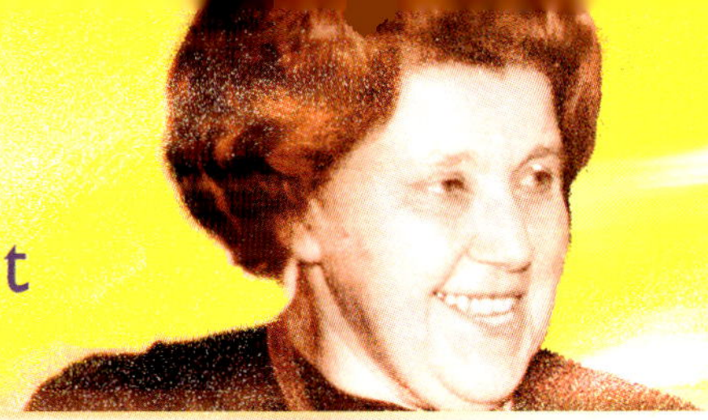

von Ludwig Unger

Mitglied im Nürnberger Stadtrat. [5]

Verleihung der Nürnberger Bürgermedaille.

1952-1972 1968 1974 1976

Auszeichnung mit dem päpstlichen Ehrenkreuz *Pro Ecclesia et Pontifice.* [6]

Tod in Nürnberg. [7]

schaftlich das Leitbild der Frau als Mutter. Die neue Generation von Frauen, die nach «Emanzipation» strebte, suchte in den kommenden Jahrzehnten ihren Platz in der Gesellschaft und der Kirche.

Elisabeth Bach wollte auf der Grundlage ihres Glaubens die bestehende Gesellschaft verändern und eine bessere, gerechtere gestalten. Dabei stand es um die Rahmenbedingungen, sich einer solch umfassenden Zielsetzung zu widmen, für die gebürtige Nordrhein-Westfälin eher schlecht. Aus einfachen Verhältnissen stammend, versetzte sie dazu erst die Wahl in ein Leitungsamt im Katholischen Werkvolk in einer Phase zunächst größter sozialer Nöte und dann des Hoffnung vermittelnden Umbruchs, in eine glücklichere Lage. Das Katholische Werkvolk trat als Verband, der Frauen und Männer als Arbeiter, Angestellte und Beamte vertrat, nach 1945 in die Nachfolge der katholischen Arbeiterinnen- und Arbeitervereine. Diese waren im Dritten Reich verboten worden.

In ihrem Amt als Diözesanleiterin der Frauen im Katholischen Werkvolk der Erzdiözese Bamberg von 1947 bis 1960 konnte sie die Ziele einer neuen Frauenarbeit und einer gerechteren Gesellschaftsordnung zunächst aufspüren und dann mit allem Nachdruck verfolgen.

Elisabeth Bach wurde am 13. April 1908 in Essen geboren. Ihr Vater war Sekretär bei der christlichen → Gewerkschaft. Berufliche Umstände veranlassten ihn, 1914 mit seiner Familie nach Franken zu ziehen. Hier besuchte Elisabeth die Handelsschule, durchlief eine Ausbildung zur Verwaltungsangestellten und war anschließend 25 Jahre lang im kaufmännischen Dienst in der Nürnberger Stadtverwaltung tätig. Ehrenamtlich übernahm sie nach dem Zweiten Weltkrieg im Katholischen Werkvolk der Erzdiözese Bamberg die Aufgabe einer Diözesanleiterin.

Ihr Frauenbild war durchaus konservativ. Es sei die vornehmste Aufgabe der Frau, still und ungesehen die Soziale Liebe – Barmherzigkeit und Hilfsbereitschaft von Mensch zu Mensch – zu üben und sich um die scheinbaren Kleinigkeiten des Lebens zu bekümmern, die dann oft so verheerende Wirkungen haben können, hatte sie ihr Leitbild 1950 formuliert. Dennoch stritt sie als Diözesanleiterin des Katholischen Werkvolks für mehr Mitbestimmungsrechte für Frauen, engagierte sich für eine gerechtere soziale Lage und Sozialordnung im Katholischen Werkvolk und von 1952 bis 1972 auch als CSU-Stadträtin in der Frankenmetropole.

Der städtischen Angestellten war bewusst, dass jede Frau sozialpolitisch gebildet sein muss, weil sie genau wie der Mann im Kampf des Lebens steht

Über 20 Jahre engagierte sich Elisabeth Bach im Nürnberger Stadtrat. Das Bild zeigt sie bei der Entgegennahme eines Schecks für die Nürnberger Altenhilfe im Jahr 1971. [8)]

und an der Wahlurne, in der Gewerkschaft, im Betriebsrat, die katholische Sache mit entscheidet. Mit Interventionen, nicht zuletzt einer zehnseitigen Denkschrift im Jahr 1948, etwa bei Erzbischof Joseph Otto Kolb erreichte sie, dass sich die Bistumsleitung der Erzdiözese Bamberg stärker für soziale Belange engagierte und u.a. einen Hirtenbrief für die Versorgung von Flüchtlingen und Ausgebombten abfasste.

Prälat Georg Meixner um 1955. [9]

Weichen werden im Viererkreis gestellt

Bereits unmittelbar nach Kriegsende und dem rasch folgenden Neuanfang der katholischen Arbeitervereinsbewegung in der fränkischen Erzdiözese und kurz nach dem 1. Diözesantag des Katholischen Werkvolks im März 1947 in Bamberg stieß sie in eine Dreiergruppe hinein. Als Diözesanleiterin der Frauen des Diözesanverbandes wurde sie vom Bezirksverband Nürnberg benannt. Das um Elisabeth Bach ergänzte Leitungsgremium legte binnen gut einem Dutzend Jahren die Grundlagen für die Arbeit des Diözesanverbandes. Neben Elisabeth Bach gehörten dazu:

1. Prälat Georg Meixner, der von Erzbischof Kolb noch unmittelbar im Umfeld des ersten Diözesantags im März 1947 zum Diözesanpräses bestellt worden war und bis zu seiner schweren Erkrankung und dem damit verbundenen Tod 1960 im Amt blieb. Der Werkvolkpräses (→ Präses) fungierte nicht nur als Geistlicher Beistand, sondern hatte lange Zeit die zusätzliche Rolle eines Vorsitzenden.
2. Josef Sieben, der von den Delegierten des 2. Diözesantags im Dezember 1948 zum Nachfolger des Gründungsvorsitzenden Josef Thoma bestellt worden war und 15 Jahre lang die Geschichte der katholischen Arbeitnehmerbewegung an dieser Schnittfläche zwischen Ober- und Mittelfranken maßgeblich bestimmte.
3. Schließlich Hans Birkmayr. 1948 war der bisherige Bamberger Bezirkspräses von Erzbischof Kolb zum Stellvertretenden Diözesanpräses ernannt worden. Für und mit Birkmayr wurde dieses Amt neu geschaffen. Aufgrund seiner Arbeitsbelastung als Vorstand der St. Joseph-Stiftung legte Birkmayr diese Aufgabe zum Jahreswechsel 1960/61 nieder.

Josef Sieben, langjähriger Diözesanvorsitzender des Werkvolks. [10]

1960 aber kandidierte Elisabeth Bach, die auf Verbandsebene ein festes Glied des Dreigestirns Bach, Emma Frey und Wilma Behringer war, nicht mehr für das Amt der Diözesanleiterin. Zu ihrer Nachfolgerin wurde Martha Klingler aus Nürnberg gewählt.

Hans Birkmayr. [11]

Soziale Fragen warten auf Antwort – Chancen für die Kirche

Als Elisabeth Bach das Amt der Diözesanleiterin für Frauenangelegenheiten innerhalb des gerade gegründeten Katholischen Werkvolks übernahm, konzentrierten sich die Anstrengungen von Politik, Gesellschaft, Wirtschaft und Kirche darauf, die Schäden des Zweiten Weltkriegs mit der Vernichtung weiter Teile des Wohnraums zu beseitigen. Zudem ging es darum, die wirtschaftlichen und sozialen Grundlagen für ein neuartiges und lebenswertes Dasein der Bevölkerung auf dem Gebiet der Erzdiözese Bamberg zu schaffen. Waren im Ballungsraum Nürnberg-Fürth-Erlangen die Produktionsanlagen stark zerstört, so sah es in Oberfranken weitaus günstiger aus. Auch aufgrund des ausgeprägten landwirtschaftlichen Anbaus war hier eine halbwegs stabile Grundlage zur Ernährung der eigenen wie auch der zugezogenen Bevölkerung vorhanden.

Aus der Sicht der amerikanischen Besatzungsmacht, aber auch der christlichen Kirchen, war es ein wichtiges Ziel, die künftige bundesdeutsche Gesellschaftsordnung nach neuen Prinzipien zu errichten. Demokratie und Menschenrechte sollten im Bewusstsein der Bevölkerung neu verankert werden. Den christlichen Kirchen, auch den Verantwortlichen der Erzdiözese Bamberg und mithin Elisabeth Bach kam es vor allem darauf an, die christli-

Erste öffentliche Fronleichnamsprozession durch das kriegszerstörte Nürnberg im Jahr 1947. [12]

chen Wurzeln im Einzelnen wie auch in der Gesellschaft neu zu beleben. Die Verantwortlichen des Katholischen Werkvolks richteten dabei ihr Hauptaugenmerk auf die Arbeitnehmer, und das nicht nur aufgrund der eigenen Verbandssatzung. Zu sehr vielen Arbeitern hatte die katholische Kirche nämlich bereits im ausgehenden 19. und frühen 20. Jahrhundert den «Draht verloren». Daran konnte auch die Katholische Soziallehre, die mit der Enzyklika *Rerum Novarum* 1891 durch Papst Leo XIII. begründet worden war, wenig ändern.

Glaube bestimmt nach Kriegsende den Alltag

Äußerlich sichtbar wurde der offensive Anspruch der katholischen Kirche, die sich auch als Opfer der Nazi-Diktatur fühlte, in «religiösen Massenevents». Darunter waren zum Beispiel die 500-Jahrfeier des Wallfahrtsortes Vierzehnheiligen und die 800-Jahrfeier der Heiligsprechung → Kaiser Heinrichs 1946 zu verstehen. Mit Hilfe von Volksmissionen wurde für den christlichen Glauben neu geworben. Und auf eigene Weise reihte sich das Katholische Werkvolk der Erzdiözese in das breite Spektrum solcher Glaubensereignisse ein. Die Werkvolk-Wallfahrten, zu denen der Diözesanverband jährlich – meist nach Vierzehnheiligen – einlud, zogen tausende Frauen und Männer an.

Mit dem *Bamberger Pfarrblatt* und dem *Bamberger Volksblatt* hatte das Erzbistum Bamberg vor allem in der Region Bamberg, mit der Bistumszeitung *St.-Heinrichsblatt* darüber hinaus in Ober- und Mittelfranken brauchbare Wege der Verkündigung.

In einigen Regionen, wie im Gebiet des ehemaligen Hochstifts Bamberg, bildeten die Katholiken das Gros der Bevölkerung. In anderen Regionen wie der ehemaligen Reichsstadt Nürnberg, dem Herzogtum Sachsen-Coburg und einigen Ritterschaften befanden sie sich eher in einer Minderheitenrolle. Die hohe Zahl der Gottesdienstbesucher war ein Ausdruck der Sinnsuche im Anschluss an eine weithin gottlose Zeit. 1946 gingen über 303.000 Katholiken im Erzbistum Bamberg, das waren 44,8 % der katholischen Bevölkerung, regelmäßig sonntags zum Gottesdienst. Dieser Anteil wuchs bis zum Jahr 1954 auf 46 % (knapp 358.000 Katholiken), sank aber ab dann kontinuierlich. Von einem Schwund christlicher Praxis in der sich langsam ausbildenden Wohlstandsgesellschaft war bereits Mitte der 1950er Jahre die Rede.

Plakat mit dem Programm zur 800-Jahrfeier der Heiligsprechung Kaiser Heinrichs II. 1946. [13]

Flüchtlinge suchen eine neue Herausforderung

Die Vertriebenen und Flüchtlinge stellten eine immense Herausforderung für die kommunalen und für die sich verfestigenden staatlichen Strukturen, aber auch für die Kirche dar. Es musste gelingen, den Menschen eine neue – auch religiöse - Heimat finden zu helfen. Anfangs war es jedoch vorrangig, ihnen ein Dach über dem Kopf und das nötige Essen für den nächsten Tag anzubieten. In Bayern lebten 1953 knapp 1,9 Millionen Heimatvertriebene und Flüchtlinge, zuzüglich rund 0,3 Millionen Zugewanderte aus der Sowjetzone/DDR. Deren Versorgung und Integration war angesichts der wirtschaftlichen Lage in der Region Mittel- und Oberfranken, wo für 1953 rund 480.000 Flüchtlinge verzeichnet wurden, und der Kriegsschäden nicht leicht, doch gingen gerade von ihnen zahlreiche wirtschaftliche Impulse aus. Die Siedlung Erlangen-Bubenreuth, die so genannte «Geigenbauersiedlung», in der sich vor allem Musikinstrumentenbauer ansiedelten, mag als Beispiel für die kreativen Integrationskräfte der Flüchtlinge und Vertriebenen dienen.

Damit die Not gelindert wird

Diözesanleiterin Elisabeth Bach hat in Nürnberg erlebt, wie bedrohlich die Zustände von weiten Teilen der Bevölkerung erlebt wurden. Engpässe an Nahrungsmitteln, Kleidung und Brennstoffen gehörten in der Frankenmetropole in der unmittelbaren Nachkriegszeit zum Alltag für viele Menschen. Und Eli-

Flüchtlinge mussten in der Nachkriegszeit mit Notquartieren zufrieden sein. [14)]

sabeth Bach engagierte sich mit Herzblut, ihre Lebenslage zu verbessern – und zwar weniger karitativ im Sinne einer Einzelfallhilfe, sondern eher strukturell.

In einem Schreiben an einen Werkvolkpräses vom 11. November 1947 forderte sie, dass breite Teile der Bevölkerung die Gelegenheit erhalten sollten, die Nöte der Zeit – erfahrbar in den Flüchtlings- und Heimkehrerlagern – zu besichtigen. Vor allem die Landbevölkerung müsse diese sozialen Nöte kennen lernen, da sie selbst noch friedensmäßig lebte. Bei einer Diözesanvorstandssitzung am 24. April 1948 geißelte Elisabeth Bach das soziale Elend. Kirchliche Aufrufe seien nicht berücksichtigt worden, schimpfte sie. Der Vorstand beauftragte die couragierte Frau daraufhin, in einer Denkschrift die Formen der sozialen Not konkret zu nennen und darüber hinaus Mittel zur Behebung auszuarbeiten. Binnen zwei Wochen fasste Elisabeth Bach die Vielfalt des Elends und ihre Wirkungen zusammen und verfasste eine Vorlage zu einer Denkschrift. In ihren Ausführungen wurden die verbreiteten Konflikte zwischen Stadt- und Landbevölkerung, zwischen Lebensmittelproduzenten, -händlern und -konsumenten beschrieben. Elisabeth Bach wollte all diejenigen Katholiken zur Rechenschaft ziehen, die sich an der Not dieser Zeit versündigten und noch profitierten. Die Diözesanleiterin war der Auffassung, dass sich vor allem Bauern und Geschäftsleute an der Not bereicherten, anstatt Anstrengungen zu unternehmen, diese eindämmen zu helfen. Wörtlich schrieb sie von einer unsozialen Haltung eines großen Teils der katholischen Bauernschaft und auch des christlichen Mittelstandes. Zur Verbesserung der Lage sollten die bayerische und die deutsche Bischofskonferenz ihren Beitrag leisten, indem sie den Glaubigen die schwierige Lage unzähliger Menschen vor Augen führten. Ebenso plädierte sie für eine Überführung der ehemaligen katholischen Standesvereine und sonstigen Bünde und Gruppen in das Katholische Werkvolk.

Bei der Diözesanvorstandssitzung am 25. September 1948 wurde die Vorlage aus der Feder der Diözesanleiterin grundsätzlich angenommen. Allerdings sollte Elisabeth Bach sie gemeinsam mit dem hauptamtlichen Diözesansekretär Hans Haberkorn nochmals überarbeiten und erst dann an die zuständigen Stellen, nicht zuletzt an den Diözesantag im Dezember 1948, weiterreichen. Dieser schloss sich

Vor allem in der Großstadt Nürnberg waren Lebensmittel in der Nachkriegszeit teuer. [15)]

der Analyse von Elisabeth Bach an und votierte dafür, die Stellungnahme auch an Erzbischof Josef Otto Kolb weiterzuleiten. Dieser sollte, so der Beschluss der Delegierten, in dem nächsten Fastenhirtenbrief die sozialen Nöte aufgreifen und zur Abhilfe aufrufen. In einem Gespräch mit dem Bamberger Oberhirten Anfang 1949 wiederholte Diözesanleiterin Bach, dass die Bauern und Kaufleute härter angefasst werden müssten. Es könne nicht angehen, dass so viele Menschen in den Großstädten Hunger litten, während Bauern und Kaufleute noch Gewinn daraus zögen und nicht einmal ihre vergleichsweise günstige Lage erkannten. Erzbischof Kolb erklärte sich bereit, bei der notwendigen Bewusstseinsbildung bei Landwirten und Kaufleuten Hilfestellung zu leisten. Mitte März 1948 veröffentlichte die Bayerische Bischofskonferenz ein Hirtenwort zur sozialen Lage, insbesondere zum Alltag der Arbeiter, mit dem Ziel, ihre Lebensverhältnisse zu verbessern.

Hilfe für wohnungssuchende Familien

Aber das Katholische Werkvolk im Erzbistum Bamberg handelte auch ganz handfest, um die Lage von Menschen in Not zu verbessern und überschritt damit die Rolle eines Lobbyisten. So gründete das Katholische Werkvolk selbst Wohnungsbaugesellschaften und initiierte die → St. Joseph-Stiftung. Beweggründe für die Errichtung von Wohnungsbaugesellschaften waren für die

Erzbischof Joseph Otto Kolb legt den Grundstein für eine Flüchtlingssiedlung in Bamberg. [16]

Verantwortlichen im Werkvolk die Möglichkeiten, Arbeiter- und Flüchtlingsfamilien bei der Wohnungssuche unter die Arme greifen zu können. Gerade Elisabeth Bach aus der stark zerstörten Großstadt Nürnberg kannte die Notlage der betroffenen Familien nur zu gut und wusste, dass der sowieso nur begrenzt vorhandene Wohnraum zum Teil zu horrenden Preisen vermietet wurde.

Zur Bildung von Wohnungsbaugesellschaften trug bei den Werkvolk-Führungskräften die Vorstellung mit bei, dass die Arbeiter durch den Erwerb von Wohneigentum «entproletarisiert» würden. Nachdem aus dem Verband heraus selbst kleine Siedlungs- und Wohnungsgesellschaften wie die «St. Joseph-Siedlung für Flüchtlinge» in Bamberg ins Leben gerufen worden waren, beschloss der Diözesanvorstand, diese Arbeit auf eine größere Grundlage zu stellen. Es sollte eine gemeinnützige Stiftung errichtet werden. Nach einer grundsätzlichen Übereinstimmung mit Erzbischof Joseph Otto Kolb, der von 1943 bis 1955 die Geschicke der fränkischen Erzdiözese leitete, gründete dieser im Oktober 1948 die St. Joseph-Stiftung für die Erzdiözese Bamberg. Ihr Zweck war es, gut beleumundeten, kinderreichen oder jungen katholischen Familien, insbesondere Flüchtlingsfamilien Ostdeutschlands und volksdeutschen Vertriebenen des Auslands, ein menschenwürdiges, den Zeitbedürfnissen angemessenes, ausreichendes, abgeschlossenes, christliches Heim in Miete oder Eigentum zu bieten und solche Mietwohnhäuser und Eigenheime an möglichst vielen Orten der Erzdiözese Bamberg zu errichten. Unter dem Dach der Stiftung, die als Rechtsträger, Bauherr und Bauträger von Baumaßnahmen zugleich fungierte, erstanden bis Ende 1959 4663 Wohneinheiten innerhalb des Erzbistums. Davon wurden 2284 in der Form von Wohneigentum und 2379 als Mietwohnungen errichtet. Regionale Schwerpunkte der Bautätigkeit lagen in und um Bamberg, Nürnberg, Erlangen, Ansbach und Hof.

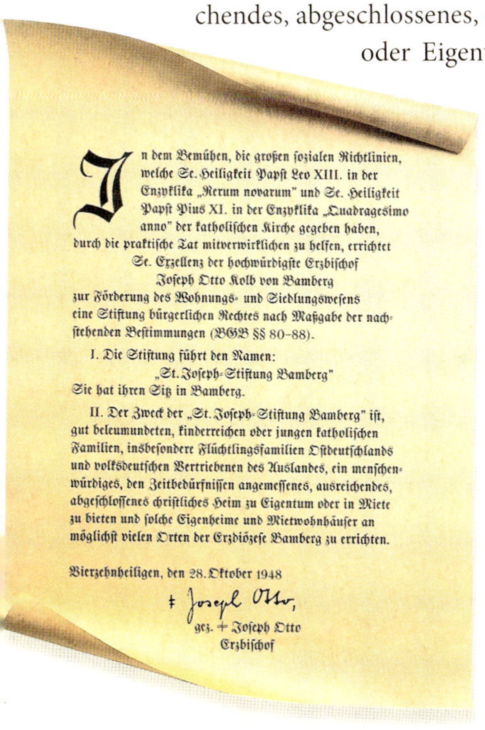

In dem Bemühen, die großen sozialen Richtlinien, welche Se. Heiligkeit Papst Leo XIII. in der Enzyklika „Rerum novarum" und Se. Heiligkeit Papst Pius XI. in der Enzyklika „Quadragesimo anno" der katholischen Kirche gegeben haben, durch die praktische Tat mitverwirklichen zu helfen, errichtet

Se. Exzellenz der hochwürdigste Erzbischof
Joseph Otto Kolb von Bamberg

zur Förderung des Wohnungs- und Siedlungswesens eine Stiftung bürgerlichen Rechtes nach Maßgabe der nachstehenden Bestimmungen (BGB §§ 80–88).

I. Die Stiftung führt den Namen:
„St. Joseph-Stiftung Bamberg"
Sie hat ihren Sitz in Bamberg.

II. Der Zweck der „St. Joseph-Stiftung Bamberg" ist, gut beleumundeten, kinderreichen oder jungen katholischen Familien, insbesondere Flüchtlingsfamilien Ostdeutschlands und volksdeutschen Vertriebenen des Auslandes, ein menschenwürdiges, den Zeitbedürfnissen angemessenes, ausreichendes, abgeschlossenes christliches Heim zu Eigentum oder in Miete zu bieten und solche Eigenheime und Mietwohnhäuser an möglichst vielen Orten der Erzdiözese Bamberg zu errichten.

Vierzehnheiligen, den 28. Oktober 1948

+ Joseph Otto,
gez. + Joseph Otto
Erzbischof

Gründungsurkunde der St.-Joseph-Stiftung aus dem Jahr 1948. [17]

Joseph-Stiftung

Der Wohnungsmangel war eines der gravierendsten Probleme der Nachkriegszeit. Auf Vorschlag des Katholischen Werkvolkes rief Erzbischof Joseph Otto Kolb am 28. Oktober 1948 die *St.-Joseph-Stiftung* als gemeinnütziges kirchliches Wohnungs- und Siedlungsunternehmen ins Leben. Bis zum Jahresende 1954 waren unter deren Regie 3.605 Wohnungen und 40 Zweckbauten errichtet worden. Gemäß dem im Stiftungsstatut formulierten Sozialauftrag wurde und wird für diejenigen, die sich noch kein Eigentum leisten können, kostengünstiger Mietwohnraum geschaffen. Die heutige Joseph-Stiftung verwaltet insgesamt rund 11.000 Wohnungen; gut die Hälfte sind eigene. Weitere Geschäftsfelder sind der Verkauf von Eigenheimen und Eigentumswohnungen, die Baubetreuung von Spezialimmobilien wie Kindergärten und Altenheimen, insbesondere für kirchliche und kommunale Träger, sowie das Erfassen und Bewerten von Immobilienbeständen.

Neue soziale und kirchliche Fragen suchen nach Lösungen

Zwar schienen im Jahr 1951 aus der Sicht des Katholischen Werkvolks kurzzeitig die Preissteigerungen für die Grundnahrungsmittel Mehl, Brot und Fett eine Radikalisierung der Lohn- und Gehaltsempfänger heraufzubeschwören. Doch trat für die Mehrheit der bundesdeutschen Bevölkerung seit den frühen 1950er Jahren die Sorge um ein Überleben aufgrund des langsamen, aber kontinuierlichen wirtschaftlichen Aufstiegs in den Hintergrund. Dies schlug sich auch in der Arbeit des Katholischen Werkvolks und den Überlegungen und Aktionen von Elisabeth Bach nieder.

Arbeit an einer Autokarosserie, Foto um 1960. [18]

Täglich gingen Pendler etwa, die aus dem Frankenwald stammten, in Nürnberg und Fürth ihrer Arbeit nach. Gastarbeiter vor allem aus Südeuropa wurden von Unternehmen angeworben. Neue Technologien wurden eingeführt und hatten soziale Folgewirkungen in den Produktionsbetrieben. Auch neue Formen der Vereins- und Betriebsarbeit wurden für das Katholische Werkvolk nötig, wenn der Verband noch die Beschäftigten und ihre Familien erfolgreich ansprechen wollte.

So öffnete sich ein neuer Blick: Katholische Kirche hieß Weltkirche, dies trat um 1960 ebenfalls verstärkt ins Bewusstsein, nicht zuletzt durch das Engagement von Papst Johannes XXIII. Diesem Gedanken widersetzte sich das Katholische Werkvolk keineswegs, sondern wollte sogar praktische Erfahrungen für Frauen aus fernen Ländern anstoßen. So ermöglichte das Katholische Werkvolk der Erzdiözese Bamberg auf Antrag von Elisabeth Bach im Rahmen der Aktion Gast aus Übersee einer Frau aus Bangkok die Teilnahme am Eucharistischen Weltkongress in Rom 1960 und die Chance, sich bei einem einjährigen Aufenthalt in Deutschland mit den Grundlagen der katholischen Soziallehre und der Praxis der Sozialen Arbeit vertraut zu machen.

Mehr Einfluss der Frauen war nicht überall gewünscht

Im Katholischen Werkvolk sollten Frauen und Männer unter dem Dach eines Verbandes gemeinsam sozialpolitische Ziele umsetzen, ihren Glauben leben und Gemeinschaft erleben. Elisabeth Bachs Vorstellungen, welche Frauenarbeit im Katholischen Werkvolk zu leisten sei, waren von dem traditionellen Rollenbild der Frau geprägt. So sollte der Verband für die unverheirateten Frauen einen gewissen Ausgleich für die fehlende Ehe und Familie anbieten. Dazu sollte ein attraktives Veranstaltungsangebot, aber auch Halt und Schutz vor Vereinsamung sowie ein gewisse Form der Solidarität der allein stehenden Frauen in sozialen Problemen, etwa im Falle der Wohnungssuche, beitragen. Die Ideen entsprachen im wesentlichen denjenigen, die in den katholischen Arbeiterinnenvereinen bis zu ihrem Verbot durch die Nazis vertreten worden waren. Und damit lag Elisabeth Bach durchaus im Trend der Zeit – der Begriff Emanzipation darf für die breite Bevölkerung unmittelbar nach Kriegsende als ein Fremdwort bezeichnet werden. Und nicht nur in der katholischen Kirche, sondern auch in der Gesellschaft entsprachen berufstätige Frauen nicht dem Leitbild. Und in Führungsfunktionen stellten Frauen eine seltene Ausnahme dar.

Wie stand es um den Alltag von Frauen nach dem Zweiten Weltkrieg? Dieser gestaltete sich vor allem für allein stehende Frauen schon allein aufgrund der Kriegsfolgen recht schwierig. So standen zum Beispiel in Bayern im Jahr 1946 aufgrund des Todes vieler Männer während des Krieges, aber auch der Kriegsgefangenschaft etwa in der Sowjetunion, den rund 3,97 Millionen Männern über 4,83 Millionen Frauen gegenüber. Besonders krass gestaltete sich das Missverhältnis zwischen Frauen und Männern in der Altersgruppe der 20- bis 40-Jährigen.

Schülerinnen beim Handarbeitsunterricht in Obertrubach Ende der 50er Jahre. [19)]

Weil viele Frauen aber ebenso wie die Männer entgegen dem vorherrschenden Leitbild einer Erwerbsarbeit nachgingen, sollten sie im Werkvolk – ebenso wie Männer – auch eine intensive soziale und sozialpolitische Schulungsarbeit besuchen. Damit sollten sie mittel- und langfristig zu Partnerinnen innerhalb der katholischen Verbandsarbeit und in der internationalen katholischen Arbeiterbewegung werden. Diese sollte, wie es in vielfältigem Schriftgut zu lesen war, den → Bolschewismus widerlegen und die Wahrheit des Christentums verkünden. Schließlich sollte die katholische Arbeitnehmerbewegung ein Gegengewicht gegen die sozialistische Bewegung bilden.

Die Frauen sollten im Katholischen Werkvolk religiös betreut und dazu befähigt werden, die Gesellschaft nach den Grundlagen des Christentums mit zu gestalten. Konkret sollten die Frauen innerhalb des katholischen Werkvolks nach einem Rundschreiben von Diözesanleiterin Bach aus dem Jahr 1951 alte, kranke und gebrechliche Menschen pflegen und allein stehende und gefährdete Jugendliche betreuen. Ferner sollten sie Neuzugezogene betreuen, Nähstuben besonders für heimatvertriebene und ausgebombte Frauen und Mädchen einrichten. In speziellen Veranstaltungen sollten die weiblichen Mitglieder des Katholischen Werkvolks auch ihr Bedürfnis nach einem solch warmen Nest befriedigen und untereinander Geselligkeit pflegen können. Andernorts betonte Elisabeth Bach die Rolle der Frauen in der Erfüllung des Bildes der drei «K» – Kirche, Küche und Kinder. In der Auseinandersetzung mit der Diözesanschriftführerin Knorr aus Kronach etwa griff sie genau in die Argumentationskiste dieses Rollenbildes und warf der Schriftführerin vor, dass sie in der Haushaltsführung einiges zu wünschen übrig lasse.

Das Katholische Werkvolk engagierte sich auch über Druckwerke massiv für die Rechte der Arbeitnehmer. [20]

Trat Elisabeth Bach innerhalb des Verbandes zwar für eine stärkere Vertretung der Frauen in den Gremien ein, so lieferte sie doch in einem Referat zum Beispiel im Mai 1949 den Gegnern einer stärkeren Einbindung von Frauen in die Leitungsebene und einer Emanzipation die Argumente frei Haus: So, wie in einer Familie eine Frau nur dann segensreich wirken kann, wenn ihr der Mann in Großzügigkeit und Vertrauen freie Hand dazu lässt, so können wir auch im Werkvolk unseren fraulichen Einfluss erst dann voll zur Auswirkung bringen, wenn unsere Männer das gestatten; sie werden von uns nach wie vor als das ‚Haupt' der Bewegung anerkannt, sie sollen uns aber auch andererseits die Möglichkeit geben, ‚Herz' zu sein. Männer sollten also den Frauen gestatten, sich zu engagieren. Verfolgt man die Entwicklung des Familienrechts in Deutschland, so darf man diese Position aber nicht einseitig als eine der katholischen Verbände oder der katholischen Kirche in dieser Zeit fehl interpretieren.

Vom «Punkt Null» zu stabilen Grundlagen der Frauenarbeit

Bei ihren Bemühungen, die Frauenarbeit innerhalb des Verbandes anzustoßen- bzw. voran zu bringen, stieß Elisabeth Bach nicht immer auf offene Arme. Als sie zum Beispiel in Nürnberg im Mai 1948 zu einer Frauenversammlung eingeladen hatte, musste sie eine ausnehmend schlechte Resonanz hinnehmen. Und das wirkte auf Elisabeth Bach durchaus frustrierend. Schließlich hatte sie nach ihrem eigenen Empfinden in den ersten Nachkriegsjahren bei der Frauenarbeit am Punkt Null anzusetzen. Die erste Bezirksfrauenversammlung in Nürnberg entpuppte sich als totales «Fiasko», die Erwartungen der Frauen waren höchst unterschiedlich.

Elisabeth Bach musste mittelfristig geeignete Mitarbeiterinnen auf allen Ebenen finden und gewinnen, um ein stabiles personelles Fundament für die Frauenarbeit gießen zu können. Hier ging es zunächst vor allem darum, dass in den einzelnen Bezirken Bezirksleiterinnen aufgestellt und gewählt wurden. Das Anforderungsprofil für die Bezirksleiterinnen, das Elisabeth Bach selbst in einem Rundschreiben an die Bezirkspräsides aufführte, war: Die entsprechenden Kandidatinnen sollten religiöse Persönlichkeiten darstellen, sich aktiv in der Werkvolkbewegung einbringen und sich dem Apostolat verbunden fühlen. Doch der Erfolg ließ lange auf sich warten.

Selbst 1952, also fünf Jahre nach der Errichtung des Diözesanverbandes, gab es noch nicht in jedem Bezirk eine Bezirksleiterin: So waren zwar in den Bezirksverbänden Bamberg, Forchheim, Nürnberg, Kronach, Lichtenfels und Pegnitz Bezirksleiterinnen gewählt; aber im Bezirksverband Kulmbach war diese Schlüsselfunktion für die Stärkung der Rolle der Frauen weiterhin unbesetzt. Diese Vakanz auszufüllen, gelang erst im Jahr 1958.

Elisabeth Bach setzte sich innerhalb des Werkvolks nachhaltig für eine Mitwirkung von Frauen ein. [21]

Für die Bezirksleiterinnen, aber auch andere Funktionsträgerinnen des Verbandes organisierte Elisabeth Bach regelmäßig Tagungen, die der Weitergabe von Informationen, aber auch dem Austausch über die Lage vor Ort dienten. Die erste Diözesanfrauentagung fand im Dezember 1949 im Bamberger Kunigundenstift statt. 1952 richtete die Diözesanleiterin Bach erstmals eine Konferenz der Bezirksleiterinnen aus, erste Grundsteine für eine intensive und Erfolg versprechende Arbeit waren gelegt.

Plakat zur Unterstützung des Werkvolk-Familienerholungsheimes Obertrubach. [22]

Elisabeth Bach musste immer wieder ihre Frauen zur Teilnahme an Veranstaltungen motivieren, Strukturen aufbauen und nicht zuletzt Vorbehalten – häufig von Männern – entgegen treten. Im Oktober 1951 lud Elisabeth Bach zu dem ersten Diözesan-Frauenschulungskurs nach Vierzehnheiligen ein. Inhaltlich stand die Stellung der Frau im öffentlichen Leben, aber auch ihre Rolle innerhalb der Familie im Mittelpunkt der dreitägigen Beratungen. Diese erwiesen sich als so erfolgreich, dass bereits Anfang 1952 der zweite Diözesanfrauenschulungskurs ausgeschrieben wurde. Weitere Schulungskurse folgten in den kommenden Jahren.

Bildeten einerseits die Bezirksleiterinnen eine wichtige Basis für eine Erfolg versprechende Frauenarbeit im Katholischen Werkvolk, so erreichte Elisabeth Bach andererseits, dass ab 1952 regelmäßig Werkvolk-Diözesan-Frauenseelsorger ernannt wurden. Es waren meist im Lehramt tätige Geistliche wie die Studienräte Pfuhlmann und Ficht. Elisabeth Bach scheiterte allerdings in dem Bestreben, dass der Diözesanverband noch in ihrer Amtszeit eine hauptamtliche Diözesansekretärin anstellen sollte. Erstmals hatte sie dieses Verlangen 1954 geäußert, doch stellte sich der Diözesanvorstand erst 1959 hinter dieses Ansinnen. Erst Mitte der 1960er Jahre, als Elisabeth Bach längst dieses Ehrenamt aufgegeben und Martha Klingler es nach ihr übernommen hatte, wurde mit Annelies Fischer tatsächlich eine hauptamtliche Diözesansekretärin für das Katholische Werkvolk in der Erzdiözese Bamberg bestellt. Mittlerweile durfte Annelies Fischer in den verdienten Ruhestand treten, eine Diözesansekretärin gehörte bis zu den Einsparmaßnahmen des Jahres 2005 zu den Selbstverständlichkeiten in der Arbeit der Katholischen Arbeitnehmer-Bewegung, wie sich das Katholische Werkvolk seit den frühen 1970er Jahren nennt.

Diözesanleiterin ringt um eine echte Führungsrolle

Im Diözesanverband Bamberg kam bereits von der Neugründung an dem Diözesanvorsitzenden und dem Diözesanpräses gleichermaßen das Recht der Leitung und Vertretung des Verbandes nach Außen zu. Der Begriff der «Diözesanleiterin» täuschte jedoch über die tatsächliche Kompetenz von Elisabeth Bach hinweg. Diese gehörte zwar als Diözesanleiterin dem Diözesanvorstand an, durfte aber nur ein Führungs- und Weisungsrecht in Frauenangelegenheiten ausüben.

Vergleichbar gestaltete sich die Struktur der Leitung auch im Süddeutschen Verband, wo die Vorsitzende des weiblichen Werkvolks ab 1947 zwar dem Verbandsvorstand angehörte, aber noch lange Jahre nicht die gleichen Rechte in Anspruch nehmen konnte wie der Verbandsvorsitzende. Die erste Vorsitzende des weiblichen Werkvolks im Süddeutschen Verband war Georgine Christl. Sie hatte nur in speziellen Fragen der Frauenmitglieder Leitungsfunktion. Und auch eine Verbandssekretärin gab es bis 1949 nicht: Erst in diesem Jahr wurde Anneliese Hartung als Verbandssekretärin angestellt. Übrigens gab es kurzzeitig Überlegungen, Elisabeth Bach als Verbandssekretärin anzustellen.

Elisabeth Bach ließ bei dem wenigen Erreichten nicht locker. Beim Verbandstag Ende September 1951 in Neustadt an der Haardt forderte sie, dass die Rolle der Frau als tatsächlich gleichberechtigt verankert werden müsse. Auch sollte nach ihrem Willen eine Verbandsvorsitzende gewählt werden. Damals lag der Anteil der Frauen auf Verbandsebene wie auch im Diözesanverband Bamberg bei nicht einmal einem Drittel.

Erst 1959 wurde formaliter beim Verbandstag in Passau durch Änderung der Verbandssatzung das Amt der Stellvertretenden Verbandsvorsitzenden eingeführt.

Elisabeth Bach nimmt kein Blatt vor den Mund

Welche Person begegnet uns in Elisabeth Bach? Elisabeth Bach galt als «Frau des deutlichen Wortes» und klarer Positionen und diese beiden Eigenschaften lassen sich in der gesamten Arbeit erkennen.

Zuerst zu Elisabeth Bach, die kein Blatt vor den Mund nimmt. Das galt auch für die Auseinandersetzung im Süddeutschen Verband, dem neben Bamberg die Diözesanverbände Augsburg, Eichstätt, Freiburg, München, Passau, Regensburg, Rottenburg, Speyer und Würzburg angehörten. Für den Diözesanverband Bamberg, der der Verbandsspitze in München mangelnde Leitungskompetenz vorwarf, sprach die in Nürnberg lebende Verwaltungsangestellte Ende der 1940er Jahre von einem Unfall der Münchner Lokomotive mit den Maßkrugschloten.

1948, als ein Pfarrer sie bei der Werbung zu einer Veranstaltung in Nürnberg nicht unterstützte, beschuldigte sie ihn der Rücksichtslosigkeit. Schließlich müsse sie als

Für ihre Verdienste um das katholische Werkvolk empfing Elisabeth Bach 1968 aus den Händen von Weihbischof Martin Wiesend das päpstliche Verdienstkreuz *Pro Ecclesia et Pontifice.* [23)]

Verabschiedung von Prälat Georg Meixner als Werkvolkpräses durch die Vorstandschaft des Werkvolkes im Jahr 1960. [24]

ehrenamtliche Mitarbeiterin des Verbandes und der Kirche einen erheblich größeren Aufwand betreiben als der Pfarrer. Die mangelnde Begeisterungsfähigkeit der Mehrzahl der Mitglieder des Katholischen Werksvolks kommentierte die emotionale Aktivistin als ein armseliges Häuflein gutmütiger Mitläufer..., ohne selbständiges Denken und persönliche Initiative. Als Erzbischof Josef Schneider 1959 um die Benennung von Kandidaten für einen Nachfolger des schwer erkrankten Diözesanpräses Meixner bat, widersetzte sich Elisabeth Bach nachdrücklich der Ernennung von Hans Birkmayr. Sie brachte → Domkapitular Lorenz Schmer in Vorschlag. Dieser verstand seine Aufgabe als Präses stärker als der mögliche Konkurrent Birkmayr im Sinne eines Seelsorgers und nicht als Leiter des Verbandes. Und dieses Amtsverständnis Schmers musste der Auffassung von Elisabeth Bach näher liegen. Länger andauernde Unstimmigkeiten zwischen ihr und Hans Birkmayr ließen sich nicht gütlich beilegen und bewogen Elisabeth Bach, von einer Neukandidatur beim Diözesantag 1960 Abstand zu nehmen. Angesichts der hohen Bedeutung, die der Präses innerhalb des Katholischen Werkvolks Süddeutschlands sowie seiner Diözesan- und Bezirksverbände spielte, kann man das große Engagement von Elisabeth Bach in der Nachfolgeregelung für Georg Meixner nachvollziehen. Auf süddeutscher Verbandsebene wurde erst 1962 die faktische Gleichberechtigung zwischen dem Laien-Vorsitzenden und dem Geistlichen-Präses verankert.

Engagement in Bezirksverband, Stadtrat und Dekanat

Die Basis in der Frauenarbeit hatte Elisabeth Bach in ihrem eigenen Bezirksverband Nürnberg gefunden, wo von 1949 bis Ende der 1950er Jahre regelmäßige Frauenveranstaltungen stattfanden. Zudem konnte das Werkvolk 200 Frauen in einem eigens errichteten Wohnheim in der Irrerstraße eine eigene Unterkunft anbieten. Auf der Grundlage dieser «Hausmacht» brachte Elisabeth Bach ihre Impulse in sozialen Fragen, aber auch in Frauenangelegenheiten, weiterhin wirkungsvoll im Verband und darüber hinaus zu Gehör. Als sie auf Grund der internen Auseinandersetzungen im Diözesanverband nicht mehr mitarbeiten wollte, bedeutete dies deswegen noch nicht das Ende ihres sozialen und politischen Wirkens.

In «ihrem» Bezirksverband, im neu geschaffenen Nürnberger Dekanatsrat, in der CSU und im Stadtrat engagierte sie sich weiter. Auf Parteiebene war sie Vorsitzende der lokalen Frauenunion und Vorstandsmitglied des Bezirksverbandes Nürnberg-Fürth. Im Nürnberger Stadtparlament arbeitete sie im Schul- und Wohlfahrtsausschuss und in der Sozialhilfekommission mit. Ihr besonderes Augenmerk galt aber zunehmend den alten Menschen. Deswegen übertrug man ihr die Pflegschaft der Nürnberger Altenheime. Nach 20-jährigem Wirken beendete die überzeugte Katholikin 1972 ihre Mitarbeit im Rat der Stadt. Zwei Jahre später erhielt sie für ihre kommunalpolitischen Verdienste die Nürnberger Bürgermedaille.

Die Seniorenarbeit war ein wichtiges Anliegen von Elisabeth Bach. Das Bild zeigt sie als Vertreterin des Stadtrates bei einem Besuch von Erzbischof Josef Schneider in einem Nürnberger Altenheim im Jahr 1960. [25]

Nach ihrem Ausscheiden aus dem Berufsleben und aus dem Stadtrat verstärkte die unermüdliche Elisabeth Bach ihr Wirken an der Basis. Noch in den letzten Jahren ihres Lebens haben sie viele Pfarreien bei Vorträgen und Diskussionen kennen gelernt. Ihr Tod am 23. Februar 1976 kam für alle plötzlich und überraschend. *Bis vor wenigen Tagen hat sie mit der ihr eigenen Fröhlichkeit Verpflichtungen, etwa in der Mädchensozialarbeit wahrgenommen*, schrieb das St. Heinrichsblatt in einem warmen Nachruf. *Um so betroffener vernahm man von ihrem plötzlichen Tod.*

Elisabeth Bachs Nachfolgerinnen in der KAB gelang es unter wesentlich günstigeren Rahmenbedingungen, auf den verschiedenen Ebenen des Verbandes gleichberechtigt mit männlichen Vorsitzenden Verantwortung zu übernehmen. Die Einsicht, dass Frauen gleichermaßen zu Leitung und Verantwortung befähigt sind, zeigte in den folgenden Jahrzehnten auch im Erzbistum Bamberg und dem Erzbischöflichen Ordinariat Erfolge. Zu Beginn des 21. Jahrhunderts wurde dort mit Juliane Freund eine Frauenbeauftragte bestellt und mittlerweile gehört mit Jutta Schmitt auch eine Frau der Ordinariatskonferenz an. Der Diözesanrat des Erzbistums, die Laienvertretung, hat durch den Sachausschuss «Frauen und Mädchen» innerkirchlich Weichen stellen helfen.

Pfarrkirche St. Elisabeth, Nürnberg. [26]

Priesteramtskandidaten bei einem Ausflug nach Scheßlitz im Jahr 1900. [28]

1890-1905

Erzbischof Joseph von Schork initiiert Volksmissionen und errichtet Seelsorgestellen in der Diaspora, zum Beispiel die Pfarrei St. Elisabeth in Nürnberg. Außerdem fördert er die Verehrung der Bistumspatrone und der 14 Heiligen.

1903

Das Karmelitenkloster in Bamberg wird wieder besiedelt.

1904/5

Die Katholische Arbeiterbewegung Bamberg errichtet das Luitpoldhaus in Bamberg als Haus der katholischen Vereine.

1905-1912

Erzbischof Friedrich Philipp von Abert stärkt die Seelsorge an Industriestandorten. 1911 lassen sich die Franziskaner wieder in Nürnberg nieder.

1913

Ein Jahr vor Beginn des Ersten Weltkrieges bestehen im Erzbistum Bamberg 58 Katholische Arbeiter- und 16 Katholische Arbeiterinnenvereine.

Kommunionkinder zu Beginn des 20. Jhs. [27]

Gedenkmedaille anlässlich des 900-jährigen Bistumsjubiläums 1907. [29]

1914-1918 ▪ Erster Weltkrieg, der u.a. ein Ende der Vormachtstellung Europas in der Welt zugunsten der Vereinigten Staaten von Amerika zur Folge hat.

1929 ▪ Die Lateranverträge ermöglichen den Vatikanstaat als päpstliches Hoheitsgebiet.

Gedenken an die Gefallenen des 1. Weltkrieges: Glasfensterentwurf der Fa. Schmitt & Postek. [30]

Blick auf die Kirche St. Heinrich in Fürth. [32]

Neue Formen in der Sakralkunst: Kelch von Kaplan Gebert aus den 1920er Jahren. [34]

1914-1918

Im Ersten Weltkrieg zeigt die Leitung des Erzbistums Bamberg, wie die gesamte Kirche in Deutschland, nationale Gesinnung. Die Bistumszeitung wirbt für Kriegsanleihen.

1912-1943

Erzbischof Jakobus von Hauck regelt die Diözesangrenzen neu und erhöht die Anzahl der Pfarreien und Kuratien von 241 auf 284. Darüber hinaus konsekriert er 75 Gotteshäuser. Zahlreiche Orden werden im Erzbistum Bamberg tätig. Mehrere Geistliche engagieren sich für die Bayerische Volkspartei im Bayerischen Landtag und im deutschen Reichstag. Dazu zählen Franz Xaver Schädler und Johann Leicht.

1921

Gründung des Diözesancaritasverbandes.

1928

Das neue Priesterseminar am Bamberger Heinrichsdamm wird bezogen.

1931

Der 70. Deutsche Katholikentag findet in Nürnberg statt. Im gleichen Jahr warnen die katholischen Bischöfe Bayerns vor dem Nationalsozialismus.

Plakat der Bayerischen Volkspartei zu den Landtagswahlen 1932. [31]

Prälat Georg Meixner (1887-1960) war 1932/33 und nach dem 2. Weltkrieg Abgeordneter im Bayerischen Landtag. [33]

Ansichtskarte mit Werbung für den Katholikentag 1931 in Nürnberg. [35]

1929 ▪ Der *Schwarze Freitag* an der New Yorker Börse stürzt die Weltwirtschaft in eine schwere Krise. Besonders leidet die junge deutsche Demokratie, der immense Reparationslasten aufgebürdet sind.

1931 ▪ Papst Pius XI. veröffentlicht die Sozialenzyklika *Quadragesimo anno* und verurteilt die Ausbeutung der Arbeitnehmer in vielen Betrieben.

Bamberger Metropolitankapitel zu Beginn der 1930er Jahre. [36]

1941

Mit dem Kruzifixerlass eröffnet die NS-DAP den Kampf um Kreuze in Klassenzimmern. Eltern protestieren.

1943-1955

Erzbischof Joseph Otto Kolb gründet auf Initiative des Katholischen Werkvolks die St. Joseph-Stiftung zur Behebung der Wohnungsnot. Er errichtet zahlreiche Seelsorgestellen in der Diaspora und ersucht die Geistlichen, sich besonders der Flüchtlinge und Heimatvertriebenen anzunehmen. 1949 eröffnet er die «Jugendburg» Feuerstein bei Ebermannstadt.

Lebenszeichen trotz Unterdrückung: Plakat zum Bekenntnistag der Jugend 1938. [37]

1933-1945

Die Nationalsozialisten beherrschen Deutschland. Trotz des Reichskonkordats im Juli 1933 behindern die Nazis das kirchliche Leben. Sie verbieten die Doppelmitgliedschaft in der HJ bzw. DAF und katholischen Verbänden und drängen die Christen in die Mauern der Gotteshäuser zurück. 1937 wird der St.-Otto-Verlag aufgelöst. 1938 werden die katholischen Jugendvereine in Bayern verboten. 1939 müssen bayernweit die katholischen Arbeiter- und Arbeiterinnenvereine ihre Arbeit einstellen. Ab 1941 darf die Bistumszeitung nicht mehr erscheinen. Der NS-Diktatur fallen überzeugte Christen wie der Bamberger Rechtsanwalt Hans Wölfel zum Opfer. Erzbischof von Hauck bewegt sich auf einer Linie zwischen «Verteidigung» und «Konfliktvermeidung».

Marsch der katholischen Jugend zum Gesellenhaus am Bamberger Kaulberg, 1932. [38]

Heimliches Treffen in den Katakomben: Weihnachtsfeier der Domjugend im Felsenkeller. [39]

1939-1945 ▪ Der von Nazideutschland begonnene Zweite Weltkrieg wächst sich zu einer Auseinandersetzung nie gekannter Dimension aus. An seinem Ende stehen u.a. der völlige Zusammenbruch Deutschlands, das Ende der Weltgeltung Europas, eine sich verstärkende Entkolonialisierung sowie der Beginn des Kalten Krieges.

1945 ▪ Gründung der Vereinten Nationen (UNO) zur Sicherung des Weltfriedens, dem Schutz der Menschenrechte, der Gleichberechtigung aller Völker sowie der Besserung des allgemeinen Lebensstandards auf der Welt.

1945

Das Priesterseminar wird in Bamberg wieder eröffnet. An der Philosophisch-Theologischen Hochschule beginnt wieder der Lehrbetrieb. Am politischen Neuanfang haben Katholiken wie Prälat Georg Meixner, Anton Hergenröder oder Emil Kemmer entscheidenden Anteil.

1950 entstand in Gaiganz (Lkr. Forchheim) an einer ehemaligen NS-Gedenkstätte eine Mariensäule. [43]

1955-1976

Erzbischof Dr. Josef Schneider setzt die Beschlüsse des Zweiten Vatikanischen Konzils für das Erzbistum Bamberg um. Er fördert die Seelsorge an ausländischen Mitbürgern durch eigene «Missionen».

Erzbischof Schneider auf dem Weg in die Konzilsaula im Vatikan. [44]

1961

Das neu errichtete Caritas-Pirckheimer-Haus in Nürnberg steht als Diözesan-Akademie vorbildhaft für eine breit angelegte kirchliche Erwachsenenbildung.

Ruine der zerbombten Frauenkirche in Nürnberg 1945. [40]

Widerstand aus christlicher Überzeugung: Matthias Kaiser (1921–1944). [41]

1962

Das Zweite Vatikanische Konzil wird eröffnet. Die katholische Kirche öffnet auf Initiative von Papst Johannes XXIII. ihre Fenster zur Welt. Für das Erzbistum Bamberg nehmen Erzbischof Schneider und Weihbischof Johannes Lenhardt daran teil.

1946

Eine Diözesansynode gibt Antworten auf die pastoralen und sozialen Nöte der Nachkriegszeit.

Erzbischof Kolb segnet einen von den Amerikanern für die Caritas übernommenen Militärlaster. [42]

Jugendzeltlager vor Burg Feuerstein, um 1950. [45]

1949 ▪ Gründung der NATO, der BR Deutschland und der DDR. Damit wird die Spaltung Deutschlands für die nächsten Jahrzehnte grundgelegt.

1962-1965 ▪ Auf Einladung von Papst Johannes XXIII. formulieren die Kardinäle und Bischöfe auf dem 2. Vatikanischen Konzil ein neues Bild der katholischen Kirche, in der Priester und Laien künftig gemeinsam Verantwortung tragen sollen.

Großer Altar am Bamberger Domplatz beim Katholikentag 1966. [46]

Sonderbriefmarke zum Katholikentag. [47]

Neuer Volksaltar in Bamberg, St. Martin. [49]

1966

81. Deutscher Katholikentag in Bamberg mit 5000 Teilnehmern. Sein Motto lautet «Auf Dein Wort hin».

1968

Erstmals wählen im Erzbistum Bamberg die Gläubigen Pfarrgemeinderäte. Außerdem werden Dekanatsräte und im Erzbistum der Diözesanrat als Vertretung der Laien ins Leben gerufen.

1970

Erste Weihe eines Ständigen Diakons.

1971–1975

Die Würzburger Synode überträgt die Ergebnisse des Zweiten Vatikanischen Konzils auf die Katholische Kirche in Deutschland. Das Erzbistum Bamberg nimmt mit sieben Synodalen sowie zwei Bischöfen daran teil.

Diözesane Jugendsynode auf Burg Feuerstein 1970/71. [48]

Weihe von Ständigen Diakonen im Bamberger Dom. [50]

1967 ▪ Gründung der Europäischen Gemeinschaften (EG) durch Zusammenfassung der Europäischen Wirtschaftsgemeinschaft (EWG), Euratom und der Montanunion.

1978 ▪ Der Krakauer Kardinal Karol Wojtila wird als erste Pole zum Papst gewählt und nimmt den Namen Johannes Paul II. an.

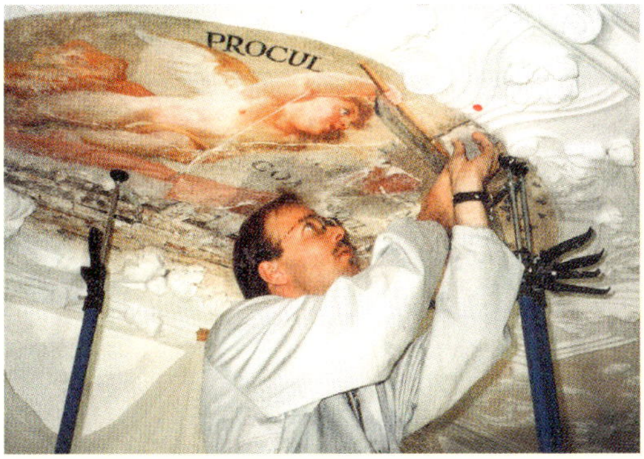

Renovierungsarbeiten in der ehemaligen Klosterkirche Michelfeld. [51]

Erzbischof Kredel beim Kunigundentag in herzlichem Gespräch. [55]

Plakat zum Kunigundentag – dem Diözesanfest für Frauen. [54]

1976

Die Katholische Stadtkirche von Nürnberg wird errichtet. Sie umschließt die Nürnberger Teile der Erzdiözese Bamberg wie auch der Diözese Eichstätt.

1977-1994

Erzbischof Dr. Elmar Maria Kredel arbeitet an der Umsetzung des II. Vatikanums weiter. Pastoralreferenten werden im Erzbistum eingeführt. Von 1978 bis 1990 übt Kredel auch die Funktion des katholischen Militärbischofs aus.

1995-2001

Erzbischof Dr. Karl Braun setzt wichtige Impulse u.a. in der Familienseelsorge und der Ökumene. Er fördert das Ehrenamt und setzt auf eine «kooperative Pastoral» zwischen Klerus und Laien.

1997-2000

Beim Bamberger Pastoralgespräch setzen Priester und Laien auf Einladung von Erzbischof Braun Impulse für die Seelsorge im 21. Jahrhundert.

Meistbesucht: die 1999 eingeweihte Autobahnkirche in Himmelkron. [52]

Gemeinsam den Aufbruch wagen – das Motto des Bamberger Pastoralgesprächs. [53]

Erzbischof Braun engagierte sich zusammen mit der Joseph-Stiftung für familiengerechten Wohnungsbau. [56]

1979 ▪ «Islamische Revolution» im Iran durch Ajatollah Khomeini.

1989 ▪ Fall des *Eisernen Vorhangs* und Ende des *Kalten Krieges* zwischen NATO und Warschauer Pakt. Wiedervereinigung Deutschlands (1990) und Zusammenbruch der sozialistischen Regierungen in Osteuropa.

Die langjährigen Kontakte des Katholischen Landvolkes halfen, die Diözesanpartnerschaft mit dem Bistum Thiès im Senegal auf den Weg zu bringen. [59]

Weihbischof Werner Radspieler leitete eine Romwallfahrt im Heiligen Jahr. [57]

2000

Mit dem 3. Diözesanforum im Caritas-Pirckheimer-Haus in Nürnberg wird das Bamberger Pastoralgespräch offiziell beendet. Wenig später setzt Erzbischof Dr. Karl Braun die Beschlüsse offiziell in Kraft.

2001

Erzbischof Braun tritt aus gesundheitlichen Gründen von seinem Amt zurück. Weihbischof Werner Radspieler wird zum Diözesanadministrator gewählt.

2002

Der Fuldaer Weihbischof Dr. Ludwig Schick wird von Papst Johannes Paul II. zum Bamberger Erzbischof ernannt und tritt im September sein neues Amt an.
Alfons Galster wird zum dritten Mal zum Vorsitzenden des Diözesanrates gewählt.

2003

Das Rosenkranzjahr wird in der Erzdiözese Bamberg mit besonderen Gottesdiensten, Gebeten und Impulsen für die Gläubigen begangen.
In einer «Nacht der Bibel» mit Theater, Ausstellungen und einer Filmnacht erfährt das «Jahr der Bibel» in der Erzdiözese Bamberg seinen äußeren Höhepunkt.
Am Fest Peter und Paul empfängt Erzbischof Ludwig Schick aus der Hand von Papst Johannes Paul II. das Pallium.

Erweiterung: Das Jugendbildungshaus Knock in Teuschnitz bietet seit dem Ausbau im Jahr 2002 Platz für mehrere Schulklassen. [58]

Diözesanratsvorsitzender Alfons Galster (rechts) und Geschäftsführer Josef Wachtler engagierten sich viele Jahre lang für die Rätearbeit. [60]

2001 ▪ Am 11. September wird das World Trade Center in New York durch einen Angriff islamistischer Terroristen zerstört.

2002 ▪ Einführung einer gemeinsamen Währung in 12 Staaten der Europäischen Union. In Deutschland löst der Euro die D-Mark ab.

Unmittelbarer Kontakt zu den Menschen – von Anfang an ein wichtiges Anliegen von Erzbischof Ludwig Schick. [61]

Ein spektakuläres biblisches Feuertheater eröffnete die «Nacht der Bibel» in Bamberg. [63]

2004

Die Ordinariatskonferenz beschließt im Rahmen der «Weisendorfer Beschlüsse», keine Pastoral- und Gemeindereferenten mehr auszubilden und einzustellen.
Mit einem Festgottesdienst und einer «Meile der Kontinente» findet in Bamberg der bundesweite MISEREOR-Auftakt statt.
Einleitung von weitreichenden Sparbeschlüssen zur finanziellen Konsolidierung des Bistumshaushaltes mit Hilfe einer Unternehmensberatung.

2005

Mit einem feierlichen Gottesdienst wird der Pastoralplan, der wichtige Impulse für die Seelsorge geben soll, in Kraft gesetzt.
Der Weltjugendtag findet mit Gästen aus 36 Ländern auch im Erzbistum Bamberg große Resonanz. Zum diözesanen Abschied kamen 12 000 Menschen auf den Domberg.

2006

Monsignore Georg Kestel tritt in der Nachfolge von Alois Albrecht das Amt des Generalvikars an.
369 Pfarreien werden zu 96 Seelsorgebereiche zusammengefaßt.
Beginn des 1000-jährigen Bistumsjubiläums. Das Motto lautet «Unterm Sternenmantel».

Schritt in die Zukunft: Vereinbarung für den neuen Seelsorgebereich St. Martin – Westmittelfranken. [62]

Harmonischer Wechsel: für den aus Altersgründen aus dem Amt scheidenden Alois Albrecht (hinten) ernannte Erzbischof Schick Georg Kestel (links) zum neuen Generalvikar. [64]

2005 ▪ Erweiterung der EU auf 25 Mitgliedsstaaten. Neue Mitglieder sind u.a. Polen, Ungarn, Tschechien, Slowenien, die Slowakei und die baltischen Staaten.

2005 ▪ Papst Johannes Paul II. stirbt und Josef Kardinal Ratzinger zum neuen Papst gewählt. Er nimmt den Namen Benedikt XVI. an. Tod, Begräbnis und Konklave werden begleitet von einem hohen Interesse der Weltöffentlichkeit.

Enrico Mayer

21. Jahrhundert

Enrico Mayer im Jahr 2037

Einsatz im Ehrenamt

Wie ergeht es wohl einem gläubigen Katholiken in einigen Jahrzehnten? Generalvikar Georg Kestel wagt einen fiktiven Ausblick. Sein Beitrag ist keine wissenschaftliche Prognose. Er ist eine literarische Vision, die zum Nachdenken anregen will. Aber wer weiß, vielleicht sieht die Realität in dreißig Jahre wirklich so aus.
Oder so ähnlich.

Das Elektromobil fährt gleichmäßig und ruhig über die kurvenreichen Straßen von Bad Windsheim in Richtung Scheinfeld. Enrico Mayer, geboren im Jahr 1997, kennt die Gegend seit seiner Kindheit. Hier in Mittelfranken ist er aufgewachsen und hier lebt er mit seiner Familie – seiner Ehefrau und den drei Kindern. Wir sind im Jahr 2037.

Es ist für Enrico immer wieder schön, die Hügel mit ihrem Wechsel von Wiesen und Feldern zu erleben. Man kann von Glück sprechen, dass sich hier in den letzten Jahren relativ wenig verändert hat. An den Anblick der großen Windräder auf fast allen Höhen hat man sich inzwischen längst gewöhnt. Doch sind sich alle einig: das ist immer noch besser als früher die endlosen Schlangen von stinkenden und lärmenden Autos mit ihren veralteten Benzinmotoren.

Enrico ist auf dem Weg zu einem Treffen mit Leuten verschiedenen Alters, die sich auf die Taufe vorbereiten. Es sind sämtlich Erwachsene; die Säuglings- und Kindertaufe ist inzwischen die absolute Ausnahme geworden. Warum fragen sie immer ausgerechnet mich, denkt er. Das Regionalteam für den Erwachsenen-Katechumenat könnte durchaus auch mal ein paar andere Leute ansprechen. Die vergangene Woche war anstrengend wie fast immer in der letzten Zeit und die Familie ist es zur Zeit auch. Da wird es manchmal fast zu viel mit dem ehrenamtlichen Einsatz. Das kommt davon, wenn man zu gutmütig ist.

Ehrenamtlicher Einsatz – das heißt für Enrico zur Zeit zweierlei: Er begleitet in einer Selbsthilfegruppe Leute mit dem

NoCom-Syndrom. Also solche, die über den Gebrauch all der elektronischen Geräte zur normalen Kommunikation im Alltag unfähig geworden sind. Und diese Fälle sind gar nicht so selten. Man muss wieder lernen, miteinander zu sprechen und ganz gewöhnliche alltägliche Sachen zu verrichten. Das andere Projekt ist die Mitarbeit in der überregionalen Initiative «Sieben plus», die sich den Sonntagsschutz zum Ziel gesetzt hat. Da gibt es viele Rückschläge einzustecken, aber es gibt immer auch Erfahrungen, die Mut machen, für den Sonntag als Tag des Herrn zu kämpfen. So ungefähr muss es in der Urkirche gewesen sein, denkt Enrico.

Im Kloster Schwarzenberg trifft sich Enrico mit Erwachsenen, die sich auf die Taufe vorbereiten. [1]

Der Gedanke an die ersten Christen und ihre schwierige Situation gibt Enrico wieder ein bisschen Mut. Er kann die Gruppe jetzt nun wirklich nicht im Stich lassen, nachdem er beim letzten Treffen vor sechs Wochen fest zugesagt hat, im Vorbereitungsteam mitzumachen und die Taufbewerber während ihres Katechumenats zu begleiten. Der Zeitraum erstreckt sich immerhin über fast zwei Jahre. Enrico denkt an das erste Treffen in Scheinfeld, oben in Schwarzenberg im Bildungshaus am Kloster, wo seit Jahrzehnten die Patres und Brüder aus der franziskanischen Gemeinschaft segensreiche Arbeit leisten. Enrico kennt das Haus schon aus seiner Jugendzeit, wo er öfters mit Jugendgruppen aus der Pfarrei oder aus dem Dekanat dort war. Und jetzt sind seine Kinder schon in dem Alter, wo sie, zumindest die beiden Großen, schon mal ein paar Tage mit Gleichgesinnten verbringen – mit der katholischen Jugend (BDKJ) oder auch in der Staatlichen Organisation für Freiwilligendienste (SOFD). Für seinen Einsatz hat sein Ältester vor zwei Wochen sogar eine Auszeichnung des Bundesministeriums für Soziale Dienste (BMSD) bekommen. Wie nostalgisch – seit einiger Zeit gibt es solche Geschenke wie früher als richtige schöne Bücher, gebunden aus altmodischem Papier und mit festem Leineneinband. Gerade bei Jugendlichen sind solche Sachen wieder sehr beliebt. Wie gut, denkt Enrico, dass es im Leben einige Dinge gibt, die stabil bleiben und über die Jahre hinweg Bestand haben – trotz der rasenden Entwicklung in allen Lebensbereichen. Er hat es im Laufe seiner vierzig Jahre schon einige Male erlebt: Die Mode von vorgestern wird zum neuesten Trend von morgen. Bücher, wie sie in seiner Kindheit noch allgemein üblich waren, sind inzwischen praktisch verschwunden. Aber es gibt sie noch, in seltenen Reihen und in kleiner Auflage. Eine Neuausgabe, auf die Enrico vor kurzem stieß, trug den Titel: «Biedermeier 21 – Sehnsucht nach der Idylle im 3. Jahrtausend». Und es stand kein Fragezeichen dabei.

Die Zeit bleibt nicht stehen

Das Motorengeräusch des Elektroautos hat für Enrico etwas Beruhigendes. Zwar steht ihm mit seiner großen Familie ein eigenes Auto zu, doch sind die Zeiten seiner Kindheit längst vorbei, als man sich nach Lust und Laune einfach ins Auto setzen konnte und einfach durch die Gegend fuhr. Zum Glück hatte er bei der Zentralagentur für Individualverkehr, Logistik und Transport (ZILT) noch ein ziemlich großes Kontingent für private Einzelfahrten übrig. Außerdem gibt es für ehrenamtlich Tätige auf Antrag entsprechende Gutschriften.

Der Fortschritt – was ist das eigentlich? Seit Enrico vor kurzem seinen vierzigsten Geburtstag feiern konnte, denkt er öfters über solche Fragen nach. Ist der Mensch nicht bei allen Neuerungen und Erfindungen im Kern seines Wesens derselbe geblieben? Noch immer gibt es Kriege auf der Welt und nicht einmal die schlimmsten Krankheiten hat man endgültig ausrotten können, nachdem noch immer gewisse Bakterienstämme auch gegen die neuesten Antibiotika Widerstand leisten. Deswegen hat die Weltregierung freier Staaten, die aus der früheren UNO hervorgegangen ist, zum wiederholten Mal eine «Dekade der Gesundheit» ausgerufen.

Irgendwie ist das doch komisch, bei allem Fortschritt ist der ganz normale Alltagsstress keineswegs spürbar geringer geworden. Wenn es doch wenigstens für die Erziehung der Kinder einen Automaten gäbe! Schade, da wäre bei seinen drei Kindern manches reibungsloser gelaufen. Aber, er will sich nicht beklagen. Das neue einheitliche Bildungs- und Erziehungssystem (EUREDUC) innerhalb der Vereinigten Staaten von Europa (USE) war lange umstritten, hat sich aber inzwischen mehr als bewährt. Endlich ist es gelungen, so verschiedene Dinge wie Eltern- und Familienförderung, Kinderbetreuung und auch die Begabtenauslese unter einen Hut zu bringen. Aber es wurde auch höchste Zeit. Die ungünstige Alterspyramide wird sich zwar so schnell nicht umkehren. Doch seit der vielzitierten «Demographischen Wende» ab dem Jahr 2015 stehen die Signale wieder günstiger.

Manchmal tut es ihm schon leid, wenn er mitbekommt, wie Singles oder kinderlose Paare oft schief angeschaut, ja fast diskriminiert werden. Das war vor Jahren noch genau umgekehrt.

Ja, sobald man einmal ein wenig nachdenkt – was hat sich nicht alles verändert! Vor Jahren sprach man noch vom sogenannten Computerzeitalter. Er schmunzelt leicht bei dem Gedanken, wenn er daran denkt, dass in seiner Schulzeit die Geräte noch wie ein richtiger großer Kasten auf dem Schreibtisch standen. Er kann sich als Kind noch gut daran erinnern. So haben ja auch einmal die Fernseher ausgesehen. Als er dann seine Ausbildung und sein Studium begann, waren die Kästen plötzlich verschwunden. Es war die Zeit, als die Quantenkommunikation eine große Revolution in der Informationstechnik einläutete. Es war tatsächlich

Eine schöne Vision: Kinderschwemme ab 2015. [2]

ein so gewaltiger Sprung wie die Entwicklung von der Entdeckung des Feuers zur Nutzung der Kernenergie, wie die New York Times damals im Jahr 2005 zutreffend prophezeit hatte. Und heute stehen Worte wie «Computer», «Fernseher» oder «Telefon» längst nur im historischen Wörterbuch. Im Haus ist nur noch eine einzige Anlage für alles. Jeder benutzt nur noch diese kurzen einsilbigen Namen wie aus einer Kommandosprache, die man dem Gerät zuruft, das die Stimme des Benutzers kennt. Man braucht etwa nur Richtung Bildschirm zu husten und der einprogrammierte Lieblingssender schaltet sich ein oder der Gesprächspartner wird angewählt.

Die Alltagsgegenstände haben gleichsam ein Innenleben bekommen. Alles ist mit Sensoren ausgestattet, die wie Nervenzellen ihre Aufgaben erfüllen: Apparate melden auftretende Fehler selbständig an eine Zentrale, Brücken und Häuser erspüren selbst die kleinsten statischen Veränderungen in ihrem Inneren, und auch Erdbeben können genau vorhergesagt werden. Ob es aber immer so gut ist, dass niemand mehr wie früher zum Supermarkt laufen muss, weil heutzutage Regale und Kühlschränke automatisch den Verbrauch beim Lieferanten melden und der die Ware dann ausliefert? Dafür muss man dann beim Vorsorge- und Gesundheitsamt die Erfüllung seines persönlichen Gesundheitsplanes mit entsprechenden Trainingseinheiten nachweisen.

Von Glauben und Aberglauben

Enrico genießt die gute halbe Stunde, die er allein im Elektromobil unterwegs ist. Es ist gut, ein wenig abschalten zu können, bevor er in Schwarzenberg auf die Gruppe trifft. Was erwarten die Leute, die da oben im Kloster zusammen kommen, eigentlich von ihm? Er versucht sich das erste Treffen vor etwa sechs Wochen in Erinnerung zu rufen. Die Gruppe besteht aus gut zwei Dutzend Männern und Frauen, die getauft werden wollen – altersmäßig bunt gemischt im Alter von zwanzig bis fast fünfzig. Sie alle haben ihre ganz eigene Geschichte. Manches von den Berichten aus der Vorstellungsrunde ganz am Anfang ist Enrico noch in guter Erinnerung. Auf was für Wegen doch die Menschen zum Glauben kommen! Die allerwenigsten sind von Kindheit auf schon mit dem Glauben in Berührung gekommen. Die eine Frau, die die meiste Zeit ihres Lebens ziemlich stolz auf ihren Atheismus war. Der Mann im mittleren Alter, der als Kleinkind zwar katholisch getauft wurde, aber vom Kindergarten an bis vor einiger Zeit nur die üblichen Vorurteile über Glauben und Kirche sammelte. Bis dann ein Ereignis ins Leben dieser Leute kam, eine ganz eigene Begegnung mit Mitmenschen, eine Phase des Nachdenkens, der Umorientierung – meist ungeplant, ja oft gegen die selbstgefassten Lebenspläne. Für manche war es freilich auch wichtig zu sehen, dass sich der Wind entscheidend gedreht hatte und die Kirche nach Abschluss der beiden großen ökumenischen Einigungsprozesse mit den Orthodoxen (2016) und den Protestanten (2023) auch in Mitteleuropa trotz gegenteiliger Prognosen wieder mehr Zulauf bekam. Zeit wurde es ja, nachdem über zwanzig Jahre lang Seelsorger und Religionswissenschaftler aus aller Welt nach Mitteleuropa gefahren sind, um dort das paradoxe Phänomen des «Religiösen Atheismus», oder, wie andere Wissenschaftler sagen, der «Atheistischen Religiosität» zu studieren. Fast überall auf der Welt, von Amerika über Afrika bis nach Asien, war zu beobachten, dass mit jedem neuen Fortschritt, alles in allem genommen, die Religion keineswegs zum Verschwinden kommt. Nur in Europa sprach man bis vor gut zwanzig Jahren von einer Epoche der «Säkularisierung». Auf den ersten Blick war diese Beobachtung auch ganz zutreffend, doch führte das nicht dazu, dass religiöses Leben etwa verschwunden wäre. Was da an Stelle des Christentums auf dem religiösen Markt alles anzutreffen war! Enrico schüttelt unwillkürlich den Kopf, wenn er an den vielen pseudoreligiösen Kram denkt, den er im Laufe seines Lebens schon mitbekommen hat. Und vieles davon findet leider immer noch Anhänger. Es ist nun wirklich kein Ruhmesblatt für das Jahr 2037, immerhin für das Ende des ersten Drittels des 21. Jahrhunderts, wenn Esoterik, Aberglauben, Hexenbräuche und Horoskope noch immer in den Köpfen vieler Zeitgenossen spuken. Was war das für ein abergläubisches Theater, als vor einigen Jahren, genauer am 12. August 2026, in Spanien die bislang letzte totale Sonnenfinsternis auf dem europäischen Kontinent zu sehen war! Man kam sich buchstäblich wie im finsteren Mittelalter vor. Da können die Astronomen noch so viel an Wissenschaft vorlegen, es wird immer genug Astrologen geben, die den Leuten irgendwelche komische Sachen erzählen. Aber irgendwann durchschaut auch

Esoterik, Aberglaube, Hexenbräuche: Der Aberglaube ist auch im Jahr 2037 noch lebendig. [3]

der labilste und dümmste Mensch den faulen Zauber – hoffentlich.

Dabei spricht man seit über zehn Jahren von der «Großen Islamischen Aufklärung», die den interreligiösen Dialog sehr fördert, wie auch Enrico mit vielen anderen meint. Gott sei Dank ist damit die Zeit des «Fundamentalismus» und der Attentate endlich vorbei. Alle Kräfte im Islam sind einigermaßen friedlich und beschäftigen sich mit Problemen wie der historisch-kritischen Korandeutung, oder der Frage, was die moderne Geschichtswissenschaft zum Verständnis der historischen Person des Propheten Mohammeds beitragen kann. Sunniten, Schiiten und andere Richtungen orientieren sich am langsamen, aber erfolgreichen Annäherungsprozess der innerchristlichen Ökumene. Es gibt trotzdem immer noch genug Probleme auf der Welt, die nur alle Menschen gemeinsam lösen können.

Priestermangel in der katholischen Kirche? Gut möglich, dass sich das ändert. [4]

Die Kirche lebt

Genau, denkt Enrico und gibt sich innerlich einen Ruck: Es gibt auch viele positive Dinge, gerade im religiösen Bereich. Es ist zwar schon vier Jahre her, doch das große Glaubensfest um den Bamberger Dom herum, das 2033 zum 1000. Todestag der heiligen Kaiserin Kunigunde gefeiert wurde, ist nicht nur ihm in fester Erinnerung geblieben. Dadurch konnte man auch besser den Streit im Jahr 2033 darüber vergessen, ob und wie die Christen den 2000. Jahrestag von Tod und Auferstehung Jesu offiziell begehen sollten. Und dann die Weltjugendtage, zu denen im Wechsel die Kardinalpatriarchen als Vorsteher der sechs großen Erdteil-Regionen der Katholischen Kirche regelmäßig einladen. Ja, der Geist Gottes wirkt doch tatsächlich, wo er will! Niemand hätte zum Beispiel vor Jahren für möglich gehalten, dass die freiwillige Ehelosigkeit bei den evangelischen Pfarrern dermaßen geradezu in Mode kommt, dass manche Katholiken schon fast wieder um den Verlust eines Markenzeichens fürchten. Selbstverständlich ist es auch geworden, dass der neue Papst Thomas II., der aus Indien stammt, von den Christen auf der ganzen Welt als Oberhaupt offiziell anerkannt wird.

Enrico erinnert sich, jetzt auf dem Weg zu seinen Taufbewerbern, an die Feier seiner eigenen Erstkommunion. Vieles ist schon reichlich verblasst, manches aber hat sich so gut eingeprägt, als sei es erst gestern gewesen. Er hatte Glück, es war eine lange, aber schöne und prägende Zeit in seiner Vorbereitungsgruppe, die von zwei Frauen aus einem großen Team geleitet wurde. Irgendwie geht das, was man den Kindern in der Erziehung mit auf den Weg gibt, nicht verloren. Das sagt er sich oft auch im Blick auf seinen eigenen Nachwuchs. Er schmunzelt, weil seine Mutter immer von ihrer Kindheit erzählt, dass sie in den Gruppenstunden vor der Erstkommunion hauptsächlich Pizza gebacken haben. Aber es war nicht schlecht, jede Stunde gab es einen anderen Belag.

Damals, also um die Jahrtausendwende, sprach man noch von den Resten der einstmaligen sogenannten Volkskirche. Viel Volk, aber wenig Kirche, wie es jemand einmal bösartig ausgedrückt hat. Doch das Urteil findet Enrico ungerecht. Manches ging damals auch einfach leichter, manche haben doch noch mehr oder weniger gewollt etwas abbekommen von einer christlichen Lebenseinstellung. Volkskirche – das war auch die Zeit, als die Päpste praktisch alle aus Europa kamen. Doch inzwischen hat sich manches geändert. Die Europäer müssen schauen, dass sie nicht allmählich an den Rand geraten, denn Südamerika, Afrika und Asien geben in der Weltkirche den Ton an.

Allmählich setzt auch ein wenig Vorfreude auf die neue Begegnung mit der Gruppe im Kloster ein. Es war schon mit den Taufbewerbern schwer genug, einen gemeinsamen Termin zu finden – Freitagabend bis Sonntagmittag, ein Wochenende eben. Früher, als es noch die ziemlich starre Trennung von geregelter Arbeit und Freizeit gab, sprachen alle pausenlos vom «Wochenende». Ja, das Zauberwort seiner Jugend, inzwischen ist es praktisch verschwunden. Das Ministerium für Gemeinwesenarbeit (BMGwA) organisiert mit seinen Regionalstellen einen großen Teil des Lebens der Bürger, die Betreuung der Senioren, die Pflege von Grünflächen und anderer öffentlicher Einrichtungen. Je nachdem, wie viele Stunden jemand auf einer festen Stelle arbeitet, muss er daneben, je nach Fähigkeit und Ausbildung, noch für die Allgemeinheit tätig werden. Auch die Taufbewerber, zu denen er auf dem Weg ist, kommen aus ganz verschiedenen Berufen – eine in jeder Hinsicht wirklich bunt gemischte Truppe. Wenn er daran denkt, fällt Enrico auf, wie es neben der Kirche immer weniger Gruppierungen gibt, die Menschen ganz unterschiedlicher persönlicher Interessen und gesellschaftlicher Herkunft zusammenführt. Das wird inzwischen auch von den Milieugraphikern, also einem Zweig der Soziologen, stärker anerkannt.

Bei all den Unterschieden in dieser Gruppe gibt es doch erstaunlich viele Gemeinsamkeiten. Viele kommen aus einer Umgebung, in der sie kaum Kontakt mit Christen haben. Interessant, denkt Enrico, im Vergleich zu seiner eige-

nen Kindheit hat sich die Situation praktisch umgedreht. Damals waren die Großeltern oft noch einigermaßen christlich erzogen worden, und zu ihrem großen Bedauern haben sich die Kinder und Enkel vielfach langsam vom Glauben verabschiedet. Heute ist es die Generation der Großeltern, die dem Glauben ziemlich entfremdet ist, während die Enkel Gott, Bibel und Kirche wieder als etwas ganz Neues entdecken. Unwillkürlich kommt ihm da in den Sinn, was eine Frau aus der Gruppe beim letzten Treffen erzählte. Ihre achtjährige Tochter sagt selbstbewusst im Familienkreis: «Oma, es würde dir gar nichts schaden, auch wieder mal am Sonntag zur Kirche zu gehen.» Ob nicht da manchmal auch ein Schuss Rebellion gegen die Alten mit im Spiel ist?

Eine innige Beziehung zu Mensch und Natur – Kennzeichen franziskanischer Spiritualität – wird auch in Zukunft gefragt sein. [5)]

Ein Licht für die Zukunft

Über die Hälfte der Strecke hat Enrico auf dem Weg nach Schwarzenberg schon zurückgelegt. Respekt, die Franziskanerpatres haben auch in schwierigen Zeiten oben auf dem Berg durchgehalten, betreuen die Wallfahrer und betreiben ein gastfreundliches Bildungshaus. Wenn es etwas aus den letzten Jahrhunderten gibt, das immer noch aktuell ist, dann ist es der Mann aus Assisi. Enrico erinnert sich, erst vor kurzem in einer Informationsdatei des Ministerium für Klima und Umwelt (BMKU) auch von Franziskus etwas gelesen zu haben. Ja, überhaupt lesen sollte man viel mehr, gerade wenn man zu einem Wochenende mit wissbegierigen Leuten fährt!

Ein altes chinesisches Sprichwort hat sich Enrico gemerkt, das beim letzten Treffen mit den Taufbewerbern einer der Teilnehmer erwähnt hatte: «Am Fuße des Leuchtturms herrscht Dunkelheit». Es ist wie bei einem Sendemast, in dessen unmittelbarer Nähe der Empfang am schlechtesten ist. Diese Weisheit lässt sich, wie immer bei den Chinesen, auf viele Situationen im Leben anwenden. Enrico musste in der letzten Zeit öfters an diesen klugen Satz denken. Manchmal fragt man sich schon, ob man als einfacher Christ den Anspruch erfüllen kann, den das Evangelium an einen Getauften stellt. Die

Kirche war und ist eben auch immer eine Kirche der Sünder mit vielen Dunkelheiten, und doch ist sie der Leuchtturm für andere – das Licht der Völker, wie es schon im Ersten Testament von Israel heißt und wie es das große Vatikanische Konzil vor fast genau siebzig Jahren beschrieben hat. Verhält es sich nicht auch so mit der eigenen Glaubensgeschichte? Wir dürfen ein Licht für andere sein, obwohl es manchmal im eigenen Herzen dunkel ist.

Über die Gedanken mit dem Leuchtturm hat Enrico fast nicht bemerkt, dass er bereits am Fuße des Klosterberges angekommen ist. Einige Gäste, die wahrscheinlich auch gerade angekommen sind, stehen auf dem Parkplatz und begrüßen einander herzlich. Er schaut kurz hinüber zu der Gruppe, die ihn sogleich in ihre Mitte aufnehmen wird und denkt: Ein paar wenige Leute, die sich Christen nennen und die sich inmitten der großen und lauten Welt im Glauben auf den Weg machen.

Enrico steigt aus, noch bevor er sein Gepäck auslädt, und geht auf die Gruppe zu. Bevor er dem ersten gegenüber die Hand zum Gruß ausstreckt, gehen ihm seine letzten Gedanken im Auto durch den Kopf und er muss noch einmal an das Sprichwort denken: Am Fuße des Leuchtturms herrscht Dunkelheit. Na gut, mag sein, aber jene Gewissheit bleibt genauso bestehen: weit in die Ferne der Zukunft hinein leuchtet das Licht derer, die glauben.

Kein Grund zum Pessimus. Nur am Fuße des Leuchtturms herrscht Dunkelheit. [6]

Exkurs:

LEBENSBILDER

Das integrative Theaterstück
zum Bistumsjubiläum –
mit den historischen Personen dieses Buches.

Lebensbilder – Das Theaterstück zum Bistumsjubiläum

Ein Interview von Alexandra Hilmer mit Projektleiter Dirk Bayer

Heinrich und Kunigunde, der heilige Bischof Otto und die als «Hexe» hingerichtete Katharina Haan zusammen auf der Bühne? Der Theaterpädagoge Dirk Bayer hat sich an das schwierige Unternehmen gewagt. Er bringt die historischen Persönlichkeiten dieses Buches in einem Theaterstück der ganz besonderen Art gemeinsam auf die Bühne. Er ist aber noch einen entscheidenden Schritt weiter gegangen. Denn als Schauspieler treten Studenten und Menschen mit Behinderung gemeinsam auf. Im folgenden Interview mit Alexandra Hilmer spricht der Projektleiter über die Verwirklichung, Herausforderungen und Anstöße von insgesamt über 18 Monaten Projektarbeit.

Alexandra Hilmer: *Herr Bayer, Sie haben anlässlich des Bistumsjubiläums zusammen mit Studenten des Fachbereichs Soziale Arbeit der Universität Bamberg und den Bewohnern der «Barmherzigen Brüder» in Gremsdorf, einer Langzeiteinrichtung für Behinderte, ein integratives Theaterstück erarbeitet. Was ist der Inhalt des Theaterstücks?*

Theaterpädagoge Dirk Bayer. [3)]

Dirk Bayer: Im Rahmen des Bistumjubiläums wurden für die Festschrift und eine Wanderausstellung für jedes Jahrhundert einzelne Persönlichkeiten ausgewählt. Diese sind in ihrer Form des Glaubens repräsentativ für ihre Zeit. Meine Aufgabe bestand darin, um diese Personen ein Theaterstück zu entwickeln. Ich habe mich gefragt: Was und wie glaubten diese Menschen? Auf dieser Grundlage erarbeiteten wir archetypische Glaubensmuster: Zum Beispiel den Suchenden, den Nörgler, den sich an allem Festklammernden, den Pharisäer und so weiter. Sie sind verschiedene Aspekte des Glaubens, die dann personifiziert wurden. Hinter all diesen sich an bestimmten Mustern festhaltenden Aspekten entdeckten wir dann das klassische Prinzip der sieben Todsünden: Zorn, Hochmut (Stolz), Neid, Geiz, Trägheit, Völlerei und Wollust sind als Bilder für Hemmnisse des Glaubens verstehbar. Im Theaterstück treffen nun die Persönlichkeiten auf die jeweils sie selbst betreffenden

Die Verkörperung der sieben «Todsünden» im Stück (von links): Hochmut, Neid, Völlerei, Faulheit (Kissen), Wollust und Zorn. 4)

Sünden und werden mit ihren verborgenen, verdrängten Seiten konfrontiert.

A. H.: *Wo spielt das Stück? Und wie ist die Aufteilung der Rollen?*

D. B.: Das Stück spielt in einem Nirgendwo, einer Art Zwischenstation auf dem Weg ins Jenseits. Die Verkörperungen der Todsünden, die in dieser Zwischenwelt leben und zum großen Teil von Studenten dargestellt werden, geben uns Anregungen für unser eigenes Leben. Für sie geht es seit Beginn der Schöpfung nicht weiter und sie sitzen fest, denn sie haben Wichtiges nicht verstanden. Diese Situation ist ein Spiegel für unsere heutige Zeit: Auch wir leben in Unsicherheiten, halten an Überkommenem fest, sind voller Misstrauen, Furcht und Unzufriedenheit - kurz es fehlt an Sinn.

Die historischen Persönlichkeiten werden von den Bewohnern der Behinderteneinrichtung in Gremsdorf gespielt. Sie bringen in ihrem Spiel auf dem Weg in den Himmel heilende Impulse in jene Welt und zeigen uns, wie man mit dem eigenen hemmenden «Sündhaften» umgehen kann. Dabei werden viele kritische Fragen gestellt, auch an das Publikum. Ist zum Beispiel Glaube wirklich anerziehbar? Gibt es einen katholischen Gott? Ist Sinnlichkeit christlich? Was ist Wahrheit? Gibt es eine objektive Wahrheit des Glaubens? All diese Fragen entstanden aus dem Prozess der gemeinsamen Arbeit. Es sind Fragen, die jeden von uns betreffen und deshalb auf der Bühne öffentlich ausgesprochen werden. So wird eine Diskussion eröffnet, die sich hoffentlich auf die Zuschauer überträgt. Natürlich ist so ein Stück gewagt. Das muss Theater aber auch sein. Es ist immer

Im Wartebereich zum Himmel werden die historischen Persönlichkeiten mit den eigenen Versuchungen konfrontiert. [5)]

eine Form der Auseinandersetzung, der Suche und des Dialogs. Wenn Theater kein Ort der Diskussion mehr ist, dann kann man auch ins Kino gehen.

A.H.: *In welchem Zeitalter spielt denn das Stück?*
D.B.: In keinem und in jedem, es ist eine Zwischenwelt. Deswegen auch diese archetypischen Charaktere. Die Persönlichkeiten stehen ihrer eigenen Innenwelt gegenüber, denn diese Eigenschaften tragen wir alle in uns. Sie bekommen nach ihrem Tod noch einmal ihr eigenes Ich vorgespiegelt – in allen Facetten. Heilung geschieht durch das Annehmen des eigenen Wesens und des persönlichen eigenen Weges. Wer seine scheinbaren Fehler und Schwächen akzeptiert, der braucht an diesen nicht mehr festzuhalten und ist frei weiterzugehen, sich zu entwickeln.

A.H.: *Was passiert im Wartebereich zum Himmel?*
D.B.: Im Entstehungsprozess wurden die Gremsdorfer mit diesen archetypischen Bildern direkt konfrontiert und so ähnlich ist das auch bei den Aufführungen. Und wir sehen, was dann entsteht. Denn sie bringen jedes Mal ihre eigenen Impulse, ihr eigenes Ich in das Stück. Wenn sie sich kritisch mit Fragen des Glaubens auseinandersetzen, dann finde ich das gut. Die Studenten betten diese Impulse in die Bühnenhandlung ein – übersetzen die Spielimpulse und führen sie weiter. Was immer auch geschieht, ist Ausdruck dieses Theaterprojekts. Deshalb ist jede Aufführung anders, man kann nie vorher sagen, was genau passieren wird. Auch die Persönlichkeiten der Schauspieler verändern sich ja mit der Zeit, sie machen neue Erfahrungen, erweitern ihre Sicht und all das wird eingebracht.

Ich bin immer auf jede einzelne Aufführung gespannt. Denn wir machen ja kein klassisches Theater. Bei uns wird nicht zuerst der König umgebracht und dann heiratet der Sohn die Mutter. Bei uns wird jedes Mal etwas anderes passieren. Es gibt zwar immer einen roten Faden, nämlich die historischen Persönlichkeiten und ihre Konfrontationen mit der Welt und dem eigenen Ich. Aber wenn zum Beispiel das Paar, das Heinrich und Kunigunde darstellt, gerade Streit miteinander hat, dann wird das auf der Bühne deutlich spürbar sein.

Historisches Vorbild: Kunigundenfestspiel in Marktzeuln 1901, Eintritt ins Kloster. [6]

A.H.: *Wie kam es zu der Idee eines integrativen Theaterprojekts?*

D.B.: Theaterspielen im und um den Dom hat in Bamberg eine lange Tradition. Schon bei früheren Bistumsjubiläen gab es szenische Aufführungen. Etwa 1901, beim feierlichen Erinnern an die Heiligsprechung der Kaiserin Kunigunde 700 Jahre zuvor. Oder bei der 900-Jahrfeier des Bistumspatrons Kaiser Heinrich 1924. Beides war allerdings eher klassisches Bilder- und Kostümtheater, bombastisch und feierlich.

Kirche verändert sich und das möchte die Erzdiözese Bamberg auch zeigen. Mit dem Wandel ändert sich ebenfalls die Form der Darstellung. Stand früher das Vorführen im Sinne von Vorbilder zeigen im Mittelpunkt, so geht es nun vor allem um den persönlichen Ausdruck jedes einzelnen Gläubigen, um Diskussion über verschiedene Ansätze des christlichen Glaubens. Kirche begreift sich nach meiner Wahrnehmung in vielen Bereichen zunehmend als offen und weniger dogmatisch. Deshalb haben wir im Theaterstück zum 1000-jährigen Bistumsjubiläum eine offene, diskursive Form von Theater gewählt. Jeder Darsteller, ob behindert oder nicht behindert, hat die Möglichkeit, sein eigenes Glaubensbild in die Öffentlichkeit zu bringen und zu diskutieren.

Opulentes Historienspiel in der Bamberger Alten Hofhaltung zum Heinrichsjubiläum 1924. [7]

Die Schauspieler aus Gremsdorf und vom Fachbereich Soziale Arbeit mussten sich zunächst als Team finden. [8]

A. H.: *Wie hat die Gruppe für dieses Projekt zusammengefunden? Und welche Vorgaben haben sie den beteiligten Schauspielern gemacht?*

D. B.: Michael Kleiner von der Koordinationsstelle für das Bistumsjubiläum hatte vor einiger Zeit die Gremsdorfer Schwarzlicht-Theatergruppe gesehen. Zusammen mit Claudia Höps, damals Mitarbeiterin bei den Barmherzigen Brüdern in Gremsdorf, entstand die Idee eines integrativen Theaterprojekts anlässlich des Jubiläums. Beide wollten etwas Neues, einen bisher nicht da gewesenen Ansatz von Impulsen für die Öffentlichkeit. Über Claudia Höps, die meine dialogische Theaterarbeit kannte, bin ich dann zu dieser Aufgabe gekommen. Zusammen mit neun Studenten der Sozialen Arbeit an der Universität Bamberg und rund 20 Bewohnern der Behinderteneinrichtung in Gremsdorf haben wir eine eigene, integrative Theatergruppe gegründet und das Stück gemeinsam erschaffen. Bei der Aufführung stehen «Nichtbehinderte» und «Behinderte» auf der Bühne, treten in Dialog miteinander und spielen ein gemeinsam entwickeltes Theaterstück.

Mir ist es wichtig, dass sowohl das Spielen als auch das Gesamtprojekt wirklich integrativ sind. Dies bedeutet, dass ich als Regisseur nur ganz wenig vorgebe. Vielmehr entsteht das Stück aus den Impulsen der gemeinsamen Arbeit und aus den Ideen der ganzen Gruppe. Das ist auch einer der zentralen Unterschiede zu vielen anderen so genannten integrativen Theaterprojekten: Dabei wird meist mit einem fertigen Stück gearbeitet und die Leute werden den Rollen angepasst. Behinderte und Nichtbehinderte bekommen Vorgaben, Texte, die auswendig gelernt und Charaktere, die ausgefüllt werden.

Bei unserem Projekt ist der Weg umgekehrt: Die Mitwirkenden erarbeiten sich ihre Rollen und Charaktere selbst. Alles was entsteht, entsteht aus ihnen selbst heraus. Das Herausfordernde ist es, die – doch sehr verschiedenen – Wahrnehmungen von Menschen mit und ohne Behindung zusammenzubringen. Aber gerade aus dieser Unterschiedlichkeit entstand und entsteht immer wieder neu ein fruchtbarer Dialog und Diskurs, der jeden Beteiligten weiterbringt.

Mir war dieser Prozesscharakter wichtig. Dass die Leute miteinander ins Spielen kommen, sich gegenseitig weiterbringen und ihre Wahrnehmungen erweitern. Und dann natürlich ihre Erfahrungen weitergeben und mit dem Publikum teilen.

A. H.: *Wann haben Sie mit den Proben angefangen?*
D. B.: Im März 2005 habe ich begonnen sowohl mit den Studenten als auch mit den Gremsdorfern zu arbeiten. Zunächst mit beiden Gruppen getrennt, um jede für sich zu stabilisieren, Vertrauen zu schaffen und das eigene Selbstbewusstsein zu stärken. Die Gruppen sollten lernen, ihren eigenen Impulsen zu vertrauen und nicht andere Spieler zu kopieren. Im nächsten Schritt bewegten sich diese beiden Gruppen langsam aufeinander zu und gewöhnten sich Stück für Stück aneinander.

Am Anfang gab es viele Hemmungen, vor allem von Seiten der Studierenden, einige waren ganz vorsichtig und wollten alles über die Behinderungen wissen. Dabei ist das nicht wichtig. Für mich persönlich gibt es keine Behinderung im eigentlichen Sinne. In so einem ästhetischen Prozess wie Theater gibt es nur die jeweilige Beschränkung und Behinderung, mit der man sich gerade auseinander setzt. Wenn man also von Behinderung spricht, dann trifft sie jeden Schauspieler. Den einen im sprachlichen oder geistigen, den anderen im körperlichen Sinne. Jeder, egal ob behindert oder nichtbehindert, hat auf der Bühne mit seinen eigenen persönlichen Schwierigkeiten und Hemmungen zu tun.

Einige Studenten machen zum ersten Mal die Erfahrung, dass sie ein derartiges Projekt beginnen, ohne dass es ein fertiges Theaterstück gibt. Das war schwierig für sie, weil ihnen die gewohnte Struktur fehlte. Immer wieder habe ich versucht, die Leute auf sich selber zurück zu führen, um damit ihre eigene Kreativität, ihr eigenes Potential und ihre Impulse herauszukitzeln.

Auch die Gremsdorfer mussten ihre Erwartungen loslassen. Einige haben mich zum Beispiel immer wieder gefragt, welchen Text sie denn lernen müssten. Manche hörten sogar auf, weil sie nicht sofort etwas zum auswendig lernen bekommen haben.

A. H.: *Was ist das Elementare dieser Arbeit?*
D. B.: Bei diesem Projekt geht es mir vor allem darum, ein Bewusstsein zu schaffen, überhaupt wieder das eigene Ich zu entdecken. Das gilt für Studenten genauso wie für Bewohner, wie für Mitarbeiter und jeden Zuschauer. Oft vergessen wir das im Alltag. In Einrichtungen gibt es viele Abhängigkeiten, da wird die eigene Kreativität verlernt. Bei Studenten ist es auch so, denn in der Regel funktioniert Universität ähnlich wie Schule.

Um die eigene Kreativität zu fördern, aber gleichzeitig natürlich auch ein aufführungs-

Die «Regie» ist nicht nur hinter den Kulissen zu sehen. [9)]

fähiges Theaterstück zu entwickeln, mussten wir ungewöhnliche Wege gehen. Zuerst haben die Studenten die Persönlichkeiten in Kurzreferaten der Gruppe vorgestellt. Dann wurden die Gremsdorfer befragt, wie sie sich die historischen Menschen jeweils vorstellen. Gemeinsam haben wir in Spielen und Übungen die Essenz dieser Figuren gesucht. So weit wie möglich arbeiten wir mit den Bildern, die die Teilnehmer selbst entworfen haben. Von Hugo von Trimberg, dem Lehrer, der das 13. Jahrhundert repräsentiert, haben sie etwa ein klares Bild. Dieses Bild artikulieren sie und stellen es dar: in diesem Fall als eine kritische und autoritäre, aber auch strafende Person.

A. H.: *Wie sind historische Persönlichkeiten mit der Selbstdarstellung des eigenen Ichs vereinbar?*

D. B.: Klassisches Theater sucht sich Schauspieler heraus, die typspezifisch zur jeweiligen Rolle passen. Das erleichtert viel, aber es schränkt meiner Meinung nach auch sehr viel ein. Letzten Endes ist jede Darstellung schließlich eine persönliche Interpretation. In unserem Theaterprojekt lassen wir nicht nur die Interpretationsfreiheit, sondern wir stecken den Spielraum noch weiter. Natürlich gibt es historische Daten, wann die Menschen gelebt und was sie getan haben. Über ihren Charakter selbst weiß man in der Regel gar nicht so viel. Deswegen ist es mir sehr wichtig, dass die Gremsdorfer ihre Interpretation der Personen spielen. Ob die stimmt oder historisch belegbar ist – das ist für mich nicht so wichtig.

Als Regisseur des Stückes arbeite ich wenig über Text. Es ist auch unwesentlich, wie viel Text das Stück hat. Mir geht es um Gefühle, um Archetypisches und um die Essenz der Figuren. Theater ist etwas Ästhetisches und hat mit Sehen zu tun. Sprache und Text hindern oft am Sehen. Denn dann stürzt sich das Publikum auf den Textinhalt und sieht gar nicht, was da wirklich auf der Bühne passiert. Gerade bei so genannten Behinderten ist es so, dass da extrem viel geschieht: Es ist ganz viel körperlicher Ausdruck vorhanden, wird ganz viel Spannung aufgebaut. Außerdem wird - wie überall auf der Bühne - eine Geschichte erzählt, und es ist total interessant diese zu entdecken.

Die Barmherzigen Brüder in Gremsdorf sind eine Langzeiteinrichtung für Behinderte. [10]

A. H.: *Was ist während der Proben auf der Bühne passiert?*

D. B.: Unheimlich viel! Spannend finde ich immer, wenn ich merke, jetzt kommt von den Gremsdorfern etwas Eigenes, nichts Vorgekautes, was innerhalb von

Menschen mit und ohne Behinderungen spielen gemeinsam Theater zur Bistumsgeschichte. [11]

40 Jahren Sozialisation in einer Behinderteneinrichtung erlernt wurde. Man spürt, wenn jemand eigene Gedanken und Gefühle auf der Bühne äußert. Zum Beispiel hatten wir eine Übung, bei der eine kurze Szene auf der Bühne über eine weggegangene Freundin improvisiert werden sollte. Plötzlich hat ein Spieler angefangen, eine Wahnsinnsgeschichte zu erzählen: dass die Freundin und ein Pferd tot seien und überhaupt alle tot seien und er deswegen jetzt ganz alleine. Er hat richtig geweint auf der Bühne und einige Studenten haben sich schon Sorgen gemacht. Aber alles war Theater! Als die Szene zu Ende war, ging er lachend von der Bühne und freute sich riesig, dass er das gespielt hatte.

Damit die Schauspieler aber ihre eigenen Impulse zeigen können, ist unendlich viel Geduld wichtig – auch von Seiten der Mitspieler. Das ist eine große Lernerfahrung für sie: nicht immer selber etwas zu machen. Und das ist unheimlich schwer. Wenn man auf der Bühne steht und scheinbar nichts passiert, dann hat man schnell die Tendenz ganz aktiv zu werden, anstatt sich dem zu überlassen, was kommt. Besser ist zu schauen: was entsteht denn. Und es entsteht immer etwas.

A.H.: *Wie haben die Studierenden reagiert, als sie von dem Projekt erfahren haben?*
D.B.: Insgesamt sehr unterschiedlich. Manche haben sich total in Arbeit gestürzt, hatten schon Szenen geschrieben, die ich ihnen dann alle wieder wegnehmen musste. Das ist einigen sehr schwer gefallen. Ihre eigenen Bilder aufzulösen und loszulassen, damit auch bei ihnen etwas Neues entsteht.

Sehr beeindruckt hat mich der Moment, in dem die Studenten aufgehört haben, immer „machen» zu wollen, auch noch für die Behinderten mit zu agieren, Rollen zu verteilen und zu sagen: „Du musst das oder jenes spielen» – hin zu folgendem Zustand: „Wir schauen mal gemeinsam, was da an Ideen kommt. Wir improvisieren eine Szene gemeinsam und ich, als Student, lasse genug Raum für die, die mit ihren kreativen Impulsen ein bisschen länger brauchen.»

A.H.: *Wie haben sich die an dem Projekt beteiligten Menschen mit Behinderung schauspielerisch entwickelt?*
D.B.: Sie sind viel freier geworden. Nicht nur in ihrer Darstellung. Am Anfang haben einige sich die Hand vor den Mund gehalten, wenn sie geschrieen oder gelacht haben oder einfach das Gefühl hatten, etwas gemacht zu haben, was

nicht akzeptabel ist. Immer wieder wurden sie ermutigt, frei zu sein und ihrem Ich nachzuspüren. Irgendwann haben sie angefangen miteinander zu spielen, richtig miteinander zu spielen und nicht zu mir zu gucken und zu fragen, was sie machen sollen.

Das Theaterprojekt war und ist ein schwieriger Prozess für sie. Denn zuerst nehme ich ihnen die Bestätigung, die sie suchen, weg. Bis sie dann schließlich auf der Bühne sich selbst darstellen können. Auf die immer wieder gestellte Frage «War ich gut?», gebe ich keine Antwort. Darum geht es nicht. Aber das haben sie gelernt: „Gut» zu sein und sozial angepasst, sich auf eine bestimmte Art zu verhalten. Das alles erst einmal loszulassen und wegzuwerfen, damit aus ihnen selbst etwas Eigenes wachsen kann, das ist der Prozess, der stattgefunden hat und weiterhin stattfindet. Das ist das Wichtige. Bei den Proben mache ich ganz bewusst nichts vor, weil ich sonst wieder etwas bediene: dass sie sich so verhalten sollen wie ich. Ganz am Anfang habe ich ein paar Sachen gezeigt. Das Problem war, dass mein Verhalten kopiert wurde, weil ich es so gemacht habe. Aus Kopieren wächst nichts Eigenes.

Auch die Studenten sind wesentlich freier in ihrer Darstellung geworden. Sie tun immer mehr aus dem eigenen Impuls heraus. Und nicht weil sie glauben, der Dozent Bayer hätte gewisse Erwartungen an sie und damit bekämen sie eine bessere Note. Die Studenten sind immer in der Gefahr, zu viel zu übernehmen. Aus der Angst heraus, dass eine tolle Szene entstehen muss. Aber sie haben in den letzten Monaten viel gelernt: Sie lassen los und geben die notwendige Zeit. Dadurch entstehen wunderbare Geschichten. Diese teilen wir mit dem Publikum. Und das Publikum nimmt gerne teil, erlebt gerne diese Geschichten mit. Das hat die überwältigende Reaktion der Zuschauer bei der Premiere im Dom oder auf dem Katholikentag in Saarbrücken gezeigt. Zur Premiere kamen weit über 1000 Menschen unterschiedlichen Alters und unterschiedlichster Einstellungen und Glaubensüberzeugungen in den Dom. Das bestärkt mich in der Überzeugung, dass bei vielen Menschen ein starkes Bedürfnis nach offener Auseinandersetzung besteht. Ein Wunsch, sich über Austausch und Diskussion neu zu orientieren, in einer Welt, die immer komplexer und verwirrender für den Einzelnen wird.

A. H.: *Wie soll der Zuschauer nach Hause gehen?*

D. B.: Die große Chance dieses Theaterstückes ist es, eine Diskussion anzustoßen. Am liebsten viele. Ich möchte Störimpulse setzen, da bin ich eher systemtheoretisch verhaftet, konstruktivistisch. Jeder Mensch ist ja ein System, das sich immer wieder selbst reproduziert. Immer wieder gleich und mit möglichst wenig Veränderungen. Die durch das Theaterstück entstehenden Störimpulse sollen so groß sein, dass sie das System zwingen, sich anders zu reproduzieren und sich neu zu schaffen. Dabei müssen die Impulse nicht durch die Persönlichkeiten gesetzt werden. Das lässt sich über die Zwischenwelt erreichen, in dem zum Beispiel bestimmte Charaktereigenschaften deutlich überzeichnet gespielt werden. Denn auch kabarettistische Elemente und Clownerie können verstören, Diskussionen anregen und eine Auseinandersetzung herausfordern.

Der Zuschauer soll diese Impulse aufnehmen und auch gerne ein gerütteltes Maß an Irritation. Dass er ein bisschen darüber nachdenkt, was es denn heißt «Behinderung» zu sagen oder aber «ich glaube». Was es heißt, wirklich tolerant zu sein oder so zu leben, dass man immer zweifelt oder Autoritäten hinterherläuft. Darf man sich ein Urteil erlauben? Über «behindert oder «nichtbehindert», «asozial» oder «sozial», «schlechter» oder «besser»? Darf ich mir das überhaupt erlauben oder ist es nicht vielmehr so, dass jeder seine eigene Wahrnehmung hat und wir sehr unterschiedlich sind? Solche Gedankenketten wollte ich anstoßen. Das war mein Wunsch.

Die Erfahrung der bisherigen Aufführungen zeigt auch deutlich, dass genau das geschieht. Diskussionen entstehen über Glauben, über Behinderung, über die Welt. Das Theaterstück berührt und verstört das Publikum. Es bringt erstarrte Sichtweisen wieder in Bewegung, in den Fluss. Leben und Glaube muss meines Erachtens dynamisch sein, veränderlich, nicht starr und dogmatisch. Darum geht es. Oder, wie mir ein Priester nach der Premiere sagte: „Diese Diskussionen braucht die Kirche, will sie das dritte Jahrtausend überleben».

Eindrucksvolle Kulisse: Der Bamberger Dom als Ort der Premiere am 16. Mai 2006. [12]

Glossar

Abt Etwa seit dem 4. Jh. bezeichnet der Titel Abt (von aramäisch *abba* = Vater) den Vorsteher einer klösterlichen oder klosterähnlichen Gemeinschaft. Ihm kommt umfassende Führungs- und Leitungsvollmacht zu, jedoch war er z.B. in der bis zum 12. Jh. vorherrschenden Benediktsregel in wichtigen Entscheidungen an den Rat der Brüder des Konvents gebunden. Der Abt war nach kirchlichem Recht seit dem Frühmittelalter häufig aus der Bistumsorganisation ausgenommen und damit nicht dem jeweiligen Bischof unterstellt. Seit dem Hochmittelalter waren viele Äbte als Fürstäbte zugleich Vorsteher größerer Territorien und übten sowohl geistliche wie auch weltliche Hoheitsrechte aus.

Andechs-Meranier Das ursprünglich westbairische Adelsgeschlecht bildete im Lauf des 12. Jh. Herrschaftszentren am Obermain und in Istrien (heute Kroatien) aus. Sie erbauten die Plassenburg bei Kulmbach; mehrere Bamberger Erzbischöfe stammen aus ihren Reihen. Einen Machtverlust mussten sie im Laufe ihrer angeblichen Verwicklung in die Ermordung Phillipps von Schwaben (1208) in Bamberg hinnehmen. 1248 bzw. 1251 starben sie in männlicher Linie aus.

Benediktiner Die Benediktinermönche waren vom 9. Jh. an bis weit ins Hochmittelalter der bestimmende Mönchsorden des Abendlandes. Ihre Lebensweise geht auf die *Regula Benedicti* des Benedikt von Nursia (6. Jh.) zurück. Deren inhaltlicher Schwerpunkt liegt in der Verbindung von Gebet und Arbeit (*ora et labora*). Weiterhin fordert die Regel strenge Unterordnung unter den → Abt, den beständigen Aufenthalt im Heimatkloster und regelmäßiges Gebet. Der Tagesablauf wird dementsprechend durch feste Gebetszeiten (Stundengebet) und durch Arbeit streng strukturiert. Jedes Benediktinerkloster stellte dabei ursprünglich einen eigenen abgeschlossenen Organismus dar, dessen Oberhaupt der Abt war. Erst seit 1893 ist ein Großteil der Benediktinerklöster unter einem Abtprimas in Rom hierarchisch verbunden.

Bischof Ein Bischof (von griech. *episkopos* = Vorsteher, Aufseher) ist in vielen christlichen Kirchen ein Würdenträger, der die geistliche, liturgische und verwaltungstechnische Leitung eines bestimmten Gebietes innehat, das zumeist zahlreiche lokale Gemeinden umfasst und als → Bistum bezeichnet wird. Nach kath. Auffassung setzt sich in den Bischöfen die Leitungsvollmacht fort, die Jesus den zwölf Aposteln übertragen hat (Apostolische Sukzession). Sie sollen den ihnen anvertrauten Teilkirchen als Lehrer, Priester und Hirte dienen. Ein Bischof ist auch im Besitz der unbeschränkten Weihegewalt, kraft derer er Firmung und Priesterweihe erteilt, Altäre und Kirchen weiht. Nur in seinem Auftrag dürfen die Priester, die er durch Handauflegung in sein Presbyterium beruft, Eucharistie feiern, predigen und das Bußsakrament verwalten. Zeichen des Bischofsamts sind die sog. Pontifikalien (Mitra, Stab, Ring und Brustkreuz).

Bistum Ein Bistum ist eine von einem → Bischof geleitete verwaltungsmäßige und seelsorgerische Einheit in der katholischen Kirche. Die Errichtung, Änderung oder Aufhebung eines Bistums behält sich weltweit der Vatikan vor. Mehrere Bistümer bilden in der Regel zusammen mit einem Erzbistum eine Kirchenprovinz, an deren Spitze ein → Erzbischof steht. In Deutschland gibt es seit Abschluss der Neuordnung der Bistumsgrenzen (1995) sieben Erzbistümer und 20 Bistümer. Gleichbedeutend ist der Begriff Diözese. Das Wort leitet sich von dem griechischen Verb *dioikein* ab, was «haushalten» bedeutet. In den ersten Jahrhunderten nach Christus stand der Begriff für die bischöfliche Stadtgemeinde, die sich mit der Missionierung des umliegenden Landes ausdehnte.

Im 4. Jahrhundert entstanden die ältesten deutschen Bistümer Trier, Köln und Mainz. Die heutigen Grenzen beruhen zumeist auf Vereinbarungen zu Beginn des 19. Jahrhunderts. Dabei wurden die Bistumsgrenzen nach dem Grundsatz neu geordnet, dass sie möglichst mit den Grenzen der Staaten des Deutschen Bundes zusammenfallen sollten. Die bislang jüngste deutsche Diözese, das Erzbistum Hamburg, wurde 1995 von Papst Johannes Paul II. errichtet.

Bolschewismus Der Begriff Bolschewismus bezeichnet die Praxis des Marxismus-Leninismus in der früheren UdSSR. Er ist abgeleitet von den Bolschewiki, der Selbstbezeichnung Lenins und seiner Anhänger in der russ. Arbeiterpartei. Diese sprachen sich dort für eine Organisation als Kaderpartei aus, in der die Parteifunktionäre die Masse der Parteimitglieder autoritär in ihrem Sinne lenkten. Dementsprechend verstanden die Kritiker des

Marxismus-Leninismus unter Bolschewismus Einheitsparteiherrschaft sowie Unterdrückung individueller Freiheiten und Polizeiterror.

Bruderschaften Die Grundlage für die Entstehung des v. a. in Mittelalter und Früher Neuzeit weit verbreiteten Bruderschaftswesens findet sich in der gegenseitigen Sorge um das Gebetsgedächtnis über den Tod hinaus. Dazu kam bald ein genossenschaftliches Element, mit welchem häufig kulturelle, sozial-caritative oder auch wirtschaftliche Ziele verbunden waren. Die überwiegend aus Laien bestehenden Bruderschaften waren gekennzeichnet durch gemeinsame Statuten, religiöse Handlungen (Andachten, Prozessionen, Wallfahrten) an bestimmten Kirchen, Kapellen oder Altären sowie ggf. gemeinsame Mahlzeiten und Trinkgelage. Das Vermögen wurde durch Eintritts- und Jahresgelder, Spenden und Vermächtnisse eingebracht und im Sinne des Bruderschaftsziels i.d.R. selbst verwaltet.

Bürger Das Wort Bürger geht zurück auf das mittelhochdeutsche *burgaere*, der Bewohner einer *burc* (d. h. Burg, Stadt, befestigter Ort). Der Stand des Bürgers entwickelte sich in den aufblühenden Städten des 11./12. Jh. und war mit bestimmten Rechten und Pflichten verbunden, die von Stadt zu Stadt stark variieren konnten. Allgemein sind die Tendenzen zur rechtlichen Freiheit des Einzelnen, dem Recht der Beteiligung an der Selbstverwaltung der Stadt sowie die Pflicht zur Loyalität und zum Zahlen von Steuern zu erkennen. Innerhalb einer Stadt wurde zwischen Bürgern und bloßen Einwohnern unterschieden, die zwar in der Stadt wohnten, aber kein Bürgerrecht besaßen (städt. Unterschicht, Frauen, häufig auch Kleriker und Juden). Voraussetzung für den Erwerb des Bürgerrechtes war zumeist der Besitz eines Hauses oder Grundstückes innerhalb der Stadt. Heute bezeichnet man mit Bürger jedes vollberechtigte Mitglied eines Staates.

Bulle Urkundensiegel aus Metall, insbesondere des Papstes; Der Name wurde auch auf die so besiegelten Urkunden übertragen, z. B. die *Goldene Bulle*.

Dekan In der Antike findet sich der *decanus* als Vorsteher einer Gruppe von zehn Leuten. Seit Benedikt von Nursia hat der Dekan auch in den abendländischen Klöstern Eingang gefunden, da größere Konvente nach seiner Klosterregel in sog. Dekanien (unter der Leitung von Dekanen) unterteilt werden sollten. Auch im weiteren Verlauf des Mittelalters blieb der Grundgedanke, dass der Dekan einem überschaubaren Gremium vorstehen oder dieses repräsentieren sollte, erhalten. So findet sich der Dekan in der Leitung von Dom- oder Stiftskapiteln häufig an erster oder zweiter Stelle vor oder hinter dem Propst. Dekane sind auch als Vorsteher von Archipresbyteraten (Dekanaten) anzutreffen, in welchen mehrere Pfarreien zusammengefasst wurden, um im Gefolge der Ausbreitung und Vertiefung des Christentums die Seelsorgetätigkeit besser überwachen zu können. Heute besteht die Aufgabe dieser Dekanatsvorsteher v.a. darin, die gemeinsame pastorale Tätigkeit im Dekanat zu fördern und zu koordinieren.

Diakon Das Amt des Diakons (von griech. *diakonia* = Dienst) gibt es seit neutestamentlicher Zeit. In Apg 6,1-7 werden sieben Männer gewählt, um karitative Dienste in der Gemeinde auszuführen. Im Früh- und teilweise noch im Hochmittelalter umfassten die Aufgaben des Diakons u.a. den Dienst bei der Eucharistiefeier, Zwischenansprachen und -gesänge, Austeilung der Kommunion, den Unterricht der Taufbewerber sowie die Taufe. Im Lauf des Mittelalters wurde das Diakonat allerdings mehr und mehr nur noch als Durchgangsstufe zum Priesteramt, ohne eigene Funktion, angesehen. Erst das II. Vatikanum hat das Amt des ständigen Diakons als eigenes Amt wiederhergestellt. Wer den Beruf des Diakons anstrebt und sich zum Zölibat verpflichtet, kann mit 25 Jahren die Diakonatsweihe empfangen, verheiratete Männer müssen bis zum 35. Lebensjahr warten und werden nur dann zur Weihe zugelassen, wenn die Ehefrau zustimmt.

Domkapitel Das Domkapitel ist nach dem → Bischof das zweitwichtigste Organ in einem → Bistum. Seine Aufgabe ist die Gottesdienstgestaltung an der Domkirche. Weitere Aufgaben sind die Beratung und Unterstützung des Bischofs und die Leitung des Bistums nach dem Tod oder der Versetzung des Bischofs. In den Bistümern, in denen ein Bischofswahlrecht (Bischofsernennung) besteht, nimmt diese Wahl das Domkapitel an Hand der von Rom vorliegenden Liste vor.

Dem Domkapitel gehören ausschließlich Geistliche an. Die Zahl der Kapitulare ist in Verträgen mit dem Vatikan festgelegt. Dem Domkapitel steht der Dompropst oder auch Domdekan vor.

Entstanden sind die Domkapitel seit dem 9. Jh. aus Gemeinschaften von Weltgeistlichen (Kanonikern), die gemeinsam den Gottesdienst an einer Bischofskirche versahen und denen für ihren Lebensunterhalt die Einkünfte aus bestimmten Pfründen zustanden (siehe auch Kollegiatstift). Im 12. Jh. erlangte das Domkapitel das ausschließliche Recht zur Bischofswahl und festigte im 13. Jh. seine Position derart, dass es quasi zum Mitregenten der Diözese aufstieg, bevor diese Rechte im 18./19. Jh. sukzessive und regional unterschiedlich zurückgenommen wurden.

Eigenkirchenwesen Eine Eigenkirche (auch Klöster, Bistümer) wurde als zum Vermögen desjenigen gehörend aufgefasst, der sie gegründet hatte bzw. auf dessen Grund sie stand. Die Geistlichen an der Eigenkirche befanden sich in wirtschaftlicher und rechtlicher Abhängigkeit vom Grundherrn, der damit die Lehrhoheit und die Verfügungsgewalt des Bischofs über den Kleriker beeinträchtigte und oft sogar aufhob. Seine Blütezeit hatte das Eigenkirchenwesen im 8.–10. Jh., bevor es im 12. Jh. aufgrund zunehmenden kirchlichen Widerstands zu großen Teilen verschwand.

Emanzipation (von lat. *emancipare* = in die Selbständigkeit entlassen) meint die Befreiung aus einem rechtlichen, sozialen oder politischen Abhängigkeitsverhältnis bei gleichzeitiger Erlangung von Mündigkeit und Selbstbestimmung. Geschichtlich bezeichnet Emanzipation die Forderung der Französischen Revolution nach der Gleichheit aller Bürger vor dem Gesetz, die im Laufe des 19. und 20. Jhs. ausgedehnt wurde auf die politische und soziale Gleichstellung und die Aufhebung der wirtschaftlichen Abhängigkeit zunächst der Arbeiter, dann auch anderer benachteiligter Gruppen, wie etwa Frauen.

Erzbischof (= Metropolit) Der Titel Erzbischof bezeichnet ursprünglich den in der Hauptstadt einer römischen Provinz residierenden Bischof. Diese Organisation wurde nach der Missionierung der germ. Stämme durch die Einrichtung von aus mehreren Bistümern bestehenden Kirchenprovinzen beibehalten. Im Mittelalter hatte der Erzbischof das Recht bei der Bestellung neuer Bischöfe in seiner Provinz mitzuwirken, Provinzialsynoden einzuberufen und zu leiten sowie die Bistümer in seiner Kirchenprovinz zu visitieren. In der kath. Kirche steht der Erzbischof in der Hierarchie zwischen dem Bischof (Suffraganbischof) und dem Papst. Als Zeichen seines Amtes wurde einem Erzbischof vom Papst, beginnend mit Gregor dem Großen (6. Jh.), mit zunehmender Häufigkeit das sog. Pallium verliehen (→ Kirchenprovinz).

Fehde meinte im Mittelalter den Privatkrieg zwischen zwei oder mehreren Adeligen oder Adelsfraktionen. Entstanden ist diese aus der germanischen Blutrache der frühmittelalterlichen Zeit. Ein freigeborener Mann war quasi zur Rache verpflichtet, wenn Ehre, Besitz oder Leben seiner Sippe verletzt worden waren. War das Ziel im Frühmittelalter noch die erbarmungslose Ausrottung des Gegners, unterlag die Fehdeführung seit dem Hochmittelalter bestimmten Regeln und bestand in hohem Maß darin, dem Gegner auf jede Weise Schaden zuzufügen. Leidtragende waren dabei häufig v. a. die jeweiligen Bauern. Ein endgültiges Fehdeverbot wurde im ewigen Landfrieden 1495 ausgesprochen, konnte jedoch noch Jahrhunderte nicht vollständig durchgesetzt werden.

Fürstbischof Als Fürstbischof wurde etwa ab dem 16. Jh. ein Bischof bezeichnet, der neben seiner geistlichen Macht als Landesherr auch weltliche Herrschaft über ein Territorium ausübte, das so genannte → Hochstift. Diese weltliche Herrscherfunktion von Bischöfen in Deutschland ist auf das Vorgehen der fränkisch-deutschen Könige des beginnenden Hochmittelalters zurückzuführen, die sich zur Eindämmung des Einflusses mächtiger Fürsten auf Bischöfe stützten, welche zu dieser Zeit mehrheitlich von ihnen ernannt wurden. Etliche Bischöfe erhielten in diesem Zusammenhang königliche Rechte (Regalien) verliehen.

Fürsten/Reichsfürsten Seit dem Mittelalter Bezeichnung für die höchste Schicht des Adels, die durch ihre besondere Königsnähe an der Herrschaft über das Reich mitwirkte, z.B. bei der Königswahl. Bis in das Spätmittelalter ist dieser Personenkreis allerdings nicht fest abgrenzbar. Das Wesen des Fürstentums ist darüber hinaus gekennzeichnet durch eine gleichsam vizekönigliche Stellung in den jeweiligen Herrschaftsbereichen und später zunehmend durch den Besitz eigener Hoheitsrechte (Münzprägung u. ä.), wodurch ihnen dort eine quasi königsgleiche Stellung zukam. Seit Ende des 12. Jh. setzte ein Prozess ein, der den Fürsten den Aufbau mehr oder minder unabhängiger territorialer Landesherrschaften ermöglichte.

Die Bezeichnung Reichsfürst kam seit dem Spätmittelalter demjenigen zu, der im Heiligen Römischen Reich sein Lehen nur und unmittelbar vom König bzw. Kaiser erhalten hatte (lehnrechtliche Reichsunmittelbarkeit) und damit dem sich seit dem 12. Jh. nach unten abschließenden Reichsfürstenstand angehörte.

Generalvikar Der Generalvikar ist der persönliche Vertreter des → Bischofs in allen Verwaltungsangelegenheiten und handelt als solcher mit gleicher Vollmacht und stellvertretender Gewalt. Das Amt wurde seit Beginn des 12. Jh. aufgrund der Zunahme der bischöflichen Amtsgeschäfte und der häufigen Abwesenheit der Bischöfe in ihrer Diözese ausgebildet. Der Generalvikar wird vom Bischof frei ernannt und kann von ihm jederzeit wieder abgesetzt werden. Mit der Amtszeit des Bischofs endet auch die des Generalvikars.

Gewerkschaft Der Name Gewerkschaft leitet sich her von den Gewerken, den Bergwerksgenossenschaften des Mittelalters. Als Arbeitervereine entstanden die Gewerkschaften Mitte des 19. Jh. zunächst in England, dann auch in den meisten anderen europäischen Ländern. Es handelt sich hierbei um Interessenorganisationen von Arbeitnehmern zur Förderung ihrer Arbeits- und Lohnbedingungen durch gegenseitige Hilfe und gemeinsames Handeln. Wichtigstes Kampfmittel ist bis heute der Streik.

Halsgerichtsordnung Im mittelalterlichen Halsgericht wurden die an den Hals, genauer an Hals und Hand (Leib und Leben) gehenden Strafen verhängt. Gemeint ist also die Blutgerichtsbarkeit in ihrer höchsten Ausformung, der Todesstrafe. Die Zusammenstellungen von Regeln für das Strafverfahren werden in der rechtsgeschichtlichen Forschung als Halsgerichtsordnung bezeichnet.

Hochstift Das Hochstift bezeichnet die weltliche Landesherrschaft eines → Bischofs in seiner Eigenschaft als Reichsfürst. Das Hochstift ist dabei zu unterscheiden vom Bistum, in dem der Bischof die geistliche Leitung innehat. Die Hochstifte hatten in der Regel Bestand vom Spätmittelalter bis zu ihrer Säkularisierung, die in der Regel zu Beginn des 19. Jahrhunderts stattfand.

Hofkapelle In der Hofkapelle wurden im Mittelalter alle am Königshof agierenden Kleriker zusammengefasst. Der Name Kapelle stammt von der Reliquie des Mantels des hl. Martin von Tours, der lateinisch cappa oder capella genannt wurde und deren Aufbewahrung zu den Pflichten der Hofkleriker im Karolingerreich zählte. Die Aufgaben umfassten sowohl sakrale Handlungen und Gottesdienste am Hof als auch, gerade im Hochmittelalter, die Ausstellung von Urkunden, schriftliche Verwaltungsvorgänge und Gesandtschaften, bevor sie im Spätmittelalter wieder auf die religiösen Anliegen des Königtums reduziert wurden.

Interdikt Ein Interdikt (von lat. *interdictum* = Verbot) meint die Entziehung geistlicher Rechte als Strafe für ein Vergehen gegen das Kirchenrecht, was konkret das Verbot von Spendung und Empfang der Sakramente und Sakramentalien bedeutet. Heute unterscheidet man zwischen dem Personalinterdikt, das sich gegen einzelne Personen richtet, und dem Lokalinterdikt, welches entsprechende Handlungen an einem bestimmten Ort oder in einem bestimmten Gebiet verbietet. Im Mittelalter findet sich dieses Instrument nur in zweiter Bedeutung, während das Personalinterdikt als Kirchenbann bezeichnet wurde. Das Interdikt wurde von Päpsten und Bischöfen v.a. zum Schutz des Kirchenvermögens verhängt und umfasste alle Personen, die sich innerhalb des betroffenen Gebietes aufhielten, unabhängig davon, ob sie persönlich Schuld auf sich geladen hatten. Dies zog zunehmend Kritik nach sich, auch weil durch häufige und lange Interdikte Wirkung und Drohpotential abstumpften. Die Aufhebung des Interdikts war zumeist mit Sühneleistungen verbunden.

Joseph-Stiftung Der Wohnungsmangel war eines der gravierendsten Probleme der Nachkriegszeit. Auf Vorschlag des Katholischen Werkvolkes rief → Erzbischof Joseph Otto Kolb am 28. Oktober 1948 die *St.-Joseph-Stiftung* als gemeinnütziges kirchliches Wohnungs- und Siedlungsunternehmen ins Leben. Bis zum Jahresende 1954 waren unter deren Regie 3.605 Wohnungen und 40 Zweckbauten errichtet worden. Gemäß dem im Stiftungsstatut formulierten Sozialauftrag wurde und wird für diejenigen, die sich noch kein Eigentum leisten können, kostengünstiger Mietwohnraum geschaffen. Die heutige Joseph-Stiftung verwaltet insgesamt rund 11.000 Wohnungen; gut die Hälfte sind eigene. Weitere Geschäftsfelder sind der Verkauf von Eigenheimen und Eigentumswohnungen, die Baubetreuung von Spezialimmobilien wie Kindergärten und Altenheimen, insbesondere für kirchliche und kommunale Träger, sowie das Erfassen und Bewerten von Immobilienbeständen.

Kaiser Die Bezeichnung Kaiser als höchster weltlicher Herrschertitel leitet sich her aus dem Namen Caesar, dem Beinamen der Kaiser des antiken Römischen Reiches. 800 wurde mit der Kaiserkrönung Karls des Großen das abendländische Kaisertum erneuert und mit dem seit 823 unbestrittenen Krönungsrecht des Papstes und dem Krönungsort Rom neue Elemente hinzugefügt. Im 10. Jh. wurde das Kaisertum auf die Könige des ostfränkisch-deutschen Reiches übertragen. Verbunden mit dem Kaisertitel war bis ins Hochmittelalter der universale Führungsanspruch im Abendland, der Herrschaftsanspruch über Italien und Einflussnahme auf die Kirche. Ab dem 16. Jh. wurde es üblich, unmittelbar nach der Krönung zum deutschen König, ohne eigene Kaiserkrönung durch den Papst, den Titel *erwählter römischer Kaiser* anzunehmen. 1806 legte der letzte römisch-deutsche Kaiser unter dem Druck Napoleons die Kaiserkrone nieder.

Kathedrale Als Kathedrale wird in der Regel eine Kirche mit einem Bischofssitz bezeichnet. Der Stuhl (griech. kathedra) des → Bischofs steht in ihr an hervorgehobener Stelle. Synonym zum Begriff Kathedrale wird häufig die Bezeichnung Dom verwendet (von lat. *domus dei* – Haus des Herrn). Allerdings gibt es auch Kirchen, die wegen ihrer Größe oder ihrer kulturhistorischen Bedeutung als Dom bezeichnet werden, obwohl sie keine Bischofskirchen sind (z. B. Petersdom).

Kirchenbann Der Kirchenbann ist eine seit frühester Zeit verwendete Strafe der Kirche als Sühne- oder Besserungsmittel, im Mittelalter explizit gegen einzelne Personen gerichtet. Die betroffene Person wird von der Spendung und dem Empfang der Sakramente und Sakramentalien ausgeschlossen. Zu unterscheiden sind hinsichtlich der Folgen des Kirchenbannes der große und der kleine Bann. Während der kleine Bann lediglich vom Empfang der Sakramente und der Übernahme kirchlicher Ämter ausschloss, bedeutete der große Bann den Ausschluss von Gottesdienst und kirchlichem Begräbnis sowie das Verbot, Kirchen überhaupt zu betreten oder Umgang mit anderen Christen zu haben. Die Tötung eines Gebannten wurde geringer sanktioniert als üblich. Der Bann wurde entweder zeitlich begrenzt ausgesprochen, oder aber die Lösung wurde an Bußhandlungen geknüpft.

Kirchenprovinz Der Ausdruck Kirchenprovinz bezeichnet in der kath. Kirche einen Verband mehrerer, zumeist benachbarter, Diözesen. Er besteht aus dem Metropolitanbistum (Erzbistum) und den zugehörigen Suffraganbistümern. Der → Bischof des Metropolitanbistums (→ Erzbischof) wird als Metropolit bezeichnet.

Kloster Ein Kloster (von lat. *claustrum* = verschlossener Raum) ist eine Ansammlung von Wohngebäuden und evtl. weiteren Bauwerken, in denen Menschen in einer auf die Ausübung ihrer Religion ausgerichteten Lebensweise zusammenleben. Bei den christlichen Klöstern des europäischen Mittelalters muss zwischen dem Bereich der Klausur (strikt abgeschirmt von der Außenwelt und nur für Mönche/Nonnen zugänglich) und dem restlichen Klosterareal unterschieden werden. Zur Klausur zählten Klosterkirche, Kreuzgang, Speisesaal, Schlafsaal und evtl. der Kapitelsaal. Um diesen Bereich erstreckten sich meist große, intensiv bewirtschaftete Ländereien. Die Klöster der seit dem Hochmittelalter gegründeten Orden unterscheiden sich hiervon mehr oder weniger stark, je an die Erfordernisse der Aufgaben und die Lebensgestaltung des einzelnen Ordens angepasst.

König König gilt als Träger höchster staatlicher Gewalt und als höchster Repräsentant einer Monarchie. Das mittelalterliche abendländische Königtum entstand in der Zeit der Völkerwanderung, als sich die Führungsrolle bestimmter germanischer Heerführer immer mehr verfestigte. Der König wurde zunächst überall von einer adeligen Führungsschicht gewählt, auch wenn die Wahl oft nur als Bestätigung innerhalb der Königsfamilie zu sehen war, der nach germanischen Vorstellungen übernatürliche Fähigkeiten zu Eigen waren. Mit der Christianisierung Europas wurden diese Vorstellungen von christlichem Gedankengut überlagert und man ging davon aus, dass der jeweilige König sein Reich von Gott erhalten und es auch in dessen Sinn zu regieren habe. Die reale Machtgrundlage des Königtums konnte sehr unterschiedlich ausgeprägt sein und bestimmte häufig seine Durchsetzungsfähigkeit: die Verpflichtung der Vasallen gegenüber dem König durch das Lehnwesen, der Besitz an Hausgut und Reichsgut.

Kollegiatstift / Kanonikerstift Stiftskirchen sind Gotteshäuser, um die sich eine Gemeinschaft von Weltgeistlichen, die Stiftskanoniker, zum gemeinsamen Leben und Beten gebildet hat. Eine Grundregel für das Zusammenleben dieser Kommunitäten stellte die sog. Aachener Regel von 816 dar. Diese bestimmte den Gottesdienst als Mittelpunkt der Kollegiatstifte, schrieb den Kanonikern ein gemeinschaftliches Leben vor, gewährte ihnen aber im Gegensatz zu den Mönchen das Recht auf Privateigentum. Anders als die Mönche wollten die Kanoniker nicht für sich «ein Himmelreich auf Erden» schaffen, sondern wirkten in der Welt und nahmen v.a. in Bistumsverwaltung, an Königs- und Fürstenhöfen oft hohe Positionen ein. Schon seit dem Hochmittelalter ist in vielen Stiften die Tendenz zu beobachten, das gemeinschaftliche Leben auf ein Minimum zu beschränken und in sog. Chorherrenkurien in der Nähe der jeweiligen Kirche zu residieren. Entscheidend war häufig das Einkommen aus den Pfründen.

Konzil Unter einem Konzil (von lat. *concilium* = Versammlung) wird eine Versammlung von Bischöfen und anderen kirchlichen Amtsträgern verstanden. Zweck ist in der Regel die Erörterung und Entscheidung von Glaubensfragen und -streitigkeiten und die Gesetzgebung in kirchlichen Angelegenheiten. Ein ökumenisches oder allgemeines Konzil, welches zunächst vom Kaiser, seit dem 11. Jh. vom Papst einberufen wird, repräsentiert die gesamte Kirche und besitzt nach katholischem Verständnis Unfehlbarkeit in seinen Glaubensentscheidungen. Die von der Kirchenversammlung gefassten Beschlüsse bedürfen zu ihrer Gültigkeit der Bestätigung durch den Papst.

Kulturkampf Auseinandersetzungen zwischen der dogmatisch und antimodern ausgerichteten römisch-katholischen Kirche unter Papst Pius IX. und dem Königreich Preußen bzw. dem Deutschen Reich unter Reichskanzler Otto von Bismarck. Katholiken galten potentiell als «Reichsfeinde». Zwischen 1871 und 1878 wurden u.a. der Kirche alle staatlichen Zuschüsse gestrichen, die Priester auf die Staatsverfassung verpflichtet und die meisten Klöster in Preußen zwangsaufgelöst. 1876 waren alle katholischen Bischöfe Preußens in Haft oder ausgewiesen.

Kurat ist ein alter kirchenrechtlicher Titel und bezeichnet in der katholischen Kirche einen mit der Seelsorge in einem Bezirk betrauten Geistlichen, der keine eigene Pfarrei innehat. (Kuratie, Pfarrvikarie). Das Wort «Kurat» leitet sich dabei vom lateinischen Wort *cura* (= Fürsorge, Pflege) ab. In den katholischen Pfadfinderverbänden im deutschsprachigen Raum (u.a. Deutsche Pfadfinderschaft St. Georg) werden die Pfadfinderseelsorger Kuraten genannt. In anderen katholischen Verbänden wird der Kurat oft Präses genannt.

Kurfürsten Ein Kurfürst gehört zu der begrenzten Zahl von Reichsfürsten des Heiligen Römischen Reiches, die das Kurfürstenkollegium bildeten und denen allein das Recht zur Wahl des deutschen Königs zustand. Die Zusammensetzung dieses Kollegiums, welches sich seit dem Ende des 12. Jh. herausgebildet hatte, wurde in der Goldenen → Bulle Kaiser Karls IV. 1356 endgültig festgeschrieben: die Erzbischöfe von Köln, Mainz und Trier, der König von Böhmen, der Pfalzgraf bei Rhein, der Herzog von Sachsen und der Markgraf von Brandenburg. Im 17. Jahrhundert wurde das Kollegium um den Herzog von Bayern und den Herzog von Braunschweig-Lüneburg (Hannover) erweitert.

Landtag Landtag wurde die Zusammenkunft der politisch berechtigten Stände (je nach Zeit und Region unterschiedlich z.B. hohe Geistlichkeit, Adel, Städte usw.) im Spätmittelalter und der Frühen Neuzeit genannt. Die Landtage haben sich häufig aus den Gerichtsversammlungen der Landgemeinden entwickelt. Ihre wichtigste Funktion war die Bewilligung von Steuern. Nach der Aufhebung der letzten landständischen Verfassung 1918 wurde der Name als Bezeichnung für gewählte Länderparlamente übernommen.

Lehen Im Mittelalter Bezeichnung für das Nutzungsrecht an einer fremden Sache, das auf einer Verleihung durch den Eigentümer, den Lehnsherrn gründete. Lehen konnten v.a. Grundbesitz sein, aber auch ein Amt und in späterer Zeit alle möglichen Würden, Rechte und Einkünfte. Verbunden war diese Leihe mit einem Treuegelöbnis, das den Lehnsmann zu Treue und Hilfe durch Rat und Tat verpflichtete, während ihm der Lehnsherr dafür seinen Schutz gewährte und eben das Lehen verlieh. Der Lehnsmann war also kein Untertan, sondern ein freier, durch persönliche Treue an den Lehnsherrn gebundener Gefolgsmann. Im Lauf des Mittelalters nahm die Erblichkeit der Lehen immer mehr zu und das persönliche Treueverhältnis trat dementsprechend immer mehr in den Hintergrund.

Metropolit Vorsteher einer Kirchenprovinz, gleichbedeutend mit → Erzbischof.

Ministerialen Ministerialen entstammten ursprünglich der Oberschicht unfreier Dienstmannen (Dienstleute) im Hof-, Verwaltungs- und Kriegsdienst. Sie waren Hörige, die von ihrem Grundherrn mit besonderen Funktionen betraut wurden. Seit dem 11. Jh. erhielten sie, zunächst in geistlichen Herrschaften, nicht vererbbare Dienstlehen und leisteten dafür dem Rittertum zukommende Dienste. Seit dem 12. Jh. setzte ein Angleichungsprozess an die freien Vasallen ein, die Reste der Unfreiheit verschwanden, die Dienstlehen wurden zu erblichen Lehen. Im 13./14. Jh. gingen sie zunehmend im niederen Adel auf und bildeten so den Kern des Ritterstandes.

Missionsorden Im 19. Jahrhundert entstanden religiöse Vereinigungen von Priestern und/oder Laien, die in erster Linie Missionare (von lat. *mittere* = senden) sein wollten. Das heißt, sie wollten das Evangelium in Länder verkünden, wo bislang andere (Natur)Religionen vorherrschten. Zu den bekanntesten zählen die 1867 gegründeten Comboni Missionare vom Herzen Jesu, die Steyler Missionare und die Steyler Missionsschwestern.

Pallium Eine päpstliche und erzbischöfliche Insignie, die über dem Messgewand als handbreites, mit sechs schwarzen Kreuzen verziertes ringförmiges Band um die Schultern gelegt wird. Seit dem 9. Jh. ist das Pallium Teil der Rangabzeichen eines Metropoliten und wird diesem vom Papst verliehen. Nach dem 12. Jh. musste der Empfänger das Pallium persönlich in Rom abholen, da es die Teilnahme des → Erzbischofs an der päpstlichen Regierungsgewalt ausdrückt und mit einem Treueschwur gegenüber dem Papst und seinen Nachfolgern verbunden ist. Da das Pallium nicht übertragbar ist, muss es mit dem verstorbenen Erzbischof begraben werden. In seltenen Ausnahmefällen wurde das Pallium als besondere Auszeichnung auch an einfache Bischöfe verliehen, so auch seit 1053 regelmäßig an die Bamberger Bischöfe, die nicht zuletzt deshalb eine gewisse, allerdings umstrittene Unabhängigkeit ihres → Bistums vom eigentlich zuständigen Erzbistum Mainz erreichen konnten.

Papst Der Begriff Papst (lat. *Papa*) ist historisch gesehen ein Ehrentitel. Er wurde bis zum 7. Jahrhundert allen Bischöfen gegeben, dann aber immer stärker für den → Bischof von Rom reserviert. Als Bischof von Rom und damit Nachfolger des Apostel Petrus ist der Papst Stellvertreter Christi, Leiter der Gesamtkirche, Haupt des Bischofskollegiums, und Hirte der gesamten sichtbaren Kirche. Das Kirchenrecht (CIC) beschreibt seine Amtsgewalt so: *Der Papst besitzt kraft des Amtes die oberste, volle, unmittelbare und allgemeine ordentliche Gewalt in der Kirche, die er stets frei ausüben kann.* Diese oberste «Gewalt» hat der Papst «kraft des Amtes», sie ist göttlichen Rechtes, wird also nicht von menschlichen Gremien, etwa der Gesamtheit der Gläubigen oder durch die Bischöfe, übertragen. Er steht über dem Allgemeinen → Konzil oder dem Bischofskollegium. Seine Entscheidungen bedürfen keiner Bestätigung, wie es dagegen auch keine Berufung an eine andere Instanz gibt (Unfehlbarkeit). Die besondere Stellung des Papstes zeigt sich auch in den Titeln, die er im Laufe der Kirchengeschichte trug: *Heiliger Vater, Nachfolger des Apostelfürsten, Oberhaupt der allgemeinen Kirche, Patriarch des Abendlandes, Primas von Italien, Erzbischof und Metropolit der Kirchenprovinz Rom, Souverän des Staates der Vatikanstaat, Pontifex Maximus, Servus servorum Dei* (Knecht der Knechte Gottes). Die Bischofskirche des Papstes ist die Laterankirche in Rom (nicht die Peterskirche).

Pfalz Als Pfalz (lat. *palatium* = Palast) bezeichnete man im Mittelalter auf Königsgut angelegte, über das ganze Reich verstreute und meist befestigte Wohnstätten, die dem König, der keine feste Residenz besaß, sondern mit seinem Gefolge im Reich umherzog, als Aufenthalts- und Gerichtsort sowie als Verwaltungssitz diente.

Pfarrkirche Die Pfarrkirchen in der Stadt und auf dem Land waren seit dem frühen Mittelalter als zentrale Gotteshäuser einer Pfarrei (rechtlich abgegrenzte Gemeinschaft von Gläubigen, die zur seelsorglichen Betreuung einem Pfarrer zugeordnet ist) die eigentlichen Zentren des Glaubenslebens der Unterschicht. Dorthin kamen die Menschen zum Gottesdienst, empfingen die kirchlichen Sakramente und beteten zusammen für ihr irdisches und ewiges Heil. Ebenso leistete man hier seine Abgaben. Lange Zeiten des Mittelalters kam ihnen, geprägt vom Eigenkirchenwesen, für die Christianisierung der unteren Schichten der Gesellschaft Europas, trotz der oft mangelhaften Ausbildung der Pfarrer, größte Bedeutung zu.

Pfründe Im katholischen Kirchenrecht ein von der zuständigen kirchlichen Autorität errichtetes Rechtsinstitut, das aus einem kirchlichen Amt und nutzungsfähigem Vermögen (meist land- oder forstwirtschaftliche Nutzfläche) besteht, deren Ertrag dem Unterhalt des Amtsinhabers dienen sollte. Während der Betrag in Mittelalter und Früher Neuzeit dem Amtsträger direkt zukam, müssen heute in Deutschland die Erträge der Pfründe an die jeweilige Diözese abgeführt werden, welche den Lohn für die Pfründeinhaber übernehmen.

Präses Präses ist der Titel einer leitenden (geistlichen) Person. In kath. Verbänden bezeichnet der Präses das Amt des geistlichen Begleiters. In der Regel ist der Präses dabei Teil des jeweiligen Verbandsvorstandes. In den kath. Pfadfinderverbänden heißt der Präses Kurat.

Prior Im antiken Mönchtum bezeichnete der Ausdruck Prior eher unspezifisch einen Höhergestellten oder Rangälteren, manchmal auch den Inhaber der obersten Leitungsgewalt im Kloster. In dieser Funktion findet sich ein Prior heute noch z.B. bei Dominikanern, Karmeliten oder Karthäusern. Als sich im Frühmittelalter die Bezeichnung → Abt für den Klosteroberen als Konkurrenztitel herausbildete, erscheint der Prior in vielen Fällen nur noch als Vertreter des Abtes oder als Leiter eines Klosters, welches nicht den Rang einer Abtei sondern eines (abhängigen oder unabhängigen) Priorates besitzt. Diese Konzeption findet sich z.B. bei → Benediktinern und Zisterziensern (vgl. auch Propst).

Proletarier Als Proletarier wurden im antiken Rom die Angehörigen der meist land- und besitzlosen, aber persönlich freien untersten Volksklasse bezeichnet. Sie besaßen als Besitz quasi nur ihre Nachkommen (lat. *proles*). Der Marxismus übernahm diesen Begriff als Bezeichnung für die mit der Industrialisierung entstandene Klasse der Lohnarbeiter, die zwar im Unterschied zu den Leibeigenen rechtlich frei sind, aber über keine eigenen Produktionsmittel verfügen und somit in wirtschaftlicher Hinsicht von den Arbeitgebern abhängig sind.

Propst Mit dem Titel Propst (von lat. *praepositus* = Vorgesetzter) wird häufig der Vorsteher eines Dom- oder Stiftskapitels bezeichnet, welcher das jeweilige Kapitel leitet, gerade im Mittelalter in sehr unterschiedlicher Aufgaben- und Verantwortungsabgrenzung mit dem Dekan. Die Bezeichnung Propst findet sich aber auch im Bereich des Mönchtums, wo in einigen Orden der Vorsteher eines Klosters oder der Stellvertreter des → Abtes so bezeichnet wird (vgl. auch Prior).

Regalien Regalien bezeichnen ursprünglich dem König zukommende Herrschaftsrechte. Seit dem 12. Jh. werden damit die Verfügungsgewalt über hohe Ämter, über Reichsgut, Herrschaftsrechte (Münzrecht ...) und finanziell nutzbare Rechte (Marktrechte, Steuern, Zölle ...) zusammengefasst. An sich unveräußerlich, konnten die Regalien vom König an Fürsten und Städte zur Nutzung vergeben werden. Im Heiligen Römischen Reich zogen diese im Lauf der Zeit immer mehr Regalien an sich, wodurch eine staatliche Einheit de facto aufgelöst und die Bildung von zahlreichen Territorialstaaten begünstigt wurde.

Reichsinsignien Herrschaftszeichen der Könige und Kaiser des Heiligen Römischen Reiches, die in ihren ältesten Teilen auf das 10. Jh. zurückgehen und ihren Inhaber als legitimen Herrscher auswiesen. Zu den Reichsinsignien gehören im engeren Sinn Krone, Reichsapfel, -zepter und -schwert, im weiteren Sinn die Reichskleinodien (Krönungsmantel, Handschuhe, Krönungsevangeliar, Hl. Lanze und andere Heiligtümer). Nachdem die Insignien von 1424 bis 1796 in Nürnberg aufbewahrt worden waren, befinden sie sich nun seit 1805 in der Schatzkammer der Wiener Hofburg.

Reichskammergericht Das Reichskammergericht war seit seiner Gründung 1495 bis zu seiner Auflösung 1806 das oberste Gericht des Heiligen Römischen Reiches und hatte die Aufgabe, ein geregeltes Verfahren der Streitbeilegung an die Stelle von Fehden, Gewalt und Krieg zu setzen. Es war zuständig für die Erhaltung des Landfriedens, bei Missachtung der Reichsacht, Steuerfragen, Zivilklagen gegen Reichsunmittelbare und für Besitzstreitigkeiten unter diesen. Darüber hinaus war es die oberste Berufungsinstanz aller Gerichte aus den Territorien. Die Schwerfälligkeit der schriftlich geführten Prozesse sowie die Möglichkeit aller Reichsstände, an den Reichstag als letzte Instanz zu appellieren, schränkten seine Wirkungsmöglichkeit ein.

Reichskirchensystem Die Herrschaft des frühmittelalterlichen germanischen Königtums über seine Landeskirche wurde im Verlauf des 10. Jh. zur Grundlage für die Herausbildung einer festgefügten Reichskirche, wobei Eigenkirchenwesen und eine sakrale Vorstellung vom Herrscheramt die Oberherrschaft über Bischöfe und Äbte legitimierten. In der Praxis wurden die Bistümer mit Vertrauten des Herrschers, die zumeist in dessen Hofkapelle gewirkt hatten, besetzt, ihnen großzügig Regalienrechte übertragen und Königsgut zu Lehen gegeben (welche beim Tod des Bischofs aufgrund der Unmöglichkeit eines leiblichen Erben an den Herrscher zurückfielen). Im Gegenzug mussten die Bischöfe und Äbte den ständig reisenden König zeitweise beherbergen, Kontingente für das Reichsheer stellen und diplomatische und administrative Aufgaben übernehmen. Als im Investiturstreit das Papsttum das Verbot der Laieninvestitur und damit der Einsetzung der Bischöfe durch den König durchsetzen konnte, fiel eine der wichtigsten Voraussetzungen für dieses «System» weg.

Reichsstädte Im Mittelalter verstand man unter Reichsstädten reichsunmittelbare, königliche Städte, die auf Reichsgut oder auch auf kirchlichem Grund vom König errichtet und nur ihm zu Diensten und Abgaben verpflichtet waren. Von diesen sind die freien Städte zu unterscheiden, die die Unabhängigkeit von ihren ursprünglichen Herren oft durch Gewalt erreicht hatten. In Spätmittelalter und Neuzeit aber wurde diese Unterscheidung immer undeutlicher, so dass häufig von freien Reichsstädten die Rede ist. Reichsstädte waren im Inneren weitgehend autonom und besaßen im Allgemeinen eine eigene Gerichtsbarkeit. Seit dem 15. Jh. erscheinen die Reichsstädte als eigenständiger Stand im Reichstag.

Reliquien Körperliche Überreste von Heiligen oder Gegenstände, die mit einem solchen in Berührung gekommen und daher Gegenstand religiöser Verehrung sind. Aus dem antiken Totenkult übernahm das frühe Christentum den Brauch, sich am Todestag eines Verstorbenen am Grab eines Märtyrers zu versammeln, um das Totenmahl zu halten. Andere christliche Gemeinden übernahmen diese Verehrung von Märtyrern und, wenn sie über kein Grab verfügten, griffen sie zu «Überbleibseln» (lat. *reliquiae*). Bald wurden über diesen Gräbern und Reliquien Altäre errichtet sowie Kapellen und Kirchen gebaut. Im 6. Jahrhundert wurde die Verbindung von Altar und Reliquien üblich und ist bis heute noch Brauch. In jeden Altar, der neu errichtet wird, werden Reliquien eingebracht.

Rittertum Als Ritter wird zunächst der sich seit dem beginnenden Hochmittelalter entwickelnde Typus des berittenen und in der Regel gepanzert kämpfenden Kriegers bezeichnet. Später definierten sich die Angehörigen des Ritterstandes nicht nur über gleiche militärische Funktion, sondern noch mehr über die gemeinsame spezifisch ritterliche Lebensform. Dieses sog. höfische Verhalten war geprägt von Selbstbeherrschung und Bescheidenheit, von Zuverlässigkeit und Großmut gegenüber Unterlegenen. Auch der Minnedienst, eine in der Form streng geregelte, von Hochachtung geprägte Verehrung der Frauen, war ein wichtiger Teil ritterlicher Tugenden. Im Zusammenhang mit den Kreuzzügen entwickelte sich das Ideal des bewaffneten Dienstes für den Glauben, das in den Ritterorden des 12. Jh. seine Ausprägung fand.

Säkularisierung Die Säkularisierung, abgeleitet von lat. *saeculum*, meint allgemein jede Form von Verweltlichung, im engeren Sinn aber die durch den Humanismus und die Aufklärung ausgelösten Prozesse, die die früheren engeren Bindungen an die Religion gelöst und den Lebenswandel zunehmend auf Basis menschlicher Vernunft begründet haben. Bezogen auf die westliche Welt ist Säkularisierung auch ein Synonym für «Entchristlichung», und abzugrenzen von der auf Eigentümer bezogenen Säkularisation. Säkularisierung wird – im weiteren Sinne – verstanden als der institutionelle und mentale Prozess der Trennung von Kirche und Staat (bzw. religiöse Organisationen und Staat).

Schisma Schisma (griech. Trennung) meint die Spaltung der kirchlichen Einheit, d.h. der Gemeinschaft in der Leitung der Kirche, die sich v.a. gegen die gottesdienstliche und soziale Einheit richtet, im Unterschied zur Aufhebung der Glaubenseinheit (Häresie/Apostasie) aufgrund gegensätzlicher Auffassungen in dogmatischen Fragen. Der Begriff wird v.a. auf die 1054 eingetretene Spaltung der Kirche in westlich-lateinische und östlich-byzantinische (morgenländisches Schisma) sowie auf die Spaltung der katholischen Kirche zwischen 1378 und 1417 durch mehrere parallel regierende Päpste (abendländisches Schisma) angewendet.

Soziale Frage Der Begriff setzt sich ab etwa 1830 allmählich durch und meint die mit dem Bevölkerungswachstum und der Frühindustrialisierung entstehende Verelendung von Gesellen und Arbeiterbevölkerung. Zur Lösung dieser Frage engagierten sich zuerst bürgerliche, dann sozialistische und – wie etwa der Kolpingsche Gesellenverein und die katholische Arbeiterbewegung – ab der Jahrhundertmitte auch katholische Bewegungen.

Spital Als Hospital oder Spital wurden ursprünglich meist christlich geführte Kranken- und Armenhäuser bezeichnet. Seit dem 9. Jh. sollte jedes Kloster oder Kollegiatstift eine solche Einrichtung besitzen. Ab dem beginnenden 14. Jh. brauchten die Spitäler nicht mehr zwingend Kirchenbesitz zu sein, besaßen als karitative Einrichtung aber nach wie vor kirchlichen Charakter. Jeder konnte nun zu seinem Seelenheil ein Spital gründen und auf eigene Rechnung betreiben, brauchte aber für die Bestellung eines Spitalgeistlichen die Erlaubnis des Bischofs. In späterer Zeit wurden viele Spitäler in Form von Stiftungen gegründet und oft gemeinnützig geführt. Die Aufgaben der Spitäler basierten auf Werken der Barmherzigkeit: Armenfürsorge, Beherbergung von Fremden, Pflege von Alten und Kranken, Totenbestattung.

Ständegesellschaft Unter Ständen versteht man abgeschlossene gesellschaftliche Großgruppen in einem hierarchisch gegliederten Gesellschaftssystem, die sich jeweils durch ihre Geburt, ihre besonderen Rechte, Pflichten, Privilegien und gesellschaftlichen Funktionen sowie in ihrem Rang innerhalb der Hierarchie und ihrer Lebensführung unterscheiden. Die mittelalterliche Ständeordnung beruhte auf dem grundlegenden Unterschied zwischen Freien und Unfreien bzw. Herrschenden und Dienenden. Vor diesem Hintergrund wurden unterschiedliche Ständemodelle entwickelt. Sehr gängig war etwa die Aufteilung in Klerus, Adel und Volk, die ihrerseits noch weiter untergliedert waren. Bauern und Bürger unterschied man erst im Spätmittelalter.

Synode Die Synode (griech. *synodos* = Zusammenkunft) ist ein Organ der Bistümer. An der Spitze der Synode steht der Bischof. Aufgabe der Synode ist es, das → Bistum betreffende Fragen zu beraten und zu beschließen. Gültigkeit erhalten die Beschlüsse erst durch die Unterschrift des Bischofs.

Nach dem Kirchenrecht soll dann eine Synode einberufen werden, wenn sie nach dem Urteil des Bischofs und nach Anhörung des Priesterrates notwendig erscheint. Mitglieder der Diözesansynode sind neben dem Bischof u.a. die Weihbischöfe, der Generalvikar, der Offizial, die Domkapitulare, die Mitglieder des Priesterrates (ein zur Beratung des Bischofs gebildetes Gremium von Priestern) sowie dafür gewählte Laien. Ohne Stimmrecht können vom Bischof als Beobachter Mitglieder aus dem ökumenischen Bereich eingeladen werden.

Vogt Ein Vogt erscheint im Mittelalter zunächst als Vertreter von Klerikern oder kirchlichen Institutionen in weltlichen Angelegenheiten, insbesondere als Gerichtsherr vor Gericht und als milit. Schutzherr. Damit folgte man dem Grundsatz, dass Geistliche keine weltlichen Geschäfte ausüben sollten, v.a. nicht an Leib- und Todesstrafen sowie milit. Unternehmungen mitwirken sollten. Im Lauf des 10./11. Jh. erstrebte und erreichte der Hochadel eine weitgehende Erblichkeit der Vogteirechte, da die Vogtei durch die Beteiligung an den zu leistenden kirchlichen Abgaben und Gerichtsstrafen eine wichtige Einnahmequelle darstellte. Bei Eigenkirchen übernahm der Eigenkirchenherr zumeist selbst die Vogtei. Im Spätmittelalter verschwand die kirchliche Vogtei aufgrund der Intensivierung der königlichen Herrschaft und der Ausbildung von Ordensverbänden in fast ganz Europa.

Seit dem 11. Jh. wird auch ein ministerialischer Reichsbeamter, der das Reichsgut verwaltet als (Reichs-)Vogt tituliert. Im Spätmittelalter findet man die Bezeichnung dann für eine Vielzahl von Verwaltungsbeamten der Landesherrn.

Ultramontanismus Eine Ausrichtung in der katholischen Kirche, die sich besonders eng an den Papst und die Kurie, also an «jenseits der Berge» (lat. *ultra montes*), orientiert. Als negativ besetztes Schlagwort kursierte der Ultramontanismus in Deutschland insbesondere vor und während des 1. Vatikanischen → Konzils (1870) und des Kulturkampfes in vielen Zeitungen und Schmähschriften. Inzwischen ist der Begriff beinahe vollständig aus der deutschen Sprache verschwunden.

Zweischwertertheorie/Zweigewaltenlehre Die Zweischwertertheorie besagt, dass Christus Petrus nach Lk. 22,38 die geistliche und weltliche Gewalt, versinnbildlicht durch zwei Schwerter, überreicht habe. Das weltliche Schwert stehe dem Kaiser zur Herrschaft und Verwaltung der weltlichen Dinge, das geistliche dem Papst zur Herrschaft über die geistlichen Dinge zu. Diese These wurde erstmals von Papst Gelasius I. (5. Jh.) aufgestellt, sorgte aber erst seit dem 11. Jh. für Zündstoff, als Papst und Kaiser begannen, sich wechselseitig den Vorrang streitig zu machen. Die kaiserliche Seite vertrat den Standpunkt, dass das weltliche Schwert dem jeweiligen König oder Kaiser unmittelbar von Gott verliehen werde, während die päpstliche Partei von einer Verleihung durch den Papst ausging, im Sinne einer Unterordnung der weltlichen unter die geistliche Gewalt. Seit dem 14. Jh. verlor diese Theorie jedoch wieder zunehmend an Gewicht.

Literatur

Allgemeine Literatur (Auswahl)

Brandmüller, Walter (Hg.): Handbuch der bayerischen Kirchengeschichte, 3 Bde., St. Ottilien 1991 - 1999.

Guth, Klaus: Konfessionsgeschichte in Franken 1555 - 1955. Politik - Religion - Kultur, Bamberg 1990.

Guttenberg, Erich Freiherr von / Wendehorst, Alfred: Das Bistum Bamberg (= Die Bistümer der Kirchenprovinz Mainz 3), 2 Bdc., Berlin / Leipzig 1937 und Berlin 1966.

Kist, Johannes: Fürst- und Erzbistum Bamberg. Ein Leitfaden durch ihre Geschichte von 1007 bis 1960 (= Bericht des Historischen Vereins Bamberg 92 / Beiheft 1), Bamberg [3] 1962.

Looshorn, Johann: Geschichte des Bistums Bamberg. Nach den Quellen bearbeitet, 7 Bde., München / Bamberg 1886-1910.

Meyer, Otto: Oberfranken im Hochmittelalter. Politik, Kultur, Gesellschaft, Bayreuth [2] 1987.

Roth, Elisabeth (Hg.): Oberfranken im Spätmittelalter und zu Beginn der Neuzeit, Bamberg [2] 1991.

Roth, Elisabeth (Hg.); Oberfranken in der Neuzeit bis zum Ende des Alten Reichs, Bamberg 1984.

Roth, Elisabeth (Hg.): Oberfranken im 19. und 20. Jahrhundert, Bamberg 1990.

Spindler, Max / Kraus, Andreas (Hgg.): Handbuch der Bayerischen Geschichte, 3. Band: Geschichte Frankens, München [3] 1997.

Urban, Josef u.a. (Hgg.): Das Bistum Bamberg in Geschichte und Gegenwart, 5 Bde., Straßburg 1992 - 1997.

Urban, Josef (Hg.): Die Bamberer Erzbischöfe. Lebensbilder, Bamberg 1997.

Wachter, Friedrich: General-Personal-Schematismus der Erzdiözese Bamberg 1007 - 1907. Eine Beigabe zum Jubeljahre der Bistumsgründung, Bamberg 1908.

Zimmermann, Gerd: Franken, in: Deuerlein, Ernst u.a. (Hgg.): Geschichte Bayerns (= Geschichte der deutschen Länder), Würzburg 1975, S. 44 - 88.

11. Jahrhundert

Guth, Klaus: Kaiser Heinrich II. und Kaiserin Kunigunde. Das heilige Herrscherpaar. Leben, Legende, Kult und Kunst, Petersberg [2] 2002.

Pflefka, Sven: Kunigunde und Heinrich II. Politische Wirkungsmöglichkeiten einer Kaiserin an der Schwelle eines neuen Jahrtausends, in: Bericht des Historischen Vereins Bamberg 135, 1999, S. 199 - 290.

Pflefka, Sven: Auf dem Weg zur Exemtion. Die Privilegierung der Bamberger Kirche im 11. und frühen 12. Jahrhundert, in: Bericht des Historischen Vereins Bamberg 138, 2002, S. 139 - 169.

Reddig, Wolfgang: Kaiser Heinrich II. Leben, Zeit und Welt, Bamberg 2002.

Schneidmüller, Bernd: Neues über einen alten Kaiser? Heinrich II. in der Perspektive der modernen Forschung, in: Bericht des Historischen Vereins Bamberg 133, 1997, S. 13 - 41.

Schneidmüller, Bernd: Kaiserin Kunigunde. Bamberger Wege zu Heiligkeit, Weiblichkeit und Vergangenheit, in: Bericht des Historischen Vereins Bamberg 137, 2001, S. 13 - 34.

Schneidmüller, Bernd: Die einzigartig geliebte Stadt - Heinrich II. und Bamberg, in: Kirmeier, Josef / Schneidmüller, Bernd / Weinfurter, Stefan / Brockhoff, Evamaria (Hgg.): Kaiser Heinrich II. 1002 - 1024. Katalog zur Bayerischen Landesausstellung 2002, Augsburg 2002 (= Veröffentlichungen zur bayerischen Geschichte und Kultur 44), S. 30 - 51.

Weinfurter, Stefan: Heinrich II. (1002-1024). Herrscher am Ende der Zeiten, Regensburg 1999.

12. Jahrhundert

Albrecht, Alois / Buske, Norbert: Bischof Otto von Bamberg. Sein Wirken für Pommern (= Beiträge zur pommerschen Landes-, Kirchen- und Kunstgeschichte 4), Schwerin 2003.

Bauer, Lothar u.a. (Hgg.): Bischof Otto I. von Bamberg. Reformer, Apostel der Pommern, Heiliger (= Bericht des Historischen Vereins Bamberg 125), Bamberg 1989.

Braun, Rainer: Das Benediktinerkloster Michelsberg 1015-1525. Eine Untersuchung zur Gründung, Rechtsstellung und Wirtschaftsgeschichte, 2 Bde., Kulmbach 1977 - 1978.

Dengler-Schreiber, Karin: Skriptorium und Bibliothek des Klosters Michelsberg in Bamberg (= Studien zur Bibliotheksgeschichte 2), Graz 1979.

Denzler, Georg: Der heilige Bischof Otto von Bamberg (um 1060 - 30. Juni 1139), in: Schwaiger, Georg (Hg.): Bavaria Sancta. Zeugen christlichen Glaubens in Bayern, Bd. 2, Regensburg 1971, S. 144 - 156.

Ertl, Heimo / Stoll, Hugo (Hgg.): Otto von Bamberg (1102 - 1139). Vorträge zum Jubiläumsjahr von Klaus Guth, Egon Boshof und Franz Machilek, Nürnberg 1989.

Guth, Klaus: Kreuzzug, Heidenfahrt, Missionsreise. Die Pommern-Mission Bischof Ottos I. von Bamberg im Horizont der Kreuzzugsbewegung des 11./12.Jahrhunderts, in: Bericht des Historischen Vereins Bamberg 125, 1989, S. 147 - 158.

Guttenberg, Erich Freiherr von: Die Territorienbildung am Obermain (= Bericht des Historischen Vereins Bamberg 79), Bamberg 1927 (Neudruck Bamberg 1966), S. 137 - 175.

Petersohn, Jürgen: Otto von Bamberg und seine Biographen. Grundformen und Entwicklung des Ottobildes, in: Zeitschrift für Bayerische Landesgeschichte 43, 1980, S. 3 - 27.

Pflefka, Sven: Das Bistum Bamberg, Franken und das Reich in der Stauferzeit. Der Bamberger Bischof im Elitengefüge des Reiches 1138-1245 (= Veröffentlichungen der Gesellschaft für Fränkische Geschichte, Reihe 9, 49), Volkach 2005.

13. Jahrhundert

Cuadra, Inés de la: Der «Renner» Hugos von Trimberg. Allegorische Denkformen und literarische Traditionen (= Germanistische Texte und Studien 63), Hildesheim u.a. 1999.

Fried, Johannes: Die Bamberger Domschule und die Rezeption von Frühscholastik und Rechtswissenschaft in ihrem Umkreis bis zum Ende der Stauferzeit, in: Ders. (Hg.): Schulen und Studium im sozialen Wandel des hohen und späten Mittelalters (= Vorträge und Forschungen 30), Sigmaringen 1986, S. 163 - 201.

Meyer, Otto: Bambergs Heilige in Hugo von Trimbergs Kalendergedicht, in: Fränkische Blätter 7, 1955, S. 53 – 55.

Müller, Bruno: Die Titelbilder der illustrierten Renner-Handschriften, in: Bericht des Historischen Vereins Bamberg 102, 1966, S. 271 – 306.

Müller, Bruno: Hugo von Trimberg (1235 – 1315), in: Buhl, Wolfgang (Hg.): Fränkische Klassiker. Eine Literaturgeschichte in Einzeldarstellungen, Nürnberg 1971, S. 133 – 148.

Müller, Bruno: Südtiroler illustrierte Renner-Handschriften, in: Bericht des Historischen Vereins Bamberg 109, 1973, S. 183 – 236.

Rosenplenter, Lutz: Zitat und Autoritätenberufung im Renner Hugos von Trimberg. Ein Beitrag zur Bildung des Laien im Spätmittelalter, Frankfurt am Main / Bern 1982.

Rupp, Heinz: Zum «Renner» Hugos von Trimberg, in: Sonderegger, Stefan u.a. (Hgg.): Typologia Litterarum. Festschrift für Max Wehrli, Zürich / Freiburg 1969, S. 233 – 259.

Schemmel, Bernhard: Hugo von Trimberg, in: Fränkische Lebensbilder, Bd. 4, Würzburg 1971, S. 1 – 26.

Schmidtke, Dietrich: Die künstlerische Selbstauffassung Hugos von Trimberg, in: Wirkendes Wort 24, 1974, S. 325 – 339.

Schüppert, Helga: Kirchenkritik in der lateinischen Lyrik des 12. und 13. Jahrhunderts (= Medium aevum 23), München 1972.

Schweikle, Günther: Hugo von Trimberg, in: Ruh, Kurt u.a. (Hgg.): Die deutsche Literatur des Mittelalters. Verfasserlexikon, Bd. 4, Berlin / New York 1983, Sp. 268 – 282.

Stolz, Karl: Hugo von Trimberg de villa nomine werna. Hugo von Trimberg (1235 – 1315) und seine Darstellung von Spiel und Sport, Niederwerrn 1992.

Weigand, Rudolf Kilian: Der «Renner» des Hugo von Trimberg. Überlieferung, Quellenabhängigkeit und Struktur einer spätmittelalterlichen Lehrdichtung (= Wissensliteratur im Mittelalter 35), Wiesbaden 2000.

Wendehorst, Alfred: Geistiges Leben und Wissenschaft im Spätmittelalter bis 1450, in: Kraus, Andreas (Hg.): Handbuch der bayerischen Geschichte III/1: Geschichte Frankens bis zum Ausgang des 18. Jahrhunderts, München 1997, S. 963 – 994.

14. Jahrhundert

Arneth, Konrad: Bamberger Bürgerwappen: Kürschner, in: Fränkisches Land in Kunst, Geschichte und Volkstum 1 (1953/54), S. 100.

Arneth, Konrad: Die Familiennamen des ehemaligen Hochstifts Bamberg in ihrer geschichtlichen Entwicklung, Kallmünz 1956.

Festschrift Spital St. Katharina zu Kupferberg, Kupferberg 1975.

Hirschmann, Gerhard (Hg.): Die Nürnberger Bürgerbücher I: Die pergamentenen Neubürgerlisten 1302 – 1448 (= Quellen zur Geschichte und Kultur der Stadt Nürnberg 9), Nürnberg 1974.

Holhut, Reinhard / Pittermann, Werner: Chronik der Stadt Kupferberg, Kupferberg 1986.

Irsigler, Franz: Kaufmannsmentalität im Mittelalter, in: Meckseper, Cord / Goez, Werner (Hgg.): Mentalität und Alltag im Spätmittelalter, Göttingen 1985, S. 53 – 75.

Jandesek, Michael: Das Kupferberger Bergbaurevier am Südrand des Frankenwalds, in: Denkmalpflege Informationen 92, März 2005, S. 31 – 33.

Knefelkamp, Ulrich: Das Heilig-Geist-Spital in Nürnberg vom 14. – 17. Jahrhundert. Geschichte, Struktur, Alltag (= Nürnberger Forschungen 26), Nürnberg 1989.

Neukam, Wilhelm G.: Wege und Organisation des Bamberger Handels vor 1400, in: Jahrbuch für fränkische Landesforschung 14, 1954, S. 97 – 139.

Reddig, Wolfgang: Die Bamberger Spitäler St. Elisabeth und St. Katharina, Bamberg 1996.

Schimmelpfennig, Bernhard: Bamberg im Mittelalter. Siedlungsgeschichte und Bevölkerung bis 1370 (= Historische Studien 391), Lübeck / Hamburg 1964.

Zink, Robert: St. Theodor in Bamberg 1157 – 1554. Ein Nonnenkloster im mittelalterlichen Franken (= Bericht des Historischen Vereins Bamberg / Beiheft 8), Bamberg 1978.

Der besondere Dank des Autors gilt Simon-Markus Haag, der erlaubte, seine ungedruckte Magisterarbeit «Die mittelalterliche Montanstadt Kupferberg in Oberfranken. Gründung, verfassungs- und personengeschichtliche Verflechtungen, Topographie», 1986, für die Abfassung dieses Beitrags zu benützen.

15. Jahrhundert

Braun, Rainer: Das Benediktinerkloster Michelsberg 1015 – 1525. Eine Untersuchung zur Gründung, Rechtsstellung und Wirtschaftsgeschichte (= Die Plassenburg. Schriften für Heimatforschung und Kulturpflege in Oberfranken 39 1/2), Kulmbach 1977 – 1978.

Dengler-Schreiber, Karin: Der Michelsberg in Bamberg, Bamberg [2] 2003.

Dengler-Schreiber, Karin: Scriptorium und Bibliothek des Klosters Michelsberg in Bamberg (= Studien zur Bibliotheksgeschichte 2), Graz 1979.

Faust, Ulrich u.a. (Bearb.): Die Reformverbände und Kongregationen der Benediktiner im deutschen Sprachraum (= Germania Benedictina 1), St. Ottilien 1999.

Fink, Alexandra: Romanische Klosterkirchen des Heiligen Bischofs Otto von Bamberg (1102 – 1139), Petersberg 2001.

Hemmerle, Josef (Hg.): Die Benediktinerklöster in Bayern (= Germania Benedictina 2), München 1970.

Jäck, Joachim Heinrich: Grundzüge zur Geschichte des ehemaligen Benedictiner-Klosters Michelsberg bei Bamberg. Aus dessen handschriftlichen Quellen entwickelt, München 1826.

Kist, Johann: Das Bamberger Domkapitel von 1399 – 1556. Ein Beitrag zur Geschichte seiner Verfassung, seines Wirkens und seiner Mitglieder (= Historisch-diplomatische Forschungen 7), Weimar 1943.

Lahner, Andreas.: Die ehemalige Benedictiner-Abtei Michelsberg zu Bamberg (= Bericht des Historischen Vereins Bamberg 51), Bamberg 1889.

Linneborn, Johannes: Ein 50jähriger Kampf (1417 – ca. 1467) um die Reform und ihr Sieg im Kloster ad sanctum Michaelem bei Bamberg, in: SMBO 25, 1904, S. 252 – 266, S. 579 – 599,

S. 718–730 sowie SMBO 26, 1905, S. 55–68; S. 247–254, S. 534–546.

Pölnitz, Sigmund Freiherr von: Die bischöfliche Reformarbeit im Hochstift Würzburg während des 15. Jahrhunderts. Unter besonderer Berücksichtigung der übrigen fränkischen Diözesen (= Würzburger Diözesangeschichtsblätter 8/9), Würzburg 1941.

Schwarzmann, Peter: Die ehemalige Benediktiner-Klosterkirche St. Michael in Bamberg (= Bericht des Historischen Vereins Bamberg / Beiheft 27), Lichtenfels 1992.

Schweitzer, Caspar A. (Hg.): Das Urkundenbuch des Abtes Andreas im Kloster Michelsberg bei Bamberg, in: Bericht des Historischen Vereins Bamberg 16, 1853, S. I–X, S. 1–147 sowie 17, 1854, S. 1–175.

Unger, Ludwig: Die Reform des Benediktinerklosters St. Michael bei Bamberg in der 2. Hälfte des 15. Jahrhunderts (= Bericht des Historischen Vereins Bamberg / Beiheft 20), Bamberg 1987.

Wendehorst, Alfred: Die fränkischen Benediktinerabteien und die Reformation, in: Hochholzer, E. (Hg.): Benediktinisches Mönchtum in Franken. Vom 12. bis zum 17. Jahrhundert (= Münsterschwarzacher Studien 48), Münsterschwarzach 2000, S. 179–194.

Zimmermann, Gerd: Ein Bamberger Klosterinventar von 1483/86 als Quelle zur Sachkultur des Spätmittelalters, in: Klösterliche Sachkultur des Spätmittelalters (= Veröffentlichungen des Institut für Mittelalterliche Realienkunde Österreichs 3), Wien 1980, S. 225–245.

16. Jahrhundert

Besold-Backmund, Marlene: Stiftungen und Stiftungswirklichkeit. Studien zur Sozialgeschichte der beiden oberfränkischen Kleinstädte Forchheim und Weismain (= Schriften des Zentralinstituts für fränkische Landeskunde und allgemeine Regionalforschung an der Universität Erlangen-Nürnberg 27), Neustadt a. d. Aisch 1986.

Dippold, Günter: Konfessionalisierung am Obermain. Reformation und Gegenreformation in den Pfarrsprengeln von Baunach bis Marktgraitz (= Einzelarbeiten aus der Kirchengeschichte Bayerns 71), Staffelstein 1996.

Dippold, Günter (Hg.): Weismain. Eine fränkische Stadt am nördlichen Jura, Bd. 2, Weismain 1996.

17. Jahrhundert

Behringer, Wolfgang (Hg.): Hexen und Hexenprozesse in Deutschland. München [4] 2000.

Gehm, Britta: Die Hexenverfolgung im Hochstift Bamberg und das Eingreifen des Reichshofrates zu ihrer Beendigung (= Rechtsgeschichte und Zivilisationsprozeß. 3), Hildesheim u.a. 2000.

Grießhammer, Birke (Hg.): Drutenjagd in Franken (16. bis 18. Jahrhundert). Katalog zur Wanderausstellung «Hexenverfolgung in Franken», Nürnberg [6] 2002.

Hartinger, Walter: Hinterm Spinnrad oder auf dem Besen? Frauen im deutschen Märchen und Hexenglauben (= Otto-von-Freising-Vorlesungen der Katholischen Universität Eichstätt 20), Opladen 2001.

Heinsohn, Gunnar / Steiger, Otto: Die Vernichtung der weisen Frauen. Beiträge zur Theorie und Geschichte von Bevölkerung und Kindheit, München [5] 1992.

Kerl, Tina: Bamberger Hexenwahn. Auf den Spuren der Trudenfänger und ihrer Opfer, Bamberg 1999.

König, Bruno: Geschichte der Hexenprozesse, Köln 1986.

Parigger, Harald: Wider Gott und Billigkeit. Überlegungen zu einem Fragenkatalog für den Hexenprozeß im Hochstift Bamberg des 17. Jahrhunderts, in: Ders. (Hg.): Porta Ottoniana. Beiträge zur fränkischen und bayerischen Landesgeschichte, Bayreuth 1986, S. 187–211.

Renczes, Andrea: Wie löscht man eine Familie aus? Eine Analyse Bamberger Hexenprozesse (= Forum Sozialgeschichte 1), Pfaffenweiler 1990.

Sebald, Hans: Der Hexenjunge: Fallstudie eines Inquisitionsprozesses, Marburg 1992.

Sebald, Hans: Hexen-Geständnisse anno 1629. Stereotype Struktur und lokales Kolorit im Fürstbistum Bamberg, in: Heimat Bamberger Land 2, 1990, S. 84–94.

Wittman, Dr. P.: Die Bamberger Hexen-Justiz (1595-1631), in: Archiv für katholisches Kirchenrecht 50, 1883, S. 177–223.

18. Jahrhundert

Baumgärtel-Fleischmann, Renate / Renczes, Stephan (Hgg.): 300 Jahre Jesuitenkirche / St. Martin Bamberg 1693-1993 (= Veröffentlichungen des Diözesanmuseums Bamberg 5), Bamberg 1993.

Bott, Gerhard (Hg.): Die Grafen von Schönborn. Kirchenfürsten, Sammler, Mäzene. Katalog der Ausstellung im Germanischen Nationalmuseum Nürnberg, Nürnberg 1989.

Hamperl, Wolf-Dieter / Rohner Aquilas: Die Schnitzwerke Johann Michael Dosers in Oberfranken und der Oberpfalz, München/Zürich 1990.

Hubensteiner, Benno: Bayerische Geschichte. Staat und Volk, Kunst und Kultur, München [12] 1980.

Kreuz und Kruzifix, Zeichen und Bild. Katalog der Ausstellung im Diözesanmuseum für christliche Kunst des Erzbistums München und Freising (= Kataloge und Schriften 39), Lindenberg 2005.

Meyer, Werner / Schwemmer,Wilhelm (Bearb.): Landkreis Lauf an der Pegnitz (= Die Kunstdenkmäler von Bayern, Regierungsbezirk Mittelfranken XI), München 1966.

Remling, Ludwig: Bruderschaften in Franken. Kirchen- und sozialgeschichtliche Untersuchungen zum spätmittelalterlichen und frühneuzeitlichen Bruderschaftswesen (= Quellen und Forschungen zur Geschichte des Bistums und Hochstifts Würzburg 35), Würzburg 1986.

Roth, Elisabeth: Der Volkreiche Kalvarienberg in Literatur und Bildkunst des Spätmittelalters (= Philologische Studien und Quellen 2), Berlin [2] 1967.

Schnelbögl, Fritz: Lauf-Schnaittach. Eine Heimatgeschichte (= Volk und Landschaft im Osten Nürnbergs 2), Lauf 1941.

Schütz, Martin: Die Ganerbschaft vom Rothenberg in ihrer politischen, juristischen und wirtschaftlichen Bedeutung, Nürnberg 1924.

Schütz, Martin: Kirchen und kirchliche Kunst des Rothenberger Herrschaftsgebietes im Zeitalter des Frühbarocks. (= Vom Rothenberg und seinem Umkreis. Gesammelte Aufsätze zur Geschichte der ehemaligen Herrschaft und Festung Rothenberg 3 / 1. Teil), Lauf 1958.

Schütz, Martin: Vom Rothenberg. Gesammelte Aufsätze und Beiträge zur Geschichte der ehemaligen Herrschaft und Festung, Heft 2: Die Matrikeln der Festungspfarrei Rothenberg als geschichtliche und familienkundliche Quelle, Lauf 1951.

Weiß, Dieter J.: Katholische Reform und Gegenreformation, Darmstadt 2005.

Wolf, Peter / Henker, Michael / Brockhoff, Evamaria / Steinherr, Barbara / Lippold Stephan (Hgg.): Der Winterkönig Friedrich V. Der letzte Kurfürst aus der Oberen Pfalz. Katalog der Landesausstellung im Stadtmuseum Amberg, Regensburg 2003.

19. Jahrhundert

Becker, Christoph: P.: Otto Hopfenmüller aus der Gesellschaft des Göttlichen Heilandes. Ein deutscher Pionier einer indischen Mission (= Pioniere der Weltmission 4), Aachen / Immensee 1923.

Dr. Lorenz Hopfenmüller (* 1844 † 1890), ein Bamberger Kulturkämpfer, Armenseelsorger, Sozialreformer und Missionar, Hirschaid 1987.

Gatz, Erwin (Hg.): Der Diözesanklerus (= Geschichte des kirchlichen Lebens in den deutschsprachigen Ländern seit dem Ende des 18. Jahrhunderts 4), Freiburg u.a. 1995.

Hartmannsgruber, Friederich: Die Bayerische Patriotenpartei 1868 – 1887 (= Schriftenreihe zur bayerischen Landesgeschichte 82), München 1986.

Kiebele, Anton: Die Mitarbeiter Jordans: Lühten - Weigang – Hopfenmüller, in: Kiebele, Anton / Kelbasa, Antoni / Mück, Andreas / van Meijl, Peter: Die Salvatorianer in Geschichte und Gegenwart 1881-1981, Rom 1981, S. 123 – 136.

Seit, Stefan: Erzbischof von Deinlein (1800 – 1875). Das Problem einer Neudefinition des Selbstverständnisses von Kirche und Staat in ihrer wechselseitigen Beziehung in der zweiten Hälfte des 19. Jahrhunderts, in: Bericht des Historischen Vereins Bamberg 132, 1996, S. 103-139.

Steinhauf, Bernhard: «Zelus domus Dei mysticae movet me...». Ein «Memorandum pro Sede Apostolica» Dr. L[orenz] Hopfenmüllers über die Regierung des Bamberger Erzbischofs Joseph Friedrich von Schreiber (1875 – 1890), in: Römische Quartalsschrift 90, 1995, S. 215 – 236.

Steinhauf, Bernhard: Joseph Friedrich von Schreiber (1819-1890), in: Urban, Josef (Hg.): Die Bamberger Erzbischöfe. Lebensbilder, Bamberg 1997, S. 181 – 208.

Urban, Josef: Der Indienmissionar aus Weismain. Dr. Lorenz (P. Otto) Hopfenmüller SDS, in: Dippold Günter (Hg.): Weismain. Eine fränkische Stadt am nördlichen Jura, Bd. 2, Weismain 1996, S. 431 – 448.

Urban, Josef: Dr. Lorenz Hopfenmüller. Sein Leben als Priester, sein Einsatz für die katholische Presse und für die Weltmission, in: St. Heinrichskalender 61, 1986, S. 34 – 39.

Zech, Hans: Vorkämpfer für das Recht der Kirche. Vor 90 Jahren starb der Bamberger Presseapostel Dr. Otto Hopfenmüller, in: St. Heinrichsblatt 87, 1980, Nr. 34, S. 10.

20. Jahrhundert

Blessing, Werner K.: «Deutschland in Not, wir im Glauben ...». Kirche und Kirchenvolk in einer katholischen Region 1933 – 1949, in: Broszat, Martin / Henke, Klaus-Dieter / Woller, Hans (Hgg.): Von Stalingrad zur Währungsreform. Zur Sozialgeschichte des Umbruchs in Deutschland (= Quellen und Darstellungen zur Zeitgeschichte 26), München ² 1989, S. 3 – 111.

Breuer, Thomas: Verordneter Wandel? Der Widerstreit zwischen nationalsozialistischem Herrschaftsanspruch und traditionaler Lebenswelt im Erzbistum Bamberg (= Veröffentlichungen der Kommission für Zeitgeschichte, Reihe B: Forschungen 60), Mainz 1992.

Göldel, Carolin: Die katholische Arbeiterbewegung in der Diözese Bamberg 1887 – 1938, Manuskript Bamberg 1989.

Grypa, Dietmar: Die katholische Arbeiterbewegung in Bayern nach dem Zweiten Weltkrieg. 1945 – 1963 (= Veröffentlichungen der Kommission für Zeitgeschichte, Reihe B: Forschungen 91), Paderborn / München 2000.

Jahn, Carl-Otto: Der Neuaufbau der Gewerkschaftsbewegung nach dem 2. Weltkrieg in Bayern. Mit Beispielen aus der Entwicklung des Nürnberger Gewerkschaftsbundes, Magisterarbeit (maschinenschriftlich) an der Universität Erlangen-Nürnberg 1982.

Katholische Arbeitnehmer-Bewegung Süddeutschlands (Hg.): Solidarität. 100 Jahre (1891-1991) KAB. Festschrift zum 100jährigen Jubiläum der Katholischen Arbeitnehmer-Bewegung Süddeutschlands, o.O. o.J. (n. Vorw. 1991).

Krenn, Dorit-Maria: Die christliche Arbeiterbewegung in Bayern vom Ersten Weltkrieg bis 1933 (= Veröffentlichungen der Kommission für Zeitgeschichte, Reihe B: Forschungen, 57), Mainz 1991.

Rathgeber, Franz: Diözesansynode der Erzdiözese Bamberg 30. September mit 2. Oktober 1946. Bericht über Verlauf und Beschlüsse, Bamberg 1947.

St. Joseph-Stiftung Bamberg (Hg.): Wohnungsbau ist Familienbau. St. Joseph-Stiftung für die Erzdiözese Bamberg 1949-1952, Bamberg 1953.

Ulrich, Karl: Die katholischen Gemeinden von Nürnberg und Fürth im 19. und 20. Jahrhundert, Bamberg 1989.

Unger, Ludwig / Heß, Georg / Korschinski, Ralf u.a.: Dem Menschsein Zukunft geben. Das Buch zum 100-jährigen Jubiläum des KAB-Diözesanverbandes Bamberg, Bamberg 2002.

Unger, Ludwig: Die katholische Arbeitnehmerbewegung auf neuen Wegen. Das Katholische Werkvolk in der Erzdiözese Bamberg von 1946 bis 1963 (= Bericht des Historischen Vereins Bamberg / Beiheft 29), Bamberg 1993.

Unger, Ludwig: Gott und dem Nächsten dienen – das katholische Werkvolk der Erzdiözese Bamberg von 1947 bis 1971, in: Katholische Arbeitnehmer-Bewegung Diözesanverband Bamberg (Hg.): Rechenschaftsbericht zum Diözesantag Freitag, 12. Oktober, Samstag, 13. Oktober 1990, in Vierzehnheiligen. Aufbruch zu neuer Solidarität, o.O. o.J. (n. Vorw. Bamberg 1990), S. 91 – 103.

Winkel, Udo: Kontinuität oder Neubeginn? Nürnberg 1945 – 1949. Eine Ausstellung des Stadtarchivs Nürnberg März – Mai 1989 (= Ausstellungskataloge des Stadtarchivs Nürnberg 3), Nürnberg 1989.

Bildnachweis

Umschlag (v. links n. rechts)

1) Kaiser Heinrich und Kaiserin Kunigunde, Originalplastiken, ehemals an der Adamspforte; Foto: Kümmelmann.
2) Älteste – noch zu seinen Lebzeiten entstandene – Darstellung Bischof Ottos; Staatsbibliothek Bamberg, Patr. 76, Bl. 1v.
3) Maurer beim Festungsbau, Kupferstich/ Radierung, Nürnberg 1738; Germanisches Nationalmuseum Nürnberg, Kap. HB 8434/1228b.
4) Foto einer Bamberger Flüchtlingssiedlung nach dem Weltkrieg; Stadtarchiv Bamberg, D 2020, 209 A, Nr. 12.
5) Das Geldwechslerehepaar von Quentin de Massys; Foto Marburg C 664. 410.
6) Das einzige erhaltene Foto von Lorenz Hopfenmüller, um 1870; Archiv des Erzbistums Bamberg, Rep. 80, Slg 6, Nr. 1129-H.

11. Jahrhundert

Titelbild, S. 10/11 (v. links n. rechts)

1) Sternenmantel des hl. Heinrich (Ausschnitt); Foto: Hagen.
2) Heinrich und Kunigunde, Originalplastiken, ehemals an der Adamspforte des Domes; Foto: Kümmelmann.
3) Protokoll der Frankfurter Synode, Urkunde über die Gründung des Bistums Bamberg (Ausschnitt); Staatsarchiv Bamberg, Bamberger Urkunde Nr. 21 (Münchner Abgabe 1993).
4) Krönungsbild Heinrichs und Kunigundes (Ausschnitt) aus dem Perikopenbuch Heinrichs II.; Bayerische Staatsbibliothek München, clm. 4452, fol. 2r.
5) Heinrich und Kunigunde mit dem Dommodell; Staatsbibliothek Bamberg, RB. Msc. 120, fol. 1v, unten.
6) Die heilige Kunigunde bezahlt Arbeiter beim Bau von St. Stephan in Bamberg; Staatsbibliothek Bamberg, Inc. typ.Ic. IV. 20, fol. LXIv.
7) Tod Kaiser Heinrichs im Jahr 1024, Szene vom Riemenschneidergrabmal im Bamberger Dom, Foto: Diözesanmuseum Bamberg.

Titelleiste, S.13

Heinrich und Kunigunde, Originalplastiken, ehemals an der Adamspforte des Domes, Foto: Kümmelmann.

1) Staatsbibliothek Bamberg, Msc. Lit. 11, fol. 242r; Tagesgebet aus der Heinrichsmesse.
2) Staatsbibliothek Bamberg, Inc. typ. Ic. I 18; Klostereintritt der Kaiserin Kunigunde, Holzschnitt, wohl Bamberger Meister, um 1511.
3) Staatsbibliothek Bamberg, Msc. Lit. 142, fol. 4v; Darstellung Heinrich des Zänkers, Regelbuch aus dem Damenstift Niedermünster in Regensburg, um 990.
4) Staatsbibliothek München, clm 4452, fol. 2r; Krönungsbild Heinrichs und Kunigundes aus dem Perikopenbuch Heinrichs II., (Ausschnitt).
5) Staatsbibliothek Bamberg, RB. Msc. 120, fol. 1; Kaiserpaar Heinrich und Kunigunde den Dom darbringend, aus einer Handschrift der *Vita Heinrici*, Mitte 12. Jh.
6) Diözesanmuseum Bamberg; Tod des Kaisers Heinrich, Relief aus dem Riemenschneider-Grabmal im Bamberger Dom.
7) Staatsbibliothek Bamberg, Msc. Lit. 142, fol. 4v; Darstellung aus dem Regelbuch aus dem Damenstift Niedermünster in Regensburg, um 990.
8) Staatsarchiv Bamberg, Rep. A 23 Nr. 2 1/2; Heiligsprechungsurkunde Kunigundes.
9) Staatsbibliothek Bamberg; Schedelsche Weltchronik, kolorierte Faksimileausgabe des Originals von 1493, fol. CLXXXVIIr; Stammbaum der hl. Kunigunde.
11) Bayerische Staatsbibliothek München, clm 4456, fol. 11r.
12) Bayerische Staatsbibliothek München, clm 4452, fol. 2r.
13) Staatsbibliothek Bamberg, Msc. Lit. 53, Bl. 2v.
14) Staatsarchiv Bamberg, Bamberger Urkunde Nr. 21 (Münchner Abgabe 1993); Synodalprotokoll 1007.
15) Staatsbibliothek Bamberg, Inc. typ. V.II. 10.
16) Foto: Diözesanmuseum Bamberg.
17) Staatsbibliothek Bamberg, Msc. Bibl. 84.
18) Foto: Diözesanmuseum Bamberg.
19) Foto: Diözesanmuseum Bamberg.
20) Staatsbibliothek Bamberg, RB. Inc. typ. E 1, Bl.102.
21) Staatsbibliothek Bamberg, RB. Msc. 120, fol. 32v.
22) Foto: Eberts.
23) Staatsarchiv Bamberg, Stift St. Jakob, B 101, Nr.1.
24) Foto: Diözesanmuseum Bamberg.
25) Archiv des Erzbistums Bamberg Rep. 80 Slg. 6 Nr. 878-I (Foto: Meister).
26) Foto: Spieß, Herzogenaurach.
27) Foto: Biernoth.
28) Archiv des Erzbistums Bamberg, Rep. 70, NLT 23-Foto.
29) Der Pettstadter Silberbecher; Foto: Germanisches Nationalmuseum.
30) Foto: Eberts.
31) Bayerische Staatsbibliothek München, clm. 4456.
32) Foto: Diözesanmuseum Bamberg.
33) Karte: Kümmelmann.
34) Staatsbibliothek Bamberg, Inc. typ. IC. IV.20a.
35) Repro: Kümmelmann.
36) Foto: Diözesanmuseum Bamberg, G 1.
37) Foto: Diözesanmuseum Bamberg, D 6.
38) Foto: Diözesanmuseum Bamberg.
39) Foto: Anny Maurer, Bamberg, im Auftrag des Landratsamtes Bamberg.
40) Foto: Diözesanmuseum Bamberg, T 2.

12. Jahrhundert

Titelbild, S.37/38 (v. links n. rechts)

1) Älteste – noch zu seinen Lebzeiten entstandene – Darstellung Bischof Ottos; Staatsbibliothek Bamberg, Patr. 76, Bl. 1v.
2) Nekrolog des Klosters Michelsberg, um 1189 entstanden (Ausschnitt); Staatsbibliothek Bamberg, Msc. Lit. 144, Bl. 84v.
3) Älteste Darstellung des Klosters Ebrach, 1127 unter Förderung von Bischof Otto gegründet; Foto: Forschungskreis Ebrach.
4) Darstellung des Erzengels Michael in einem Skriptorium des Klosters Michelsberg, um 1180; Staatsbibliothek Bamberg, Msc. Patr. 5 fol. 1v., Darstellung um 1180.
5) Überfall auf den hl. Otto während seiner Pommerreise, aus einer Michelsberger Handschrift um 1614; Staatsbibliothek Bamberg, Msc. Lit. 34.
6) Sog. Stab des hl. Otto, erste Hälfte 13. Jh; Foto: Diözesanmuseum Bamberg, D 3.

Titelleiste, S.39

Älteste – noch zu seinen Lebzeiten entstandene - Darstellung Bischof Ottos (Ausschnitt); Staatsbibliothek Bamberg, Patr. 76, Bl. 1v.

1) Foto: Diözesanmuseum Bamberg, Bild aus dem Ottozyklus in der ehemaligen Klosterkirche Michelsberg,
2) Bayerisches Hauptstaatsarchiv München; Plansammlung 10371, wie Nr. 9.
3) Foto: Diözesanmuseum Bamberg; Bild aus dem Ottozyklus in der ehemaligen Klosterkirche Michelsberg.
4) Foto: Diözesanmuseum Bamberg; Bild aus dem Ottozyklus in der ehemaligen Klosterkirche Michelsberg.
5) Foto: Diözesanmuseum Bamberg, G 25.
6) Foto: Diözesanmuseum Bamberg; Bild aus dem Ottozyklus in der ehemaligen Klosterkirche Michelsberg.
7) Staatsbibliothek Bamberg, Msc. Lit. 144, Bl. 84v; Brustbild Ottos aus dem Michelsberger Nekrolog.
8) Staatsbibliothek Bamberg, Msc. Lit. 144, Bl. 84v; Brustbild Ottos aus dem Michelsberger Nekrolog.
9) Bayerisches Hauptstaatsarchiv München, Plansammlung 10371; Ausschnitt aus dem «Klüpfelsau-Plan».
10) Staatsbibliothek zu Berlin – Preussischer Kulturbesitz; ms. germ. 129, fol. 99.
11) Foto: Diözesanmuseum Bamberg.
12) Foto: Kümmelmann.
13) Foto: Diözesanmuseum Bamberg, G 25.
14) Staatsbibliothek Bamberg, Msc. Lit. 34.
15) Karte: Kümmelmann.
16) Foto: Diözesanmuseum Bamberg.
17) Staatsbibliothek Bamberg, Msc. Lit. 30, fol. 65r.
18) Foto: Diözesanmuseum Bamberg.
19) Staatsbibliothek Bamberg, Msc. Lit. 33, fol. 152r.
20) Karte: Kümmelmann.
21) Staatsbibliothek Bamberg, Msc. Lit. 133, fol. 1v.
22) Staatsbibliothek Bamberg, I T 135/46.
23) Karte: Kümmelmann.
24) Staatsbibliothek Bamberg, V.C. 98d.
25) Foto: Diözesanmuseum Bamberg.
26) Staatsbibliothek Bamberg, Msc. Lit. 144, Bl. 84v.
27) Staatsbibliothek Bamberg, Patr. 76, Bl. 1v.
28) Foto: Diözesanmuseum Bamberg.
29) Foto: Diözesanmuseum Bamberg, D 3.
30) Foto: Diözesanmuseum Bamberg.
31) Staatsbibliothek Bamberg, Msc. Lit. 16, fol. 124.
32) Foto: Forschungskreis Ebrach.
33) Foto: Eberts.

34) Staatsbibliothek Bamberg, Msc. Lit. 11, fol. 242r.
35) Staatsbibliothek Bamberg, Msc. Lit. 11, fol. 149v.
36) Diözesanmuseum Bamberg, Inv.-Nr. 722/18.
37) Staatliche Museen zu Berlin, Kupferstichkabinett, KdZ 15344 r.
38) Foto: Heinrichsblatt-Bildarchiv, Bernhard Schneider.
39) Staatsarchiv Bamberg, Bamberger Urkunden 300.
40) Inventar des Kunstgutes im Erzbistum Bamberg, Dekanat Forchheim, Pfarrei Kersbach, Foto: Schwarzmann.
41) Foto: Eberts.
42) Foto: Diözesanmuseum Bamberg.
43) Foto: Diözesanmuseum Bamberg.
44) Foto: Leitbücher des Hl.-Geist-Spitals Nürnberg; Stadtarchiv Nürnberg, D 2/II H-G-S/ Amtsbücher Nr. 4.
45) Foto: Diözesanmuseum Bamberg, Kr 6.

13. Jahrhundert

Titelbild, S. 64/65 (v. links n. rechts)

1) Hugo von Trimberg mit dem «Renner» durch die Lande reitend, Darstellung um 1460; Staatsbibliothek Bamberg, Msc. sim. 51-11 (Ausschnitt).
2) Mittelalterliches Judenpogrom, Darstellung in der Nürnberger Chronik des Wolff Neubauer d. J.; Stadtarchiv Nürnberg, F 1 Nr. 42.
3) Hugo von Trimberg spricht zu fränkischen Bauern, Darstellung aus der Leidener Prachthandschrift von 1402; Universitätsbibliothek Leiden, Cod. Voss. Germ. F 4, fol. 25r.
4) Lehrbetrieb einer mittelalterlichen Universität, Miniatur aus dem Kolleg des Augustinermönches Henricus de Alemania, 1351/1400; Bildarchiv Foto Marburg C 661.363.
5) Der Bamberger Reiter aus dem Ekbert-Dom; Foto: Eberts.

Titelleiste, S. 67

Hugo von Trimberg, durch die Lande reitend, mit dem «Renner» in der Hand, aus einer Handschrift um 1460; Staatsbibliothek Bamberg, Msc. sim. 51-11 (Ausschnitt).

1) Staatsbibliothek Bamberg; Schedelsche Weltchronik, kolorierte Faksimileausgabe des Originals von 1493, fol. CLXIv-CLXr, Ansicht von Würzburg (Ausschnitt).
2) Foto: Diözesanmuseum Bamberg; Bamberg, jetzige Pfarrkirche St. Gangolf.
3) Germanisches Nationalmuseum Nürnberg Hz. 50/560; der lehrende Kanoniker Wilhelm Durantin.
4) Universitätsbibliothek Leiden, Cod. Voss. Germ. F. 4, fol. 88; Hugo v. Trimberg neben König Adolf von Nassau.
5) Bildarchiv Foto Marburg C 661.363; Miniatur aus dem Kolleg des Augustinermönches Henricus de Alemannia.
6) Universitätsbibliothek Leiden, Cod. Voss. Germ. F 4, fol. 25r; Hugo v. Trimberg spricht zu fränkischen Bauern.
7) Universitätsbibliothek Leiden, Cod. Voss. Germ. F 4, fol. 1v (Titelbild).
8) Universitätsbibliothek Frankfurt, Ms. Germ. Quart. 33; Kopf Hugos aus einer Renner-Handschrift.
9) Landesbibliothek Stuttgart, Cod. Theol. 2087-1, fol. 3v.
10) Staatsbibliothek Bamberg; Schedelsche Weltchronik, kolorierte Faksimileausgabe des Originals von 1493, fol. CLXIv-CLXr.
11) Foto: Diözesanmuseum Bamberg.
12) Bildarchiv Foto Marburg, C 661.363.
13) Germanisches Nationalmuseum Nürnberg, Hz 50/560; Darstellung des lehrenden Kanonikers Wilhelm Durantin, aquarellierte Federzeichnung um 1478/80.
14) Bildarchiv Foto Marburg, T.0121.
15) Stadtarchiv Nürnberg, F 1 Nr. 42.
16) Universitätsbibliothek Frankfurt, Ms. Germ Quart. 33.
17) Staatsbibliothek Bamberg, Msc. sim. 51-11.
18) Universitätsbibliothek Leiden, Cod. Voss. Germ. F 4, fol. 25r.
19) Diözesanmuseum Bamberg T 4/11.
20) Universitätsbibliothek Leiden, Cod. Voss. Germ. F. 4, fol. 88.
21) Staatsarchiv Bamberg, A 23, Nr. 2 ½.
22) Germanisches Nationalmuseum Nürnberg, GM 130; Gemälde von Hans Pleydenwurff.
23) Universitätsbibliothek Leiden, Cod. Voss. Germ., fol. 1v.
24) Foto: Diözesanmuseum Bamberg.
25) Staatsarchiv Bamberg, A 23, Nr. 2 ½.
26) Gesamthochschulbibliothek Kassel, Ms. Theol. 15/134.
27) Diözesanmuseum Bamberg, T 5 (Ausschnitt).
28) Württembergische Landesbibliothek Stuttgart, Ms H.B. II bibl. 24, 175r.
29) Hessische Landesbibliothek Fulda, Hs. Aa. 49, fol.1, *scripta varia* 1226/1250.
30) Staatsbibliothek zu Berlin – Preußischer Kulturbesitz, Ms. germ. 129, fol. 99.
31) Foto: Eberts.
32) Foto: Diözesanmuseum Bamberg.
33) Foto: Eberts.
34) Foto: Eberts.
35) Foto: Diözesanmuseum Bamberg D 1.
36) Bayerische Staatsbibliothek München, Clm. 7375, fol. 1v.
37) Staatsbibliothek Bamberg, Msc. Hist. 158, fol. 11r.

14. Jahrhundert

Titelbild, S.88/89 (v. links n. rechts)

1) Darstellung des Nürnberger Kaufmanns Peter Neumeister (†1440); Stadtbibliothek Nürnberg, Amb. 317.2°, fol. 63r.
2) Ansicht Nürnbergs aus der Schedelschen Weltchronik, kolorierte Faksimileausgabe des Originals von 1493, fol. XCIXv-Cr; Staatsbibliothek Bamberg.
3) Darstellung mittelalterlicher Krankenpflege; Stadtarchiv Nürnberg, D 2/II H-G-S/Amtsbücher Nr. 4, Leitbücher des Hl.-Geist-Spitals Nürnberg.
4) Darstellung der verschiedenen Abläufe eines mittelalterlichen Bergwerks, Sebald Beham, Bergwerk, aus: Geisberg, Max: Der Deutsche Einblatt-Holzschnitt in der ersten Hälfte des 16. Jahrhunderts, München 1926ff, Nr. 268; Repro: Stadtbibliothek Nürnberg.
5) Moderne Ansicht des von Konrad Kürschner gegründeten Spitals mit barocken Umbauten; Foto: Kümmelmann.

Titelleiste, S.91

Darstellung des Nürnberger Kaufmanns Peter Neumeister (†1440), Stadtbibliothek Nürnberg, Amb. 317.2°, fol. 63r.

1) Staatsarchiv Nürnberg, Rep. 52a Nr. 219, Bd. 2, Wappen Nr. 2.
2) Germanisches Nationalmuseum Nürnberg, Inv. Nr. 135; Hans Perckmeister in einem Porträt von Michael Wolgemut.
3) Stadtbibliothek Nürnberg (Repro.); Sebald Beham, Bergwerk, aus: Geisberg, Max: Der Deutsche Einblatt-Holzschnitt in der ersten Hälfte des 16. Jahrhunderts, München 1926ff, Nr. 268 (Ausschnitt).
4) Staatsarchiv Bamberg, A 240 Rolle 232; Ansicht des Kupferberger Spitals.
5) Stadtbibliothek Nürnberg, Amb. 317.2°, fol.61v; Stiftspfleger Peter I. Mendel.
6) Stadtbibliothek Nürnberg, Amb. 317.2°, fol. 63r, Darstellung des Nürnberger Kaufmanns Peter Neumeister (†1440).
7) Museen der Stadt Bamberg, Gr. 1779, Bamberg, Alt-St. Martin.
8) Stadtarchiv Nürnberg, D 2/II H-G-S/ Leitbücher des Hl.-Geist-Spitals Nürnberg, Amtsbücher Nr. 4, Seite 4 oben; Darstellung mittelalterlicher Krankenpflege.
9) Staatsarchiv Bamberg, A 240, Rolle 127.
10) Staatsbibliothek Bamberg, JH. Inc. typ. IV 15a.
11) Staatsarchiv Nürnberg, Rep. 52a Nr. 219, Bd. 2, Wappen Nr. 2.
12) Museen der Stadt Bamberg, Gr. 1779.
13) Staatsarchiv Bamberg, A 240, Tafel 1787.
14) Staatsbibliothek Bamberg; Schedelsche Weltchronik, kolorierte Faksimileausgabe des Originals von 1493fol. XCIXv-Cr.
15) Repro: Kümmelmann; Holzschnitt aus Georg Agricolas Bücher vom Bau- und Hüttenwesen, Faksimile d. Originals von 1557, Düsseldorf 1977, S. 242.
16) Stadtbibliothek Nürnberg, Amb. 317.2°, fol. 63r.
17) Stadtbibliothek Nürnberg (Repro.); Sebald Beham, Bergwerk, aus: Geisberg, Max: Der Deutsche Einblatt-Holzschnitt in der ersten Hälfte des 16. Jahrhunderts, München 1926ff, Nr. 268.
18) Staatsarchiv Bamberg, Bbg. Urkunde 1951.
19) Foto: Eberts.
20) Germanisches Nationalmuseum Nürnberg, Inv. Nr. 135; Porträt von Michael Wolgemut.
21) Staatsarchiv Nürnberg, Rep. 52a Nr. 224 Wappen Nr. 113.
22) Leitbücher des Hl.-Geist-Spital Nürnberg, Stadtarchiv Nürnberg, D 2/II H-G-S/Amtsbücher Nr. 4, Seite 4 oben.
23) Staatsarchiv Bamberg, A 240, Rolle 232.
24) Staatsarchiv Nürnberg, Reichsstadt Nürnberg, Handschriften Nr. 211, fol. 232r.
25) Archiv des Erzbistums Bamberg, Urk. 321.
26) Leitbücher des Hl.-Geist-Spitals Nürnberg, Stadtarchiv Nürnberg, D 2/II H-G-S/Amtsbücher Nr. 4.
27) Foto: Kümmelmann.
28) Staatsbibliothek Bamberg Msc. Bibl. 9/1, fol 1v.
29) Heinrichsblatt-Bildarchiv, Foto: Meister.
30) Staatsbibliothek Bamberg, MvO. Top.q. 41, vor S. 293.
31) Staatsbibliothek Bamberg, J.H. Msc. Hist. 57, S. 462.

32) Archiv des Erzbistums Bamberg, Bildarchiv Heinrichsblatt Nr. 4742.
33) Staatsbibliothek Bamberg, Msc. misc. 179.
34) Foto: Urban.
35) Foto: Limmer.
36) Foto: Bruckner, Auerbach.
37) Stadtbibliothek Nürnberg (Repro.); Erhard Schoen: *Geistliche Arznei gegen die Pest*, aus: Geisberg, Max: Der Deutsche Einblatt-Holzschnitt in der ersten Hälfte des 16. Jahrhunderts, München 1926ff, Nr. 1137.
38) Museen der Stadt Bamberg, Inv.-Nr. Pl. 1/103.
39) Stadtarchiv Nürnberg, D 2/II H-G-S/ Amtsbücher Nr. 4., Leitbücher des Hl.-Geist-Spitals Nürnberg.
40) Staatsarchiv Nürnberg, Reichsstadt Nürnberg, Salbücher, Nr. 5.
41) Foto: Diözesanmuseum Bamberg, Inv. Nr. 2721/16.
42) Foto: Urban.
43) Foto: Bauer.
44) Foto: Urban.

15. Jahrhundert

Titelbild, S.116/117 (v. links n. rechts)

1) Federzeichnung Eberhards von Venlo aus der Chronik der Äbte vom Kloster Michelsberg, Ende 15. Jh.; Staatsbibliothek Bamberg, RB. Msc. 49fol. 47r.
2) Spätmittelalterliche Ansicht Bambergs; Staatsbibliothek Bamberg, Schedelsche Weltchronik, kolorierte Faksimileausgabe des Originals von 1493, fol. CLXXIIIv-CLXXVr.
3) Werkstatt eines Buchdruckers im 15. Jahrhundert, aus dem Hausbuch der Mendelschen Zwölfbrüderstiftung; Stadtbibliothek Nürnberg, Amb. 317.2°, fol. 115.
4) Der Bußprediger Capestrano auf dem Domplatz in Bamberg, Tafelbild um 1470/75; Museen der Stadt Bamberg, Inv.-Nr. G 62.

Titelleiste, S.117

Federzeichnung Eberhards von Venlo aus der Chronik der Äbte vom Kloster Michelsberg, Ende 15. Jh.; Staatsbibliothek Bamberg, RB. Msc. 49, fol. 47r.

1) www. grit.let.tugh.nl/map/blaeu; Plan der Stadt Venlo.
2) Kümmelmann (Repro.), Ansicht des Klosters Johannisberg.
3) Staatsbibliothek Bamberg; Schedelsche Weltchronik, kolorierte Faksimileausgabe des Originals von 1493, fol. XXXIXv.
4) Staatsbibliothek Bamberg, RB. Msc. 49, fol. 47r; Federzeichnung aus der Chronik der Äbte vom Kloster Michelsberg , Ende 15. Jh.
5) Niedersächsisches Landesamt für Denkmalpflege, Fotothek der Bau- und Kunstdenkmalpflege, Kloster Bursfelde.
6) Bildarchiv Preußischer Kulturbesitz/Kupferstichkabinett, Staatliche Museen zu Berlin, KdZ 15344r, /Foto: Jörg P. Anders; Kloster Michelsberg, Federzeichung um 1480/85.
7) Staatsbibliothek Bamberg, RB. Msc. 49, fol.47r; Federzeichnung Eberhards von Venlo.
8) Stadtbibliothek Nürnberg, Amb. 317.2°, fol. 115; aus dem Hausbuch der Mendelschen Zwölfbrüderstiftung.
9) Staatsbibliothek Bamberg, Msc. Patr. 5, fol. 1v; Darstellung um 1180.
10) Bildarchiv Preußischer Kulturbesitz/Kupferstichkabinett, Staatliche Museen zu Berlin, KdZ 15344 r; Federzeichung um 1480/85, /Foto: Jörg P. Anders.
11) Museen der Stadt Bamberg, Inv. Nr. G 46.
12) Germanisches Nationalmuseum Nürnberg, HB 2363r/1246; Holzschnitt: Vorlesung bei Karthäusermönchen 1515.
13) Niedersächsisches Landesamt für Denkmalpflege, Fotothek der Bau- und Kunstdenkmalpflege; Kloster Bursfelde.
14) Staatsbibliothek Bamberg; Schedelsche Weltchronik, kolorierte Faksimileausgabe des Originals von 1493, fol. XXXIXv.
15) Staatsbibliothek Bamberg Glasgemälde 6/2-2; Arme Seelen, zum Teil mit Mönchstonsur, im Fegfeuer, nürnbergisch, 1. Viertel 16. Jahrhundert.
16) Staatsbibliothek Bamberg, RB. Msc. 49, fol47r; Darstellung Eberhards von Venlo, Federzeichnung aus der Chronik der Äbte, Ende 15. Jh.
17) Repro: privat.
18) Staatsbibliothek Bamberg; Schedelsche Weltchronik, kolorierte Faksimileausgabe des Originals von 1493, fol. CLXXIIIv-CLXXVr.
19) Foto: Diözesanmuseum Bamberg.
20) Bildarchiv Preußischer Kulturbesitz/Kupferstichkabinett, Staatliche Museen zu Berlin, Kupferstichkabinett, KdZ 48.
21) Staatsbibliothek Bamberg, RB. Msc. 49, fol. 54v; Darstellung von Andreas Lang, Federzeichnung aus der Chronik der Äbte, Ende 15. Jh.
22) Erzbischöflicher Stuhl Bamberg, als Leihgabe im Diözesanmuseum Bamberg.
23) Bayerisches Nationalmuseum München, Inv. Nr. MA 2625.
24) Stadtbibliothek Nürnberg (Repro.); Erhard Schoen: Johannes Hus, aus: Geisberg, Max: Der Deutsche Einblatt-Holzschnitt in der ersten Hälfte des 16. Jahrhunderts, München 1926ff, Nr. 1296.
25) Foto: Limmer.
26) Foto: Landeskirchliches Archiv Nürnberg.
27) Diözesanmuseum Bamberg G 31/1.
28) Foto: Sauerbeck.
29) Museen der Stadt Bamberg, Inv.-Nr. G 62.
30) Foto: Rother.
31) Foto: Bruckner, Auerbach.
32) Diözesanmuseum Bamberg.
33) Staatsbibliothek Bamberg, RB. Inc.Typ N4.
34) Staatsbibliothek Bamberg, RB. Inc.Typ N3.
35) Staatsbibliothek Bamberg, J.H. Msc. Hist. 57, S. 257.

16. Jahrhundert

Titelbild, S.142/143 (v. links n. rechts)

1) Das Geldwechslerehepaar von Quentin de Massys; Foto Marburg C 664. 410.
2) Lucas Cranach d.J.: Abendmahl der Evangelischen und Höllensturz der Papisten, aus: Geisberg, Max: Der Deutsche Einblatt-Holzschnitt in der ersten Hälfte des 16. Jahrhunderts, München 1926ff, Nr. 653; Repro: Stadtbibliothek Nürnberg.
3) Zerstörung der Burg Neuguttenberg 1523 durch Truppen des Schwäbischen Bundes; Staatsbibliothek Bamberg, RB.H.bell.f.1, fol. 20.
4) Weihbischof Johann Ertlin (1581-1607); Foto: Erzbischöfliches Priesterseminar Bamberg.
5) Taufe Jesu vor der Stadt Nürnberg in Gegenwart der protestantischen Reformatoren; Foto: Fechter.

Titelleiste, S.145

Das Geldwechslerehepaar von Quentin de Massys; Foto Marburg C 664. 410.

1) Staatsarchiv Bamberg, B 49, Nr. 220, Fasc. 3; Stadtansicht Weismains von 1752.
2) Foto: Kleiner.
3) Staatsarchiv Bamberg, A 240 Rolle 940, Ansicht von Rattelsdorf in einer Karte von Veitt Kunrath, ca. 1600-1630.
4) Repro: Stadtbibliothek Nürnberg; Sebald Beham, Junger Herr und Mädchen, aus: Geisberg, Max: Der Deutsche Einblatt-Holzschnitt in der ersten Hälfte des 16. Jahrhunderts, München 1926ff, Nr. 247.
5) KunstSchätzeVerlag&Foto-Zwicker-Berberich; Epitaph des Erasmus Neustetter.
6) Foto: Kümmelmann.
7) Staatsbibliothek Bamberg, V A 28, Fürstbischof Neidhard von Thüngen.
8) Staatsbibliothek Bamberg, MvO. III. 314, Ansicht von Weismain.
9) Staatsbibliothek Bamberg, V A 35.
10) Staatsarchiv Bamberg, A 240 Rolle 940.
11) Foto: Heinrichsblatt-Bildarchiv.
12) Staatsbibliothek Bamberg, D 40, fol. A IIIIr.
13) Evang.-Luth. Pfarrgemeinde St. Petri Kulmbach.
14) KunstSchätzeVerlag&Foto-Zwicker-Berberich.
15) Staatsbibliothek Bamberg, MvO. III. 314.
16) Foto: Kümmelmann.
17) Staatsbibliothek Bamberg, V A 28.
18) Karte: Köhler.
19) Foto: Fechter.
20) Stadtbibliothek Nürnberg, (Repro.); Sebald Beham: Luther als Junker Jörg, in: Geisberg, Max: Der Deutsche Einblatt-Holzschnitt in der ersten Hälfte des 16. Jahrhunderts, München 1926ff, Nr. 302.
21) Repro: Rother.
22) Inventar des Kunstgutes im Erzbistum Bamberg, Dekanat Forchheim, Pfarrei Hausen, Foto: Schwarzmann.
23) Repro: Rother.
24) Foto: Diözesanmuseum Bamberg.
25) Staatsbibliothek Bamberg, RB.H.bell.f.1, fol. 20.
26) Foto: Meister.
27) Staatsbibliothek Bamberg, IV C 24.
28) Älteste Darstellung der Stadt Bayreuth auf einer Karte von 1531, Staatsarchiv Bamberg, C 3, Nr. 1858 (*Göppmannsbühler Mappa*).
29) Foto: Erzb. Priesterseminar Bamberg.
30) Kupferstich (1606) von Francesco Villamena; Repro: Rother.
31) Foto: Erzbischöfliches Priesterseminar Bamberg.
32) Foto: Kümmelmann.
33) Karte: Kümmelmann.

17. Jahrhundert

Titelbild, S.162/163 (v. links n. rechts)

1) «Hexe» im Drudenhaus; aus: Grieshammer, Birke: Drutenjagd in Franken, Erlangen 1999, S. 215.

2) Belagerung Kronachs durch die Schweden 1634, Gemälde von Lorenz Kaim aus dem 19. Jh.; Stadtarchiv Kronach, Fotosammlung 15/050.
3) Barocke Innenansicht des Bamberger Domes, Kopie nach G.A. Arnold, 1669; Diözesanmuseum Bamberg, G 6.
4) *Cautio Criminalis* des Jesuitenpaters Friederich von Spee, ein Werk das dazu beitrug, den Hexenirrglauben zu überwinden; Staatsbibliothek Bamberg, J.cr.o.62.
5) Friedrich Förner, Bamberger Weihbischof (1612– 1630) und Generalvikar; Archiv des Erzbistums Bamberg, Rep. 80 Slg. 6 Nr. 878-I.

Titelleiste, S.165

«Hexe» im Drudenhaus, aus: Grieshammer, Birke: Drutenjagd in Franken, Erlangen 1999, S. 215.

1) Staatsarchiv Stuttgart, LDA Stuttgart 772; Ansicht von Mergentheim.
2) Staatsbibliothek Bamberg, V B 22(1; Plan der Stadt Bamberg von Petrus Zweidler.
3) Foto: Diözesanarchiv Bamberg.
4) Germanisches Nationalmuseum Nürnberg, 80 R 2818a, *Tractatus vom Bekenntnis der Zauberer und Hexen*, 1591.
5) Staatsbibliothek Bamberg, VB 211m.
6) Stadtarchiv Nürnberg, F 1 Nr. 42, Neubauersche Chronik; Tötung mit Schwert.
7) Staatsbibliothek Bamberg, RB. Inc. typ. D2, XVIIIv.
8) Germanisches Nationalmuseum Nürnberg, K 13835.
9) Staatsbibliothek Bamberg, RB. Msc. 148, fol.379.
10) Staatsbibliothek Bamberg, Inc. typ. IV 15a, XXXVv.
11) Staatsbibliothek Bamberg, V A 39°.
12) Stadtarchiv Nürnberg, F 1 Nr. 42, S. 124'.
13) Staatsbibliothek Bamberg, V B 211 m.
14) Stadtarchiv Nürnberg, F 1 Nr. 42 Bl. 127.
15) Germanisches Nationalmuseum Nürnberg, 80 R 2818a, Titelkupfer vom *Tractatus vom Bekenntnis der Zauberer und Hexen*, 1591.
16) Germanisches Nationalmuseum Nürnberg, HB 205.
17) Stadtbibliothek Nürnberg, Solg.1776. 2°.
18) Germanisches Nationalmuseum, HB 244; Einblattdruck, um 1555 in Nürnberg entstanden.
19) Staatsbibliothek Bamberg, J.cr.o.62.
20) Staatsbibliothek Bamberg, VB 25e.
21) Staatsbibliothek Bamberg, VA 35.
22) Germanisches Nationalmuseum Nürnberg, HB 244; Einblattdruck, um 1555 in Nürnberg entstanden.
23) Aus: portrait.kaar.at, Friedrich von Spee.
24) Stadtarchiv Kronach, Fotosammlung 15/050.
25) Stadtarchiv Kronach, U 89 (1412).
26)-28) Inventar des Kunstgutes im Erzbistum Bamberg, Dekanat Höchstadt, Pfarrei Gremsdorf, Foto: Schwarzmann.
29) Staatsarchiv Bamberg, A 149 Lade 451 Nr. 994.
30) Staatsarchiv Bamberg, A 240 Rolle 325.
31) Archiv des Erzbistums Bamberg, Rep. 80 Sg. 6 Nr. 2323-H, Foto: Limmer.
32) Foto: Diözesanmuseum Bamberg, G 1.
33) Archiv des Erzbistums Bamberg, Rep. 80 Slg. 6 Nr. 551-I., Foto: Meister.
34) Foto: Diözesanmuseum Bamberg D 5/1.
35) Foto: Diözesanmuseum Bamberg, G 6.

18. Jahrhundert

Titelbild, S.188/189 (v. links n. rechts)

1) Maurer beim Festungsbau, Kupferstich/ Radierung, Nürnberg 1738; Germanisches Nationalmuseum Nürnberg, Kap. HB 8434/1228b.
2) Ansicht des Ganerbenschlosses Rothenberg; Germanisches Nationalmuseum Nürnberg, MS- 642 unten.
3) Hochaltarbild der Pfarrkirche in Gaibach; Foto: Dorothea Zwicker, Würzburg.
4) «Sensenmann» aus der Hl.-.Grabkapelle der ehemaligen Klosterkirche Michelsberg; Foto: Kümmelmann.
5) Totenfahne der Seiler, 1763; Foto: Diözesanmuseum Bamberg, G 10.
6) Franz Ludwig von Erthal, der Aufklärer auf dem Stuhl des hl. Otto; Foto: Diözesanmuseum Bamberg, G 30.

Titelleiste, S.190

Maurer beim Festungsbau; Germanisches Nationalmuseum Nürnberg, Kap. HB 8434/1228b.

1) Germanisches Nationalmuseum Nürnberg, Kap. HB 8434/1228b; Maurer beim Festungsbau.
2) Germanisches Nationalmuseum Nürnberg, MS- 642 unten; Ansicht des Ganerbenschlosses Rothenberg.
3) Repro: Kümmelmann; Aufnahmezettel in die Corporis-Christi-Bruderschaft in Neunkirchen von 1913.
4) Foto: Weiß, Bamberg; ehemaliges Schnaittacher Armenhaus.
5) Foto: Weiß, Bamberg; Kreuzigungsgruppe des Schnaittacher Kalvarienberges.
6) Foto: Weiß, Bamberg; Leidensstationen aus der Schnaittacher Pfarrkirche.
7) Germanisches Nationalmuseum Nürnberg, MS-642 unten.
8) Germanisches Nationalmuseum Nürnberg, Kap. HB 8434/1228b, Kupferstich/ Radierung Nürnberg 1738.
9) Germanisches Nationalmuseum Nürnberg, MS 644.
10) Archiv des Erzbistums Bamberg, Rep. 80 Slg. 6 Nr. 878-I.
11) Staatsarchiv Bamberg, Rep. A 240 T 585.
12) Foto: Weiß, Bamberg.
13) Foto: Weiß, Bamberg.
14) Repro: Kümmelmann.
15) Germanisches Nationalmuseum Nürnberg, HB 2458.
16 – 25) Foto: Weiß, Bamberg.
26) Staatsbibliothek Bamberg, Gem. 10.
27) Staatsbibliothek Bamberg, JH. Art.f.16, Tafel 6; Stich von Salomon Kleiner, 1728.
28) Foto: privat.
29) Foto: Dorothea Zwicker, Würzburg; Hochaltarbild der Pfarrkirche in Gaibach.
30) Foto: Kleiner.
31) Diözesanmuseum Bamberg, SM 4.1/00119.
32) Inventar des Kunstgutes im Erzbistum Bamberg, Dekanat Höchstadt, Pfarrei Gremsdorf, Foto: Schwarzmann.
33) Foto: Gaasch, Bamberg.
34) Foto: Rother.
35) Inventar des Kunstgutes im Erzbistum Bamberg, Dekanat Forchheim, Pfarrei Kersbach, Foto: Schwarzmann.
36) Bayerische Verwaltung der staatlichen Schlösser, Gärten und Seen, Residenz München, Silberkammer.
37) Foto: Diözesanmuseum Bamberg, G 10.
38) Staatsbibliothek Bamberg, VIII A 24d.
39) Staatsbibliothek Bamberg VIII C 1.
40) Staatsbibliothek Bamberg, Calq. 5(4.
41) Foto: Diözesanmuseum Bamberg, G 30.

19. Jahrhundert

Titelbild, S. 212/213 (v. links n. rechts)

1) Das einzig erhaltene Foto von Lorenz Hopfenmüller, um 1870; Archiv des Erzbistums Bamberg, Rep. 80, Slg 6, Nr. 1129-H.
2) Euchariestiefeier eines Missionars der Lehrgesellschaft in Indien; Repro: privat.
3) Bamberger Volksblatt vom 26. Januar 1874; Repro: Kümmelmann.
4) Entwurf für ein Fenster mit «Herz-Jesu»-Darstellung in Witzmannsberg; Archiv des Erzbistums Bamberg, Rep. 70 NL 76 Schmitt&Postek.
5) Blick in eine Maschinenhalle eines Betriebes in der Zeit der Frühindustrialisierung; Archiv des Erzbistums Bamberg, Rep. 26/8 10 Jahre Werkvolk.

Titelleiste, S.215

Einzig erhaltenes Foto von Lorenz Hopfenmüller, um 1870; Archiv des Erzbistums Bamberg, Rep. 80, Slg. 6, Nr. 1129-H.

1) Archiv des Erzbistums Bamberg, Rep. 80 Slg 12; Ansicht der Stadt Weismain.
2) Staatsbibliothek Bamberg, R.B. Th. patr. o 3-b; Titelblatt der gedruckten Promotion von Lorenz Hopfenmüller, Repro: privat.
3) Stadtarchiv Bamberg, BS 59922 2d1-H001; Gärtnersfrauen vor St. Martin in Bamberg.
4) Repro: privat; Titelleiste des Bamberger Volksblattes vom 22. Dezemberg 1871.
5) Ehemalige Festung Oberhaus bei Passau; Foto: privat
6) Foto des Kuratenhauses in Reichmannsdorf, Anfang 20. Jahrhundert; Repro: privat.
7) Sassanfahrter Korbflechter um 1885; Foto: privat.
8) P. Otto Hopfenmüller im Ordenskleid der Katholischen Lehrgesellschaft; Archiv des Erzbistums Bamberg, Rep. 80, Slg 6, Nr. 1129-H.
9) Erstes Grabmal von P. Otto; Foto: privat.
10) Erste einheimische Christen in Shillong; Repro: Kümmelmann.
11) Archiv des Erzbistums Bamberg, Rep. 80 Slg 12.
12) Stadtarchiv Bamberg, BS 59922 2d1-H001.
13) Stadtarchiv Karlsruhe, Plan- und Bildersammlung, Abt. X, Nr. 430, Repro: Archiv des Erzbistums Bamberg, Rep. 4/3 Nr. 180.5.
14) Archiv des Erzbistums Bamberg, Rep. 80, Sammlung 5/12.
15) Archiv des Erzbistums Bamberg, Rep. 29/2, Einzelbild.
16) Archiv des Erzbistums Bamberg, Zeitschriftensammlung, Slg. 6, 1127-H.
17) Archiv des Erzbistums Bamberg, Rep. 80 Slg. 6 Nr. 1124-pp.
18) Archiv des Erzbistums Bamberg, Rep. 80 Slg. 6 Nr. 1112-pp.
19) Foto: privat.
20) Archiv des Erzbistums Bamberg, Rep. 26/8, 10 Jahre Werkvolk.

21) Stadtarchiv Bamberg, B.S. 537-32-4-H006 B001.
22) Stadtarchiv Bamberg, D 2038, Nr. 8, (Johann Schug), um 1930.
23) Foto: privat.
24) Archiv des Erzbistums Bamberg, Rep. 1, Foto: Otto Osc. Greiner.
25) Archiv des Erzbistums Bamberg, Rep. 80, Slg 6, Nr. 1129-H.
26) Repro: privat.
27) Repro: privat.
28) Repro: Kümmelmann.
29) Pfarrarchiv Seußling.
30) Archiv des Erzbistums Bamberg Rep. 80 Slg. 6 Nr. 1804 – E.
31) Archiv des Erzbistums Bamberg, Rep. 70 Nr. 694-C.
32) PfA Erlangen Herz Jesu, Nr. 11.20.03 Ia.
33) Metropolitankapitel Bamberg.
34) Staatsarchiv Bamberg, Rep. A 232,2 Nr. 13.953, Beleg Nr. 78.
35) Archiv des Erzbistums Bamberg, Rep. 80 Slg 6 Nr. 416-D.
36) Archiv des Erzbistums Bamberg, Rep. 80 Slg 6 Nr. 287-F (Foto: Alois Erhardt).
37) Archiv des Erzbistums Bamberg, Rep. 80 Slg 6 Nr. 1000-D (FZB-Atelierbetriebe, Gerchsheim/TBB).
38) Pfarrarchiv Sambach/Archiv des Erzbistums Bamberg, Rep. 80 Slg 6 Nr. 879-C.
39) Archiv des Erzbistums Bamberg, Rep. 70 NL 76 Schmitt&Postek.
40) Archiv des Erzbistums Bamberg, Rep. 29/2, Einzelbild.
41) Archiv des Erzbistums Bamberg, Rep. 29/2 Einzelbild.
42) Archiv des Erzbistums Bamberg, Rep. 80 Slg. 6 Nr. 1028-I; aus: Le concil oecuménique de 1869-1870 illustré ouvrage publié en 40 livraisons ornées de 126 gravures dsur bois. Lyon et Paris 1870, S. 129.
43) Archiv des Erzbistums Bamberg, unrepertorisiert.
44) Titelseite des St.-Heinrichsblattes vom 23. August 1914, Archiv des Erzbistums Bamberg, Rep. 80 Slg. 6 Nr. 300-C.
45) Archiv des Erzbistums Bamberg, Rep. 40/2.
46) Archiv des Erzbistums Bamberg, Rep. 80 Slg. 5/12.

20. Jahrhundert

Titelbild, S.242/243 (v. links n. rechts)

1) Verleihung des päpstlichen Ehrenkreuzes *Pro Ecclesia et Pontifice* an Elisabeth Bach im Jahr 1968; Archiv des Erzbistums Bamberg, Bildarchiv Volksblatt Nr. 4155-C (Foto: Bruno Heller).
2) Erste Fronleichnamsprozession in Nürnberg nach dem Weltkrieg im Jahr 1947; Foto: privat.
3) Schriften des Katholischen Werkvolks in den 1960er Jahren; Archiv des Erzbistums Bamberg, Rep. 26/8, 10 Jahre Werkvolk.
4) Foto einer Flüchtlingsfamilie nach dem Weltkrieg in Bamberg; Stadtarchiv Bamberg, D 2020, 209 A, Nr. 12.
5) Grundsteinlegung eines Wohnhauses durch Erzbischof Joseph Otto Kolb (1943-1955); Foto: Joseph-Stiftung Bamberg.
6) Automobilherstellung in den 1960er Jahren; Archiv des Erzbistums Bamberg, Rep. 26/8, 10 Jahre Werkvolk.
7) Kinderwallfahrt; Foto: Meister.
8) Jugendsynode auf Burg Feuerstein 1970/71, Foto: privat.

Titelleiste, S. 245

Verleihung des päpstlichen Ehrenkreuzes *Pro Ecclesia et Pontifice* an Elisabeth Bach im Jahr 1968; Archiv des Erzbistums Bamberg, Bildarchiv Volksblatt Nr. 4155-C (Foto: Bruno Heller).

1) Stadtbildstelle Essen, w-1890, H 0805; Ansicht von Essen um 1900.
2) Bildstelle und Fotoarchiv der Stadt Nürnberg, He. 386 a; Pfarrkirche St. Elisabeth.
3) Archiv des Erzbistums Bamberg, Rep. 26/8, 10 Jahre Werkvolk; Ausschnitt aus einem Plakat des Werkvolks um 1960.
4) Archiv des Erzbistums Bamberg, Bildarchiv Volksblatt Nr. 685; Erzbischof Joseph Otto Kolb, Porträtfoto um 1945, Fotograf M. Kohler.
5) Fotoarchiv Nürnberger Zeitung, Foto Rago T. Eberling; Elisabeth Bach als Stadträtin 1971.
6) Archiv des Erzbistums Bamberg, Bildarchiv Volksblatt Nr. 4155-C (Fotograf Bruno Heller); Verleihung des päpstlichen Ehrenkreuzes *Pro ecclesia et pontifice* an Elisabeth Bach.
7) Fotoarchiv Nürnberger Zeitung, Foto Gottfried Brauner; Porträtfoto Elisabeth Bach.
8) Fotoarchiv Nürnberger Zeitung, Foto Rago T. Eberling.
9) Archiv des Erzbistums Bamberg, Bildarchiv Volksblatt Nr. 1034.
10) Archiv des Erzbistums Bamberg, Bildarchiv Volksblatt Nr. 4669-A.
11) Archiv des Erzbistums Bamberg, Bildarchiv Volksblatt Nr. 69.
12) Foto: privat.
13) Pfarrarchiv Schillingsfürst (Repro: Archiv des Erzbistums Bamberg, Rep. 80 Slg 6 Nr. 1816-K).
14) Stadtarchiv Bamberg, D 2020, 209 A, Nr. 12.
15) Bildstelle Stadt Nürnberg, Fi L 91, Ludwigstr. 31, 8. September 1948.
16) Stadtarchiv Bamberg, D 2020, 280, Nr. 21.
17) Foto: Joseph-Stiftung.
18) Archiv des Erzbistums Bamberg, Rep. 26/8, 10 Jahre Werkvolk.
19) Archiv des Erzbistums Bamberg, Rep. 70 NLT 290.
20) Archiv des Erzbistums Bamberg, Rep. 26/8, 10 Jahre Werkvolk.
21) Fotoarchiv Nürnberger Zeitung, Foto Gottfried Brauner.
22) Archiv des Erzbistums Bamberg, Rep. 26/8 10 Jahre Werkvolk.
23) Archiv des Erzbistums Bamberg, Bildarchiv Volksblatt Nr. 4155-C (Foto: Bruno Heller).
24) Archiv des Erzbistums Bamberg, Bildarchiv Volksblatt Nr. 1046 (Foto: Alfred Steber).
25) Archiv des Erzbistums Bamberg, Bildarchiv Volksblatt, Rep. 70 NLT 290.
26) Bildstelle und Fotoarchiv der Stadt Nürnberg, He. 386a.
27) Archiv des Erzbistums Bamberg, Bildarchiv Volksblatt Nr. 1623 (910-B).
28) Archiv des Erzbistums Bamberg, Rep. 80 Slg 6 Nr. 1604-D.
29) Foto: Diözesanmuseum Bamberg, M 1.
30) Archiv des Erzbistums Bamberg, Rep. 70 NL 76 Schmitt&Postek.
31) Stadtarchiv Bamberg, P.S. 51.
32) Archiv des Erzbistums Bamberg, Rep. 80 Slg. 6 Nr. 2004-D. Foto: Foto-Stöhr.
33) Stadtarchiv Bamberg, P.S. 52.
34) Foto: Diözesanmuseum Bamberg, D 26.
35) Archiv des Erzbistums Bamberg, Rep. 80 Slg. 12.
36) Archiv des Erzbistums Bamberg, Rep. 80 Slg. 6, Nr. 1462.
37) Archiv des Erzbistums Bamberg, unrep.
38) Foto: privat.
39) Foto: privat.
40) Bildstelle und Fotoarchiv der Stadt Nürnberg, 4399/S.
41) Archiv des Erzbistums Bamberg, Rep. 80 Slg. 6 Nr. 798-A.
42) Stadtarchiv Bamberg, D 2020, 209 A/41.
43) Inventar des Kunstguts im Erzbistum Bamberg, Foto: Schwarzmann.
44) Archiv des Erzbistums Bamberg, Bildarchiv Volksblatt Nr. 1623 (910-B).
45) Archiv des Erzbistums Bamberg, Rep. 70 NL 19 Album 5.
46) Archiv des Erzbistums Bamberg, Fotosammlung, unrep.
47) Archiv des Erzbistums Bamberg, Fotosammlung, unrep.
48) Foto: privat.
49) Foto: Diözesanmuseum Bamberg.
50) Foto: Meister.
51) Foto: Heinrichsblatt-Bildarchiv.
52) Foto: Meister.
53) Rechte: Erzbischöfliches Ordinariat Bamberg.
54) Foto: Archiv des Erzbistums Bamberg, unrep.
55) Foto: Meister.
56) Foto: Meister.
57) Foto: Heinrichsblatt-Bildarchiv.
58) Foto: Kleiner.
59) Foto: privat.
60) Foto: Heinrichsblatt-Bildarchiv.
61) Foto: Meister.
62) Foto: privat.
63) Foto: Kleiner.
64) Foto: Herbst.

21. Jahrhundert

Titelbild, S.270/271

Silke Wagner, Frankfurt.

Titelleiste, S.273

Silke Wagner, Frankfurt.

1-6) Silke Wagner, Frankfurt.

Theaterstück

1) Foto: Kümmelmann.
2, 3) Foto: Rieder.
4) Foto: Kleiner.
5) Archiv des Erzbistums Bamberg, Rep 1, unrepertorisiert.
6) Stadtarchiv Bamberg, BS 7944-2 - H5 B1.
7) Foto: Rieder.
8) Foto: Kleiner.
9) Foto: Rieder.
10, 11) Foto: Lange.

Sollten Bildrechte unbeabsichtigt nicht richtig wiedergegeben oder vollständig abgegolten sein, bitten wir die Rechteinhaber, sich bei den Herausgebern zu melden.